2판

회계원리

김정교, 이균봉, 반혜정 공저

교육과학사

/ 머 / 리 / 말 /

현대 인류문명의 찬란한 발전이 과학기술의 발전 때문이라는 사실은 삼척동자도 잘 아는 사실이다. 그러면 전적으로 과학기술의 발전만으로 인류의 삶의 질이 오늘날처럼 향상될 수 있었을까? 그렇지 않을 것이다. 개발된 기술 자체만으로는 인간의 욕구를 충족시킬 수 없기 때문이다. 개발된 기술을 상품화하고 이를 소비자들이 사용하는 경우 비로소 인간의 욕구를 충족시키고 삶을 윤택하게 할 수 있다. 기술의 상품화는 지속적인 기술 개발에 동기를 부여함과 동시에 인간의 삶의 질을 향상시키는 매개 기능을 하는 것이다.

그렇다면 기술의 상품화와 이러한 상품의 유통을 담당하는 주체는 누구인가? 바로 기업이다. 기업이 활발한 경제활동을 통하여 상품을 제조 및 판매하고, 광고를 통하여 새로운 수요를 창출한 결과는 지속적인 기술 개발로 이어진다. 따라서 기업의 경제활동은 과학기술 발전의 촉매제라고 말할 수 있다. 그리고 경제활동의 본질은 희소한 자원의 효율적 배분이다. 인간이 생존을 위해 소비할 수 있는 자원은 그 존재가 제한적이다. 이에 따라 희소한 자원을 얼마나 효율적으로 배분하여 개인의 효용이나 기업의 이익을 극대화할 것인가는 경제활동을 담당하는 주체의 당면 과제이다.

기업은 희소자원의 효율적 배분을 위해서 다양한 경제활동을 한다. 필요한 인력을 고용하고, 원자재를 구매하고, 시설설비에 투자하고, 제품을 생산 · 판매한다. 이러한 과정에서 다양한 활동들을 언제, 어떻게, 그리고 얼마나 할 것인가 수많은 경제적 의사결정을 수행한다. 이와 같은 경제적 의사결정에는 매우 다양한 정보가 필요하다. 정보가 없이는 의사결정이 주먹구구식으로 흘러갈 수밖에 없으며, 그 결과 효율적 자원 배분과 거리가 먼 자원의 낭비를 초래할 것이다.

기업의 경제활동에 필수적인 정보의 제공은 어떻게 이루어질 수 있을까? 바로 회계(accounting)가 그 역할을 담당한다. 회계 이외의 다른 영역은 결코 이러한 역할을 대신할 수 없다. 회계가 인간 생활과 기업 경영에 필수적인 정보를 제공한다는 사실은 오늘날 자본주의 사회를 살아가는 우리가 왜 회계를 공부해야만 하는가를 설명해 준다. 그러나 이러한 회계의 중요성에도 불구하고 회계를 배우는 학습과정이 무미건조하고 상대적으로 난해하다는 이유로 대학에서 기업경영을 공부하는 많은 학생들이 수강을 기피하기도 한다. 이로 인해 회계학을 가르치는 교수들 입장에서는 어떻게 하면 학생들에게 회계학을 쉽고 흥미롭게 가르칠 것인가에 대해 많은 고민을 하게 된다.

본서는 독자들에게 회계를 논리적이면서 쉽게 설명하여 그들이 회계에 흥미를 가질 수 있도록 하는 데 저술의 초점을 맞추었다. 이를 위하여 회계의 기본 개념과 구조를 설명함에 있어 상호 간의 논리적 연결고리를 충실하게 기술하고자 하였다. 왜, 어떻게 해서 그와 같은 개념이나 절차가 후속적으로 등장하게 되었는지를 독자들이 이해하고 숙지하는 데 도움을 주려고 노력하였다.

본서는 본문의 내용을 논리적이고 간명하게 기술함으로써 독자들로 하여금 회계에 대한 접근을 용이하게 하고자 함과 동시에 가급적 많은 연습문제를 수록하고자 하였다. 회계의 기본 논리는 눈이 아닌 손으로 익혀야 하는바, 반복적인 연습을 통하여 회계를 전공하고자 하는 학생들의 학습효과를 향상시키고자 한 것이다. 다양한 문제풀이를 통해 이루어지는 반복적인 학습은 연습을 통하여 완전해져 갈 수 있음을 입증해 줄 것이라 믿는다.

본서는 총 3개의 부로 나누어 집필하였다. 제 I 부는 회계와 재무제표의 이해를 위한 구성이다. 회계와 재무제표가 무엇인지 이해하기 위하여 회계의 의의와 재무제표의 본질 및 구성요소를 소개한다. 그리고 재무제표 작성을 위한 기술적인 원리라 할 수 있는 회계순환과정을 집중적으로 설명한다. 구체적으로, 기업에서 발생하는 거래를 어떻게 식별 · 측정하고 어떠한 절차를 거치면서 집계 · 요약하여 회계정보로 완성하는지 재무제표 작성을 위한 전 과정을 설명한다. 이러한 내용은 회계의 기초를 견고히 하기 위한 핵심적인 부분이므로 보다 간결하고 논리적으로 기술함으로써 독자들의 이해를 돕고자 하였다.

제 II 부는 기업이 영위하는 경영활동별 회계정보를 소개한다. 기업은 영업활동과 투자활동 및 재무활동을 수행하며 이러한 활동과 관련된 정보를 산출하여 이해관계자들에게 제공한다. 본서는 기업활동을 매입 및 매출활동, 유형자산 및 금융상품에 대한 투자활동, 사채나 주식발행을 통한 자금조달활동으로 구분하고 각 활동별 회계정보의 작성방법을 설명함으로써 각각의 기업활동이 재무제표에 어떻게 반영되는지 기본적인 논리와 구조를 제시하고자 노력하였다.

제Ⅲ부는 회계정보의 활용에 대하여 설명한다. 특히, 현금기준 회계정보인 현금흐름표의 의의 및 작성방법을 소개하고 현금흐름표가 가지는 함의를 제시함으로써 발생기준 회계의 논리적 구조를 강조하고자 하였다. 그리고 재무상태표와 포괄손익계산서 및 현금흐름표와 같은 재무정보를 어떻게 분석하여 경제적 의사결정에 유용한 정보로 활용할 수 있는지 재무제표의 분석에 대하여 설명한다.

학생들을 가르치기 위한 교재를 저술하는 데는 오랜 기간의 강의 경험을 바탕으로 한 신중한 자세가 필요하다. 특히 회계원리의 경우 회계를 잘 모르는 초보자들이 이를 통해 회계의 기초를 조금씩 알아나가게 될 것이므로 그들에게 처음부터 정확한 지식을 전달하지 않는다면 학생들이 회계 공부에서 많은 시행착오를 겪는 것은 물론이고, 이로 인해 회계에 대하여 흥미를 잃어버리게 될 수도 있다.

이러한 관점에서 본서의 저자들은 회계를 공부하려는 학생들을 올바르고 효율적으로 인도해야 할 무한책임을 절감하고 있으며, 혹시 본서가 그러한 책무를 소홀히 하고 있는 부분이 없는지 우려스럽기도 하다. 아무쪼록 본서가 회계를 전공하고자 하는 학생들의 회계 공부에 도움이 될 수 있기를 간절히 바라는 마음으로 여러 가지로 부족한 졸저를 조심스럽게 출간한다. 그리고 회계를 공부하고자 하는 학생들이 보다 쉽고 흥미롭게 회계에 다가설 수 있도록 하기 위한 저자들의 노력과 바람이 결실 맺을 수 있기를 기대해본다.

2018년 8월
저자들 씀

/ 차 / 례 /

제1부 회계와 재무제표의 이해

제2부 기업활동별 회계정보

제1부

회계와 재무제표의 이해

제1장

회계의 의의

본 장에서는 회계란 본질적으로 무엇이고, 누가 어떤 용도로 회계정보를 이용하는지, 그리고 오늘날 우리가 활동하고 있는 사회에서 회계는 어떠한 역할을 수행하는지 살펴본다. 또한 사회적 역할을 원활하게 수행하기 위한 제도적 장치로서 일반적으로 인정된 회계원칙과 회계감사제도를 설명한다.

| 제1절 | 회계의 본질

인간은 생존과정에서 욕구 충족을 위해 다양한 자원을 소비하고 있지만 이러한 자원은 거의 대부분 그 존재가 유한하다. 그렇다면 이러한 희소 자원을 어떻게 소비해야만 최대의 만족을 얻을 수 있을까? 그 해답은 경제활동에서 찾을 수 있다. 인간은 자원의 소비를 통한 만족, 즉 효용(utility)이 극대화되도록 다양한 경제활동을 수행한다.[1] 이처럼 인간은 다른 동물과 달리 경제활동을 수행한다는 사실에 근거하여 '경제적 동물'로 묘사될 수 있다.

경제활동이란 희소한 자원을 효율적으로 배분하는 활동이다. 자원 배분의 효율성은 효용 극대화를 위한 필요조건으로서, 자원 배분과정에 필연적으로 수반되는 다양한 의사결정의 결과를 사전에 예측하고 사후에 평가할 필요가 있다. 의사결정(decision making)은 문제 해결을 위해 존재할 수 있는 여러 가지 행동방안 중에서 최선의 것을 선택하는 것이며, 의사결정이 주먹구구식으로 이루어져 최선의 행동방안이 선택되지 못할 경우 자원 배분의 효율성은 결코 달성될 수 없다.

따라서 최선의 행동방안을 선택하기 위해서는 각 행동방안이 가져올 미래 결과를 사전에 예측하고 사후에 평가할 수 있어야 하며, 이를 위하여 경제적 정보(economic information)가 필요하다. 경제적 정보의 산출 원천은 다양하게 존재하지만 그중에서도 회계(會計)는 가장 중요한 위치를 차지하고 있다. 회계는 인간의 경제활동에 필요한 경제적 정보의 주요 원천으로서, 그 역할의 중요성은 아무리 강조하여도 지나치지 않다.

그렇다면 **회계**(accounting)란 무엇인가? 회계의 본질에 관해서는 여러 가지 관점(예: 이념, 언어, 역사적 기록, 경제적 현실의 반영 수단, 상품, 정보시스템 등)이 있지만 그중에서도 **정보시스템**(information system)이라는 관점이 가장 널리 수용되고 있다. 정보시스템 관점은 역사적으로 1966년 미국회계학회에서 제시한 회계의 정의에 근거를 두고 있다. 미국회계학회는 회계를 "정보이용자가 적절한 판단과 의사결

---

1) 효용(utility)은 인간의 욕구를 만족시키거나(개인의 경우) 특정 목적을 충족시킬 수 있는(기업의 경우) 재화의 능력이다.

정을 할 수 있도록 경제적 정보를 식별, 측정 및 보고하는 과정"이라고 정의하였다.

시스템은 일정한 목적을 달성하기 위하여 상호 유기적으로 결합된 인적 및 물적 자원의 집합체이다. 회계의 목적은 경영자, 투자자, 채권자 등과 같은 정보이용자가 여러 가지 대체적 방안 중에서 하나를 합리적으로 선택하는 경제적 의사결정에 유용하도록 기업에 관한 경제적 정보를 제공하는 것이다. 인간이 사용 · 소비할 수 있는 자원은 한정적이므로 인간은 효용 극대화를 위하여 한정된 자원을 효율적으로 사용해야 한다. 한정된 자원의 사용에 따라 발생하는 이득과 손실을 측정하여 보고하는 정보시스템이 우수할수록 자원 배분을 위한 의사결정도 효율적일 것이다. 그리고 경제활동과정에서 발생하는 거래나 기타 사건을 측정 및 보고하기 위해서는 회계담당자와 같은 인적 자원과 회계장부 · 컴퓨터 · 소프트웨어와 같은 물적 자원의 유기적인 결합이 필요하다. 따라서 회계를 다음과 같이 정의할 수 있다.

회계(accounting)는 정보이용자들이 합리적 의사결정을 할 수 있도록 기업의 재무상태와 경영성과에 관한 경제적 정보를 제공하기 위하여 기업의 경제활동에 수반된 거래나 경제적 사건을 측정하여 보고하는 정보시스템이다.

● 그림 1-1 ● 정보시스템으로서의 회계

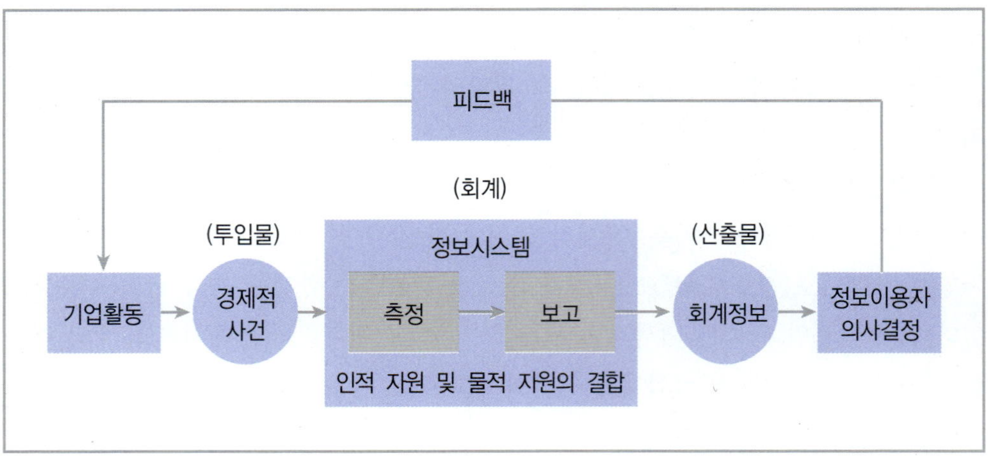

제2절 회계의 환경

2-1 회계정보의 이용자와 공급자

1) 회계정보의 이용자

회계정보 이용자는 투자자, 채권자, 경영자, 고객, 종업원, 정부기관 등이다. 경영자와 종업원은 기업의 내부이용자인 반면 나머지는 외부이용자이다. 회계정보 이용자들이 정보를 이용하여 의사결정을 한 결과는 피드백(feedback)되어 다시 기업의 경제적 활동에 영향을 미친다.

(1) 투자자

투자자(investors)는 기업이 발행한 지분증권(주식) 및 기타 금융상품(기업어음 등의 유가증권)에 투자한 개인이나 기관을 일컫는다. 투자자는 투자수익을 극대화하고 투자위험을 최소화하기 위하여 기업이 발행한 유가증권의 수익률 · 위험 · 배당 · 유동성을 분석하여 최적의 투자집합을 구성한다. 이러한 의사결정을 위하여 유가증권을 발행한 기업의 미래현금흐름의 금액 · 시기 · 불확실성을 예측하며, 예측을 위하여 회계정보를 이용한다.

그리고 투자자(주주)는 경영자의 행위를 감시하기 위하여 회계정보를 이용한다. 경영자는 기업의 자원을 사용하고 처분하는 데 상당한 재량권을 갖고 있기 때문에 자원을 주주의 이해에 불리하게 사용할 경우 주주에게 투자손실을 입히게 된다. 따라서 주주는 경영자가 주주 부(wealth)의 극대화를 위해 노력했는지 감시하기 위해 경영자에게 **수탁책임**(stewardship)의 이행을 요구한다. 경영자는 주주로부터 위탁받은 자원의 보유 현황과 사용내역을 제공하기 위하여 정기적으로 회계정보를 공시해야 한다.

(2) 채권자

채권자(creditors)는 기업에 자금을 대여하거나 상품, 원자재 및 기타 자산을 외상으로 판매하고 채권을 보유하는 금융기관(은행, 증권회사, 보험회사 등) 및 거래기업을 말한다. 금융기관은 대출신청기업에 대한 대출의사결정을 내릴 때 기업의 신용위험(채무불이행위험)을 평가하기 위하여 회계정보를 이용한다. 금융기관은 대출신청기업에 대한 신용제공 여부에 관한 판단, 대출금액 · 대출기간 · 이자율 · 담보제공과 같은 신용조건 등을 결정하기 위하여 기업의 유동성, 장기지급능력, 재무적 탄력성 등의 회계정보를 이용하여 기업의 신용위험을 평가한다.

(3) 경영자

경영자(manager)는 기업의 인적 및 물적 자원을 활용하여 기업활동을 계획하고, 조정하며, 통제하는 역할을 담당하는 기업 구성원이다. 경영자는 이러한 역할을 수행하기 위해 기업의 영업활동 · 투자활동 · 재무활동과 관련된 다양한 의사결정을 수행하여야 하며, 이 과정에서 회계정보를 이용한다. 경영자는 과거 경영의사결정의 결과를 평가하고, 미래의 이익이나 현금흐름을 예측하고, 신규 자금조달 방법을 분석하고, 기업 성장전략의 일환으로 다른 기업을 인수합병할 것인지를 판단하고, 배당정책을 수립하며, 기업을 파산 또는 정리할 것인지의 결정 등을 위해 회계정보를 이용한다.

(4) 종업원

종업원(employees)은 기업과의 고용계약에 따라 일정한 보수를 받고 근로용역을 제공하는 기업 구성원이다. 종업원은 고용 안정성과 급여 지급능력을 평가하기 위해 회계정보를 이용한다. 기업의 재무적 안전성에 관한 정보는 기업의 생존능력과 이에 따른 장기적인 고용 안정을 평가하는 데 유용하다. 그리고 기업의 현재 및 미래 수익성에 관한 정보는 노사 간의 단체교섭에서 급여나 임금 수준을 결정하는 데 유용하다.

(5) 정부기관

기업에 각종 서비스를 제공하고 기업의 이해관계자들을 보호하는 기능을 담당하는 **정부기관**(taxing, regulatory and registration authorities)도 주요한 회계정보 이용자이다. 국세청은 조세를 부과하거나 징수하기 위하여, 공정거래위원회는 특정 기업에 의한 시장의 독과점 및 초과이윤을 감시하기 위하여 회계정보를 이용한다. 조달청은 관급공사 및 납품 계약 시 업체를 선정하고 계약금액을 결정하기 위하여, 재정경제부 등은 전기·철도·전화·가스 등의 공익산업의 요금수준을 통제하기 위하여 기업의 회계정보를 이용한다. 그리고 금융감독원은 기업이 발행한 주식의 신규 상장과 상장 폐지를 결정하거나 금융기관의 부실가능성을 감시하기 위하여 회계정보를 이용한다.

(6) 고객

기업이 생산한 제품의 수요자인 **고객**(customers)은 해당 기업의 제품원가를 다른 기업과 비교함으로써 좀 더 적절한 가격의 제품을 선택하기 위해 회계정보를 이용한다. 또한 고객은 구매한 제품에 대한 사후서비스를 지속적으로 제공할 수 있는 능력을 평가하기 위하여 회계정보를 이용하기도 한다.

(7) 기타

기업의 재무상태와 경영성과에 관심을 갖는 기타 이해관계자로 언론기관, 학계, 업종별 협회, 시민단체, 환경보호단체 등이 있다. 예를 들어, 환경보호단체는 공해 방지와 환경보존활동에 대한 감시를 위해, 그리고 시민단체는 기업의 사회공헌활동의 감시를 위해 회계정보를 이용할 수 있다.

● 표 1-1 ● 회계정보이용자와 이용목적

회계정보이용자	회계정보의 이용목적
투자자	투자대상 유가증권의 평가, 경영자 수탁책임 이행의 감시
채권자	신용제공 여부의 판단, 신용조건의 결정
경영자	과거의사결정 결과의 평가, 미래 이익이나 현금흐름의 예측, 자금조달 방법 분석, 기업의 인수·합병판단, 배당정책 수립, 기업 파산 및 정리절차의 집행
종업원	고용 안정성과 급여 지급능력의 평가
정부기관	조세 징수, 독과점 및 초과이윤의 감시, 관급공사 및 납품계약의 체결, 공익산업의 요금 수준 통제, 주식의 상장과 상장 폐지, 금융기관 감시
고객	제품원가의 분석, 제품에 대한 사후서비스 제공 능력의 평가
기타	업종별 통계자료의 작성, 환경보존활동과 사회공헌활동의 감시, 보도자료의 수집과 분석

2) 회계정보의 공급자

회계정보의 공급자는 기업이다. 기업은 기업에 대한 회계정보를 작성 및 제공하여야 하는 궁극적인 책임을 가진다. 기업은 외부정보이용자 및 내부정보이용자들의 합리적인 경제적 의사결정을 위하여 기업의 모든 경제적 사건이나 거래를 측정·보고하여야 한다.

● 그림 1-2 ● 회계정보의 공급

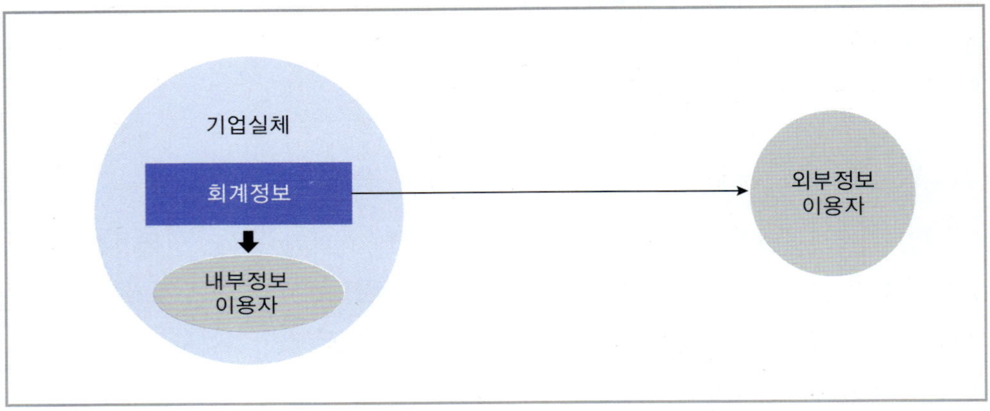

그러나 기업에만 회계정보 공급의 역할이 주어지는 경우 회계정보의 공시내용과 공시시기에 경영자의 상당한 재량이 개입될 수 있다. 기업에 유리한 정보는 제공하고 불리한 정보는 누락함으로써 정보이용자의 의사결정에 부정적인 영향을 미칠 수 있다. 따라서 기업이 작성 및 제공하여야 하는 회계정보의 내용과 공시 시기를 규제하는 제도적 장치가 필요하다.

2-2 일반적으로 인정된 회계원칙

1) 필요성

회계정보는 정보의 작성 및 제공과정에서 경영자의 주관적 판단(예: 측정·보고방법의 선택 등)과 개인적 요인이 개입될 소지가 있다. 이러한 문제점으로 인해 회계정보가 재무상태와 경영성과를 적정하게 측정·보고하지 못할 가능성이 있으며, 더 나아가 중대한 오류 및 부정을 초래할 수 있다. 따라서 회계정보를 공정하게 표시하도록 하는 규제가 필요하다. 또한 많은 정보이용자들의 다양하면서도 서로 상충되는 이해관계를 조정하기 위해 보편적이고 신뢰성 있는 회계정보를 제공할 필요가 있다. 이러한 목적을 달성하기 위해서 **일반적으로 인정된 회계원칙**(generally accepted accounting principles, GAAP)을 제정하여 기업의 회계실무에 적용하고 있다.

2) 일반적으로 인정된 회계원칙의 의의

설명한 바와 같이, 회계담당자의 주관적 요인의 개입을 축소하고 기업의 재무상태와 경영성과를 공정하고 적정하게 표시함으로써 신뢰성 있고 목적적합한 회계정보를 작성하기 위해서 회계기준 제정기관에서는 일반적으로 인정되고 보편적으로 실천될 수 있는 일련의 회계원칙을 개발하고자 노력해 왔다.

회계원칙(accounting principles)은 거래나 기타 사건이 기업에 미치는 영향을 판단하고 측정·보고할 때 반드시 준수해야 할 기본적 지침으로서 기업의 회계실무를 이끌어가는 원리이다. 따라서 회계원칙은 모든 기업에 적용가능한 보편타당성과 함께 최선의 회계실무가 이루어질 수 있도록 방향을 제시하는 규범적 성격을 가지면서 다

● 그림 1-3 ● 일반적으로 인정된 회계원칙

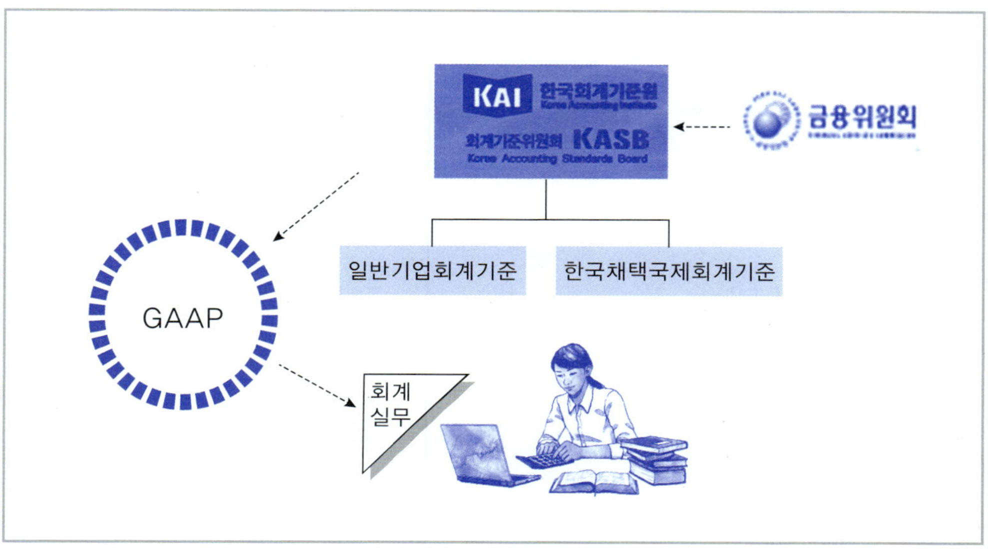

양한 정보이용자의 이해관계를 조정하는 능력도 가져야 한다. 이러한 성격을 가지는 회계원칙을 구체화시킨 것이 일반적으로 인정된 회계원칙이다.

일반적으로 인정된 회계원칙은 많은 사람들에 의해 광범위하게 수용될 수 있는 것으로 권위 있는 전문가의 합의에 의해 제정된 회계원칙이다. 여기서 '일반적'이란 말에는 회계원칙이 불변의 진리가 아니고 환경변화에 따라 얼마든지 변화할 수 있으므로 현행 회계원칙이 현재의 상황에 한하여 보편타당성을 갖는다는 의미가 숨어 있다. 회계원칙은 경제적 환경의 산물로서 불변의 진리가 아니므로 실무에서는 이를 원칙이라고 하지 않고 회계기준(accounting standards)이라는 용어를 사용하기도 한다. 우리나라의 일반적으로 인정된 회계원칙으로는 상장기업에 적용되는 **한국채택국제회계기준**(Korean International Financial Reporting Standards, K-IFRS)과 비상장기업에 적용되는 일반기업회계기준 등이 있다.

2-3 회계감사제도

회계의 목적은 정보이용자의 의사결정에 유용한 재무정보의 제공이다. 그리고 회계정보가 기업의 재무상태와 경영성과를 적정하게 표시하고 신뢰성을 갖도록 하기 위해서 일반적으로 인정된 회계원칙의 준수가 요구된다. 그러나 회계정보가 신뢰성을 가지기 위하여 회계원칙의 제정만으로는 충분하지 않으며, 기업이 작성한 회계정보가 일반적으로 인정된 회계원칙에 따라 공정하게 작성되었는지를 판단하는 독립적

● 그림 1-4 ● 회계기준과 외부감사에 따른 회계정보의 공급

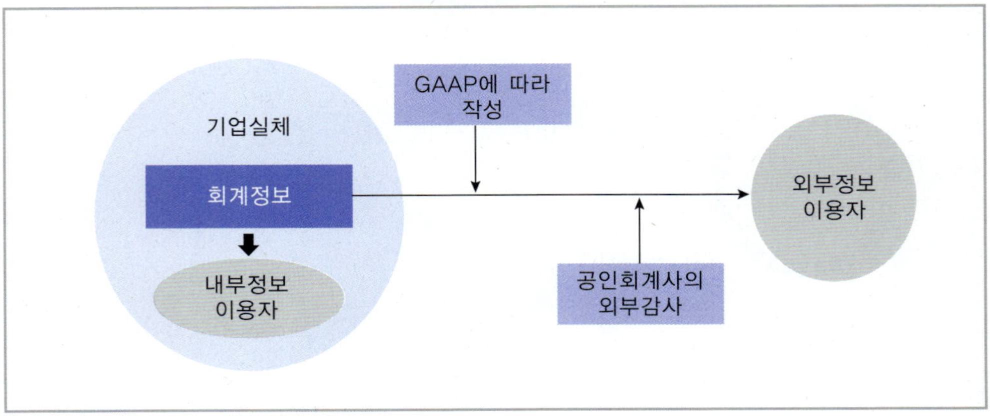

인 제3자의 검증이 필요하다.

기업은 다양한 이해관계자들 간 계약관계의 집합체(nexus of contracts)로 간주된다. 예를 들어, 경영자와 채권자 간에는 부채계약이 체결되어 있고, 경영자와 주주 간에는 경영자 보상계약이 체결되어 있다. 이해관계자들은 이러한 계약관계에서 자신의 이익을 손상시킬 수 있는 경영자의 행동을 감시하고 합리적인 의사결정을 하기 위하여 회계정보를 이용한다. 따라서 경영자 행동을 감시함으로써 회계부정을 방지하고 회계정보의 신뢰성을 높이기 위하여 기업과는 독립적인 외부감사인으로 하여금 경영자가 작성한 재무제표를 감사하도록 규정하고 있다. **회계감사**(auditing)는 기업의

Enron의 회계부정사건과 미국의 회계감사제도

Enron은 2001년 초 미국의 경제전문지인 Fortune지가 발표한 2000년도 말 매출액 기준 세계 500대 기업 중 7위에 오른 세계 최대의 에너지(천연가스 및 전기) 생산 및 판매기업으로서 Fortune지로부터 6년 연속(1996~2001년) "가장 혁신적인 기업"상을 수상한 우량기업이었다. Enron사는 구경제를 대표하는 에너지산업을 기반으로 신경제의 경영기법을 접목하여 급속한 성장을 해왔다. 특히 에너지 가격의 급등락 위험을 최소화하기 위하여 선물·옵션 등의 첨단 금융공학기법을 활용하였고, 인터넷을 이용한 전자상거래를 통해 전체 매출액의 40%를 올렸다.

그러나 이 회사는 2001년 말경 갑자기 도산하여 12월에 법원에 파산신청을 하였다. Enron의 파산신청은 규모 면에서 미국 역사상 가장 큰 것으로서 이 사건은 증권시장에서 공시된 재무보고정보에 대한 투자자의 불신으로 인한 시장 전체적인 주가 하락과 기업 신용등급 하락으로 인한 기업의 연쇄도산으로 이어짐으로써 미국 경제의 회복에 큰 걸림돌로 작용하였다.

Enron의 경영자는 1995년에서 2001년까지 12건의 대규모 거래를 수행하는 과정에서 교묘하고 복잡한 거래수법과 뇌물 제공을 통하여 20억 달러를 탈세하였고, 경영자 보상계약하에서 분식회계를 통하여 이익을 부풀려 인위적으로 주가를 부양(2001년 초 기업 시장가치: 600억 달러)함으로써 거액의 경영자 상여금을 부당하게 받았고, 회사를 사금고화하여 2001년 한 해 7천7백만 달러의 회사자금을 유용하는 등 심각한 경영자의 도덕적 해이를 통하여 주주의 부에 막대한 손실을 입혔다.

이러한 Enron의 회계부정사건의 여파로 이 회사의 외부감사를 맡았던 당시 세계 최대 회계법인인 Arthur Andersen & Co.는 감사인 면허가 취소되어 더 이상 감사업무를 맡을 수 없게 되었다. 외부감사를 담당했던 공인회계사(CPA)들은 Enron의 회계부정을

몰랐거나 혹은 이들의 불법사실을 알고도 묵인하였고, 감사와 관련된 회사의 회계문서를 파손함으로써 검찰의 수사를 방해한 죄로 기소되어 형사처벌을 받았고, 주주들이 소송을 제기한 결과 막대한 손해배상책임을 피할 수 없었다.

Enron사건은 Worldcom, Adelphia 등 많은 대기업의 도산으로 이어짐으로써 기업도산의 촉매제 역할을 하였다. 이러한 일련의 기업 연쇄도산은 당시 미국의 기업지배구조, 감사과정, 재무보고제도 등의 효율성에 대한 의문점을 제기하였고, 미국 의회는 이에 대처하여 기업투명성과 재무보고의 신뢰성을 높이고자 2002년 7월에 기업회계개혁법 성격을 지닌 SOX법(Sarbanes-Oxley Act)을 제정하여 상장기업의 기업지배구조와 재무보고제도에 일대 혁신을 요구하였다. 이 법에서는 3인 이상의 사외이사로 구성된 독립된 외부감사위원회 설치, 내부통제시스템의 구축, 회계부정을 저지른 CEO에 대한 처벌 강화, 공시용 재무제표에 대한 CEO의 인증(certification) 요구를 명문화하였다.

1999년 8월 우리나라에서도 부도 위기를 맞이하여 채권단 관리하의 워크아웃에 돌입한 대우그룹 계열사에 대한 부실감사로 인해 당시 외부감사를 담당했던 산동회계법인이 2009년 9월 증권선물위원회로부터 12개월 영업정지라는 중징계를 받은 후 자진해산하였다.

한편 SK네트웍스(과거 SK글로벌)의 외부감사를 맡았던 영화회계법인은 2004년 8월 18일 부실감사에 대한 책임을 지고 SK네트웍스의 채권단에 거액의 배상금을 지급키로 결정했다. 회계사업계와 채권단에 따르면 영화회계법인은 SK네트웍스의 39개 채권금융기관에 모두 1백56억 원을 배상키로 채권단과 잠정 합의했다. SK네트웍스의 주채권은행인 하나은행 관계자는 "채권금융기관 전체를 상대로 동의 여부를 확인, 19일까지 결론을 내기로 했다"며, "75% 이상이 동의하면 배상계획이 확정돼 오는 23일께 배상금액이 각 채권금융기관에 입금될 것"이라고 말했다. 채권단은 영화회계법인으로부터 1백56억 원을 받으면 보유채권과 손실액을 기준으로 배상금을 배분할 계획이다. 채권단은 대신 그동안 추진해 왔던 소송은 하지 않을 방침이다. 영화회계법인은 제휴관계에 있는 해외 회계법인인 Earnst & Young의 자체보험과 내부유보금 등으로 배상금액을 충당할 예정인 것으로 알려졌다.

국내 대형 회계법인이 회계부실을 밝혀내지 못한 책임으로 채권단에 합의금을 지급하는 것은 이번이 처음이다. 한편 채권단은 SK네트웍스의 경영실적이 예상보다 빠른 속도로 개선됨에 따라 올해 말로 예정된 2차 감자비율을 당초 7대 1 수준에서 3~4대 1 수준으로 낮출 계획이다. SK네트웍스는 지난해 2천9백60억 원의 적자를 냈으나 지난 상반기에는 2천1백48억 원의 흑자를 기록했었다.

채권단은 이와 함께 SK네트웍스의 경영상황이 계속 개선될 경우 내년에 자금관리단을 철수시켜 자율추진기업으로 전환시키고 임직원들에게 스톡옵션(주식선택권)을 지급하는 방안도 검토하고 있다.

재무제표가 일반적으로 인정된 회계원칙에 따라 작성되었는지를 확인함으로써 회계정보의 신뢰성을 높여주는 사회적 제도이다.

| 제3절 | 회계의 사회적 역할

3-1 사회적 자원의 효율적 배분

회계정보를 이용하는 기업의 이해관계자집단은 다양하다. 그중에서 가장 중요한 집단은 투자자와 채권자이다. 투자자는 일반적으로 배당수익이나 시세차익을 얻기 위하여 기업이 발행한 유가증권을 취득한 집단이며, 채권자는 이자수익을 얻기 위하여 기업에 자금을 대여한 집단이다. 투자자는 증권시장을 통하여, 그리고 채권자는 금융시장을 통하여 기업이 필요로 하는 자금을 공급한다. 자본시장은 자본 공급자인 투자자 및 채권자와 자본 수요자인 기업 간에 자본거래가 이루어지는 장소로서 증권시장과 금융시장을 통틀어 자본시장이라고 부른다.

투자자와 채권자의 의사결정기준은 투자나 자금 대여에 따른 기대수익과 위험이다. 기대수익(expected return)은 투자안으로부터 미래에 발생할 현금흐름의 기대치이며, 위험(risk)은 미래에 발생할 현금흐름의 변동성이다. 이들은 기대수익의 극대화와 동시에 위험의 극소화를 목표로 자본시장에 존재하는 여러 가지 투자안을 비교·평가한 후 최적의 투자집합을 구성하여 투자함으로써 자신들이 보유한 자원의 효율적 배분을 달성할 수 있다. 만일 자본시장에 참가하는 투자자들이 모두 이러한 투자 패턴을 보인다면 시장의 힘에 의해 사회 전체적으로 한정된 자원의 효율적 배분이 달성될 수 있다.

그렇다면 자본시장의 투자자들은 기대수익과 위험을 어떻게 측정할 것인가? 개별 투자안의 기대수익과 위험을 측정하기 위해서는 이에 관한 정보가 필요하다. 현실적으로 이러한 정보를 제공하는 주체가 바로 회계이다. 자본시장에는 수익성이 높고 위험이 낮은 우량기업과 수익성이 낮고 위험이 높은 불량기업이 뒤섞여 있다. 투자자와 채권자들은 우량기업에 투자할 경우 높은 투자수익을 획득할 수 있는 반면, 불량기업에 투자할 경우 낮은 투자수익을 얻거나 혹은 투자손실을 입을 수 있다. 회계는 투자자들에게 필요한 정보를 제공하여 우량기업과 불량기업의 구분을 용이하게 해줌으로써 사회 전체적으로 한정된 자원의 효율적인 배분을 달성할 수 있도록 도와준다.

3-2 사회적 통제의 합리화

회계정보는 노사 간의 원활한 임금 협상, 특정기업에 의한 시장 독과점과 초과이윤의 감시, 공익산업의 요금(서비스가격) 수준 통제, 우량기업 주식의 신규 상장과 불량기업 주식의 상장 폐지, 금융기관의 부실 가능성 감시, 조세 징수의 공평성 달성, 기업의 환경보존활동에 대한 감시 등과 같이 국가기관이나 시민단체에 의한 사회적 통제에도 활용되고 있다.

노사 간의 임금 협상 시 가장 기본이 되는 정보는 기업의 재무상태와 경영성과를 나타내는 재무제표이며, 기업이나 개인이 부담해야 할 세금의 결정이나 공공요금의 책정 등 기업과 관련된 국가정책이 합리적으로 이루어지기 위해서는 기업의 회계정보를 이용하지 않을 수 없다.

제4절 회계학의 분야

회계는 정보이용자의 의사결정에 유용한 정보를 제공하기 위하여 기업활동과 관련된 거래나 기타 사건을 측정하여 보고하는 기능을 수행한다. 따라서 회계정보의 유용성은 기업실체의 거래나 경제적 사건을 효과적으로 측정하였는지의 여부와 정보이용자에게 그 측정치를 얼마나 효과적으로 보고하였는지의 여부에 달려 있다. 이처럼 의사결정에 유용한 정보의 보고가 회계의 중심적 기능이기 때문에 누구를 대상으로 정보를 보고하는지, 즉 보고대상이 누구인가에 따라 회계의 유형을 결정할 수 있다.

투자자 · 채권자 · 종업원 · 고객 · 납품업체 · 정부기관 등과 같은 기업 외부정보이용자의 의사결정에 유용한 정보를 제공하는 회계를 **재무회계**(financial accounting)라고 부르는 반면, 기업경영자와 같은 내부정보이용자의 의사결정에 유용한 정보를 제공하는 회계를 **관리회계**(managerial accounting)라고 부른다.

한편, 회계를 보고대상에 따라 크게 재무회계와 관리회계로 분류하였지만 외부정보이용자 중에서 국세청의 조세 부과 및 징수 목적에 유용한 정보를 제공하는 회계를 재무회계에서 분리한 후 **세무회계**(tax accounting)라고 명명하여 회계분야를 세 가지로 나누기도 한다. 세무회계는 정보이용자가 기업의 외부이해관계자이기 때문에 크게는 재무회계에 포함될 수 있지만, 세무수익과 세무비용의 인식 및 측정원칙이 재무회계와 차이를 보이기 때문에 재무회계에서 분리하여 별도로 구분할 수도 있다.

재무회계와 관리회계의 본질 및 주요 특성을 비교하면 다음과 같다.

1) 재무회계

① 기업의 외부정보이용자는 매우 다양하며 정보의 이용목적 및 정보요구가 서로 상이하다. 따라서 다양한 정보이용자의 다양한 정보욕구를 충족시키기 어려우므로 그들이 공통적으로 갖고 있는 정보 욕구를 충족시킬 수 있도록 일정한 방법과 형식에 따라 재무회계정보를 작성한다. 이를 일반목적의 재무제표(general purpose financial statements)라 한다.

② 재무회계정보는 매 보고기간 말에 정기적으로 작성한다.

③ 재무회계정보의 양식은 획일적으로 규정되어 있다.

④ 재무회계정보는 기업이 생산하는 개별 제품, 부서 혹은 사업부별로 작성하지 않고, 기업 전체를 하나로 묶어 포괄적으로 작성한다.

⑤ 재무회계정보는 다양한 정보이용자의 의사결정에 유용한 신뢰성 있는 정보여야 하므로 그 측정치가 검증가능해야 한다. 따라서 과거에 실제로 발생한 거래를 바탕으로 측정하며 미래 예측치에 근거하지 않는다.

⑥ 재무회계정보는 기본적으로 양적(量的) 정보로 구성된다.

2) 관리회계

① 내부정보이용자인 경영자의 의사결정은 빈번하고 다양하게 이루어지기 때문에

그들의 정보욕구를 충족하기 위한 관리회계정보는 다양한 유형으로 수시로 작성한다.

② 관리회계정보의 양식은 일정하게 규정되어 있지 않다.

③ 관리회계정보는 기업 내부의 다양한 의사결정에 이용되기 때문에 기업 전체는 물론, 기업을 구성하는 개별 제품, 부서, 또는 사업부별로 작성할 수 있다.

④ 관리회계정보는 기업활동에 직접 참여하면서 다양한 유형의 의사결정을 하는 내부경영자에 의해 이용되기 때문에 정보의 목적적합성이 강조된다. 따라서 관리회계정보는 과거정보와 현재 및 미래정보까지 포함하여 작성될 수 있다.

⑤ 관리회계정보는 회계정보의 목적적합성을 중시하기 때문에 양적 정보는 물론이고 경영의사결정에 유용하다면 화폐단위로 측정이 불가능한 질적(質的) 정보까지도 포함한다.

재무회계와 관리회계의 차이점을 요약하여 비교하면 〈표 1-2〉와 같다.

● 표 1-2 ● 재무회계와 관리회계의 비교

항목	재무회계	관리회계
보고 대상	외부정보이용자	내부정보이용자(경영자)
보고 범위	기업 전체	개별 제품, 부서, 사업부, 기업 전체
보고 시점	정기보고(연도말, 반기말, 분기말)	필요에 따라 수시보고
보고 정보의 시간적 속성	과거	과거, 현재 및 미래
보고 정보의 유형	기본적으로 양적 정보	양적 및 질적 정보
보고서 양식	획일적 규정됨(재무제표)	개별적으로 다양함

익 / 힘 / 문 / 제

1. 회계의 본질에 관한 설명 중에서 정보시스템관이 가장 널리 수용되고 있다. 정보시스템으로서 회계의 정의를 제시하라.
2. 자본시장이 발달한 국가에서는 기업의 이해관계자 중 투자자가 가장 중요한 회계정보이용자 집단이라고 한다. 이들의 회계정보 이용목적은 무엇인가?
3. 금융기관을 포함한 채권자와 원자재 공급자는 기업에 대하여 수취채권을 보유하고 있는 이해관계자집단이다. 이들이 회계정보를 이용하는 목적은 무엇인가?
4. 노동조합 활동이 보편화되고 인적 자원이 중요시됨에 따라 오늘날 기업의 주요 이해관계자로서 종업원의 중요성이 점점 더 커지고 있다. 종업원의 회계정보 이용목적은 무엇인가?
5. 정부기관은 기업과 여러 측면에서 이해관계를 갖고 있다. 각종 정부기관의 회계정보 이용목적은 무엇인가?
6. 회계는 사회적 자원의 효율적 배분과 사회적 통제의 합리화를 달성하는 데 도움을 준다. 각각의 의미를 설명하라.
7. 일반적으로 인정된 회계원칙이란 무엇인가?
8. 한국채택국제회계기준의 의미를 설명하라.
9. 자본시장이 발달한 국가일수록 회계감사의 필요성은 더 커진다. 회계감사제도는 왜 필요한지 설명하라.
10. 회계는 정보의 보고 대상을 기준으로 재무회계와 관리회계로 분류할 수 있다. 재무회계와 관리회계를 비교 설명하라.

연 / 습 / 문 / 제

1-1 기본개념의 이해

아래 문장의 빈칸에 알맞은 단어나 문구를 기입하라.

(1) 회계는 정보이용자들이 합리적 의사결정을 할 수 있도록 기업의 재무상태와 (　　　)에 관한 경제적 정보를 제공하기 위하여 기업의 경제활동과 관련된 거래나 기타 사건을 (　　　)하여 보고하는 정보시스템이다.

(2) 투자자의 회계정보 이용목적은 (　　　　　　)와 경영자 수탁책임 이행의 감시이다.

(3) 채권자는 대출신청기업에 대한 (　　　　　　)을 결정하기 위하여 회계정보를 이용한다.

(4) 경영자는 기업의 (　　　)활동, 투자활동, 재무활동과 관련된 다양한 의사결정을 위해 회계정보를 이용한다.

(5) 종업원은 기업의 고용안정성과 (　　　)을 평가하기 위해 회계정보를 이용한다.

(6) 재무보고는 회계정보이용자의 합리적 의사결정을 위해 기업의 재무상태, 경영성과, (　　　) 및 자본변동 등에 관한 재무적 정보를 제공하는 것을 말한다.

(7) 투자자 · 채권자 · 종업원 · 고객 · 납품업체 · 정부기관 등과 같은 기업의 외부정보이용자의 의사결정에 유용한 정보를 보고하는 회계를 재무회계라고 부르고, 경영자와 같은 내부정보이용자의 의사결정에 유용한 정보를 제공하는 회계를 (　　　)라고 부른다.

(8) 투자자와 채권자의 의사결정기준은 투자나 자금 대여에 따른 기대이익과 위험이다. 그들은 기대이익의 극대화와 동시에 위험의 극소화를 목표로 자본시장에 존재하는 대체적인 투자안을 비교 · 평가한 후 최적 투자안을 구성하여 투자함으로써 자신들이 보유한 자원의 (　　　)을 달성할 수 있다.

(9) 기업은 정보이용자들의 상충되는 이해관계를 조정하고 다양한 의사결정 목적을 보편적으로 충족하기 위해 (　　　)를 작성한다.

(10) (　　　) 또는 회계기준은 회계담당자가 거래나 경제적 사건이 기업에 미치는 영향을 판단하고 측정 · 보고할 때 반드시 준수해야 할 기본적 지침으로서 기업의 회계실무를 이끌어가는 지도원리이다.

(11) (　　　)은 많은 사람들에 의해 광범위하게 수용될 수 있는 것으로 권위 있는 전문가

의 합의에 의해 제정된 회계원칙이다.

(12) 현행 우리나라 상장기업에 적용하는 일반적으로 인정된 회계원칙은 (   )이다.

(13) 경영자 행동을 감시하기 위한 수단의 하나로서 경영자가 작성한 재무제표를 기업과는 독립적인 외부감사인으로 하여금 (   )를 실시하도록 규정할 수 있다.

1-2 선다형 문제

(1) 기업이 발행한 유가증권의 평가와 경영자 수탁책임 이행의 감시를 위해서 회계정보를 이용하는 집단은?

① 종업원　② 금융기관　③ 투자자　④ 채권자

(2) 다음의 정부기관 중에서 회계정보이용자가 아닌 것은?

① 국세청　② 금융감독원　③ 조달청　④ 병무청

(3) 기업경영자와 같은 내부정보이용자의 의사결정에 유용한 정보를 보고하는 회계는 무엇인가?

① 관리회계　② 세무회계　③ 정부회계　④ 재무회계

(4) 다음 중 재무회계의 특징이 아닌 것은?

① 보고하는 정보의 시간적 속성이 과거이다.

② 재무보고는 필요에 따라 수시로 이루어진다.

③ 보고하는 정보는 기본적으로 양적 정보이다.

④ 재무보고서 양식이 획일적으로 규정되어 있다.

(5) 일반적으로 인정된 회계원칙에 대한 설명으로 옳지 않은 것은?

① 우리나라 상장기업에 적용되는 일반적으로 인정된 회계원칙은 한국채택국제회계기준이다.

② 광범위하게 수용되고 보편적으로 실천될 수 있는 것으로 권위 있는 전문가의 합의에 의해 제정된다.

③ 기업의 회계실무를 위한 보편타당성을 가지는 기준으로서 경제적 환경의 변화에 따라 변화하지 않는다.

④ 많은 정보이용자들의 다양하면서도 상충되는 이해관계를 조정하고 신뢰성 있는 회계정보를 제공하기 위하여 필요하다.

제2장

재무제표의 이해

본 장에서는 기업의 주요 활동을 이해하고 회계정보의 기초 개념과 재무제표를 학습한다. (1) 왜 재무보고를 해야 하는지, (2) 재무정보가 유용하려면 어떤 질적 특성을 가져야 하는지, (3) 재무보고의 핵심수단인 재무제표는 무엇인지, (4) 재무제표의 구성요소는 무엇인지를 설명한다.

제1절 기업활동과 재무제표

1-1 기업활동과 재무보고

제1장에서 설명한 바와 같이, 회계는 기업의 활동과 관련한 경제적 사건이나 거래를 측정하여 보고하는 시스템이다. 따라서 회계정보를 이해하기 위해서는 기업의 다양한 활동을 먼저 이해하여야 한다. 기업은 영리를 추구하는 조직으로서 영리추구 과정에서 다양한 의사결정을 하며 의사결정의 결과로 영업, 투자 및 재무활동을 수행한다.

기업은 제품이나 용역의 생산 및 판매를 통하여 수익을 창출한다. 원재료나 노동력을 취득하고 제품으로 가공한 후 이를 고객에게 현금 또는 신용으로 판매한다. 이후 외상거래에 대한 채권을 회수하고 원재료 및 노동력의 대가를 지급하는 일상적인 활동을 수행한다. 이와 같이 원재료 매입, 생산, 상품판매 및 대금 회수활동을 기업의 **영업활동**(operating activities)이라 한다.

기업이 영업활동을 수행하기 위해서는 공장이나 건물과 같은 시설설비에 대한 투자가 이루어져야 한다. 그리고 여분의 자금이 존재하면 다른 기업의 증권이나 부동산에 투자할 수 있다. 생산설비의 취득이나 처분 및 금융상품이나 부동산의 취득과 처분활동을 **투자활동**(investing activities)이라 한다.

그런데 기업의 영업활동이나 투자활동을 위해서는 우선 자본이 필요하다. 기업은 주주나 채권자들로부터 자금을 조달하여 공장을 세우고 필요한 기계설비를 설치한 후 종업원을 채용하고 원재료를 구매하여 재화를 생산·판매하는 것이다. 이와 같이 자금을 조달하고 자금을 제공하는 주주나 채권자에게 배당이나 원금을 상환하는 활동을 **재무활동**(financing activities)이라 한다.

기업은 이러한 다양한 활동과 관련한 경제적 사건이나 거래를 측정하여 이해관계자들에게 보고하여야 한다. **재무보고**(financial reporting)는 정보이용자의 경제적 의사결정에 유용한 정보를 제공하기 위해 경영자가 기업의 재무상태, 경영성과 및 재무상태변동에 관한 정보를 제공하는 것을 말한다. 재무보고는 이사회보고서, 이사회의장 서한, 경영진의 재무검토보고서, 회계감사보고서 등과 같은 비계량적 정보도 포함하나, 핵심적 정보는 화폐금액으로 표시된 **재무제표**(financial statements)에 의해 제공된다.

● 그림 2-1 ● 기업활동과 재무보고

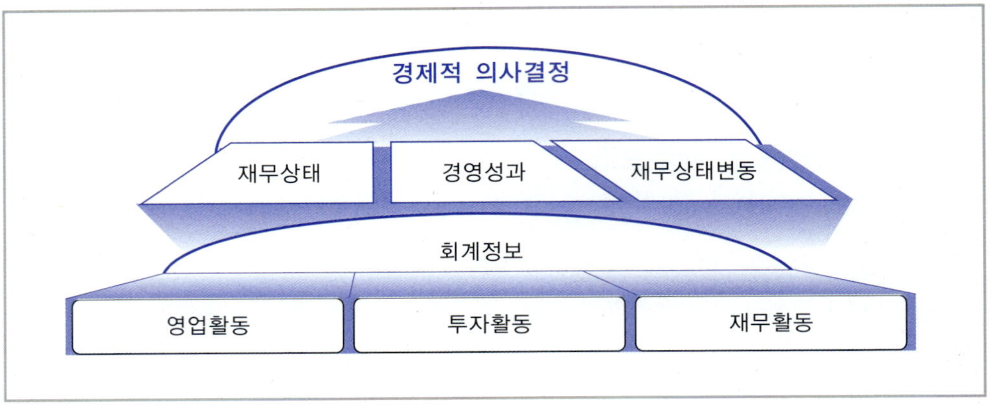

1-2 재무보고의 목적

재무보고의 목적은 '누구를 위하여' 또는 '어떤 목적을 위하여' 재무보고를 해야 하는지 회계의 기본방향을 제시해 준다. 재무보고의 목적은 현재 및 잠재적 투자자와 채권자가 기업에 자원을 제공하는 것에 대한 의사결정을 하는 데 유용한 정보를 제공하는 것이다.

투자자와 채권자는 자본시장을 통하여 기업에 자금을 투자하거나 대여해 주고, 투자에 대한 수익 및 원금을 회수함으로써 자신들의 부를 증식시킨다. 투자자는 주식가격 상승에 따른 자본이득이나 배당금 수취와 같은 현금흐름에 관심이 있으며, 채권자는 그들이 대여한 원금과 이자의 회수와 같은 현금흐름에 관심을 가진다. 즉, 이들은 공통적으로 미래현금흐름에 관심을 가지고 투자 및 대여에 따른 위험을 감수하면서 기업에 자본을 제공하기 때문에 이들의 정보욕구를 충족시킨다면 그 밖의 이해관계자들의 정보욕구도 상당 부분 충족시킬 수 있을 것이다. 따라서 재무보고의 목적은 이들의 투자 및 대여 의사결정에 유용한 정보(useful information)를 제공하는 것이다.

재무보고의 목적은 현재 및 잠재적 투자자와 채권자가 기업에 자원을 제공하는 것에 대한 의사결정을 하는 데 유용한 정보를 제공하는 것이다.

회계정보의 유용성을 높이는 길은 기업이 언제, 얼마나 확실하게, 얼마의 현금을 창출할 수 있는지에 관한 정보를 측정하여 보고하는 것이다. 그러나 투자자나 채권자의 관심 사항인 주식가격 상승, 배당금 수취, 원금과 이자의 회수가능성 등을 직접 예측하기란 쉽지 않다. 다만 그들에게 기업의 재무상태에 대한 정보, 즉 기업이 현재 보유하고 있는 경제적 자원과 청구권(예: 향후 외부에 청구하여 회수할 수 있는 외상매출금)의 성격은 어떠하고 금액은 어느 정도인지, 그리고 그 경제적 자원과 청구권을 변동시키는 거래와 사건은 무엇인지에 관한 정보를 제공한다면, 이를 근거로 기업의 현금창출능력을 예측하고 더 나아가 자신들의 관심 사항인 미래 회수가능한 현금의 금액, 시기 및 불확실성을 평가할 수 있을 것이다.

한편, 경영자 입장에서는 투자자와 채권자로부터 경제적 자원을 제공받았기 때문에 그 자원을 안전하고 효율적으로 운용하여 수익을 창출해야 할 뿐만 아니라, 그에 대한 결과를 정확하게 측정하여 진실하고 투명하게 보고할 책임이 있다. 경영자는 이러한 책임의 이행 여부에 따라 투자자와 채권자 등으로부터 정기적인 평가를 받게 된다. 위탁받은 자원의 안전하고 효율적인 활용에 관한 결과를 투자자와 채권자에게 보고해야 하는 경영자의 책임을 수탁책임(stewardship) 혹은 회계책임(accountability)이라고 한다. 기업의 재무상태와 경영성과를 종합적으로 분석하여 판단하는 미래 현금흐름에 관한 정보는 경영자의 수탁책임 평가에 유용한 정보가 될 수 있다.

1-3 재무정보의 질적 특성

재무정보의 **질적 특성**(qualitative characteristics)이란 정보이용자의 의사결정에 유용한 정보를 제공하기 위하여 재무정보가 갖추어야 할 속성이다. 재무정보가 갖추어야 할 가장 중요한 특성은 재무정보가 정보이용자들의 의사결정 목적에 적합해야 하며 기업과 관련하여 발생한 모든 경제적 사건을 충실하게 표현해야 한다는 것이다.

1) 목적적합성

정보가 유용하기 위해서는 이용자의 의사결정에 **목적적합**(relevant)해야 한다. 예를 들어, 정보이용자가 특정 재무정보에 의하여 의사결정한 결과가 그 재무정보 없이 의사결정한 결과와 차이가 있다면 그 재무정보는 목적적합한 것이다. 목적적합하지 않은 정보는 아무도 사용하려 하지 않기 때문에 유용한 정보가 아니다.

그러면 정보가 목적적합하려면 어떤 속성을 가져야 하는가? 목적적합성(relevance)은 정보가 예측가치와 확인가치를 가져야 달성 가능하다. **예측가치**(predictive value)는 의사결정 시점에서 과거 및 현재의 사건이 향후 어떤 결과를 초래할 것인지를 예측하는 데 도움을 줄 수 있는 능력을 의미한다. **확인가치**(confirmatory value)는 정보이용자의 미래예측에 대한 과거 평가를 확인 또는 수정함으로써 의사결정에 영향을 미칠 수 있는 능력을 말한다. 예를 들어, 수학문제를 잘못 푼 학생이 정답을 보고 틀린 이유를 확인하고 이해했다면, 추후 유사한 수학문제를 접하더라도 예전의 오류를 다시 범하지 않을 것이다.

중요성(materiality)은 목적적합성의 또 다른 구성요소이다. 정보가 이용자의 '경제적 의사결정에 영향을 미칠 수 있다면' 그 정보는 중요하다. 반대로 정보가 이용자의 경제적 의사결정에 영향을 주지 못한다면 그 정보는 중요하지 않으며 목적적합성을 가지고 있지 않다. 예를 들어, 정보가 누락되거나 잘못 기재된 경우 그것이 정보이용자의 의사결정에 영향을 준다면 그 누락되고 잘못된 정보는 중요하다. 다시 말해서, 정보이용자의 경제적 의사결정에 영향을 미칠 수 있는 중요한 정보임에도 불구하고 누락시켰거나 잘못 기재되었다면 올바른 예측가치와 확인가치를 가질 수 없으며, 목적적합하지 않고 유용하지 않다.

2) 충실한 표현

회계정보는 경제적 현상을 숫자나 말로 표현한 것이다. 회계정보가 유용하기 위해서는 기업과 관련하여 발생한 모든 경제적 사건을 충실하게 표현해야 한다. **충실한 표현**(faithful representation)은 측정된 정보가 측정대상인 거래나 사건을 충실하게 표현함으로써 서로 일치하는 것을 의미한다. 충실한 표현이 되기 위해서는 세 가지의 속성을 갖추어야 한다. 완전하고, 중립적이며, 오류가 없는 표현이어야 한다.

완전한 표현(완전성, completeness)이란 정보이용자가 기업의 경제적 상황을 이해하는 데 필요한 정보를 모두 포함한 상태를 말한다. 예를 들어, 숫자로 표현된 정보가 기업이 처한 상황을 충분히 설명하지 못한다면 숫자가 아닌 말(예: 주석으로 별도 설명)로 보충함으로써 완전성을 높여야 한다.

중립적 표현(중립성, neutrality)이란 회계정보의 선택이나 표시에 편의(bias)가 없는 것이다. 회계정보를 특정 정보이용자가 유리하게 또는 불리하게 받아들이도록 편파적으로 강조하거나 경시하는 등의 방식으로 조작하지 말아야 한다. 예를 들어, 기업이 어느 특정 이해관계자집단에 유리하도록 정보를 선택적으로 포함시키거나 또는 강조하는 것은 중립적 표현이 아니다.

마지막으로 **오류 없는 표현**(무오류, free from error)은 어떤 현상을 기술함에 있어 오류가 없어야 할 뿐만 아니라, 그 정보를 생산하는 절차의 선택과 적용에 있어서도 오류가 없어야 함을 의미한다. 오류가 없다는 것이 모든 면에서 완벽하고 정확하다는 것을 의미하지는 않는다. 예를 들어, 관찰 불가능한 가격이나 가치의 추정치는 정확한지 또는 부정확한지를 판단하기조차 힘든 경우가 많다. 그러나 추정 절차를 명확하게 기술하고, 추정 절차의 성격과 한계를 설명하며, 그 추정치를 도출하기 위한 적절한 절차의 선택과 적용에 있어 오류가 없었다면 그 추정치의 표현은 충실하다고 말할 수 있다.

제2절 재무제표의 종류와 구성요소

앞서 설명한 바와 같이, 재무보고의 목적은 정보이용자에게 기업의 재무상태, 경영성과 및 재무상태 변동에 관한 정보를 제공함으로써 그들의 경제적 의사결정에 도움을 주는 것이다. 재무보고는 또한 투자자와 대여자가 제공한 자원에 대한 경영진의 운영책임 성과도 보여준다. 이러한 목적을 달성하기 위하여 재무제표는 기업의 미래 현금흐름의 금액과 발생시기 및 확실성을 예측하는 데 도움이 되는 정보를 포함하여야 한다.

우리나라 상장기업에 적용되는 회계기준인 한국채택국제회계기준(K-IFRS)에 따르면 재무제표는 재무상태표, 포괄손익계산서, 자본변동표, 현금흐름표, 주석 등으로 구성된다. 재무상태표는 기업의 일정 시점에서의 재무상태를 보여주고, 포괄손익계산서는 일정 기간의 경영성과를 나타낸다. 자본변동표는 일정 기간의 자본변동 내역을 포함하고 있으며, 현금흐름표는 일정 기간의 현금흐름에 관한 정보를 제공한다.

또한 주석은 재무제표에 표시된 항목에 대한 구체적인 설명이나 세분화된 정보 등을 제공한다.

2-1 재무상태표

재무상태표(statement of financial position)는 기업의 특정 시점의 재무상태에 관한 정보를 제공하는 재무제표이다. 특정 시점에서의 기업의 재무상태는 기업이 보유한 자산, 부채, 자본의 구성으로 판단한다.

1) 자산

자산(assets)은 기업이 통제 또는 소유하는 가치 있는 것들로서, 학술적 표현으로는 "과거 사건의 결과로 기업이 통제하고 있고 미래 경제적 효익이 유입될 것으로 기대되는 자원" 이다. 자산이 갖는 미래 경제적 효익(future economic benefits)이란 미래현금흐름 창출에 직접 또는 간접으로 기여하게 될 가치 있는 것들을 말한다. 자산은 제품의 생산활동에 투입됨으로써 간접적으로 미래 현금흐름창출에 기여하거나, 또는 판매를 통하여 현금으로 전환됨으로써 미래 현금 유입에 직접적으로 기여하기도 한다. 현금은 다른 자원에 대한 구매력을 가지고 있으므로 그 자체로 기업에 경제적 효익을 제공하는 자산이다.

자산을 재무상태표에 표시할 때는 유동자산과 비유동자산으로 구분하여 표시할 수 있다. 다음에 해당하는 경우 유동자산으로 분류하고, 그 밖의 모든 자산은 비유동자산으로 분류한다.

① 기업의 영업주기 내 실현될 것으로 예상하거나, 영업주기 내 판매 또는 소비할 의도가 있다. 여기서 기업의 영업주기(operating cycle)는 영업활동을 위한 자산의 취득시점부터 그 자산이 현금이나 현금성자산으로 교환되는 시점까지 소요되는 기간이다.

② 주로 단기매매목적으로 보유하고 있다.

③ 보고기간 후 12개월 이내에 실현될 것으로 예상한다.

2) 부채

부채(liabilities)는 기업이 미래에 갚아야 할 빚 또는 부담으로서, 학술적 표현으로는 "과거 사건에 의하여 발생하였고 미래에 경제적 효익이 내재된 자원을 유출 또는 사용해야 할 것으로 기대되는 현재 의무"이다. 현재 의무는 구속력 있는 계약이나 법규 또는 정상적인 거래실무나 관행에 따른 강제적 의무이다. 예를 들어, 재화나 용역을 구입하고 대금을 지급하지 않은 미지급 채무는 부채이다. 또한 기업이 제품의 결함을 무상으로 수리해 주는 보증을 조건으로 제품을 판매한 경우, 보증기간 중에 지출될 것으로 예상되는 수리 금액은 부채이다.

의무의 이행은 미래 경제적 효익의 희생을 수반한다. 의무는 주로 현금 지급이나 기타 자산의 이전, 용역의 제공, 다른 의무로의 대체 등의 방법으로 이행되지만 채권자의 자발적 권리 포기나 상실 등에 의하여 소멸되기도 한다.

부채를 재무상태표에 표시할 때는 유동부채와 비유동부채로 구분하여 표시할 수 있다. 다음에 해당하는 경우 유동부채로 분류하고, 그 밖의 경우는 비유동부채로 분류한다.

① 영업주기 내에 결제될 것으로 예상한다.
② 주로 단기매매목적으로 보유한다.
③ 보고기간 후 12개월 이내에 결제하기로 되어 있다.

3) 자본

자본(stockholders' equity)은 기업의 자산에서 부채를 차감한 잔여 지분이다. 잔여 지분은 기업의 소유주에게 귀속되기 때문에, 자본을 소유주 지분 혹은 주주지분이라고도 부른다. **지분**(equity)이란 기업에 자금을 제공한 소유주와 채권자들이 갖게 되는 기업의 자산에 대한 청구권을 말하며, 채권자의 지분을 부채라고 부르고 소유주의 지분을 자본이라고 부른다.

한국채택국제회계기준은 기본적으로 자본을 납입자본, 이익잉여금, 그리고 기타 자본요소로 구분한다. 납입자본(paid-in capital)은 소유주의 출자액인 반면, 이익잉여금(retained earnings)은 기업이 수익창출활동을 통하여 획득한 당기순손익에서 배당

등으로 처분된 금액을 차감한 후 기업 내에 유보하는 것이다. 그리고 납입자본 및 이익잉여금처럼 장기간 동안 기업 내에 존속하지 않고, 일시적으로 자본구성요소에 포함되는 항목이 있다. 이들은 일괄적으로 기타자본요소로 분류한다.

표 2-1 재무상태표의 양식

재무상태표

제×기 20×2년 12월 31일 현재

회사명 제×기 20×1년 12월 31일 현재 (단위: 원)

	20×2년 12월 31일	20×1년 12월 31일
자산		
유동자산		
현금 및 현금성자산	×××	×××
매출채권 및 기타채권	×××	×××
기타금융자산	×××	×××
재고자산	×××	×××
기타자산	×××	×××
유동자산 합계	×××	×××
비유동자산		
대여금 및 기타 채권	×××	×××
기타금융자산	×××	×××
관계기업투자	×××	×××
투자부동산	×××	×××
유형자산	×××	×××
무형자산	×××	×××
영 업 권	×××	×××
기타자산	×××	×××
비유동자산 합계	×××	×××
자산 총계	×××	×××
부채		
유동부채		
매입채무	×××	×××
기타금융부채	×××	×××
충당부채	×××	×××
미지급법인세	×××	×××
기타부채	×××	×××
유동부채 합계	×××	×××

비유동부채		
금융부채	×××	×××
퇴직급여부채	×××	×××
이연법인세부채	×××	×××
기타부채	×××	×××
비유동부채 합계	×××	×××
부채 총계	×××	×××
자본		
지배기업소유주지분	×××	×××
납입자본	×××	×××
이익잉여금	×××	×××
기타자본요소	×××	×××
비지배지분	×××	×××
자본 총계	×××	×××
부채와 자본 총계	×××	×××

4) 회계등식

재무상태표의 구조는 **회계등식**(accounting equation)에 의해 결정된다. 기업은 제품의 생산에 필요한 자금을 투자자와 채권자로부터 조달한 후, 그 자금으로 생산활동에 필요한 자원을 취득한다. 그리고 투자자와 채권자는 기업에 자금을 제공한 대가로 기업이 취득한 자원에 대한 청구권을 갖는다. 예를 들어, 대한중공업(주)은 주주의 출자액 10억 원과 금융기관 차입금 5억 원을 합한 15억 원으로 기업활동을 시작하였다고 가정하자. 회사는 15억 원의 자금으로 공장설비를 12억 원에, 원자재를 3억 원에 각각 취득하였다. 이 경우 대한중공업(주)이 보유하고 있는 자원은 15억 원(공장설비 12억 원＋원자재 3억 원)이고, 이 자원에 대한 주주의 청구권(또는 지분)은 10억 원, 채권자의 청구권은 5억 원이다. 따라서 기업이 보유한 자원과 그 자원에 대한 청구권은 각각 15억 원으로서 그 크기가 동일하며 다음과 같은 등식이 성립한다.

기업의 경제적 자원 ＝ 경제적 자원에 대한 청구권
＝ 채권자 청구권 ＋ 주주 청구권

위의 등식에서 기업이 보유한 경제적 자원을 회계용어로 자산(assets), 채권자 청구권을 부채(liabilities), 그리고 주주 청구권을 주주 지분 혹은 자본(owner's equity)으로 표현한다. 따라서 위의 등식을 다음과 같이 나타낼 수 있다.

자산 = 지분 = 부채 + 자본

이러한 등식을 회계등식이라고 부른다. 회계등식은 등호의 왼편에 자산을, 오른편에 부채와 자본을 표시하고 있다. 재무상태표는 회계등식의 원리에 따라 왼쪽 변인 차변에 자산을, 오른쪽 변인 대변에 부채와 자본을 표시함으로써 대차 균형을 이루고 있으므로 대차대조표(balance sheet)라고도 부른다. 이처럼 재무상태표는 회계등식의 표현방식을 이용하여 기업의 재무상태에 관한 정보를 제공한다.

예제 2-1

다음은 남문상사(주)가 20×1년, 20×2년 및 20×3년 말에 보유한 자산, 부채 및 자본에 관한 자료이다.

	자산	부채	자본
20×1년 12월 31일	₩470,000	₩(①)	₩210,000
20×2년 12월 31일	540,000	290,000	(②)
20×3년 12월 31일	(③)	310,000	350,000

| 물음 |

(1) 회계등식의 원리를 이용하여 괄호 속의 ①, ②, ③에 알맞은 숫자를 각각 계산하라.

(2) 20×1년 12월 31일부터 20×2년 12월 31일까지(1년간) 변동한 자산, 부채, 자본의 변동 금액을 각각 계산하라. 그리고 자산, 부채, 자본의 변동금액에 대해서도 회계등식이 성립함을 보여라.

| 풀이 |

(1) 회계등식의 원리에 의하여 괄호 속의 금액을 계산하면 다음과 같다.

자산 합계(470,000) = 부채 합계(①) + 자본 합계(210,000) → ① = ₩260,000

자산 합계(540,000) = 부채 합계(290,000) + 자본 합계(②) → ② = ₩250,000

자산 합계(③) = 부채 합계(310,000) + 자본 합계(350,000) → ③ = ₩660,000

(2) 20×1년 12월 31일부터 20×2년 12월 31일까지의 연간 변동금액

자산 변동금액 = 540,000 - 470,000 = ₩70,000

부채 변동금액 = 290,000 - 260,000 = ₩30,000

자본 변동금액 = 250,000 - 210,000 = ₩40,000

여기서 자산 변동금액(70,000) = 부채 변동금액(30,000) + 자본 변동금액(40,000)

따라서 회계등식 "자산 변동 = 부채 변동 + 자본 변동"이 성립한다.

마찬가지로, 20×2년 12월 31일부터 20×3년 12월 31일까지(1년간) 변동한 자산, 부채, 자본의 변동금액에 대해서도 회계등식이 성립한다.

예제 2-2

다음은 천리상사(주)가 20×1년 12월 31일에 보유하고 있는 자산, 부채 및 자본 항목을 나열한 것이다.

현금	₩ 20,000	매출채권	₩110,000
매입채무	70,000	상품	200,000
차량운반구	140,000	토지	400,000
장기차입금	300,000	자본금	340,000
소모품	10,000	이익잉여금	120,000
건물	350,000	기타자본구성요소	20,000
미지급금	30,000	미지급비용	40,000
퇴직급여채무	160,000	단기차입금	150,000

| 물음 |

(1) 20×1년 12월 31일의 자산 합계는 얼마인가?

(2) 20×1년 12월 31일의 부채 합계는 얼마인가?

(3) 20×1년 12월 31일의 자본 합계는 얼마인가?

(4) 위의 자료에 의할 경우 회계등식이 유지되는지를 보여라.

(5) 위의 자료에 의하여 20×1년 12월 31일의 재무상태표(유동 · 비유동 구분법 적용)를 작성하라.

| 풀이 |

(1) 자산 합계 = 현금 + 매출채권 + 상품 + 차량운반구 + 토지 + 소모품 + 건물
= 20,000 + 110,000 + 200,000 + 140,000 + 400,000 + 10,000 + 350,000
= ₩1,230,000

(2) 부채 합계 = 매입채무 + 장기차입금 + 미지급금 + 미지급비용 + 퇴직급여채무

재무상태표

천리상사(주) 20×1년 12월 31일 현재 (단위: 원)

자 산			부채와 자본		
유동자산			부채		
현금	20,000		유동부채		
매출채권	110,000		매입채무	70,000	
상품	200,000		단기차입금	150,000	
소모품	10,000	340,000	미지급비용	40,000	
비유동자산			미지급금	30,000	290,000
토지	400,000		비유동부채		
건물	350,000		장기차입금	300,000	
차량운반구	140,000	890,000	퇴직급여채무	160,000	460,000
			부채총계		750,000
			자본		
			자본금		340,000
			이익잉여금		120,000
			기타자본구성요소		20,000
			자본총계		480,000
자산총계		1,230,000	부채와 자본총계		1,230,000

+ 단기차입금
= 70,000 + 300,000 + 30,000 + 40,000 + 160,000 + 150,000
= ₩750,000

(3) 자본 합계 = 자본금 + 이익잉여금 + 기타자본구성요소
= 340,000 + 120,000 + 20,000
= ₩480,000

(4) 회계등식: 자산(1,230,000) = 부채(750,000) + 자본(480,000)

(5) 천리상사(주)의 20×1년도 재무상태표(유동 · 비유동 구분법 적용)는 다음과 같다.

2-2 포괄손익계산서

포괄손익계산서(statement of comprehensive income)는 일정 기간의 기업의 경영성과를 표시하며, 재무상태표와 함께 가장 기본적인 재무제표이다. 일정 기간 동안 기업의 경영성과는 포괄손익계산서에서 이익(profit)으로 요약되며, 이익은 수익에서 비용을 차감하여 계산한다.

1) 수익

수익(revenue)은 자산의 유입 또는 부채의 감소에 따라 자본의 증가를 초래하는 '특정 회계기간 동안에 발생한 경제적 효익의 증가'이다. 단, 소유주의 투자에 의한 자본 증가는 수익에서 제외한다. 수익은 기업의 정상적 영업활동에서 발생하는 매출액, 수수료수익, 이자수익, 배당금수익, 로열티수익, 임대료수익 등으로 구성된다.

이에 비하여 **차익**(gain)은 기업의 정상적 영업활동 이외의 활동에서 발생하며, 대체로 기업과 경영자의 통제범위를 벗어나는 환경요인(예: 가격상승)과 관련을 가진다. 차익의 예로는 건물 등의 처분에서 발생하는 처분이익과 금융자산의 평가로 인한 평가이익 등이 있다. 그러나 차익도 경제적 효익의 증가를 초래한다는 점에서 수익과 차이가 없다.

2) 비용

비용(expense)은 자산의 유출이나 소멸 또는 부채의 증가에 따라 자본의 감소를 초래하는 '특정 회계기간 동안에 발생한 경제적 효익의 감소'이다. 단, 소유주에 대한 분배로 인한 자본 감소는 제외한다. 비용은 기업의 정상적 영업활동에서 발생하는 매출원가, 급여, 감가상각비, 임차료, 이자비용 등으로 구성된다.

이에 비하여 **차손**(loss)은 기업의 정상적 영업활동 이외의 활동에서 발생하며, 대체로 기업과 경영자의 통제범위를 벗어나는 환경요인과 관련된다. 차손의 예로는 건물의 처분에서 발생하는 처분손실, 금융자산의 평가로 인한 평가손실, 그리고 외화차입금과 관련하여 환율 상승의 영향으로 발생하는 환산손실 등이 있다. 그러나 차손도 경제적 효익의 감소를 초래한다는 점에서는 비용과 차이가 없다.

3) 이익의 측정

이익은 일정 기간 동안 발생한 거래를 수익과 비용으로 구분하여 인식한 후, 인식된 수익에서 비용을 차감한 잔여액으로 측정한다.

이익 = 수익(차익 포함) - 비용(차손 포함)

위의 식에서 수익과 비용항목의 대부분은 당기에 실현되므로 수익합계에서 비용합계를 차감하여 **당기순손익**(profit or loss)을 인식한다. 그러나 한국채택국제회계기준에서 지정한 일부 항목은 당기손익에서 제외된다. 유형자산 재평가이익이나 매도가능금융자산평가손익 등과 같이 손익이 발생하였으나 미실현되는 손익은 당기손익에 포함되지 않는 항목으로 **기타포괄손익**(other comprehensive income)으로 분류한다. 그리고 **총포괄손익**(comprehensive income)은 당기순손익에 기타포괄손익을 가감하여 계산한다.

총포괄손익 = 당기순손익 + 기타포괄손익
(실현손익) (미실현손익)

● 표 2-2 ● 포괄손익계산서의 양식

포괄손익계산서(기능별)

제×기 20×2년 1월 1일부터 20×2년 12월 31일까지
제×기 20×1년 1월 1일부터 20×1년 12월 31일까지

회사명 (단위: 원)

	20×2년	20×1년
수익	×××	×××
매출원가	×××	×××
매출총이익	×××	×××
기타수익	×××	×××
물류비	×××	×××
일반관리비	×××	×××
마케팅비용	×××	×××
이자비용	×××	×××
기타비용	×××	×××
법인세비용차감순이익	×××	×××
법인세비용	(×××)	(×××)
계속영업이익	×××	×××
중단영업손익	×××	×××
당기순이익	×××	×××
기타포괄손익:		
매도가능금융자산평가손익	×××	×××
해외사업장환산외환차이	×××	×××
파생상품평가손익	×××	×××
재평가잉여금	×××	×××
보험수리적손익	×××	×××
기타포괄손익과 관련된 법인세	(×××)	(×××)
세후기타포괄손익	×××	×××
총포괄이익	×××	×××

예제 2-3

다음은 대양상사(주)의 20×1년에 발생한 수익과 비용 항목을 나열한 것이다.

용역수익	₩300,000	용역비용	₩125,000	이자수익	₩15,000
종업원급여	50,000	소모품비	12,000	통신비	8,000
임차료비용	33,000	운송비	16,000	임대료수익	27,000
배당금수익	30,000	이자비용	35,000	유형자산처분이익	10,000
감가상각비	25,000	광고선전비	15,000	법인세비용	16,000

| 물음 |

(1) 20×1년에 발생한 수익 합계는 얼마인가?

(2) 20×1년에 발생한 비용 합계는 얼마인가?

(3) 20×1년의 당기순이익은 얼마인가?

(4) 위의 자료에 의하여 20×1년의 포괄손익계산서를 작성하라.

| 풀이 |

(1) 수익 합계 = 용역수익 + 이자수익 + 임대료수익 + 배당금수익
+ 유형자산처분이익
= 300,000 + 15,000 + 27,000 + 30,000 + 10,000
= ₩382,000

(2) 비용 합계 = 용역비용 + 종업원급여 + 소모품비 + 통신비 + 임차료비용
+ 운송비 + 이자비용 + 감가상각비 + 광고선전비 + 법인세비용
= 125,000 + 50,000 + 12,000 + 8,000 + 33,000 + 16,000 + 35,000
+ 25,000 + 15,000 + 16,000
= ₩335,000

(3) 당기순이익 = 수익 합계 - 비용 합계 = 382,000 - 335,000 = ₩47,000

(4) 대양상사(주)의 20×1년도 포괄손익계산서는 다음과 같다.

포괄손익계산서

대양상사(주)	20×1년 1월 1일부터 20×1년 12월 31일까지	(단위: 원)
Ⅰ. 수익		
용역수익	300,000	
이자수익	15,000	
임대료수익	27,000	
배당금수익	30,000	
유형자산처분이익	10,000	382,000
Ⅱ. 비용		
용역비용	125,000	
종업원급여	50,000	
소모품비	12,000	
통신비	8,000	
임차료비용	33,000	
운송비	16,000	
이자비용	35,000	
감가상각비	25,000	
광고선전비	15,000	
법인세비용	16,000	(335,000)
Ⅲ. 당기순이익		47,000

2-3 자본변동표

자본변동표(statement of changes in equity)는 일정 기간 동안 발생한 자본(또는 소유주 지분)의 변동 내역을 표시하는 재무제표이다. 자본변동표는 자본의 구성요소별로 기초 잔액, 변동사항, 기말 잔액 등을 표시하여 자본의 각 구성요소가 어떻게 변동하였는지를 보여준다. 한국채택국제회계기준의 규정에 따라 작성한 자본변동표의 양식은 본서의 〈부록 3〉을 참고하기 바란다.

2-4 현금흐름표

재무상태는 기업의 특정 시점의 재무상태에 관한 정보를 제공하고, 포괄손익계산서는 일정 기간 동안 기업의 경영성과 정보를 제공한다. 그러나 이들 재무제표는 기업의 현금흐름에 관한 정보를 제공해 주지 못한다. **현금흐름표**(statement of cash flow)는 기업의 현금흐름을 영업활동으로부터 조달 혹은 사용한 현금흐름, 투자활동으로부터 조달 혹은 사용한 현금흐름, 재무활동으로부터 조달 혹은 사용한 현금흐름의 세 가지로 구분하여 보고한다. 한국채택국제회계기준의 규정에 따라 작성한 현금흐름표의 양식은 본서의 〈부록 3〉을 참고하기 바란다.

2-5 주석

정보이용자의 의사결정에는 양적 정보뿐만 아니라 질적 정보도 유용성을 갖는다. 지금까지 설명한 재무제표는 양적 정보만 제공하고 있다. **주석**(footnotes)은 재무제표에 표시되는 항목에 관한 설명이나 금액의 세부내역, 재무제표에 표시되지 않는 항목에 관한 추가적인 정보 등을 재무제표에 첨부된 별지(別紙)에 서술식 혹은 도표 형식으로 기술한 것을 말한다.

주석은 재무제표 이용자가 재무제표를 이해하고 다른 기업의 재무제표와 비교하는 데 도움을 줄 수 있도록 다음과 같은 정보를 제공한다.

① 재무제표가 한국채택국제회계기준을 준수하였다는 사실
② 적용한 주요 회계정책의 요약
③ 재무제표 항목에 대한 보충정보
④ 다음을 포함한 기타 공시항목
- 우발부채와 재무제표에서 인식하지 않은 계약상 약정사항
- 비재무적 공시항목, 예를 들어 기업의 재무위험 관리목적과 정책

제3절 재무제표의 연계성

재무상태표는 특정 시점의 재무상태를 나타내는 재무제표이다. 이에 반해 포괄손익계산서는 일정 기간의 경영성과를 표시하는 재무제표이고, 현금흐름표는 일정 기간의 현금의 변화를 나타내는 재무제표이며, 자본변동표는 일정 기간의 자본항목의 변동내역을 설명하는 재무제표이다. 재무상태표는 기초와 기말이라는 특정 시점에서 기업이 보유하고 있는 자원의 저량(stock)을 표시하는 반면, 나머지 세 가지 재무제표는 일정 기간을 단위로 측정된 자원의 유량(flow)을 표시한다.

이러한 상이한 성격의 네 가지 재무제표는 상호 간의 연계성을 가지고 있다. 다시 말해서 재무제표는 각각 일정한 재무항목을 연결고리로 하여 서로 긴밀한 관계를 맺고 있다. 예를 들어, 기초 재무상태표의 자본에 자본변동표의 자본 순증가를 가산한 금액이 기말 재무상태표의 자본과 일치한다. 자본 증가의 주요 원천인 이익은 포괄손익계산서에 표시되어 있으며, 주주의 추가 출자도 자본을 증가시키는 요소이다. 자본 감소의 주요 원천은 주주에 대한 배당이며, 자본변동표에 표시된다. 그리고 기초 재무상태표의 현금에 현금흐름표의 현금 순증가를 가산한 금액이 기말 재무상태표의 현금과 일치한다.

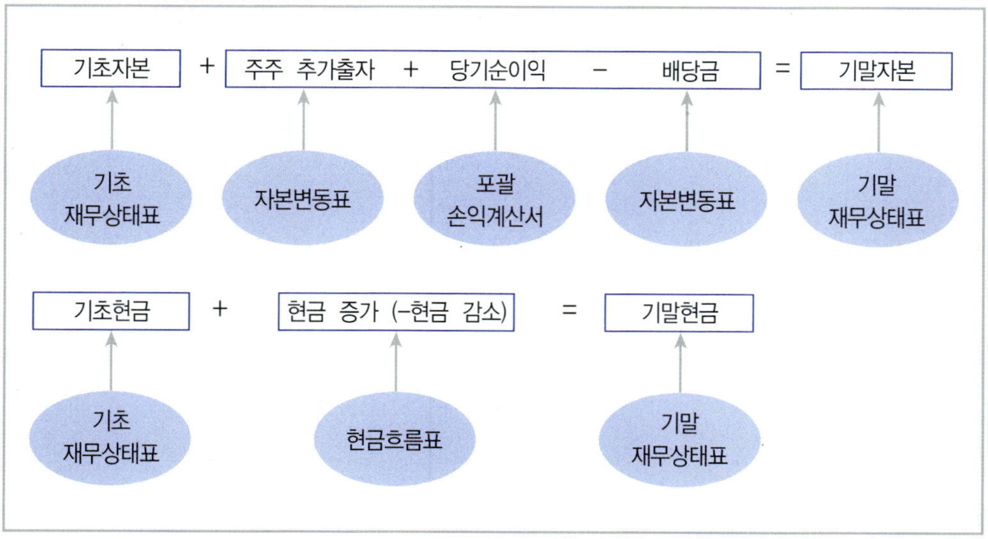

● 그림 2-2 ● 재무제표의 연계성

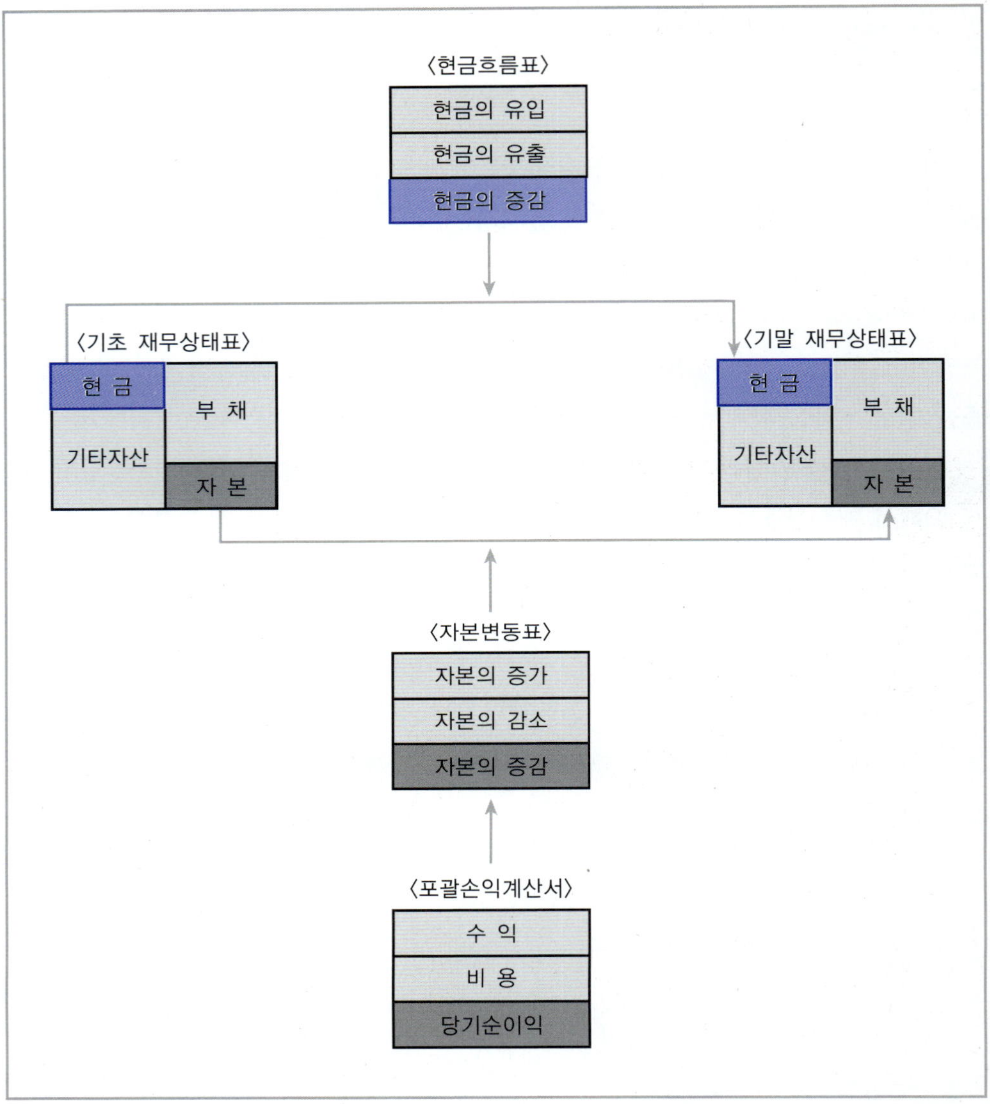

익 / 힘 / 문 / 제

1. 재무보고의 목적을 설명하라.
2. 유용한 재무정보의 질적 특성을 설명하라.
3. 목적적합성의 의의와 구성요소를 설명하라.
4. 충실한 표현의 의의와 구성요소를 설명하라.
5. 재무보고와 재무제표의 차이를 설명하라.
6. 자산과 부채 및 자본은 재무상태표의 구성요소이다. 이를 각각 설명하라.
7. 수익과 비용은 포괄손익계산서의 구성요소이다. 이를 각각 설명하라.
8. 재무제표의 종류를 설명하라.
9. 재무상태표 작성원리는 회계등식에 근거를 두고 있다. 회계등식을 설명하라.
10. 자산과 부채를 재무상태표에 표시하는 방법으로 유동 · 비유동 구분법이 있다. 이를 설명하라.

연 / 습 / 문 / 제

2-1 기본개념의 이해

아래의 빈칸에 알맞은 단어나 문구를 기입하라.

(1) 재무보고의 목적은 현재 및 잠재적 투자자와 채권자가 기업에 자원을 제공하는 것에 대한 의사결정을 할 때 해당 기업에 관한 (　　　)를 제공하는 것이다.

(2) 위탁받은 자본의 안전한 보전과 효율적인 활용에 관한 결과를 투자자 등에게 보고해야 하는 경영자의 책임을 (　　　)이라고 한다.

(3) 정보가 유용하기 위해서는 이용자의 의사결정에 목적적합해야 한다. 목적적합성은 정보가 (　　　)와 확인가치 및 (　　　)이 있다는 것이다.

(4) 정보를 충실하게 표현하기 위해서는 (　　　)하고 (　　　)이며 오류가 없는 표현이어야 한다.

(5) (　　　)은 과거 사건의 결과로서 기업이 통제하고 있고 미래 경제적 효익이 유입될 것으로 기대되는 자원이다.

(6) (　　　)는 과거 사건에 의하여 발생하였고 미래에 경제적 효익이 내재된 자원을 유출 또는 사용해야 할 것으로 기대되는 현재 의무이다.

(7) 기업의 경제적 자원은 경제적 자원에 대한 청구권과 동일하며 청구권은 (　　　)과 (　　　)으로 구분된다. 즉, 자산은 (　　　)와 (　　　)의 합과 일치하는데 이러한 등식을 (　　　)이라 한다.

(8) 자산 중에서 (　　　)은 기업의 영업주기(또는 12개월) 내에 판매되거나 소비될 것으로 기대되는 자산이다.

(9) 한국채택국제회계기준은 자본을 (　　　), (　　　), 그리고 기타자본구성요소로 분류한다.

(10) 이익은 인식된 (　　　)에서 (　　　)을 차감한 잔여액으로 측정한다.

(11) (　　　)는 기업의 특정 시점의 재무상태에 관한 정보를 제공하는 재무제표이다.

(12) (　　　)는 일정 기간 기업의 경영성과를 나타내는 재무제표이다.

(13) (　　　)는 기업의 일정 기간의 현금흐름에 관한 정보를 제공한다.

(14) (　　　)는 자본의 크기와 그 변동에 관한 정보를 제공한다.

(15) ( )은 재무제표에 표시되는 항목에 관한 설명이나 금액의 세부내역, 재무제표에 표시되지 않는 항목에 관한 추가적인 정보 등을 재무제표에 첨부된 별지에 서술식 혹은 도표 형식으로 기술한 것을 말한다.

2-2 유용한 회계정보의 질적 특성

다음은 회계정보의 질적 특성에 관한 내용이다. 어떤 특성과 관련되는 내용인지 아래의 보기에서 선택하여 연결하라.

〈보기〉

(a) 예측가치	(b) 확인가치	(c) 중요성
(d) 완전한 표현	(e) 중립적인 표현	(f) 오류 없는 표현

(1) 정보이용자의 당초 기대 또는 예측치를 확인(예: 과거의 예측이 적절했는지 확인) 또는 수정함으로써 추후의 의사결정에 도움을 준다.

(2) 숫자로 표현된 정보가 기업이 처한 상황을 충분히 설명하지 못한다면 정보가 충실히 표현되지 않으므로 숫자가 아닌 말(예: 주석으로 별도 설명)로 보충한다.

(3) 정보 작성 시 어느 특정 이해관계자 집단에 유리하도록 정보를 선택적으로 포함시키거나 강조해서는 안 된다.

(4) 중요한 유형자산의 보유현황에 대하여 주석에 추가적으로 공시하고 부속명세서를 작성하여 제시한다.

(5) 의사결정 시점에서 과거 및 현재의 사건이 향후 어떤 결과를 초래할 것인지 판단하는데 도움을 준다.

(6) 회사의 규모가 매우 크기 때문에 재무제표를 10만 원 금액 단위로 작성하고 10만 원 이하의 항목은 다른 항목과 통합하여 표시하였다.

(7) 정보이용자의 의사결정에 영향을 줄 수 있는 정보를 누락이나 오류 없이 제공한다.

(8) 관찰 불가능한 가격의 추정이 정확한지 판단하기 어려운 경우, 가격 추정절차의 성격과 한계에 대하여 명확하게 설명하며 그 추정치를 도출하기 위한 적절한 절차를 적용한다.

(9) 정보가 누락되거나 잘못 기재된 경우 그러한 정보가 정보이용자의 경제적 의사결정에 영향을 준다.

(10) 특정 정보이용자가 해당 정보를 불리하게 받아들이도록 편파적으로 강조하거나 경시하는 정보에는 편의가 존재한다.

2-3 재무제표의 요소

다음은 재무제표의 구성요소에 대한 설명이다. 어떤 구성요소에 대한 설명인지 아래 보기에서 선택하여 연결하라.

〈보기〉

(a) 자산 (b) 부채 (c) 자본 (d) 수익 (e) 비용

(1) 기업의 자산에서 모든 부채를 차감한 후의 잔여 지분이다.
(2) 과거 사건의 결과로 기업이 통제하고 있고 미래 경제적 효익이 유입될 것으로 기대되는 자원이다.
(3) 자산의 유출이나 소멸 또는 부채의 증가에 따라 자본의 감소를 초래하는 특정 회계기간 동안에 발생한 경제적 효익의 감소이다.
(4) 과거 사건에 의하여 발생하였으며 경제적 효익을 갖는 자원이 기업으로부터 유출됨으로써 이행될 것으로 기대되는 현재 의무이다.
(5) 자산의 유입이나 증가 또는 부채의 감소에 따라 자본의 증가를 초래하는 특정 회계기간 동안에 발생한 경제적 효익의 증가이다.

2-4 재무제표의 종류

다음은 재무제표의 종류에 대한 설명이다. 어떤 재무제표에 대한 설명인지 아래 보기에서 선택하여 연결하라.

〈보기〉

(a) 재무상태표 (b) 포괄손익계산서 (c) 자본변동표 (d) 현금흐름표 (e) 주석

(1) 기업의 일정 기간의 경영성과를 보여주는 재무제표이다.

(2) 기업의 일정 기간의 현금흐름에 관한 정보를 제공하는 재무제표이다.
(3) 재무제표에 표시된 항목에 대한 구체적인 설명이나 세분화된 정보 등을 표시하는 재무제표의 구성요소이다.
(4) 기업의 특정 시점에서의 재무상태를 보여주는 재무제표이다.
(5) 기업의 일정 기간의 자본변동 내역을 보여주는 재무제표이다.

2-5 회계등식(I)

다음은 독립적인 세 개의 기업의 자료를 열거한 것이다. 회계등식의 원리에 따라 위의 빈칸에 알맞은 금액을 기입하라.

	자산	부채	자본
은하수전자(주)	₩ 500,000	₩(①)	₩200,000
미리내화학(주)	(②)	350,000	300,000
오리온건설(주)	1,200,000	400,000	(③)

2-6 회계등식(II)

다음은 독립적인 세 개 기업의 자료를 세로로 열거한 것이다. 회계등식의 원리에 따라 위의 빈칸에 알맞은 금액을 기입하라.

	대동강(주)	영산강(주)	두만강(주)
현금	₩ 15,000	₩25,000	₩100,000
외상매출금	(①)	350,000	600,000
상품	200,000	500,000	350,000
차량운반구	400,000	245,000	1,200,000
외상매입금	255,000	150,000	450,000
장기차입금	300,000	400,000	(③)
자본금	500,000	(②)	1,000,000

2-7 회계등식(III)

다음은 타이거식품(주)의 20×1년 12월 31일 현재 재무자료이다. 회계등식에 의할 경우, 타이거식품(주)의 자본금은 얼마인가?

현금	₩100,000	외상매입금	₩ 350,000
단기차입금	400,000	건물	1,200,000
미지급비용	150,000	외상매출금	400,000
미지급금	180,000	자본금	?
장기차입금	800,000	상품	320,000

2-8 재무제표의 작성

다음 자료는 인도양개발(주)의 20×1년도와 20×2년도의 포괄손익계산서와 재무상태표이다. 빈칸에 알맞은 금액을 기입하라.

	20×1년	20×2년
〈포괄손익계산서〉		
수익	₩32,200	₩48,200
비용	26,800	(②)
당기순이익	(①)	20,800
〈재무상태표〉		
자산	₩58,300	₩(④)
부채	16,500	17,400
자본	(③)	60,600

2-9 재무상태표의 작성(I)

다음은 도투락상사(주)의 20×1년 12월 31일 현재 재무자료이다.

현금	₩28,200	자본금	₩140,000	외상매입금	₩ 58,400
이익잉여금	70,800	미지급비용	15,200	토지	120,000
비품	15,800	건물	270,000	장기차입금	245,200
외상매출금	63,600	상품	32,000		

| 물음 |

(1) 위의 자료를 사용하여 자산, 부채, 자본 합계를 각각 계산하라.

(2) 위의 자료를 사용하여 재무상태표를 작성하라.

2-10 재무상태표의 작성(II)

다음은 아시아식품(주)의 20×1년 12월 31일 현재 재무자료이다.

미지급운임	₩ 1,500	외상매출금	₩ 4,500
현금	3,200	외상매입금	27,400
차량운반구	8,900	단기차입금	45,000
건물	16,800	자본금	40,000
미지급급여	400	단기금융자산	28,100
기계장치	13,500	미지급법인세	4,200
이익잉여금	27,400	퇴직급여채무	30,000
토지	85,000	상품	18,300
미수이자	800	장기차입금	23,400
투자부동산	35,700	기타자본구성요소	15,500

| 물음 |

(1) 위의 자료를 사용하여 자산, 부채, 자본 합계를 각각 계산하라.

(2) 위의 자료를 사용하여 재무상태표를 작성하라.

2-11 포괄손익계산서의 작성(I)

크리닝플라자(주)의 20×1년 1월 1일부터 1월 31일까지의 수익과 비용에 관한 재무자료는 다음과 같다.

용역수익	₩218,000	원재료비	₩65,000
종업원급여	40,000	통신비	8,000
광고선전비	15,000	운송비	16,000
임차료	7,000	감가상각비	25,000
이자수익	12,000	이자비용	15,000
법인세비용	10,000		

| 물음 |

(1) 20×1년 1월에 발생한 수익 합계는 얼마인가?

(2) 20×1년 1월에 발생한 비용 합계는 얼마인가?

(3) 20×1년 1월의 당기순이익은 얼마인가?

(4) 위의 자료에 의하여 20×1년 1월의 포괄손익계산서를 작성하라.

2-12 포괄손익계산서의 작성(II)

신기루화학(주)의 20×1년 1월 1일부터 1월 31일까지의 수익과 비용에 관한 재무자료는 다음과 같다.

매출원가	₩640,000	이자비용	₩ 35,000
대손상각비	12,000	보험료	20,000
종업원급여	130,000	이자수익	24,000
세금과 공과금	8,000	감가상각비	100,000
광고선전비	30,000	매출액	1,200,000
법인세비용	15,000	유형자산처분손실	21,000

| 물음 |

(1) 20×1년 1월에 발생한 수익 합계는 얼마인가?

(2) 20×1년 1월에 발생한 비용 합계는 얼마인가?

(3) 20×1년 1월의 당기순이익은 얼마인가?

(4) 위의 자료에 의하여 20×1년 1월의 포괄손익계산서를 작성하라.

2-13 재무제표의 연계성(I)

아래 제시된 물음은 상호 간 독립적이다. 기중에 주주의 추가출자나 주주에 대한 배당은 없는 것으로 가정한다.

| 물음 |

(1) 기초자본이 ₩250,000, 당기순이익이 ₩80,000이면 기말자본은 얼마인가?

(2) 기초자본이 ₩1,200,000, 총수익이 ₩2,800,000, 총비용이 ₩2,150,000이면 기말자본은 얼마인가?

(3) 기초자본이 ₩600,000, 기말자본이 ₩800,000, 총비용이 ₩1,500,000이면 총수익은 얼마인가?

(4) 기초자본이 ₩120,000, 총수익이 ₩150,000, 당기순손실이 ₩30,000이면 기말자본은 얼마인가?

(5) 총수익이 ₩1,800,000, 총비용이 ₩1,450,000, 기말자본이 ₩600,000이면, 기초자본은 얼마인가?

2-14 재무제표의 연계성(II)

아래 제시된 물음은 상호 간 독립적이다.

| 물음 |

(1) 기초자본이 ₩2,300,000, 당기순이익이 ₩1,200,000, 배당금 지급액이 ₩700,000이면 기말자본은 얼마인가?

(2) 기초자본이 ₩1,250,000, 당기순이익이 ₩350,000, 주주 추가출자액이 ₩600,000이면 기말자본은 얼마인가?

(3) 기초자본이 ₩800,000, 당기순손실이 ₩200,000, 주주 추가출자액이 ₩350,000이면 기말자본은 얼마인가?

(4) 기초자본이 ₩1,080,000, 총수익이 ₩720,000, 총비용이 ₩480,000, 주주 추가출자액이

₩360,000이면 기말자본은 얼마인가?

(5) 기초자본이 ₩700,000, 총수익이 ₩600,000, 총비용이 ₩400,000, 주주 추가출자액이 ₩350,000, 배당금 지급액이 ₩150,000이면 기말자본은 얼마인가?

2-15 재무제표의 연계성(Ⅲ)

아래 제시된 표의 빈칸에 적합한 금액을 기입하라.

회사명	기초자산	기초부채	기말자산	기말부채	총수익	총비용	배당금
오대양(주)	₩5,400	₩3,600	₩5,800	①	₩4,000	₩2,400	₩1,300
육대주(주)	②	2,700	3,500	2,800	4,500	2,600	1,500
태평양(주)	6,800	3,000	3,200	2,000	③	1,800	1,600

제3장

회계거래의 기록

본 장에서는 거래의 본질과 구체적인 거래의 기록에 대하여 학습한다. 거래가 발생하면 장부에 기록해야 하는데, 회계상 거래로 판단되는 것만이 기록의 대상이 된다. 따라서 거래를 기록하기 전에 먼저 그 거래가 회계상 거래인지 여부를 확인하는 단계가 필요하다. 본 장에서는 거래의 본질을 살펴보고 회계등식을 이용한 거래의 기록방법을 설명한다. 그리고 실무에서 거래 기록의 수단이 되는 계정과 거래의 최초 기록에 해당되는 분개에 대하여 설명한다.

| 제1절 | 거래의 본질

1-1 거래의 정의와 식별

1) 거래의 정의

회계는 '정보이용자들이 기업에 관한 합리적 의사결정을 할 수 있도록 기업의 재무상태와 경영성과에 관한 정보를 제공하기 위하여 거래나 사건을 측정하여 보고하는 정보시스템'이다. 따라서 측정 및 보고대상은 기업과 관련하여 발생한 거래(transactions)나 기타 사건이다.

우리가 일상적으로 이해하고 있는 거래는 회계적 거래와 개념상으로 차이가 있다. 일상적인 거래는 경제행위의 주체인 기업 상호 간 혹은 기업과 개인 간에 이루어지는 재화나 용역의 매매 혹은 계약행위이다. 그러나 **회계적 거래**는 기업의 재무상태와 경영성과에 영향을 미치는 경제적 사건으로 정의한다. 여기서 재무상태는 일정 시점의 자산, 부채 및 자본의 크기와 구성을 의미하고, 경영성과는 일정 기간 동안의 이익으로 표현된다. 그리고 이익은 자산과 부채의 증감을 수반하기 때문에 궁극적으로 기업의 자본을 증가시키는 원천이다. 다시 말하면, 회계적 거래는 기업의 '자산, 부채, 혹은 자본에 영향을 미치는 경제적 사건'이다.

기업의 자산, 부채, 자본 중 하나 이상의 변동을 초래하는 경제적 사건에는 기업 상호 간 혹은 기업과 개인 간에 이루어지는 재화와 용역의 매매 혹은 계약행위가 주를 이루지만 기업이 통제할 수 없는 외부환경의 변화도 포함된다. 예를 들어, 자산의 시장가격이 변동하면 자산평가손익이 발생하며, 화재나 자연재해(홍수, 지진, 태풍, 가뭄, 동식물에 의한 부식 등)가 발생하면 자산이 소멸되거나 손상되기도 한다. 또한 급격한 기술 진보로 인해 자산이 진부화됨으로써 자산가치가 하락할 수도 있다. 이러한 기업 외부환경의 변화는 일상적인 거래에 해당되지 않지만 자산, 부채, 자본의 변동을 수반하므로 회계적 거래에는 포함된다.

또한 자산의 사용을 통해서도 자산의 가치가 감소할 수 있다. 건물, 기계장치 등의 유형자산은 기업의 생산 및 판매활동에 사용함에 따라 노후되고 마모되어 그 가치가 감소한다. 유형자산의 가치 감소를 감가상각(depreciation)이라 부르는데, 감가상각은 기업 상호 간 혹은 기업과 개인 간에 이루어지는 재화와 용역의 매매행위는 아니지만 기업의 자산 및 자본에 영향을 미치기 때문에 회계적 거래에 포함된다.

한편, 회계에서는 기업 상호 간 혹은 기업과 개인 간에 이루어지는 재화나 용역의 매매 및 계약행위라 하더라도 이를 전부 회계적 거래로 보지는 않는다. 예를 들어, 재화와 용역의 매매를 위한 계약만 체결되었을 뿐 구매나 제조가 이루어지지 않은 상태에서는 기업의 재무상태와 경영성과에 미치는 영향을 신뢰성 있게 측정할 수 없기 때문에 회계적 거래로 간주하지 않는다. 다만 그 계약이 취소불능계약이어서 의무를 이행하지 않을 경우 상당한 위약금을 지급해야 한다면 미래에 자산 및 부채 변동에 영향을 줄 수 있기 때문에 회계적 거래로 분류해야 한다.

> 거래(transaction)는 기업의 자산, 부채, 자본 중 한 가지 이상의 변동을 초래하는 경제적 사건이다.

2) 거래의 식별

어떤 경제적 사건이 회계적 거래가 될 수 있는지 그 여부를 선별하는 것을 거래의 **식별**(identification)이라고 한다. 결론적으로 자산, 부채 혹은 자본의 변동을 초래하는 경제적 사건만이 회계적 거래로 식별된다.

경제적 사건이 회계상 거래로 식별되기 위해서는 그것이 기업의 자산, 부채 혹은 자본의 변동을 초래해야 하기 때문에 그 경제적 사건으로 인해 영향을 받는 항목이 재무제표 요소의 인식기준을 충족해야 한다. 여기서 **인식**(recognition)이란 재무제표 요소의 정의에 부합하고 인식기준을 충족하는 항목을 재무제표에 반영하는 과정을 말한다. 즉, 경제적 사건에 수반된 특정 항목이 재무제표 요소의 정의에 부합하고 인식기준을 충족하면 화폐단위로 측정된 후 적절한 과목명을 부여하여 재무제표에 기록한다.

재무제표 요소의 인식기준은 재무제표 요소의 정의에 부합하는 항목이 다음의 두 가지 요건을 충족하는 것이다.

① 미래 경제적 효익의 발생가능성: 당해 항목과 관련된 미래 경제적 효익이 기업에 유입 혹은 유출될 가능성이 높다.
② 측정의 신뢰성: 당해 항목의 원가 또는 가치를 신뢰성 있게 측정할 수 있다.

예를 들어, 상품의 외상판매라는 경제적 사건이 회계적 거래로 식별될 수 있는지를 검토해 보자. 상품의 외상판매로 인하여 발생하는 항목은 매출채권과 매출이다. 매출채권은 자산항목이고, 매출은 수익항목이다.

먼저 재무제표 요소의 정의에 대한 부합 여부를 검토한다. 제2장에서 설명한 바와 같이, 자산은 '과거 사건의 결과로서 기업이 통제하고 있고 미래 경제적 효익이 유입될 것으로 기대되는 자원'으로 정의된다. 상품의 외상판매로 인한 매출채권은 미래에 회수되어 현금이라는 경제적 효익을 창출할 수 있으므로 자산의 정의에 부합한다. 그리고 수익은 '자산의 유입이나 가치 증가, 또는 부채의 감소에 따라 자본의 증가를 초래하는 일정 회계기간 동안에 발생한 경제적 효익의 증가'로 정의된다. 상품의 외상판매로 인하여 매출채권이라는 자산이 기업에 유입되었으므로 매출은 수익의 정의에 부합한다.

인식기준의 첫째 요건인 미래 경제적 효익의 유입가능성이 충족되는지 살펴보면, 당해 외상판매거래가 정상적인 것이라면 일반적으로 매출채권의 회수를 통하여 현금이 창출될 확률이 매우 높은 상태에 있으므로 첫째 요건은 충족된다. 둘째 요건은 측정의 신뢰성이다. 매출채권과 매출이라는 항목은 이미 확정된 금액으로 측정될 수 있으므로 둘째 요건이 충족된다. 따라서 상품의 외상판매라는 경제적 사건은 두 가지 인식요건을 충족하므로 회계적 거래로 식별한다.

한편, 상품의 매매계약을 체결하거나 설비자산의 구입 주문을 내는 행위는 일상적 거래로 간주할 수 있지만 회계적 거래는 될 수 없다. 왜냐하면, 구매자 입장에서 상품 등이 최종적으로 완성·판매되어 미래 경제적 효익이 기업에 유입될지의 여부가 불확실하고, 판매자 입장에서 상품 등이 구매자에게 인도되고 판매대금이 유입될지의 여부가 불확실하기 때문이다.[1)]

1-2 거래의 이중성

거래를 식별한 다음에는 그것을 회계장부에 기록해야 한다. 거래를 회계장부에 기록하는 것을 기장(記帳)이라 한다. 자산 · 부채 · 자본의 변동을 가져오는 회계상 거래는 항상 거래의 원인에 해당하는 요소와 거래의 결과에 해당하는 요소를 동시에 가지고 있다. 이러한 거래의 속성을 **거래의 이중성**이라고 하는데, 기장은 거래의 이중성을 반영하여 반드시 회계등식이 유지되도록 하여야 한다.

회계등식의 좌변과 우변에 거래를 이중으로 기록함으로써 회계등식의 균형을 유지시키는 기록방법을 복식부기라고 한다. **복식부기**(double-entry bookkeeping system)는 단일의 거래를 이중으로 기록하는 방법으로서 르네상스 시대(1494년)에 이탈리아의 수도사인 파치올리(Pacioli)에 의해 집대성되었다. 거래의 이중성을 이용하는 복식부기의 원리는 다른 어떤 기록방법보다 우수한 것으로 널리 인정되고 있다. 복식부기의 우수성은 지금까지 약 500여 년이라는 오랜 시간의 검증을 통해 변함없이 기업의 회계실무에서 사용되어 오고 있다는 점에 의해서도 입증되고 있다.[2)]

거래의 이중성과 복식부기의 원리를 보다 구체적으로 살펴보자. 예를 들어, 상품 10,000원을 외상으로 매입한 거래를 분석해 보면, 상품의 매입이라는 '자산의 증가' 요소(원인)와 외상매입금의 발생이라는 '부채의 증가' 요소(결과)가 동시에 포함되어 있다.

• 상품 10,000원을 외상으로 매입하다.

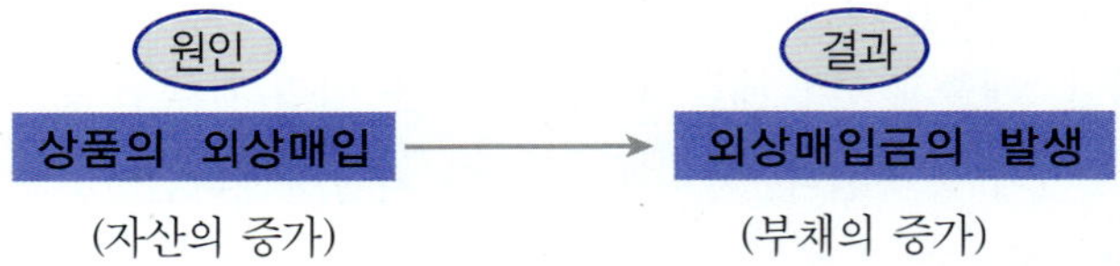

---

1) 이처럼 계약당사자가 이행해야 할 의무를 아직 이행하지 않은 상태에 있는 계약을 미이행계약(executory contracts)이라고 부른다.

2) 독일의 철학자이자 대문호인 괴테(Johann von Goethe)는 "복식부기는 인간의 지성이 창조한 가장 훌륭한 발명품 중의 하나"라고 격찬하였다. 복식부기는 오늘날 대부분의 기업, 관공서 혹은 대규모 비영리단체에서 사용하고 있다.

이제 10,000원에 사들인 상품을 12,000원에 현금으로 판매한 거래를 분석해 보자. 여기에는 상품의 판매라는 '자산의 감소' 요소 및 매출수익의 발생이라는 '수익의 발생' 요소(원인)와 동시에 현금의 유입이라는 '자산의 증가' 요소(결과)가 포함되어 있다.

• 상품 10,000원을 12,000원에 현금으로 판매하다.

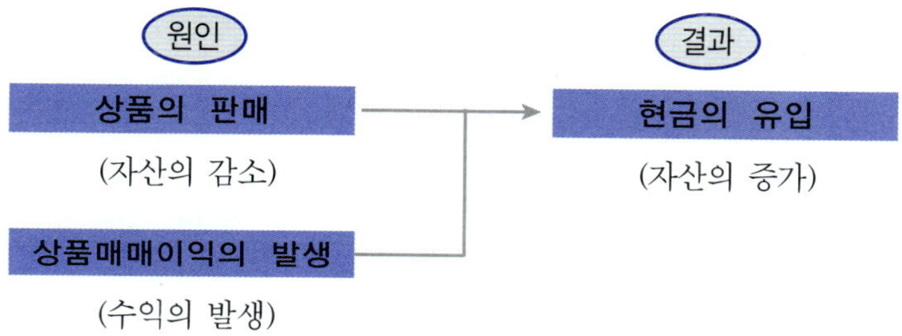

이와 같이 거래의 이중성이란 특정 거래가 원인요소와 결과요소를 동시에 가지고 있다는 속성이다. 거래의 원인과 결과가 재무제표에 영향을 주는 경우의 수는 [그림 3-1]과 같이 여덟 가지가 있다. 이를 거래의 8요소라 한다. 거래의 8요소는 차변요소 네 개와 대변요소 네 개로 구성되어 있다.

● 그림 3-1 ● 거래의 8요소

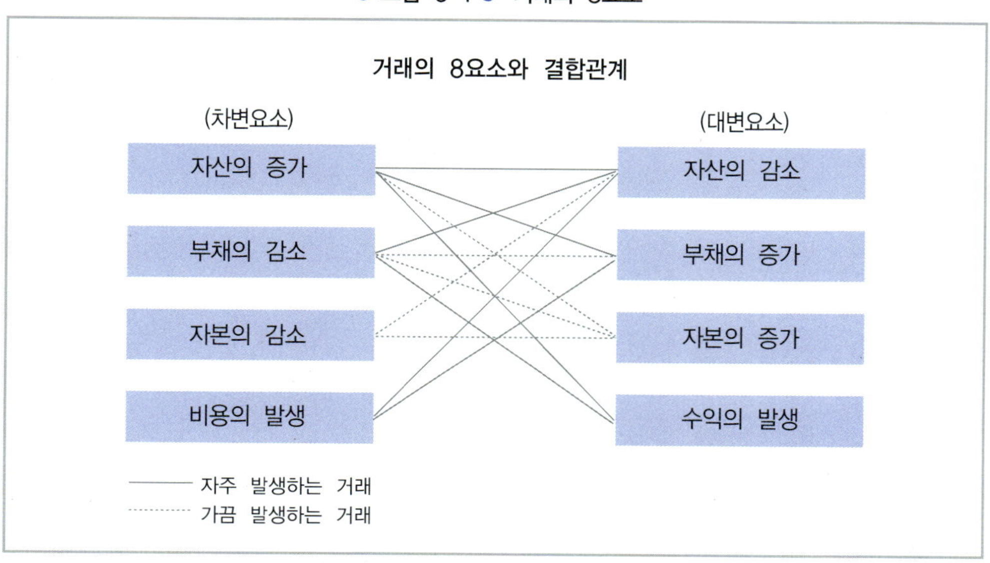

자산의 증가와 관련된 거래요소의 결합관계를 보여주는 사례는 [그림 3-2], 그리고 자산의 감소와 관련된 거래요소의 결합관계를 보여주는 사례는 [그림 3-3]과 같다.

● 그림 3-2 ● 자산의 증가와 관련된 거래요소의 결합관계

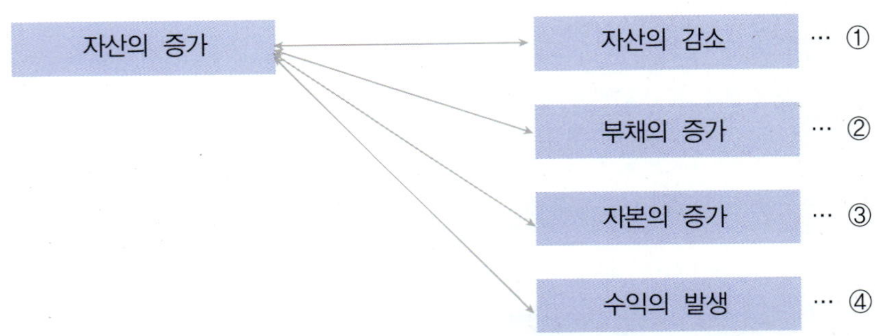

[사례]

① 상품 10,000원을 현금으로 매입하다.
자산(상품)의 증가 10,000 ↔ 자산(현금)의 감소 10,000

② 기계 50,000원을 외상으로 매입하다.
자산(기계)의 증가 50,000 ↔ 부채(미지급금)의 증가 50,000

③ 현금 80,000원을 출자하여 창업하다.
자산(현금)의 증가 80,000 ↔ 자본(자본금)의 증가 80,000

④ 대여금 이자 5,000원을 현금으로 수취하다.
자산(현금)의 증가 5,000 ↔ 수익(이자수익)의 발생 5,000

● 그림 3-3 ● 자산의 감소와 관련된 거래요소의 결합관계

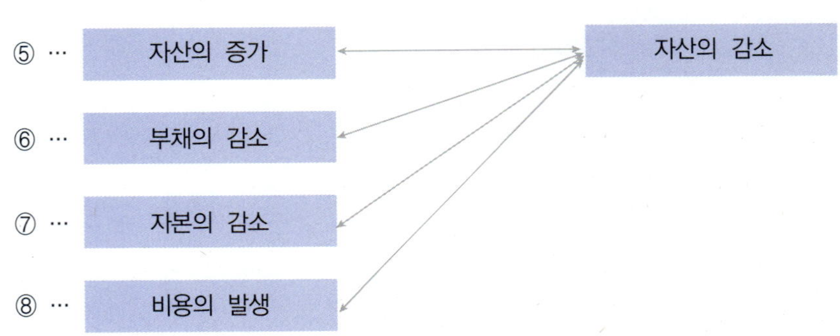

[사례]

⑤ 비품 30,000원을 현금으로 매입하다.
자산(비품)의 증가 30,000 ↔ 자산(현금)의 감소 30,000

⑥ 단기차입금 40,000원을 현금으로 상환하다.
부채(단기차입금)의 감소 40,000 ↔ 자산(현금)의 감소 40,000

⑦ 기업주가 자본금 50,000원을 현금으로 인출하다.
자본(자본금)의 감소 50,000 ↔ 자산(현금)의 감소 50,000

⑧ 종업원 급여 20,000원을 현금으로 지급하다.
비용(급여)의 발생 20,000 ↔ 자산(현금)의 감소 20,000

| 제2절 | 회계등식을 이용한 거래의 분석

거래의 발생은 기업의 자산 · 부채 · 자본에 영향을 미치며, 거래의 이중성에 근거를 둔 회계등식의 틀에 의해 분석 · 기록될 수 있다. 회계등식의 틀에 의해 거래의 효과를 분석 및 기록할 수 있는 능력은 회계정보를 이해하는 데 필수적이다. 지금부터 한강기획(주)의 사례를 들어 구체적으로 설명해 보자.

한강기획(주)은 광고대행업을 목적으로 20×1년 10월 1일 설립되었다. 설립 후 발생한 거래는 다음과 같다.

거래 1: 소유주의 출자

10월 1일, 한강기획(주)의 창업자는 현금 100,000원을 출자하여 한강기획(주)을 설립하였다.

① 거래의 효과 분석

거래에 의하여 한강기획(주)이라는 기업실체에는 현금 100,000원이 유입(증가)되고, 자본금 100,000원이 증가하였다. 즉, 현금이라는 자산이 증가하고, 자본금이라는 자본이 증가하였다. 여기서 중요한 개념은 한강기획(주)의 설립자(또는 소유주) 개인과 한강기획(주)이라는 기업실체(entity)는 별개라는 것이다. 그리고 자본을 증가시킨 원천은 소유주의 투자(즉, 출자)로서 수익이 아니다. 따라서 본 거래는 당기순이익의 결정요인이 아니므로 자본에 미치는 효과를 이익잉여금으로 분류할 수 없다.

② 회계등식을 이용한 거래의 기록

자 산	=	부 채	+	자 본
현금				자본금
+₩100,000				+₩100,000

위와 같이 거래의 효과를 반영하면 회계등식의 양쪽은 각각 100,000원으로서 등식관계가 유지되고 있다.

거래 2: 업무용 토지의 외상 취득

10월 2일, 한강기획(주)은 업무용 토지를 25,000원에 취득하였다. 대금은 6개월 후에 지급하기로 합의하였다.

① 거래의 효과 분석

거래 결과 토지가 25,000원 증가하고, 미지급금(외상)이 25,000원 증가하였다. 즉, 토지라는 자산이 증가하고, 미지급금이라는 부채가 증가하였다.

② 회계등식을 이용한 거래의 기록

	자 산		=	부 채	+	자 본
	현금	토지		미지급금		자본금
구잔액	₩100,000					₩100,000
		+25,000		+25,000		
신잔액	₩100,000	₩25,000		₩25,000		₩100,000
	₩125,000			₩125,000		

위와 같이 거래의 효과를 반영한 후 회계등식의 양쪽은 각각 125,000원으로서 등식관계가 유지되고 있다. 즉, 자산 합계 125,000원은 부채 및 자본 합계 125,000원과 동일하다.

거래 3: 용역수익의 발생
10월 3일, 한강기획(주)은 광고대행용역을 수행한 대가로 현금 6,000원을 수취하였다.

① 거래의 효과 분석

거래 결과 현금 6,000원이 증가하고, 수익 6,000원이 증가하였다. 즉, 현금이라는 자산이 증가하고, 용역수익이라는 수익이 증가하였다. 여기서 광고대행용역의 수행은 기업의 경영성과와 관련되기 때문에 수익으로 분류한다. 그리고 수익의 발생은 궁극적으로 자본(이익잉여금)을 증가시킨다.

② 회계등식을 이용한 거래의 기록

	자 산		=	부 채	+	자 본	
	현금	토지		미지급금		자본금	이익잉여금
구잔액	₩100,000	₩25,000		₩25,000		₩100,000	
	+6,000						+6,000
신잔액	₩106,000	₩25,000		₩25,000		₩100,000	₩6,000
	₩131,000			₩131,000			

위와 같이 거래의 효과를 반영한 후 회계등식의 양쪽은 각각 131,000원으로서 등식관계가 유지되고 있다.

거래 4: 임차료의 지급
10월 4일, 한강기획(주)은 10월분 사무실 임차료 4,500원을 현금으로 지급하였다.

① 거래의 효과 분석

거래 결과 현금이 4,500원 감소하고, 이익잉여금이 4,500원 감소하였다. 즉, 현금이라는 자산이 감소하고, 임차료라는 비용이 발생(즉, 경영성과의 감소)하여 이익이 감소하였다. 다시 말하면, 비용의 발생은 궁극적으로 이익잉여금이라는 자본을 감소시킨다.

② 회계등식을 이용한 거래의 기록

	자 산		=	부 채	+	자 본	
	현금	토지		미지급금		자본금	이익잉여금
구잔액	₩106,000	₩25,000		₩25,000		₩100,000	₩6,000
	-4,500						-4,500
신잔액	₩101,500	₩25,000		₩25,000		₩100,000	₩1,500
	₩126,500			₩126,500			

위와 같이 거래의 효과를 반영한 후 회계등식의 양쪽은 각각 126,500원으로서 등식관계가 유지되고 있다.

> **거래 5: 보험료의 지급**
> 10월 5일, 한강기획(주)은 화재보험에 가입하고 10월분 보험료로 3,000원을 현금으로 지급하였다.

① 거래의 효과 분석

위의 임차료 지급과 마찬가지로 거래 결과 현금이 3,000원 감소하고, 이익잉여금 3,000원이 감소하였다. 다시 말하면, 보험료라는 비용의 발생은 이익을 감소시키고 (경영성과의 감소) 궁극적으로 이익잉여금이라는 자본을 감소시킨다.

② 회계등식을 이용한 거래의 기록

	자산		= 부채	+ 자본	
	현금	토지	미지급금	자본금	이익잉여금
구잔액	₩101,500	₩25,000	₩25,000	₩100,000	₩1,500
	-3,000				-3,000
신잔액	₩98,500	₩25,000	₩25,000	₩100,000	-₩1,500
	₩123,500		₩123,500		

위와 같이 거래의 효과를 반영한 후 회계등식의 양쪽은 각각 123,500원으로서 등식관계가 유지되고 있다.

> **거래 6: 소모품의 외상 매입**
> 10월 6일, 한강기획(주)은 소모품 12,500원을 외상으로 매입하였다.

① 거래의 효과 분석

거래 결과 소모품이 12,500원 증가하고, 미지급금이 12,500원 증가하였다. 즉, 소모품이라는 자산이 증가하고, 미지급금이라는 부채가 증가하였다.

② 회계등식을 이용한 거래의 기록

	자산			= 부채	+ 자본	
	현금	소모품	토지	미지급금	자본금	이익잉여금
구잔액	₩98,500		₩25,000	₩25,000	₩100,000	-₩1,500
		+12,500		+12,500		
신잔액	₩98,500	₩12,500	₩25,000	₩37,500	₩100,000	-₩1,500
	₩136,000			₩136,000		

위와 같이 거래의 효과를 반영한 후 회계등식의 양쪽은 각각 136,000원으로서 등

식관계가 유지되고 있다.

거래 7: 종업원의 채용

10월 10일, 한강기획(주)은 종업원 4명을 채용하고 10월 12일부터 근무하기로 하였다. 각 종업원은 주 5일 근무에 주당 7,500원(일당 1,500원)을 급여로 받는다. 급여지급일은 매월 25일로서 월 1회 지급한다.

① 거래의 효과 분석

종업원의 채용은 회계적 거래가 될 수 없다. 왜냐하면 10월 12일부터 근무하기로 하는 계약을 기업과 종업원 간에 체결했을 뿐이고 종업원이 아직 근무하지 않고 있는 상태, 즉 회계상으로 미이행계약 상태이므로 급여비용과 종업원에 대한 급여지급 의무는 발생하지 않았다.

거래 8: 업무용 토지의 취득

10월 15일, 한강기획(주)은 또 다른 업무용 토지를 80,000원에 취득하였다. 취득대가 중 30,000원은 현금으로 지급하고, 나머지 50,000원은 3개월 후에 지급하기로 합의하였다.

① 거래의 효과 분석

거래 결과 토지가 80,000원 증가하였고, 현금이 30,000원 감소하였으며, 미지급금이 50,000원 증가하였다. 즉, 토지라는 자산의 증가와 함께 현금이라는 자산의 감소와 미지급금이라는 부채가 증가하였다.

② 회계등식을 이용한 거래의 기록

	자 산			=	부 채	+	자 본	
	현금	소모품	토지		미지급금		자본금	이익잉여금
구잔액	₩98,500	₩12,500	₩25,000		₩37,500		₩100,000	−₩1,500
	−30,000		+80,000		+50,000			
신잔액	₩68,500	₩12,500	₩105,000		₩87,500		₩100,000	−₩1,500
	₩186,000				₩186,000			

위와 같이 거래의 효과를 반영한 후 회계등식의 양쪽은 각각 186,000원으로서 등식관계가 유지되고 있다.

거래 9: 급여의 지급

10월 25일, 한강기획(주)은 종업원에 대한 10월분 급여 20,000원을 현금으로 지급하였다.

① 거래의 효과 분석

거래 결과 현금이 20,000원 감소하고, 이익잉여금이 20,000원 감소하였다. 즉, 거래 4 및 거래 5와 유사하게 현금이라는 자산이 감소하고, 급여 비용이 발생하여 이익을 감소시킴으로써 이익잉여금이라는 자본이 감소하였다.

② 회계등식을 이용한 거래의 기록

	자 산			= 부 채	+ 자 본	
	현금	소모품	토지	미지급금	자본금	이익잉여금
구잔액	₩68,500	₩12,500	₩105,000	₩87,500	₩100,000	−₩1,500
	−20,000					−20,000
신잔액	₩48,500	₩12,500	₩105,000	₩87,500	₩100,000	−₩21,500
	₩166,000			₩166,000		

위와 같이 거래의 효과를 반영한 후 회계등식의 양쪽은 각각 166,000원으로서 등식관계가 유지되고 있다.

거래 10: 용역수익의 발생

10월 31일, 한강기획(주)은 10월 중에 제공한 또 다른 광고대행용역에 대한 대가로 영산강전자(주)로부터 현금 50,000원을 수취하였다.

① 거래의 효과 분석

거래 결과 현금이 50,000원 증가하고, 이익잉여금이 50,000원 증가하였다. 거래 3과 마찬가지로 현금이라는 자산이 증가하고, 용역수익이 발생하여 이익을 증가시킴으로써 이익잉여금이라는 자본이 증가하였다.

② 회계등식을 이용한 거래의 기록

	자 산			= 부 채	+ 자 본	
	현금	소모품	토지	미지급금	자본금	이익잉여금
구잔액	₩48,500	₩12,500	₩105,000	₩87,500	₩100,000	−₩21,500
	+50,000					+50,000
신잔액	₩98,500	₩12,500	₩105,000	₩87,500	₩100,000	₩28,500
	₩216,000			₩216,000		

위와 같이 거래의 효과를 반영한 후 회계등식의 양쪽은 각각 216,000원으로서 등식관계가 유지되고 있다.

〈표 3-1〉은 위에서 분석한 10개의 거래가 한강기획(주)의 자산 · 부채 · 자본에 미친 누적적 효과를 요약하여 보여주고 있다. 표에서 확인되는 바와 같이, 각 거래의 누적적 효과를 모두 반영한 이후에도 여전히 회계등식이 성립되고 있음을 알 수 있다.

지금까지 살펴보았듯이, 회계등식을 이용한 거래의 기록은 각 거래가 기업의 자산 · 부채 · 자본에 미친 개별적 및 누적적 효과를 파악하는 데 유용하다. 그러나 거래 혹은 그 거래로 인해 영향을 받는 재무항목의 수가 많을 경우 이 기록방법은 불편하다. 거래의 수가 많을 경우에는 거래분석표가 여러 쪽(page)에 걸쳐 나타나며, 재무항목의 수가 많을 경우에는 그것을 전부 하나의 행에 나열하기가 어렵다. 이러한 문제점을 해결하고 거래를 보다 효율적이고 체계적으로 기록하기 위하여 실무에서는 계정이라는 기록수단을 이용한다.

● 표 3-1 ● 거래가 회계등식에 미치는 누적적 효과

	자 산			= 부 채	+ 자 본	
거래	현금	소모품	토지	미지급금	자본금	이익잉여금
(1)	+100,000				+100,000	
(2)			+25,000	+25,000		
	₩100,000		₩25,000	₩25,000	₩100,000	
(3)	+6,000					+6,000
	₩106,000		₩25,000	₩25,000	₩100,000	₩6,000
(4)	-4,500					-4,500
	₩101,500		₩25,000	₩25,000	₩100,000	₩1,500
(5)	-3,000					-3,000
	₩98,500		₩25,000	₩25,000	₩100,000	-₩1,500
(6)		+12,500		+12,500		
	₩98,500	₩12,500	₩25,000	₩37,500	₩100,000	-₩1,500
(7)						
	₩98,500	₩12,500	₩25,000	₩37,500	₩100,000	-₩1,500
(8)	-30,000		+80,000	+50,000		
	₩68,500	₩12,500	₩105,000	₩87,500	₩100,000	-₩1,500
(9)	-20,000					-20,000
	₩48,500	₩12,500	₩105,000	₩87,500	₩100,000	-₩21,500
(10)	+50,000					+50,000
	₩98,500	₩12,500	₩105,000	₩87,500	₩100,000	₩28,500
	₩216,000			₩216,000		

| 제3절 | 계정

3-1 계정의 의의와 구성

거래가 발생하면 기업의 자산, 부채, 자본이 변동한다. 다양하고 많은 거래가 자산, 부채, 자본에 미치는 효과를 체계적으로 기록하기 위해서는 자산, 부채, 자본, 수익, 비용을 구성하는 세부적인 계산단위가 필요하다. 이 계산단위를 **계정**(accounts)이라고 부른다. 위의 거래 기록에서 나타난 현금, 소모품, 토지, 미지급금, 자본금, 이익잉여금 등이 바로 계정이다. 현금, 소모품 및 토지는 자산에 속하는 계정이며, 미지급금은 부채에 속하는 계정이고, 자본금과 이익잉여금은 자본에 속하는 계정이다.

계정(accounts)은 자산, 부채, 자본, 수익, 비용에 속하는 개별적인 계산단위이다.

계정은 계정과목, 차변, 대변이라는 세 가지 요소로 구성되어 있다. 계정과목(title of account)은 계정의 명칭을 나타내며, 계정의 상단에 표시한다. 계정의 명칭은 정보이용자들의 이해가능성을 높이기 위하여 전 세계적으로 거의 통일되어 있다. 차변(借邊, debtor: Dr)은 계정의 왼쪽 변을, 그리고 대변(貸邊, creditor: Cr)은 계정의 오른쪽 변을 지칭하는 회계용어이다. 계정의 형식을 약식으로 표시하면 [그림 3-4]와 같다.

● 그림 3-4 ● 약식 계정

계정과목	
차변	대변

위의 그림에서 보는 바와 같이 계정과목, 차변 및 대변을 "T"자 형태의 선으로 구분하여 표시하기 때문에 약식 계정을 흔히 **T계정**(T account)이라고 부른다.

그러나 표준식 계정은 위의 세 가지 요소 외 계정번호가 추가되며, 차변과 대변은 각각 다시 일자, 설명, 분면(分面), 금액 등을 기록하는 난(column)을 가지고 있다. 설명란에는 거래의 내용을 간략하게 서술하고, 분면란에는 이 거래가 기록된 분개장의 쪽(page) 수를 기재한다. 분개장에 대해서는 아래에서 자세히 설명한다. 표준식 계정의 형태는 〈표 3-2〉와 같다.

● 표 3-2 ● 표준식 계정

현 금							계정번호: 11
일자	설명	분면	금액	일자	설명	분면	금액
20×1년				20×1년			
1월 2일	전기이월	1	₩10,000	1월 4일	보험료 지급	1	₩12,000
5일	외상매출금 회수	1	50,000	7일	소모품 구입	1	1,000
18일	은행 차입	2	100,000	10일	광고비 지급	2	5,000
25일	외상매출금 회수	3	20,000	12일	운임 지급	2	2,000
	…			15일	외상매입금 지급	2	40,000
				20일	급여 지급	3	60,000
				26일	이자 지급	3	3,000
					…		

3-2 계정기입의 규칙

계정기입(entry)이란 관련된 계정에 거래의 내용과 금액을 기입하는 것을 말한다. 계정의 기입에는 일정한 규칙이 있다. 회계등식에서 자산은 등식의 왼쪽에, 부채와 자본은 등식의 오른쪽에 표시된다. 회계등식의 구조와 복식부기의 원리를 근거로 하여 자산계정의 증가는 차변에, 감소는 반대편인 대변에 기입한다. 그리고 부채계정과 자본계정의 증가는 대변에, 감소는 반대편인 차변에 기입한다. 또한 수익은 자본의 증가요소이고, 비용은 자본의 감소요소이므로 수익의 발생은 자본의 증가와 동일한 원리로 수익계정의 대변에, 비용의 발생은 자본의 감소와 동일한 원리로 비용계정의 차변에 기입한다.

계정기입 규칙을 요약하면 다음과 같다.

> 자산계정: 증가하면 차변, 감소하면 대변
> 부채계정: 증가하면 대변, 감소하면 차변
> 자본계정: 증가하면 대변, 감소하면 차변
> 수익계정: 발생하면 대변
> 비용계정: 발생하면 차변

계정기입 법칙을 그림으로 표현하면 [그림 3-5]와 같다.

● 그림 3-5 ● 계정기입 법칙

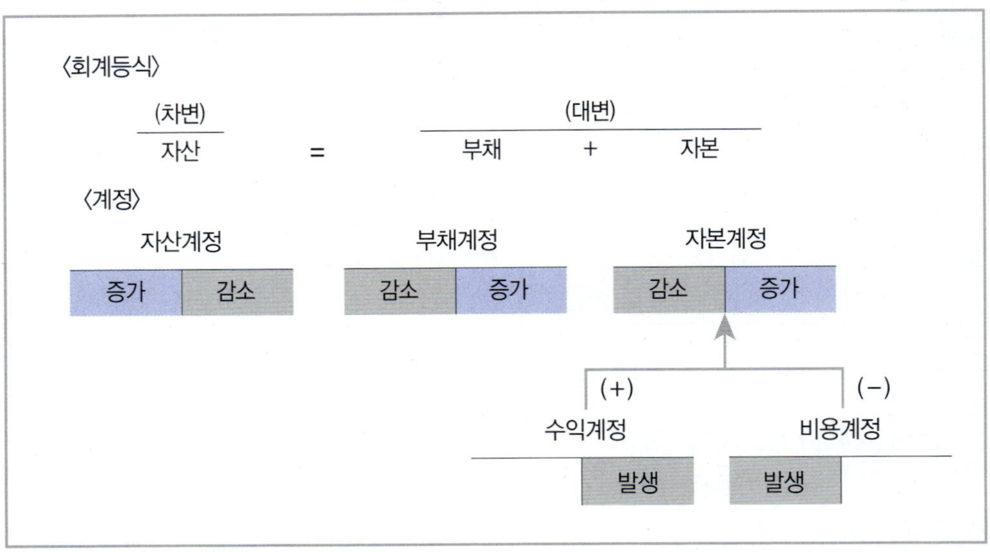

각 계정의 기록을 살펴보면 일반적으로 증가요소의 합계가 감소요소의 합계보다 크기 때문에, 증가 합계와 감소 합계의 차이인 잔액은 증가요소가 기록되는 쪽에 표시된다. 예를 들어, 자산계정의 잔액은 차변에, 그리고 부채계정과 자본계정의 잔액은 대변에 나타난다. 따라서 재무상태표의 차변에는 자산계정의 잔액이, 대변에는 부채계정과 자본계정의 잔액이 표시된다. 마찬가지 원리에 의해 수익의 발생은 수익계정의 대변에, 그리고 비용의 발생은 비용계정의 차변에 각각 기록되므로 결국 수익은 포괄손익계산서의 대변에, 그리고 비용은 포괄손익계산서의 차변에 표시된다. 따라서 수익에서 비용을 차감한 잔액인 이익은 포괄손익계산서의 대변에 나타난다. 각 계정과 재무제표 간의 연결관계는 [그림 3-6]과 같다.

● 그림 3-6 ● 계정과 재무제표 간의 연결관계

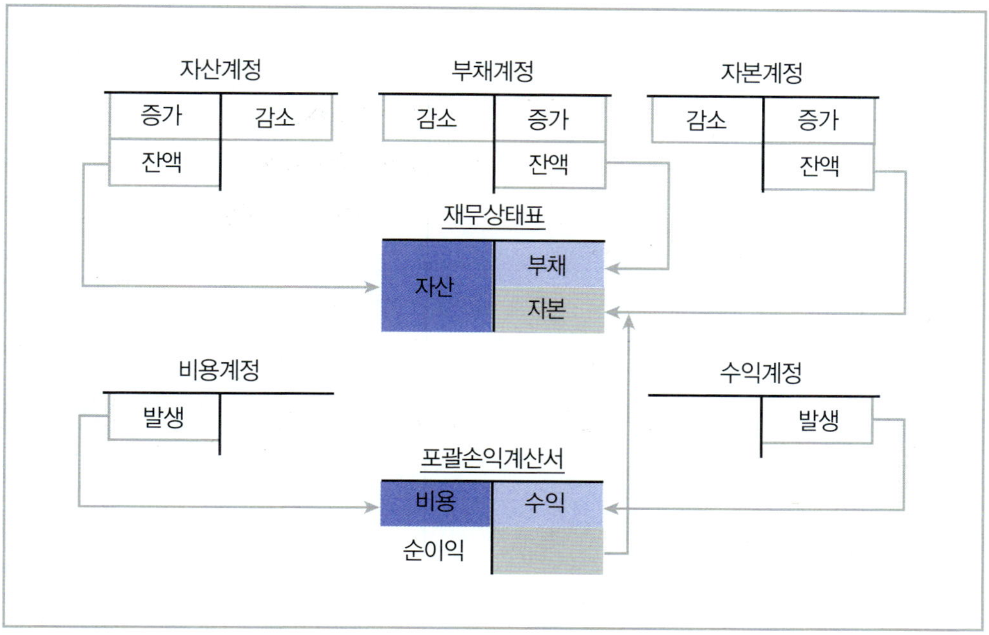

| 제4절 | 분개와 분개장

복식부기는 거래의 분개에서 출발한다. **분개**(分介: journal entry)는 회계등식을 이용한 거래의 분석을 근거로 차변계정과 대변계정을 선택한 후 금액을 기록하는 것을 말한다. 따라서 분개는 '관련 계정의 차 · 대변 선택'과 '금액의 기록'이라는 두 단계로 구성되어 있다. 예를 들어, 달나라상사(주)가 20×1년 6월 10일에 별나라전자(주)로부터 상품 100,000원을 외상으로 매입한 거래를 분개하면 다음과 같다.

〈거래 분석〉		〈관련계정의 차 · 대변 선택〉	
● 상품(자산) 100,000원 증가		→ 상품계정의 차변	
● 외상매입금(부채) 100,000원 증가		→ 외상매입금계정의 대변	
〈분개〉			
(차) 상 품	100,000	(대) 외상매입금	100,000

이와 같은 분개 내용을 거래발생 순서대로 모아 놓은 회계장부를 분개장(journals)이라 부른다. 분개장에는 거래가 발생한 일자, 계정과목 및 설명, 원면(元面) 코드 번호, 차변과 대변 등을 표시하는 난이 있다. 분개장의 양식은 〈표 3-3〉과 같다.

● 표 3-3 ● 분개장의 양식

분개장 (단위: 원)

일자		계정과목 및 설명	원면	차변	대변
20×1년 ×월	×일	…	…	…	…
6월	10일	상품 외상매입금 별나라전자(주)로부터 상품을 외상으로 매입하였다.	109 202	100,000	 100,000
×월	×일	…	…	…	…

기업에서는 거래가 발생할 때마다 분개를 실시한 후 즉시 컴퓨터에 입력해도 좋지만, 일정 기간 동안 모아 놓았다가 한꺼번에 분개하여 입력할 수도 있다. 이때 분개장은 컴퓨터 입력을 위한 작업지시서 역할을 한다. 분개가 잘못되면 그 이후의 모든 결과가 잘못 기록되기 때문에 분개는 재무제표 작성과정에서 가장 중요한 작업이다. 회계를 공부한 사람이라면 분개장만 보더라도 기업에 어떤 거래가 발생하였는지를 파악할 수 있기 때문에, 분개장은 기업 내 회계담당자 간의 커뮤니케이션에 기초자료 역할을 한다. 분개장을 사용하면 다음과 같은 이점이 있다.

1 분개장에는 특정 거래와 관련된 차변정보, 대변정보 및 추가 설명정보 등 모든 정보가 표시되기 때문에, 특정 일자나 일정 기간의 거래에 관한 기초적인 정보를 얻고자 할 때 거래의 발생일자만으로 언제든지 추적할 수 있다.

2 기록의 누락과 오류를 줄일 수 있다. 분개장에는 항상 차변 기입과 대변 기입이 대칭을 이루어 나타나기 때문에 기록의 누락과 오류의 발생가능성이 줄어든다.

앞에서 제시한 한강기획(주)의 거래를 각각 분개하여 보자.

① 거래 1 (소유주의 출자)

10월 1일, 한강기획(주)의 창업자는 현금 100,000원을 출자하여 한강기획(주)을 설립하였다.

〈거래 분석〉			〈관련계정의 차 · 대변 선택〉	
• 현금(자산) 100,000원 증가		→	현금계정의 차변	
• 자본금(자본) 100,000원 증가		→	자본금계정의 대변	
〈분개〉				
(차) 현 금	100,000		(대) 자본금	100,000

② 거래 2 (토지의 외상 취득)

10월 2일, 한강기획(주)은 업무용 토지를 25,000원에 취득하였다. 대금은 6개월 후에 지급하기로 합의하였다.

〈거래 분석〉			〈관련계정의 차 · 대변 선택〉	
• 토지(자산) 25,000원 증가		→	토지계정의 차변	
• 미지급금(부채) 25,000원 증가		→	미지급금계정의 대변	
〈분개〉				
(차) 토 지	25,000		(대) 미지급금	25,000

③ 거래 3 (용역수익의 발생)

10월 3일, 한강기획(주)은 광고대행용역을 수행한 대가로 현금 6,000원을 수취하였다.

〈거래 분석〉		〈관련계정의 차 · 대변 선택〉	
• 현금(자산) 6,000원 증가	→	현금계정의 차변	
• 용역수익(수익) 6,000원 증가	→	용역수익계정의 대변	
〈분개〉			
(차) 현 금	6,000	(대) 용역수익	6,000

④ 거래 4 (임차료의 지급)

10월 4일, 한강기획(주)은 10월분 사무실 임차료 4,500원을 현금으로 지급하였다.

〈거래 분석〉		〈관련계정의 차 · 대변 선택〉	
• 임차료(비용) 4,500원 발생	→	임차료계정의 차변	
• 현금(자산) 4,500원 감소	→	현금계정의 대변	
〈분개〉			
(차) 임차료	4,500	(대) 현 금	4,500

⑤ 거래 5 (보험료의 지급)

10월 5일, 한강기획(주)은 화재보험에 가입하고 10월분 보험료로 3,000원을 현금으로 지급하였다.

〈거래 분석〉		〈관련계정의 차 · 대변 선택〉	
• 보험료(비용) 3,000원 증가	→	보험료계정의 차변	
• 현금(자산) 3,000원 감소	→	현금계정의 대변	
〈분개〉			
(차) 보험료	3,000	(대) 현 금	3,000

⑥ 거래 6 (소모품의 외상매입)

10월 6일, 한강기획(주)은 소모품 12,500원을 외상으로 매입하였다.

〈거래 분석〉 → 〈관련계정의 차 · 대변 선택〉

〈거래 분석〉		〈관련계정의 차 · 대변 선택〉
• 소모품(자산) 12,500원 증가	→	소모품계정의 차변
• 미지급금(부채) 12,500원 증가	→	미지급금계정의 대변

〈분개〉

차변	금액	대변	금액
(차) 소모품	12,500	(대) 미지급금	12,500

⑦ 거래 7 (종업원의 채용)

10월 10일, 한강기획(주)은 종업원 4명을 채용하고 10월 12일부터 근무하기로 하였다. 각 종업원은 주 5일 근무에 주당 7,500원(일당 1,500원)을 급여로 받는다. 급여 지급일은 매월 25일로서 월 1회 지급한다.

종업원의 채용은 회계적 거래가 될 수 없으므로 분개가 필요 없다.

⑧ 거래 8 (토지의 취득)

10월 15일, 한강기획(주)은 업무용 토지를 80,000원에 취득하였다. 취득대가 중 30,000원은 현금으로 지급하고, 나머지 50,000원은 3개월 후에 지급하기로 합의하였다.

〈거래 분석〉		〈관련계정의 차 · 대변 선택〉
• 토지(자산) 80,000원 증가	→	토지계정의 차변
• 현금(자산) 30,000원 감소	→	현금계정의 대변
• 미지급금(부채) 50,000원 증가	→	미지급금계정의 대변

〈분개〉

차변	금액	대변	금액
(차) 토 지	80,000	(대) 현 금	30,000
		미지급금	50,000

⑨ 거래 9 (급여의 지급)

10월 25일, 한강기획(주)은 종업원에 대한 10월분 급여 20,000원을 현금 지급하였다.

〈거래 분석〉 〈관련계정의 차 · 대변 선택〉
• 급여(비용) 20,000원 발생 → 급여계정의 차변
• 현금(자산) 20,000원 감소 → 현금계정의 대변
〈분개〉
(차) 급 여 20,000 (대) 현 금 20,000

⑩ 거래 10 (용역수익의 발생)

10월 31일, 한강기획(주)은 10월 중에 제공한 광고대행용역에 대한 대가로 현금 50,000원을 수취하였다.

〈거래 분석〉 〈관련계정의 차 · 대변 선택〉
• 현금(자산) 50,000원 증가 → 현금계정의 차변
• 용역수익(수익) 50,000원 발생 → 용역수익계정의 대변
〈분개〉
(차) 현 금 50,000 (대) 용역수익 50,000

지금까지 설명한 거래의 분개를 일목요연하게 기록한 분개장은 다음의 〈표 3-4〉와 같다.

● 표 3-4 ● 한강기획(주)의 분개장

일자		계정과목 및 설명	원면	차변	대변
20×1년 10월	1일	현 금 자본금 소유주가 현금 출자	101 301	100,000	 100,000
	2일	토 지 미지급금 업무용 토지를 취득하고 대금은 6개월 후에 지급 예정	113 207	25,000	 25,000
	3일	현 금 용역수익 광고대행용역을 수행하고 현금 수취	101 401	6,000	 6,000
	4일	임차료 현 금 10월분 사무실 임차료를 현금으로 지급	504 101	4,500	 4,500
	5일	보험료 현 금 10월분 보험료를 지급	512 101	3,000	 3,000
	6일	소모품 미지급금 백두산화학(주)으로부터 소모품을 외상 매입	108 207	12,500	 12,500
	15일	토 지 현 금 미지급금 업무용 토지를 취득하고, 대금 중 일부는 현금으로 지급하고 나머지는 3개월 후에 지급 예정	113 101 207	80,000	 30,000 50,000
	25일	급 여 현 금 10월분 종업원 급여의 현금 지급	502 101	20,000	 20,000
	31일	현 금 용역수익 광고용역수익의 현금 수취	101 401	50,000	 50,000

| 제5절 | 전기와 원장

거래를 분개장에 기록한 후에는 다음 단계로 그 기록내용을 관련 계정에 옮겨야 한다. 분개장에 기록된 내용을 관련 계정에 입력하는 것을 **전기**(轉記: posting)라고 부른다. 그리고 전기할 모든 계정을 하나의 장부로 만든 것을 원장(元帳: ledger)이라고 한다. 원장은 기업이 사용하는 모든 계정을 한곳에 모아 놓은 것이기 때문에 총계정원장(general ledger)이라고도 부른다.

분개장에서 원장으로 전기하는 절차는 다음과 같다.

1 분개장의 차변과 대변에 기록된 계정을 원장에서 찾는다.

2 분개장에 기록된 차변분개의 내용과 금액을 원장 내 해당 계정의 차변에 옮겨 적는다.

3 분개장에 기록된 대변분개의 내용과 금액을 원장 내 해당 계정의 대변에 옮겨 적는다.

예를 들어, 한강기획(주)의 창업자가 20×1년 10월 1일에 현금 100,000원을 출자하여 한강기획(주)을 설립한 거래의 분개는 다음과 같다.

(차) 현 금	100,000	(대) 자본금	100,000

위의 분개에서 차변의 계정은 현금이다. 따라서 현금계정 차변에 거래 일자(10월 1일)를 기입하고 설명란에 거래의 내용(소유주출자)을 축약하여 기록한다. 다음으로 분개의 금액(10,000원)을 현금계정의 차변 금액란에 기입하고, 분면란에는 거래가 기록된 분개장의 쪽(page) 수를 기입한다.

차변분개의 전기 절차와 마찬가지로 자본금계정의 일자란에 거래 일자를 기입하고, 설명란에 거래의 내용을 요약하여 기록한다. 다음으로 분개의 금액을 자본금계정의 대변 금액란에 기입하고, 분면란에는 거래가 기록된 분개장의 쪽수를 기입한다.

이러한 절차에 따라 한강기획(주)의 원장을 작성하면 다음의 〈표 3-5〉와 같다.

● 표 3-5 ● 한강기획(주)의 20×1년 10월 1일 거래에 대한 원장 기록

원장

현 금							계정번호: 101
일자	설명	분면	금액	일자	설명	분면	금액
20×1년 10월 1일	소유주의 출자	1	₩100,000				

자본금							계정번호: 301
일자	설명	분면	금액	일자	설명	분면	금액
				20×1년 10월 1일	현금 출자	1	₩100,000

그런데 분개한 내용을 전기할 때마다 〈표 3-5〉와 같은 세부적인 원장 양식을 일일이 작성하는 것은 매우 번거롭다. 따라서 앞서 설명한 "T계정"을 이용하여 간단하게 약식으로 표시할 수 있다. 위의 〈표 3-5〉를 T계정으로 표시하면 다음과 같다.

현 금	
10/1 자본금 100,000	

자본금	
	10/1 현금 100,000

즉, 현금 T계정의 차변에 거래일자와 함께 자본금으로 인한 현금의 증가를 기록하고 자본금 T계정의 대변에 거래일자와 함께 현금 출자로 인한 자본금의 증가를 기록한다. T계정을 이용한 전기는 거래가 발생한 날짜에 상대 계정을 표시함으로써 거래의 내용을 쉽게 파악하고 전기를 간편하게 할 수 있도록 해준다. 한강기획(주)의 분개장 기록을 모두 T계정을 이용한 원장에 전기하면 〈표 3-6〉과 같다.

● 표 3-6 ● 한강기획(주)의 20×1년 10월 거래에 대한 전기

현 금

차변			대변		
10/1	자본금	100,000	10/4	임차료	4,500
10/3	용역수익	6,000	10/5	보험료	3,000
10/31	용역수익	50,000	10/15	토 지	30,000
			10/25	급 여	20,000

소모품

차변			대변		
10/6	미지급금	12,500			

토 지

차변			대변		
10/2	미지급금	25,000			
10/15	현 금	30,000			
	미지급금	50,000			

미지급금

차변			대변		
			10/2	토 지	25,000
			10/6	소모품	12,500
			10/15	토 지	50,000

자본금

차변			대변		
			10/1	현 금	100,000

용역수익

차변			대변		
			10/3	현 금	6,000
			10/31	현 금	50,000

급 여

차변			대변		
10/25	현 금	20,000			

임차료

차변			대변		
10/4	현 금	4,500			

보험료

차변			대변		
10/5	현 금	3,000			

예제 3-1

백두산솔루션(주)은 컴퓨터 소프트웨어 개발 및 판매를 목적으로 20×1년 5월 1일 설립되었다. 설립 후 발생한 거래는 다음과 같다.

5월 1일, 소유주의 출자를 통하여 현금 ₩30,000이 유입되었다.
5월 4일, 소백산전자(주)로부터 컴퓨터 1대를 ₩14,000에 현금 취득하였다.
5월 8일, 한라산상사(주)로부터 컴퓨터 용지 및 기타 소모품 ₩3,200을 외상으로 매입하였다. 매입대금은 한 달 후에 지급하기로 하였다.
5월 10일, 지리산전자(주)에 전사적 자원관리(ERP) 시스템을 개발하여 판매하고 판매대금 ₩2,400을 현금으로 수취하였다.
5월 15일, 설악산방송(주)으로부터 이미 방영된 TV광고비용으로 ₩500을 청구받았다. 대금은 10일 후에 지급하기로 약속하였다.
5월 18일, 태백산물류(주)에 전사적 자원관리(ERP) 시스템을 개발하여 판매하고 판매대금 ₩7,000 중 ₩3,000은 현금으로, 나머지 ₩4,000은 외상으로 하였다. 판매대금은 10일 후에 수취할 예정이다.
5월 20일, 건물 임차료 ₩1,200, 종업원 급여 ₩1,800, 각종 세금과 공과금 ₩400을 현금으로 지급하였다.
5월 25일, 설악산방송(주)에 대한 광고비 미지급액 ₩500을 현금으로 지급하였다.
5월 28일, 지난 5월 18일의 태백산물류(주)에 대한 ERP시스템 판매거래에서 발생한 외상 판매대금 중 일부인 ₩1,200을 현금으로 수취하였다.
5월 30일, 운영자금 ₩20,000을 대동강은행(주)에서 차입하였다. 상환기간은 차입일로부터 1년이다.

| 물음 |

(1) 위의 거래를 분개하라.
(2) 분개장을 작성하라.

| 풀이 |

(1) 분개
앞서 제시한 백두산솔루션(주)의 거래를 분개하면 다음과 같다.

① 거래 1 (소유주의 출자)

〈거래 분석〉 → 〈관련계정의 차 · 대변 선택〉
- 현금(자산) 30,000 증가 → 현금계정의 차변
- 자본금(자본) 30,000 증가 → 자본금계정의 대변

〈분개〉

(차) 현 금 30,000 (대) 자본금 30,000

② 거래 2 (비품의 현금 취득)

〈거래 분석〉 → 〈관련계정의 차 · 대변 선택〉
- 비품(자산) 14,000 증가 → 비품계정의 차변
- 현금(자산) 14,000 감소 → 현금계정의 대변

〈분개〉

(차) 비 품 14,000 (대) 현 금 14,000

③ 거래 3 (소모품의 외상 매입)

〈거래 분석〉 → 〈관련계정의 차 · 대변 선택〉
- 소모품(자산) 3,200 증가 → 소모품계정의 차변
- 미지급금(부채) 3,200 증가 → 미지급금계정의 대변

〈분개〉

(차) 소모품 3,200 (대) 미지급금 3,200

④ 거래 4 (용역의 현금 판매)

〈거래 분석〉 → 〈관련계정의 차 · 대변 선택〉
- 현금(자산) 2,400 증가 → 현금계정의 차변
- 용역수익(수익) 2,400 발생 → 용역수익계정의 대변

〈분개〉

(차) 현 금 2,400 (대) 용역수익 2,400

⑤ 거래 5 (미지급 광고선전비의 발생)

〈거래 분석〉		〈관련계정의 차 · 대변 선택〉
• 광고선전비(비용) 500 발생	→	광고선전비계정의 차변
• 미지급비용(부채) 500 증가	→	미지급비용계정의 대변

〈분개〉

(차) 광고선전비	500	(대) 미지급비용*	500

* 광고선전비가 발생[즉, 설악산방송(주)에서 이미 방영]하였으나 아직 그 대금을 지급하지 않은 것은 미지급광고선전비계정(또는 미지급비용 계정)이라는 부채계정을 사용한다. 이에 비하여 토지, 비품, 소모품 등을 매입하고 그 대금을 아직 지급하지 않은 것은 미지급금계정이라는 부채계정을 사용한다.

⑥ 거래 6 (용역의 현금 및 외상 판매)

〈거래 분석〉		〈관련계정의 차 · 대변 선택〉
• 현금(자산) 3,000 증가	→	현금계정의 차변
• 미수수익(자산) 4,000 증가	→	미수수익계정의 차변
• 용역수익(수익) 7,000 발생	→	용역수익계정의 대변

〈분개〉

(차) 현 금	3,000	(대) 용역수익	7,000
(차) 미수수익*	4,000		

* 용역을 판매하였으나 아직 그 대금을 받지 않은 것은 미수수익이라는 자산계정을 사용한다.

⑦ 거래 7 (비용의 현금 지급)

〈거래 분석〉		〈관련계정의 차 · 대변 선택〉
• 임차료(비용) 1,200 발생	→	임차료계정의 차변
• 급여(비용) 1,800 발생	→	급여계정의 차변
• 세금과 공과금(비용) 400 발생	→	세금과 공과금계정의 차변
• 현금(자산) 3,400 감소	→	현금계정의 대변

〈분개〉

(차) 임차료	1,200	(대) 현 금	3,400
(차) 급 여	1,800		
(차) 세금과 공과금	400		

⑧ 거래 8 (미지급 광고비의 지급)

〈거래 분석〉		〈관련계정의 차 · 대변 선택〉
• 미지급비용(부채) 500 감소	→	미지급비용계정의 차변
• 현금(자산) 500 감소	→	현금계정의 대변

〈분개〉

(차) 미지급비용	500	(대) 현 금	500

⑨ 거래 9 (외상판매대금의 회수)

〈거래 분석〉		〈관련계정의 차 · 대변 선택〉
• 현금(자산) 1,200 증가	→	현금계정의 차변
• 미수수익(자산) 1,200 감소	→	미수수익계정의 대변

〈분개〉

(차) 현 금	1,200	(대) 미수수익	1,200

⑩ 거래 10 (자금의 단기차입)

〈거래 분석〉		〈관련계정의 차 · 대변 선택〉
• 현금(자산) 20,000 증가	→	현금계정의 차변
• 단기차입금(부채) 20,000 증가	→	단기차입금계정의 대변

〈분개〉

(차) 현 금	20,000	(대) 단기차입금	20,000

(2) 위에서 제시한 거래의 분개를 분개장에 옮기면 다음과 같다.

분개장 (단위: 원)

일자		계정과목 및 설명	원면	차변	대변
20×1년 5월	1일	현 금 자본금 소유주가 현금 출자	101 301	30,000	 30,000
	4일	비 품 현 금 소백산전자(주)로부터 컴퓨터 1대를 현금 취득	116 101	14,000	 14,000
	8일	소모품 미지급금 한라산상사(주)로부터 소모품을 외상 매입	108 207	3,200	 3,200
	10일	현 금 용역수익 지리산전자(주)에 제품 및 용역을 현금 판매	101 401	2,400	 2,400
	15일	광고선전비 미지급비용 설악산방송(주)으로부터 TV광고비용을 청구받음. 대금은 10일 후 지급	508 206	500	 500
	18일	현 금 미수수익 용역수익 태백산물류(주)에 제품 및 용역을 현금 판매하고, 일부는 현금으로 나머지는 외상으로 함.	101 106 401	3,000 4,000	 7,000
	20일	임차료 급 여 세금과 공과금 현 금 비용의 현금 지급	504 502 507 101	1,200 1,800 400	 3,400

	25일	미지급비용 현 금 설악산방송(주)에 대한 미지급 광고비 지급	206 101	500	 500
	28일	현 금 미수수익 태백산물류(주)에 대한 외상대금 중 일부 회수	101 106	1,200	 1,200
	30일	현 금 단기차입금 대동강은행에서 단기차입	101 201	20,000	 20,000

익 / 힘 / 문 / 제

1. 회계적 거래에 대한 정의를 제시하라.
2. 거래의 식별이란 무엇이며, 거래로 식별되기 위한 요건은 무엇인가?
3. 경제적 사건이 회계적 거래로 식별되기 위해서는 그것이 재무제표 요소에 해당하는 자산 · 부채 · 수익 · 비용의 인식기준을 충족해야 한다. 재무제표 요소의 인식기준을 설명하라.
4. 미이행계약은 회계적 거래가 될 수 없다. 미이행계약이란 무엇인가?
5. 거래의 이중성과 거래의 8요소는 복식부기의 기본원리를 이룬다. 거래의 이중성과 거래의 8요소란 각각 무엇인가?
6. 계정이란 무엇이며, 왜 필요한가? 그리고 계정의 구성요소에는 어떤 것이 있는가?
7. 복식부기는 계정기입의 규칙에 따라 거래를 장부에 기록한다. 여기서 계정기입의 규칙을 설명하라.
8. 복식부기는 거래의 분개에서 출발한다. 분개와 분개장이란 무엇인가?
9. 거래의 발생을 최초로 기록하는 분개장의 이점을 설명하라.
10. 거래를 분개한 후의 다음 단계는 전기이다. 전기란 무엇이며, 전기가 이루어지는 장부는 무엇이라고 부르는가?

연 / 습 / 문 / 제

3-1 거래의 식별

다음 항목은 새나라전자(주)의 3월 중의 거래이다. 이 중 회계적 거래가 아닌 것을 모두 선택하라.

① 3월 1일, 두만강은행(주)으로부터 현금 ₩50,000을 3개월간 차입하였다.
② 3월 4일, 한강상사(주)와 사무실을 5년간 임차하기로 계약을 체결하고, 임차료는 매월 말 ₩4,000씩 지급하기로 하였다.
③ 3월 7일, 1인당 급여로 월 ₩2,000씩을 지급하기로 하고 종업원 2명을 채용하였다.
④ 3월 10일, 한국화재보험(주)과 화재보험계약을 체결하고 1년치 공장 보험료로 ₩5,000을 지급하였다.
⑤ 3월 15일, 채용한 종업원의 교육훈련비 ₩1,000을 현금으로 지급하였다.
⑥ 3월 17일, 한전(주)으로부터 공장 및 사무실의 전기료 ₩6,000의 납부고지서를 받고 즉시 납부하였다.
⑦ 3월 20일, ₩100,000에 구입한 컴퓨터가 구식화되어 업무에 이용하는 것이 비효율적이어서 회사는 이 컴퓨터를 조만간 폐기처분하기로 결정하였다.
⑧ 3월 25일, 3월분 종업원 급여 ₩4,000을 급여 지급일에 자금 부족으로 지급 연기하였다.
⑨ 3월 26일, 거래처로부터 TV 100대를 대당 ₩10,000에 주문받았다.
⑩ 3월 30일, 대한철강(주)으로부터 냉연강판 5t을 ₩20,000에 매입하고 대금은 1개월 후에 지급하기로 하였다.

3-2 거래의 분석

다음의 〈보기〉 자료는 자산, 부채, 자본, 수익, 비용 계정의 증가와 감소를 나열한 것이다.

〈보기〉

a. 자산의 증가	b. 자산의 감소	c. 부채의 감소	d. 부채의 증가
e. 자본의 감소	f. 자본의 증가	g. 비용의 발생	h. 수익의 발생

| 물음 | 다음 각 거래가 〈보기〉의 여덟 가지 거래요소 중 어느 것에 해당하는지 모두 선택하라.

(1) 소유주가 현금 ₩5,000,000을 기업에 출자하였다.
(2) 건물을 ₩1,500,000에 취득하고, 대금은 6개월 후에 지급하기로 하였다.
(3) 원자재 ₩180,000을 취득하고, 대금 중 ₩80,000은 현금으로, 나머지는 1개월 후에 지급하기로 하였다.
(4) 보험료 ₩150,000을 현금으로 지급하였다.
(5) 종업원에 대한 급여 ₩300,000을 현금으로 지급하였다.
(6) 차입금에 대한 이자 ₩20,000을 현금으로 지급하였다.
(7) 외상매입금 ₩500,000을 현금으로 지급하였다.
(8) 다른 기업에게 ₩120,000을 대여하였다.
(9) 은행으로부터 현금 ₩800,000을 차입하였다.
(10) 외상매출금 ₩60,000을 현금으로 회수하였다.

3-3 계정의 분류

다음은 아리랑제과(주)가 사용하는 계정과목들이다.

외상매출금	임차료	비품
용역수익	건물	수도광열비
급여	이익잉여금	현금
미지급금	매출	소모품비
미수수익	외상매입금	미지급비용
보험료	매출원가	기계장치
소모품	토지	통신비
광고선전비	단기대여금	이자비용
자본금	운반비	단기차입금
이자수익	미수금	임대료
선수수익	상품	선급비용
차량운반구	법인세	특허권
유형자산처분이익	감가상각비	배당금수익

| 물음 | 위의 각 계정을 자산계정, 부채계정, 자본계정, 수익계정, 비용계정으로 각각 분류하라.

3-4 회계등식을 이용한 거래의 기록

도레미크리닝(주)은 세탁용역업을 사업목적으로 20×1년 3월 1일 설립되었다. 설립 이후 발생한 거래는 다음과 같다.

3월 1일, 소유주가 현금 ₩200,000을 기업에 출자하였다.

3월 2일, 가나다화학(주)과 세탁용역 제공에 관한 계약을 체결하였다. 가나다화학(주)의 종업원은 300명으로, 작업복을 매주 1회씩 세탁해 주기로 하고 1벌당 세탁비로 ₩400씩 받기로 결정하였다.

3월 3일, 세탁소 건물 및 기계의 임차계약을 체결하고 매달 ₩100,000씩 지급하기로 약속하였다.

3월 4일, 세탁기술자 1명을 고용하고 매월 25일에 ₩80,000의 월급을 지급하기로 약속하였다.

3월 5일, 소모품 ₩30,000을 구입하였다. 구입 시 현금 ₩10,000을 지급하고, 잔액 ₩20,000은 한 달 후에 지급하기로 합의하였다.

3월 15일, 아리랑은행으로부터 현금 ₩80,000을 차입하였다.

3월 18일, 가나다화학(주)의 종업원 작업복 300벌에 대한 세탁을 완료하고, 세탁용역대금으로 ₩120,000을 현금으로 수취하였다.

3월 19일, 세탁물 운반비용 ₩10,000을 현금으로 지급하였다.

3월 25일, 세탁기술자의 월급 ₩80,000을 현금으로 지급하였다.

3월 28일, 차입금에 대한 이자 ₩800을 현금으로 지급하였다.

| 물음 |

(1) 위의 경제적 사건 중 회계상의 거래가 아닌 것은 어느 것인가? 그리고 그 이유는 무엇인가?

(2) 회계등식을 이용하여 3월의 거래를 기록하라.

3-5 회계등식을 이용한 거래의 기록과 거래의 분개

새나라택배(주)는 택배업을 목적으로 20×1년 1월 2일 설립되었다. 1월에 발생한 거래는 다음과 같다.

1월 2일, 소유주가 현금 ₩100,000을 기업에 출자하였다.
1월 5일, 택배용 트럭 10대를 대당 ₩5,000에 구입하고 대금 중 ₩20,000은 현금으로 지급하고 나머지는 1개월 후 지급하기로 합의하였다.
1월 7일, 물류창고 2동을 ₩30,000에 외상으로 구입한 후 등기를 완료하였다. 대금은 구입 시 ₩10,000을 현금으로 지급하고, 나머지는 2월 7일과 3월 7일에 분납하기로 합의하였다.
1월 10일, 백두산방송(주) 등에 1개월분 광고비 ₩4,000을 현금으로 지급하였다.
1월 15일, 트럭 및 물류창고에 대한 1개월분 보험료로 ₩2,000을 현금으로 지급하였다.
1월 18일, 차량의 유류대금 ₩3,000을 현금으로 지급하였다.
1월 20일, 택배 운송수익 ₩30,000 중 ₩12,000은 현금으로 받고, 나머지는 1개월 후에 받기로 합의하였다.
1월 25일, 종업원 급여 ₩20,000을 현금으로 지급하였다.
1월 28일, 통신비 ₩3,000을 현금으로 지급하였다.
1월 31일, 택배 운송수익 ₩15,000 중 ₩10,000은 현금으로 받고, 나머지는 1개월 후에 받기로 합의하였다.

| 물음 |

(1) 회계등식을 이용하여 1월의 거래를 기록하라.
(2) 1월의 거래를 분개하라.

3-6 거래의 분개와 전기(I)

오륙도운수(주)는 화물운송업을 목적으로 20×1년 6월 1일 설립되었다. 설립 후 발생한 거래는 다음과 같다. 회계기간은 6월 1일부터 6월 30일까지 1개월이다.

6월 1일, 소유주가 현금 ₩100,000을 기업에 출자하였다.
6월 4일, 업무용 건물을 ₩60,000에 구입하고 대금 중 ₩20,000은 현금으로 지급하고, 나머지는 1개월 후에 지급하기로 하였다.

6월 7일, 트럭 10대를 ₩30,000에 현금 매입하였다.
6월 10일, 은행으로부터 ₩50,000을 차입하였다. 차입금의 만기는 2년이다.
6월 13일, 나드리전자(주)의 제품을 운송하고 운임 ₩5,000을 현금으로 수취하였다.
6월 16일, 아모레철강(주)의 제품을 운송하고 운임 ₩9,000은 1개월 후 받기로 합의하였다.
6월 19일, 유류비 ₩4,000을 현금으로 지급하였다.
6월 22일, 소모품 ₩2,000을 구입하고 대금은 현금으로 지급하였다.
6월 25일, 아모레철강(주)으로부터 운임 미수액 ₩9,000 중 ₩5,000을 현금으로 받았다.
6월 28일, 건물 구입대금 미지급액 ₩40,000 중 ₩20,000을 현금으로 지급하였다.
6월 30일, 6월분 급여 ₩5,000을 현금으로 지급하였다.

| 물음 |

(1) 거래를 분개하라.
(2) 거래를 전기하라.

3-7 거래의 분개와 전기(II)

다도해전자(주)는 전자제품 수리업을 목적으로 20×1년 5월 1일 설립되었다. 설립 후 발생한 거래는 다음과 같다. 회계기간은 5월 1일부터 5월 31일까지 1개월이다.

5월 1일, 소유주가 현금 ₩400,000을 기업에 출자하였다.
5월 2일, 기계 ₩90,000을 외상으로 구입하고 대금은 6개월 후 지급하기로 합의하였다.
5월 3일, 5월분 화재보험료 ₩18,000을 현금으로 지급하였다.
5월 4일, 소모품 ₩30,000을 외상으로 매입하였다.
5월 5일, 트럭을 ₩380,000에 구입하고, 대금은 3개월 후에 지급하기로 합의하였다.
5월 6일, 5월분 임차료 ₩36,000을 현금으로 지급하였다.
5월 8일, 트럭에 대한 유류비 ₩4,000을 현금으로 지급하였다.
5월 10일, 5월 중 제공한 수리용역의 대금으로 현금 ₩240,000을 받았다.
5월 12일, 5월 2일에 발생한 외상대금 ₩90,000을 현금으로 지급하였다.
5월 15일, 5월분 전기료 및 가스료 ₩5,000을 현금으로 지급하였다.
5월 18일, 5월분 광고선전비 ₩8,000을 현금으로 지급하였다.
5월 21일, 5월분 종업원 급여 ₩63,000을 현금으로 지급하였다.
5월 24일, 수리 용역대금 ₩150,000을 현금으로 수취하였다.

5월 26일, 거래처에 대한 접대비 ₩5,400을 현금으로 지급하였다.
5월 28일, 통신비로 ₩6,000을 현금으로 지급하였다.

| 물음 |

(1) 거래를 분개하라.
(2) 거래를 전기하라.

3-8 거래의 분개와 전기(Ⅲ)

대동강병원(주)은 20×1년 1월 1일에 설립되었다. 이 병원의 1월 중 거래내역은 다음과 같다.

1월 2일, 소유주가 현금 ₩1,000,000을 기업에 출자하였다.
1월 3일, 건물을 2년간 임차하기로 계약하고, 1월분 임차료 ₩50,000을 현금으로 지급하였다.
1월 5일, 의료장비를 구입하고 대금 ₩300,000 중 ₩100,000은 현금으로 지급하고, 나머지는 3개월 후 지급하기로 합의하였다.
1월 6일, 책상, 컴퓨터, 캐비닛 등 업무용 비품을 ₩150,000에 구입하고 대금은 현금으로 지급하였다.
1월 8일, 간호원 5명을 채용하였다. 간호원의 월급으로 1인당 ₩30,000씩 지급하기로 합의하였다.
1월 10일, 환자의 진찰 및 진료비 ₩100,000을 현금으로 수취하였다.
1월 15일, 광고대행업체에 광고선전비로 ₩40,000을 현금으로 지급하였다.
1월 20일, 환자의 진찰 및 치료비 ₩300,000을 현금으로 수취하였다.
1월 25일, 간호원 1월분 급여 ₩150,000을 현금으로 지급하였다.
1월 30일, 수도료 및 전기료로 ₩30,000을 현금으로 지급하였다.

| 물음 |

(1) 거래를 분개하라.
(2) 거래를 전기하라.

3-9 거래의 추정

다음은 두만강기획(주)의 2월 중 거래를 분개한 것이다.

(1)	(차) 소모품	500,000	(대) 미지급금	500,000
(2)	(차) 광고선전비	100,000	(대) 현 금	100,000
(3)	(차) 현 금	700,000	(대) 용역수익	700,000
(4)	(차) 여비교통비	120,000	(대) 현 금	120,000
(5)	(차) 미지급금	400,000	(대) 현 금	400,000
(6)	(차) 급 여	450,000	(대) 현 금	450,000
(7)	(차) 현 금	300,000	(대) 단기차입금	300,000
(8)	(차) 건 물	800,000	(대) 미지급금	800,000
(9)	(차) 현 금	550,000	(대) 특허권	550,000
(10)	(차) 수도광열비	100,000	(대) 현금	100,000

| 물음 | 어떤 거래가 발생했는지 추정하라.

3-10 분개 오류의 수정(I)

다음 자료는 로타리상사(주)의 20×2년 3월 중 거래의 일부를 분개한 것이다.

(1) 소모품 ₩500,000을 외상매입하였다.
(차) 소모품 500,000 (대) 외상매입금 500,000

(2) 용역 ₩300,000을 제공하고 대금은 한 달 후에 받기로 하였다.
(차) 미수금 300,000 (대) 용역수익 300,000

(3) 급여 ₩370,000을 현금으로 지급하였다.
(차) 급 여 730,000 (대) 현 금 730,000

(4) 건물의 임차료 ₩800,000을 현금으로 지급하였다.
(차) 당좌예금 800,000 (대) 임차료 800,000

(5) 용역 ₩100,000을 제공하고 거래처로부터 현금 ₩100,000을 받았다.
(차) 현 금 100,000 (대) 외상매출금 100,000

(6) 장부금액이 ₩200,000인 비품을 ₩200,000에 매각하고 대금은 1개월 후에 받기로 합의

하였다.

(차) 외상매출금 200,000 (대) 비 품 200,000

(7) 향후 거래처에 용역 ₩800,000을 공급하기로 계약하였다.

(차) 미수수익 800,000 (대) 용역수익 800,000

| 물음 | 위의 분개 중 틀린 부분을 지적하고 올바른 분개를 제시하라.

3-11 분개 오류의 수정(II)

다음은 임진강(주)의 20×1년 6월에 발생한 거래의 일부분에 대한 분개이다.

(1) 비품 ₩50,000을 외상으로 구입하였다. 대금은 2개월 후 지급하기로 합의하였다.

(차) 비 품 50,000 (대) 외상매입금 50,000

(2) 건물을 빌려 사용한 대가로 ₩30,000을 현금으로 지급하였다.

(차) 임대료 30,000 (대) 현 금 30,000

(3) 컨설팅 용역을 제공하고 용역대가 ₩40,000은 1달 후에 받기로 합의하였다.

(차) 미수금 40,000 (대) 용역수익 40,000

(4) 종업원 출퇴근용으로 승용차 ₩1,000,000을 구입하고 대금은 현금으로 지급하였다.

(차) 상 품 1,000,000 (대) 현 금 1,000,000

(5) 은행으로부터 현금 ₩800,000을 차입하였다.

(차) 현 금 800,000 (대) 외상매입금 800,000

| 물음 | 위의 분개에서 차변 또는 대변의 계정과목이 잘못 표시되어 있다. 오류를 지적하고, 올바른 분개를 제시하라.

제4장

수익과 비용의 인식

본 장에서는 회계정보 작성을 위한 기본 가정인 발생기준의 개념을 이해하고 현금기준과의 차이점을 살펴본다. 그리고 발생기준에 근거하여 일정 기간 동안 발생한 수익과 비용을 정확하게 인식하기 위해 매 회계기말에 실시하는 수정분개의 필요성을 설명한다. 특히 발생항목과 이연항목의 수정분개에 대하여 자세히 설명한다.

|제1절| 현금기준과 발생기준

기업의 활동에 따른 거래나 사건은 지속적으로 발생하는 반면, 회계는 1년이나 6개월 등 일정한 기간을 단위로 재무상태와 경영성과를 집계한다. 만약, 경영활동으로 인한 수익과 비용을 각각 현금의 유입과 유출시점에 기록한다면, 수령한 현금은 모두 수령한 연도의 수익으로 인식하고 지급한 현금은 모두 지급한 연도의 비용으로 인식하면 된다. 이를 **현금기준**(cash basis)이라고 한다.

현금기준 회계는 영세사업자나 개인사업자에게는 적합할 수도 있으나 대다수 기업의 재무상태와 경영성과를 측정하기에 부적합한 점이 많다. 현금이 유입되는 시점과 수익을 인식하여야 하는 시점이 차이를 보이거나 또는 현금이 유출되는 시점과 비용을 인식하여야 하는 시점이 다른 경우 현금기준 회계는 기업의 이익을 적절하게 측정하지 못한다.

예를 들어, 20×1년 12월 1일에 1년분 보험료 12,000원을 현금으로 지출한 기업이 현금기준으로 비용을 인식하는 경우, 12,000원이 모두 20×1년도 비용으로 계상된다. 그러나 실질적으로 12,000원의 보험료가 20×1년도 비용으로 인식되는 것은 적절하지 않다. 1,000원(1개월분)만 20×1년도 비용이며 나머지 11,000원(11개월분)은 20×2년도의 비용이라 할 수 있기 때문이다. 만약에 20×1년 7월 1일에 1년분 임대료 12,000원을 현금으로 수취한 기업이 현금기준으로 수익을 인식하는 경우, 12,000원이 모두 20×1년도 수익으로 인식된다. 그러나 실질적으로는 6,000원(6개월분)만 20×1년도 수익으로 인식하는 것이 타당하다.

이와 같이 현금기준을 적용하여 재무제표를 작성하게 되면 특정 회계기간에 수익이나 비용이 발생하였다 하더라도 현금을 지출하거나 수취하지 않았다면 수익이나 비용으로 기록되지 않는다. 또한 수익이나 비용이 발생하기 전에 미리 수취한 현금이나 미리 지급한 현금이 해당 연도의 수익이나 비용으로 인식되는 문제도 존재한다. 따라서 현금주의에 의해서 재무제표를 작성하는 경우 기업의 재무상태나 경영성과를 적정하게 보고하기가 어렵다.

기업의 재무상태나 경영성과를 보다 정확하게 측정하기 위해서는 현금의 유입이나 유출시기와 상관없이 거래가 발생한 기간에 수익과 비용을 인식하여야 하는데,

이를 **발생기준**(accrual basis)이라고 한다. 예를 들어, 기업이 20×1년 12월 중에 자금을 대여하고 그 이자는 20×2년 1월에 받는다고 가정하자. 이때 이자수익은 20×1년 12월에 발생한 것이고 현금으로 이자를 수령하지 않았더라도 발생기준에 의하면 이자수익이 발생한 20×1년 12월에 이자수익을 인식한다.

발생기준에 의하여 산출된 회계정보는 기업의 재무상태와 경영성과를 적절하게 보고함으로써 정보이용자가 기업의 미래현금흐름 창출능력을 파악하는 데 보다 유용한 정보가 될 수 있다. 따라서 기업의 수익과 비용은 거래가 발생하는 기간에 인식하여야 한다. 제조업의 경우 수익의 인식시점은 제품의 판매시점이 될 것이고, 서비스업의 경우는 용역의 제공시점이 될 것이다. 마찬가지로, 비용 역시 현금유출 기간이 아닌 발생 기간에 인식한다.

예를 들어, 기업이 10월 중에 용역을 제공하였으나 대금은 11월에 받는다고 가정하자. 이때 용역수익의 발생은 10월에 일어난 것이고 현금유입은 11월에 이루어진 것이다. 따라서 10월에 용역 대금을 현금으로 받지 않았더라도 용역수익이 발생한 10월에 용역수익을 인식해야 하는 것을 잊어서는 안 된다. 만약, 기업이 현금유입에 집착하여 10월에 용역수익의 인식을 누락시켰다면, 이는 회계기간 말에 수정분개를 통하여 보완하여야 한다.

비용의 인식도 마찬가지이다. 예를 들어, 기업이 종업원들의 10월에 제공한 용역에 대한 급여를 11월에 지급한다고 가정하자. 이때 급여비용의 발생은 종업원이 일한 10월에 일어난 것이고 현금의 지출은 11월에 이루어진 것이다. 따라서 10월에 급여를 현금으로 지급하지 않았더라도 급여비용의 인식을 잊어서는 안 된다. 또 다른 예로, 기업이 10월 한 달 동안 자금을 차입하여 사용하였으나 그 이자는 11월에 지급한다고 가정하자. 이때 이자비용의 발생은 10월에 일어난 것이고 현금유출은 11월에 이루어진 것이다. 따라서 10월에 이자를 현금으로 지급하지 않았더라도 이자비용이 발생한 10월에 반드시 이자비용을 인식해야 한다. 만약 10월분 이자비용을 인식하지 않았다면 회계기말에 수정분개를 통하여 보완하여야 한다.

| 제2절 | 수정분개의 의의

2-1 수정분개의 필요성

앞에서 설명하였듯이, 기업의 활동과정에서 발생한 거래가 두 회계기간 이상에 걸쳐 영향을 주는 경우, 회계기간 말에 관련 계정의 잔액을 조정할 필요가 있다. 이를 **수정분개**(adjusting entries)라고 부른다. 발생기준에 의하여 수익과 비용은 거래가 발생한 시점에 인식하여야 하는데, 발생기준을 이론적으로 엄격하게 적용한다면 이자수익이나 이자비용은 매일 실시간으로 발생하며 임대수익이나 급여비용 등도 매일 발생하므로 수익과 비용을 매일 인식하여야 할 것이다. 그러나 이는 매우 불편하고 번거롭다. 따라서 회계기말에 그 기간 동안 발생한 수익과 비용을 일괄적으로 조정하는 것이 수정분개이다.

수정분개는 발생기준 회계에 의해서 회계기간에 발생한 수익과 비용을 정확히 인식하기 위한 것이다. 수익과 비용이 정확히 인식되면 재무상태표의 자산과 부채가 적절히 보고되고 포괄손익계산서에 정확한 당기순이익이 산출된다. 따라서 적정한 기간손익을 계산하고 재무상태를 적절하게 보고하기 위하여 수정분개가 필요한 것이다.

2-2 수정분개 대상항목의 유형

수정분개의 대상항목은 크게 발생항목과 이연항목으로 구분된다. **발생**(accruals)이란 경제적 사건이 발생(예: 용역의 제공 또는 이자비용의 발생)하였으나 아직 현금으로 수취하거나 지급하지 않은 경우를 말한다. 발생항목에 대한 수정분개는 당기에 발생하였지만 아직 장부에 기록되지 않은 수익과 비용을 인식하고 동시에 재무상태표에 미수수익 또는 미지급비용이라는 계정과목을 인식하기 위하여 필요하다.

이연(deferrals)이란 경제적 사건이 발생(예: 이자수익의 발생 또는 종업원 근무)하기 전에 미리 현금을 수취하거나 지급한 경우를 말한다. 이연항목에 대한 수정분개는 회계기간 말 현재 미리 지급한 금액(선급액) 중 당기에 발생한 비용에 해당되는 부분, 혹은 미리 수취한 금액(선수액) 중 당기에 발생한 수익에 해당되는 부분을 분리하여 기록하고, 동시에 그 상대 계정과목으로 선급비용 또는 선수수익을 인식하는 것이다.

● 표 4-1 ● 수정분개 대상항목

항목	거래의 유형	계정과목
발생	경제적 사건이 발생하였으나 현금으로 수취하거나 지급하지 않은 거래	미수수익, 미지급비용
이연	경제적 사건이 발생하기 전에 미리 현금을 수취하거나 지급한 거래	선급비용, 선수수익

| 제3절 | 발생항목의 수정분개

3-1 미수수익

미수수익(accrued revenues)은 회계기간 말 현재 현금으로 회수되지는 않았으나 가득된 수익이다. 미수수익은 이자수익이나 임대료수익처럼 시간의 경과에 따라 발생하거나, 혹은 수수료수익이나 용역수익처럼 관련 용역이 제공되었지만 대금이 회수되지 않은 경우에 나타난다.

수정분개는 회계기간 말 현재 존재하는 기업의 자산(미수수익)과 당해 회계기간 중에 발생한 수익을 정확하게 반영하기 위한 것이다. 미수수익이 존재함에도 불구하고 수정분개를 하지 않는다면 자산과 수익이 과소표시된다. 따라서 미수수익을 위한 수정분개는 자산계정의 차변과 수익계정의 대변에 기록되어 이들 계정의 금액을 증가시킨다.

한강기획(주)의 사례에서, 회사가 10월 31일 이전에 1,000원의 광고용역을 제공(수익의 발생)하였지만 아직 대금을 청구하지 않았고, 이러한 사실을 장부에 기록하지 않았다고 가정하자. 그러면 한강기획(주)은 10월 31일에 다음과 같은 수정분개를 실시하여야 한다.

(차) 미수수익	1,000	(대) 용역수익	1,000

위의 수정분개를 T-계정에 전기하면 다음과 같다.[2)]

미수수익

차변	대변
10/31 **용역수익 1,000**	

용역수익

차변	대변
	10/3 현금 6,000
	10/31 현금 50,000
	10/31 미수수익 1,000

이로써 회계기간 말 현재 한강기획(주)은 미수수익(자산)이 1,000원이고, 당해 회계기간 동안의 용역수익이 총 57,000원(=6,000+50,000+1,000)으로 보고된다. 만일 수정분개가 이루어지지 않았다면 한강기획(주)의 재무상태표에는 자산과 자본이 과소표시되고, 포괄손익계산서에는 수익과 이익이 과소표시되었을 것이다.

3-2 미지급비용

미지급비용(accrued expenses)은 회계기간 말 현재 현금으로 지급하지 않았으나 이미 발생한 비용이다. 미지급비용은 미수수익과 유사한 원인에서 발생한다. 실제로 어느 기업의 미지급비용은 거래상대방기업의 미수수익이 된다. 예를 들어, 한강기획(주)의 사례에서 용역대가로 발생한 미수수익 1,000원은 그 용역을 제공받는 기업에는 미지급비용이 된다.

수정분개는 회계기간 말 현재 존재하는 기업의 부채(미지급비용)와 당해 회계기간 중에 발생한 비용을 정확하게 반영하기 위한 것이다. 미지급비용이 존재함에도 불구하고 수정분개를 하지 않는다면 부채와 비용이 과소표시된다. 따라서 미지급비용을 위한 수정분개는 부채계정의 대변과 비용계정의 차변에 기록되어 이들 계정의

2) 표준식 계정이 다소 복잡하므로 지금부터는 표준식 계정보다 약식 T-계정을 적용하여 설명한다.

금액을 증가시킨다. 이자비용, 임차료, 법인세비용, 급여 등에 대하여 미지급비용이 자주 발생한다.

1) 미지급이자

한강기획(주)의 사례에서, 회사가 10월 2일에 25,000원의 토지를 외상으로 취득하면서 6개월 후에 원금 25,000원과 함께 연 8.64%의 이자율로 계산한 6개월간 이자를 지급하기로 합의했다고 가정하자. 이 경우 총이자비용은 1,080원(=25,000원×8.64%×6/12)이고, 월별로는 180원(=1,080/6)의 이자비용이 발생한다. 따라서 10월 31일에 실시해야 할 수정분개를 통하여 10월 중 발생한 이자비용 180원을 인식하고, 동시에 아직 지급하지 않은 미지급이자(부채) 180원을 인식해야 한다.

(차) 이자비용	180	(대) 미지급이자	180

위의 수정분개를 전기하고 난 후의 한강기획(주)의 관련 계정은 다음과 같다.

이자비용	
10/31 **미지급비용** 180	

미지급비용	
	10/31 **이자비용** 180

만일 수정분개가 이루어지지 않으면 한강기획(주)의 이자비용과 부채(미지급이자)는 과소표시되고 이익과 자본은 과대표시된다.

2) 미지급급여

종업원의 근무대가는 후급으로 지급하는 경우가 많다. 한강기획(주)의 사례에서, 10월 25일에 종업원 급여가 지급되었고, 다음 달 급여 지급일은 11월 25일이라고 가정하자. 이 경우 10월 26일부터 31일까지 6일간의 근무에 대한 급여는 10월 중에 지급하지 않았기 때문에 10월 31일 현재 한강기획(주)은 6일분의 급여비용과 미지급비용을 인식해야 한다. 10월 31일 현재 미지급 급여액이 8,000원이라면 이에 대한 수정분개는 다음과 같다.

(차) 급 여	8,000	(대) 미지급급여	8,000

위의 수정분개를 전기하고 난 후의 한강기획(주)의 급여 관련 계정은 다음과 같다.

급여

차변	대변
10/25 현금 20,000	
10/31 미지급비용 8,000	

미지급비용

차변	대변
	10/31 이자비용 180
	10/31 급여 8,000

이로써 회계기간 말 현재 한강기획(주)은 미지급비용(자산)이 8,180원(=180+8,000)이고, 당해 회계기간 동안의 급여비용은 총 28,000원(=20,000+8,000)으로 보고된다. 수정분개가 이루어지지 않으면 급여비용과 미지급비용(부채)은 과소표시되고, 이익과 자본은 과대표시된다.

한강기획(주)가 11월 25일에는 10월 26일부터 11월 25일까지의 급여 42,000원을 지급하였다고 가정하자. 이 금액은 10월 말 미지급급여 8,000원과 11월에 발생한 급여비용 34,000원을 합한 금액이다. 따라서 11월 25일의 급여 지급을 분개하면 다음과 같다.

(차) 미지급급여	8,000	(대) 현 금	42,000
급 여	34,000		

위의 분개를 실시함으로써 10월 말 수정분개를 통해 기록된 미지급급여 8,000원이 제거(감소)되고, 11월 25일까지 발생한 11월분 급여비용은 정확하게 기록된다.

| 제4절 | 이연항목의 수정분개

4-1 선급비용

선급비용(prepaid expenses)은 재화나 용역을 제공받기 전에 현금을 미리 지급(선급)한 경우에 나타난다. 선급비용은 보험료, 소모품, 광고비, 임차료 등과 관련하여 발생한다. 선급비용에는 보험료, 임차료 등의 경우처럼 시간의 경과를 통해서 소멸하는 것이 있는가 하면, 광고선전비처럼 광고용역을 제공함에 따라, 그리고 소모품비처럼 소모품을 소비함에 따라 소멸하는 것도 있다. 이러한 소멸에 대해서는 일반적으로 회계기간 말에 당기에 소멸된 부분을 비용으로 인식하고, 미래에 소멸될 부분은 계속 자산(선급비용)으로 남기기 위한 수정분개가 필요하다.

수정분개는 회계기간 말 현재 존재하는 기업의 자산(선급비용)과 당해 회계기간 중에 발생한 비용을 정확하게 반영하기 위한 것이다. 선급비용이 존재함에도 불구하고 수정분개를 하지 않는다면 자산(선급비용)이 과대표시되고 비용이 과소표시된다.

1) 소모품비

기업은 문구류, 서류봉투, 전산용품 등 다양한 종류의 소모품을 사용한다. 소모품은 일반적으로 영업활동과정에서 점차로 소비되기 때문에, 기말 현재 얼마의 소모품이 남아 있는지를 실제로 조사해야 한다. 기말에 남아 있는 소모품 금액이 기말 현재의 정확한 자산이기 때문이다. 따라서 취득시점에 자산(소모품)으로 기록된 금액에서 기말에 남아있는 소모품 금액을 차감한 후 기중에 소비된 소모품비(비용)를 계산하는 수정분개를 하여야 한다.

한강기획(주)은 10월 6일에 12,500원의 광고용 소모품을 구입하였다. 그 결과 10월 31일에 소모품 잔액 12,500원이 표시되어 있다(제3장의 〈표 3-6〉 참조). 회계기간 말인 10월 31일에 소모품 재고를 조사한 결과, 보유 중인 소모품이 5,000원인 것으로 가정하자. 그러면 10월 중에 사용된 소모품은 7,500원(=12,500-5,000)이다. 따라서 10월 31일의 수정분개를 통하여 10월 중에 소비한 7,500원을 소모품비(비용)로 인식하고, 동시에 소모품(자산)을 7,500원만큼 감소시켜야 한다.

(차) 소모품비	7,500	(대) 소모품	7,500

위의 수정분개를 전기하고 난 후의 한강기획(주)의 소모품 관련 계정은 다음과 같다.

소모품

10/6 미지급금	12,500	10/31 **소모품비**	**7,500**

소모품비

10/31 **소모품**	**7,500**		

한편, 소모품에 대한 수정분개는 다르게 이루어질 수도 있다. 소모품(자산)은 소비됨으로써 비용으로 전환되는데, 만약 회사가 소모품의 취득시점에 회계기간 동안 소모품을 모두 소비할 것으로 기대한다면 소모품을 처음부터 비용으로 계상하는 것이 편리할 수도 있다.

예를 들어, 한강기획(주)이 10월 6일에 매입한 광고용 소모품 12,500원을 10월 31일 이전에 모두 소비할 것으로 예상하고 전액을 소모품비(비용)로 계상하였다고 가정하자.

(차) 소모품비	12,500	(대) 현 금	12,500

그러나 예상과 달리 이 기간 동안 소모품을 전액 사용하지 않고 회계기말 현재 소모품의 재고가 5,000원만큼 남아있는 경우 다음과 같은 수정분개가 필요하다.

(차) 소모품	5,000	(대) 소모품비	5,000

위의 수정분개를 전기하고 난 후의 한강기획(주)의 소모품 관련 계정은 다음과 같다.

소모품	
10/31 소모품비 5,000	

소모품비	
10/6 미지급금 12,500	10/31 소모품 5,000

회계기간 말 현재 자산인 소모품계정의 잔액은 실제로 남아 있는 소모품 금액인 5,000원(=12,500−7,500)으로 표시되며, 소모품비 계정의 잔액은 7,500원으로서 10월 중에 사용된 소모품 금액에 해당된다. 어느 회계처리방법을 사용하든 재무제표에 미치는 효과는 동일하다.

두 가지 회계처리방법에 따른 수정분개를 비교하면 〈표 4-2〉와 같다.

● 표 4-2 ● 소모품의 회계처리방법에 따른 수정분개의 비교

일자	기중에 자산계정에 기록			기중에 비용계정에 기록		
10월 6일	(차) 소모품	12,500		(차) 소모품비	12,500	
	(대) 미지급금		12,500	(대) 미지급금		12,500
10월 31일	(차) 소모품비	7,500		(차) 소모품	5,000	
	(대) 소모품		7,500	(대) 소모품비		5,000

2) 보험료

대부분의 기업은 보유하고 있는 상품과 설비자산에 대한 화재 및 도난, 고객에 대한 손해배상, 또는 차량운반구에 대한 보험에 가입한다. 보험료를 선급했을 때 선급비용(자산)계정의 차변에 기록하였다면, 회계기간 말에는 당해 기간 동안 소멸된 부분에 대하여 보험료(비용)를 인식하고 선급비용을 감소시켜야 한다.

예를 들어 한강기획(주)은 10월 1일에 1년짜리 화재보험에 가입하면서 보험료 6,000원을 지급하였으며 다음과 같이 분개하였다고 가정하자.

(차) 선급보험료	6,000	(대) 현 금	6,000

그러면 10월 31일에 수정분개를 통하여 보험서비스의 경과분에 대하여 500원

(=6,000원/12개월)을 보험료(비용)로 인식하고, 동시에 같은 금액만큼의 선급비용을 감소시켜야 한다.

(차) 보험료	500	(대) 선급보험료	500

수정분개를 전기하고 난 후의 한강기획(주)의 보험료 관련 계정은 다음과 같다.

선급비용

10/1 **현금**	6,000	10/31 **보험료**	500

보험료

10/5 현금	3,000		
10/31 **선급비용**	500		

현금

10/1 자본금	100,000	10/1 **선급비용**	6,000
10/3 용역수익	6,000	10/3 임차료	4,500
10/31 용역수익	50,000	10/5 보험료	3,000
		10/15 토지	30,000
		10/15 급여	20,000

한편, 현금으로 선급한 보험료는 어차피 시간이 경과하면서 보험 혜택을 제공받아 비용화될 것이다. 따라서 실무에서는 보험료를 현금으로 지출하는 시점에 미리 보험료(비용)로 기록하는 방법을 많이 사용한다. 보험료 지급 시 비용으로 인식하는 분개는 다음과 같다.

(차) 보험료	6,000	(대) 현 금	6,000

그러나 이 중 500원만 10월의 비용이고 나머지는 미래 기간에 부담하게 될 비용을 미리 지급한 것으로 향후 11개월간 보험서비스를 제공받을 수 있는 권리(자산)에 해당된다. 이에 따라 10월분 보험료(비용)를 정확히 계산하고 선급보험료(자산)를 인

식하기 위하여 다음과 같은 수정분개를 한다.

(차) 선급보험료	5,500	(대) 보험료	5,500

회계기간 말 현재 선급비용(자산)의 잔액은 5,500원(=6,000-500)으로 보고되고 동 회계기간 동안 발생한 보험료(비용)는 총 3,500원(=3,000+500)으로 계상된다. 어느 회계처리방법을 사용하든 재무제표에 미치는 효과는 동일하다.

4-2 선수수익

선수수익(unearned revenue)은 재화나 용역의 제공이 이루어지기 전에 현금을 미리 수취(선수)한 경우에 나타난다. 예를 들어, 정기간행물 구독료, 건물 임대료, 헬스클럽의 연회비 등은 용역이 제공될 때까지 선수수익으로 회계처리한다. 선수수익은 선급비용과 정반대 개념이다. 실제로 어느 기업의 회계장부에 기록된 선수수익은 거래 상대방 기업에는 선급비용으로 기록된다. 예를 들어, 부동산 임대기업의 선수임대료는 임차기업의 선급임차료가 된다.

미래 회계기간에 제공될 용역에 대한 대가로 수취한 현금은 향후 용역을 제공해야 할 의무에 해당되므로 부채로 인식한다. 이후 고객에게 용역을 제공함으로써 수익으로 전환된다. 따라서 결산일에는 기중에 발생한 수익을 인식하고, 선수수익(부채)을 감소시키는 수정분개를 실시해야 한다. 만약 선수수익에 대한 수정분개를 하지 않으면 부채가 과대표시되고, 수익이 과소표시된다.

한강기획(주)은 10월 3일에 광고용역 대금으로 금강상사(주)로부터 12,000원을 수취하면서 향후 3개월에 걸쳐 용역을 제공하기로 하였다고 가정하자. 그리고 한강기획(주)은 이 같은 현금 수취를 장부에 반영하지 않았다고 가정하자. 그렇다면 이와 같은 누락 사실을 다음과 같은 수정분개를 통하여 바로잡을 수 있다.

(차) 현 금	12,000	(대) 선수수익	12,000

그리고 한강기획(주)이 10월 중에 금강상사(주)에 제공한 용역이 3,000원 상당이었다고 가정하자. 그러면 기말에 10월달의 용역수익 3,000원을 인식하고, 동시에 동일한 금액만큼 선수수익(부채)을 감소시키는 수정분개를 통하여 재무상태와 경영성과를 올바르게 표시할 수 있다.

(차) 선수수익	3,000	(대) 용역수익	3,000

위의 수정분개를 전기하고 난 후 한강기획(주)의 용역수익 관련 계정은 다음과 같다.

선수수익

10/31 **용역수익**	**3,000**	10/3 **현금**	**12,000**

용역수익

		10/3 현금	6,000
		10/31 현금	50,000
		10/31 미수수익	1,000
		10/31 선수수익	**3,000**

현금

10/1 자본금	100,000	10/1 선급비용	6,000
10/31 선수수익	**12,000**	10/4 임차료	4,500
10/3 용역수익	6,000	10/5 보험료	3,000
10/31 용역수익	50,000	10/15 토지	30,000
		10/25 급여	20,000

한편, 선수수익은 시간이 경과하면서 회사가 용역을 제공함에 따라 어차피 수익으로 인식되는 금액이다. 따라서 실무에서는 주로 현금을 수취하는 시점에 수익으로 기록한다. 한강기획(주)이 10월 3일에 현금을 수취하면서 회계기간 중에 용역의 제공이 이행될 것으로 예상하고 현금 수취 시 용역수익으로 기록하였다면 분개는 다음과 같다.

(차) 현 금	12,000	(대) 용역수익	12,000

그러나 회계기간 중 3,000원의 용역이 제공되었다면, 수취한 현금 중 9,000원은 미래 용역을 제공하여야 할 의무이므로 부채에 해당한다. 따라서 기말의 수정분개를 통하여 가득된 수익을 3,000원으로 조정하고 부채 9,000원을 증가시켜야 한다.

(차) 용역수익	9,000	(대) 선수수익	9,000

위의 수정분개를 전기하고 난 후의 한강기획(주)의 소모품 관련 계정은 다음과 같다.

선수수익	
	10/31 용역수익 9,000

용역수익	
10/6 선수수익 9,000	10/3 현금 12,000

어느 회계처리방법을 사용하든 회계기간 말 현재 부채인 선수수익계정 잔액은 9,000원으로 표시되며, 10월 중 제공된 용역에 대한 수익은 3,000원으로 보고된다.

두 가지 회계처리방법에 따른 수정분개를 비교하면 〈표 4-3〉과 같다.

● 표 4-3 ● 선수수익의 회계처리방법에 따른 수정분개의 비교

일자	기중에 부채계정에 기록			기중에 수익계정에 기록		
10월 3일	(차) 현 금	12,000		(차) 현 금	12,000	
	(대) 선수수익		12,000	(대) 용역수익		12,000
10월 31일	(차) 선수수익	3,000		(차) 용역수익	9,000	
	(대) 용역수익		3,000	(대) 선수수익		9,000

네 가지 유형의 수정분개 사항을 요약하면 〈표 4-4〉와 같다.

● 표 4-4 ● 수정분개 요약

수정항목의 유형		수정사유	수정 전 재무상태와 경영성과	수정분개
발생항목	미수수익	수익이 발생하였지만 아직 현금으로 수취되지 않았음	자산의 과소표시 수익의 과소표시	(차) 미수수익 ××× (대) ○○수익 ×××
	미지급비용	비용이 발생하였지만 아직 현금으로 지급되지 않았음	비용의 과소표시 부채의 과소표시	(차) ○○비용 ××× (대) 미지급비용 ×××
이연항목	선급비용	자산계정에 기록되었던 선급비용을 당기비용으로 분류	자산의 과대표시 비용의 과소표시	(차) ○○비용 ××× (대) 선급비용 ×××
	선수수익	부채계정에 기록되었던 선수수익을 당기수익으로 분류	부채의 과대표시 수익의 과소표시	(차) 선수수익 ××× (대) ○○수익 ×××

10월 31일에 실시한 한강기획(주)의 수정분개 사항들을 분개장에 기록해 놓은 것이 〈표 4-5〉이고, 이를 총계정원장의 표준식 계정에 전기한 것이 〈표 4-6〉이다.

● 표 4-5 ● 수정분개를 기록한 한강기획(주)의 분개장

분개장 (단위: 원)

일자		계정과목 및 설명	원면	차변	대변
20×1년 10월	31일	미수수익	106	1,000	
		용역수익	401		1,000
		제공한 용역에 대한 수익의 기록			
	31일	이자비용	514	180	
		미지급비용	206		180
		미지급금에 대한 이자비용의 기록			
	31일	급 여	502	8,000	
		미지급비용	206		8,000
		미지급된 종업원 급여의 기록			
	31일	소모품비	513	7,500	
		소모품	108		7,500
		사용된 소모품의 기록			

1일	선급비용	107	6,000	
	현 금	101		6,000
	선급비용 지급의 누락을 기록			
31일	보험료	512	500	
	선급비용	107		500
	소멸된 선급보험료의 기록			
3일	현 금	101	12,000	
	선수수익	205		12,000
	선수수익 수취의 누락을 기록			
31일	선수수익	205	3,000	
	용역수익	401		3,000
	제공한 용역에 대한 수익의 기록			

● 표 4-6 ● 수정분개를 한 후 한강기획(주)의 총계정원장

총계정원장

현 금 계정번호: 101

일자	설명	분면	금액	일자	설명	분면	금액
20×1년				20×1년			
10월 1일	자본금 출자	1	₩100,000	10월 1일	보험료 선급	3	₩6,000
3일	용역대금 선수	3	12,000	4일	임차료 지급	1	4,500
3일	용역수익 발생	1	6,000	5일	보험료 지급	1	3,000
31일	용역수익 발생	2	50,000	15일	토지 취득	2	30,000
				25일	종업원 급여 지급	2	20,000

미수수익 계정번호: 106

일자	설명	분면	금액	일자	설명	분면	금액
20×1년							
10월 31일	용역수익 발생	2	₩1,000				

선급비용 계정번호: 107

일자	설명	분면	금액	일자	설명	분면	금액
20×1년				20×1년			
10월 1일	보험료 선급	3	₩6,000	10월 31일	보험료 비용의 발생	3	₩500

소모품							계정번호: 108
일자	설명	분면	금액	일자	설명	분면	금액
20×1년 10월 6일	소모품 외상매입	1	₩12,500	20×1년 10월 31일	소모품비 발생	3	₩7,500

토 지							계정번호: 113
일자	설명	분면	금액	일자	설명	분면	금액
20×1년 10월 2일	토지 취득	1	₩25,000				
10월 15일	토지 취득. 대금 일부 현금 지급, 나머지 미지급	2	80,000				

선수수익							계정번호: 205
일자	설명	분면	금액	일자	설명	분면	금액
20×1년 10월 31일	선수 용역수익의 제공	3	₩3,000	20×1년 10월 3일	용역대금의 선수	3	₩12,000

미지급비용							계정번호: 206
일자	설명	분면	금액	일자	설명	분면	금액
				20×1년 10월 31일	이자비용 발생	3	₩180
				31일	종업원 급여 발생	3	8,000

미지급금							계정번호: 207
일자	설명	분면	금액	일자	설명	분면	금액
				20×1년 10월 2일	토지 취득. 대금은 추후 지급 예정	1	₩25,000
				6일	소모품 외상매입	1	12,500
				15일	토지 취득. 일부 대금은 추후 지급 예정	2	50,000

자본금 계정번호: 301

일자	설명	분면	금액	일자	설명	분면	금액
				20×1년			
				10월 1일	현금 출자	1	₩100,000

용역수익 계정번호: 401

일자	설명	분면	금액	일자	설명	분면	금액
				20×1년			
				10월 3일	용역수익 발생	1	₩6,000
				31일	용역수익 발생	2	50,000
				31일	미수 용역수익의 발생	3	1,000
				31일	선수 용역수익의 실현	3	3,000

급 여 계정번호: 502

일자	설명	분면	금액	일자	설명	분면	금액
20×1년							
10월 25일	종업원 급여 지급	1	₩20,000				
31일	미지급 급여의 발생	3	8,000				

임차료 계정번호: 504

일자	설명	분면	금액	일자	설명	분면	금액
20×1년							
10월 4일	임차료 지급	1	₩4,500				

보험료 계정번호: 512

일자	설명	분면	금액	일자	설명	분면	금액
20×1년							
10월 5일	보험료비용의 발생	1	₩3,000				
31일	보험료비용의 발생	3	500				

소모품비							계정번호: 513
일자	설명	분면	금액	일자	설명	분면	금액
20×1년 10월 31일	소모품비 발생	3	₩7,500				

이자비용							계정번호: 514
일자	설명	분면	금액	일자	설명	분면	금액
20×1년 10월 31일	미지급 이자비용의 발생	3	₩180				

익 / 힘 / 문 / 제

1. 현금기준과 발생기준의 차이를 설명하라.
2. 수익과 비용은 언제 인식해야 하는지 설명하라.
3. 수정분개가 필요한 이유를 설명하라.
4. 수정분개 대상항목의 주요한 유형을 제시하라.
5. 수정분개를 필요로 하는 상황 네 가지를 예를 들어 설명하라.
6. 미수수익이란 무엇인가? 그리고 미수수익에 대한 수정분개는 어떻게 하는지 설명하라.
7. 미지급비용이란 무엇인가? 그리고 미지급비용에 대한 수정분개는 어떻게 하는지 설명하라.
8. 선급비용이란 무엇인가? 그리고 선급비용에 대한 수정분개는 어떻게 하는지 설명하라.
9. 선수수익이란 무엇인가? 그리고 선수수익에 대한 수정분개는 어떻게 하는지 설명하라.
10. 미수수익과 미지급비용 및 선급비용과 선수수익이 각각 재무상태표 어디에 표시되는지 설명하라.

연 / 습 / 문 / 제

4-1 미수, 미지급, 선수, 선급계정의 식별

다음은 현금의 미수, 미지급, 선수, 선급과 관련된 계정과목들을 나열한 것이다.

미수수익	미지급비용	선수수익	선급비용
미수금	미지급금	선수금	선급금
외상매출금	외상매입금		

| 물음 |

(1) 위의 계정과목 중에서 자산에 속하는 항목은?

(2) 위의 계정과목 중에서 부채에 속하는 항목은?

(3) 위의 계정과목 중에서 자본에 속하는 항목은?

4-2 기말수정분개(I)

오로라택배(주)는 20×1년 12월 31일 현재 다음과 같은 기말수정사항을 가지고 있다.

(1) 선급비용 ₩48,000은 20×1년 9월 1일에 1년치 보험료로 지급한 것이다.

(2) 소모품 ₩100,000에 대하여 소모품 재고액을 조사한 결과 ₩10,000이 남아있다.

(3) 용역수익 ₩1,500,000 중 당기에 제공하지 않은 택배 용역의 금액 ₩200,000이 포함되어 있다.

(4) 종업원 급여 지급일은 매월 25일로서 12월 31일 현재 발생하였으나 지급하지 않은 급여가 ₩60,000이다.

| 물음 | 필요한 수정분개를 실시하라.

4-3 기말수정분개(II)

도루묵(주)의 결산일은 12월 31일이다. 회사는 20×1년 3월 1일에 소모품 ₩300,000을 현금으로 구입하였다. 결산일에 소모품 재고액을 조사한 결과 ₩50,000의 소모품이 남아 있는 것으로 확인되었다.

| 물음 | 소모품 구입을 (1) 자산으로 기록하는 방법, (2) 비용으로 기록하는 방법의 두 가지로 나누어 각각 소모품 구입일과 결산일에 필요한 분개를 실시하라.

4-4 기말수정분개(III)

영산강(주)의 결산일은 12월 31일이다. 회사는 20×1년 4월 1일에 1년분의 건물 임대료 ₩1,200,000을 현금으로 수취하였다.

| 물음 | 임대료 수입을 (1) 수익으로 기록하는 방법, (2) 부채로 기록하는 방법의 두 가지로 나누어 각각 임대료 수취일과 결산일에 필요한 분개를 실시하라.

4-5 기말수정분개(IV)

대동강(주)의 결산일은 12월 31일이다. 회사는 20×1년 7월 1일에 1년분의 화재보험료 ₩480,000을 현금으로 지급하였다.

| 물음 | 보험료 지급을 (1) 비용으로 기록하는 방법, (2) 자산으로 기록하는 방법의 두 가지로 나누어 각각 보험료 지급일과 결산일에 필요한 분개를 실시하라.

4-6 기말수정분개(V)

다음의 분개는 다다미(주)가 실시한 기말수정분개이다.

	차변	금액	대변	금액
(1)	(차) 보 험 료	100,000	(대) 선 급 비 용	100,000
(2)	(차) 선수수익	200,000	(대) 임 대 료	200,000
(3)	(차) 미수수익	80,000	(대) 이 자 수 익	80,000
(4)	(차) 이자비용	120,000	(대) 미지급비용	120,000
(5)	(차) 소모품비	50,000	(대) 소 모 품	50,000

| 물음 | 각 수정분개 내용이 무엇이었는지를 추정하라.

4-7 기말수정분개(VI)

다락방(주)의 회계담당자는 업무 미숙으로 다음 사항들에 대한 기말수정분개를 누락한 후, 회사의 당기순이익을 ₩3,200,000으로 보고하였다.

① 종업원급여 미지급액: ₩1,000,000
② 정기예금 이자 미수액: ₩200,000
③ 선급비용계정 잔액 중 기간이 경과한 금액: ₩500,000
④ 선수수익계정 잔액 중 기간이 경과한 금액: ₩1,500,000

| 물음 |

(1) 위의 네 가지 수정분개 사항의 누락이 각각 회사의 당기순이익을 과대표시하는가? 아니면 과소표시하는가?
(2) 회사의 정확한 당기순이익은 얼마인가?

4-8 기말수정분개(VII)

다음 자료는 낙동강기획(주)의 20×1년도 기말수정사항이다.

(1) 광고용역대금으로 ₩600,000을 수취하여 용역수익계정에 기록한 금액 중에서 아직 용역이 제공되지 않은 부분이 ₩200,000 포함되어 있다.
(2) 보험료계정 잔액은 ₩450,000이고, 이 중 차기분 보험료가 ₩250,000 포함되어 있다.
(3) 소모품계정 잔액은 ₩150,000이고, 기말 현재 소모품 재고액을 조사한 결과 ₩40,000으로 밝혀졌다.
(4) 기말 현재 사무실 임차료 ₩200,000의 지급기일이 도래하였으나 아직 지급하지 않았다.
(5) 기말 현재 발생하였지만 아직 현금으로 수취하지 않은 이자가 ₩80,000 있다.

| 물음 | 필요한 수정분개를 제시하라.

4-9 기말수정분개(VIII)

섬진강크리닝(주)은 세탁용역을 제공하는 회사로서 20×1년 6월 1일에 개업하였다.

섬진강크리닝(주)의 회계기간은 6월 1일에서 6월 30일까지 1개월이며, 6월 30일 현재 분개장에 다음과 같은 계정이 포함되어 있다.

선급비용	₩ 7,200
세탁설비자산	56,000
미지급금	40,000
용역수익	12,000

위의 각 계정을 분석한 결과 다음과 같은 자료가 밝혀졌다.

(1) 선급비용 ₩7,200은 회사가 세탁설비자산을 보험에 가입하고 보험료로 선급한 것으로서 6월 1일부터 2년간 유효한 보험기간을 가지고 있다.

(2) 미지급금은 6월 1일에 세탁설비자산을 취득하고 6개월 후에 대금을 지급하기로 약속한 것으로서 만기일에는 미지급금의 원금과 이자(연간 6%의 이자율)를 지급해야 한다.

(3) 회사는 6월 2일에 10명의 고객을 대상으로 향후 6개월간 세탁용역을 제공하기로 계약하고, 용역대금으로 고객당 ₩1,200씩 ₩12,000을 수취한 후, 용역수익으로 기록하였다.

(4) 회사는 6월 중 다른 고객에게 세탁용역 ₩3,000을 제공하였지만, 6월 30일 현재 대금을 회수하지 못하였으므로 분개장에 기록하지 않았다.

| 물음 | 6월 30일 현재 회사가 해야 할 각 항목의 수정분개를 제시하라.

제5장

회계순환과정

제1절 회계순환과정의 의의

제2절 시산표

제3절 재무제표의 작성

본 장에서는 앞의 3장과 4장에서 설명한 내용들을 토대로 회계정보가 어떻게 산출되는지 전체적인 과정을 학습한다. 거래의 최초 기록부터 재무제표의 보고까지 일련의 과정이라 할 수 있는 회계순환과정을 설명하고, 회계순환과정의 각 단계별로 실시하는 정보 작성과정 및 마감절차를 연습한다.

제1절 회계순환과정의 의의

기업은 일정 기간의 경영성과와 일정 시점의 재무상태를 보고해야 하기 때문에 자율적으로 회계기간을 선택한다. 예를 들어, 우리나라 정부의 회계기간은 1월 1일부터 12월 31일까지이다. 또한 우리나라 대부분(80% 이상) 기업들 역시 정부의 회계기간과 동일한 회계기간을 채택하고 있다. 회계기간은 통상 1년이며, 반드시 정부와 동일한 회계기간을 선택할 필요는 없다.[1)]

회계기간 종료일이 12월 31일인 기업을 '12월 결산기업', 9월 30일인 기업을 '9월 결산기업' 등으로 부른다. 또한 회계기간의 개시일(예: 1월 1일)을 회계에서는 기초라고 부르고, 종료일(예: 12월 31일)을 기말 또는 결산일이라고 부른다. 회계기간은 통상 1년이지만, 6개월(반기)이나 3개월(분기), 또는 1개월로 회계기간을 구성할 수도 있다.

회계기간 중에 거래가 발생하면 회계담당자는 거래를 식별하고 분개와 전기를 통하여 장부에 기록한다. 이후 기말이 도래하면 결산과정을 거쳐 재무제표를 작성 · 보고하고, 회계장부를 마감함으로써 한 회계기간의 회계업무를 종료한다. 이와 같은 일련의 회계절차는 다음 회계기간에도 반복된다. 거래의 식별, 분개, 전기, 결산과정, 재무제표 작성, 장부의 마감 등으로 이루어진 일련의 절차를 **회계순환과정**(accounting cycle)이라고 부른다.

회계순환과정은 [그림 5-1]과 같다. 그림과 같이 회계순환과정은 총 9단계로 구성되어 있으며, 이 중 거래의 식별(1), 분개(2), 전기(3), 수정분개와 전기(5), 재무제표 작성(7), 마감분개 및 전기(8) 등 여섯 개 단계는 생략할 수 없는 필수적 절차이고, 나머지 수정전시산표 작성(4), 수정후시산표 작성(6), 마감후시산표 작성(9) 등과 같은 시산표 작성은 기업의 재량에 맡겨진 선택적 절차이다.

거래의 식별, 분개, 그리고 전기는 거래가 발생할 때마다 실시하거나, 또는 일정기간 취합하여 한꺼번에 정기적으로 실시한다. 이에 비하여 수정전시산표 작성, 수정

---

1) 예를 들어, 우리나라 청량음료 업계는 여름 장사를 마친 후인 9월 30일을 회계기간 종료일로 선택하고 있으며, 증권업계는 연초의 영업을 마친 후인 3월 31일을 회계기간 종료일로 선택하고 있다.

● 그림 5-1 ● 회계순환과정

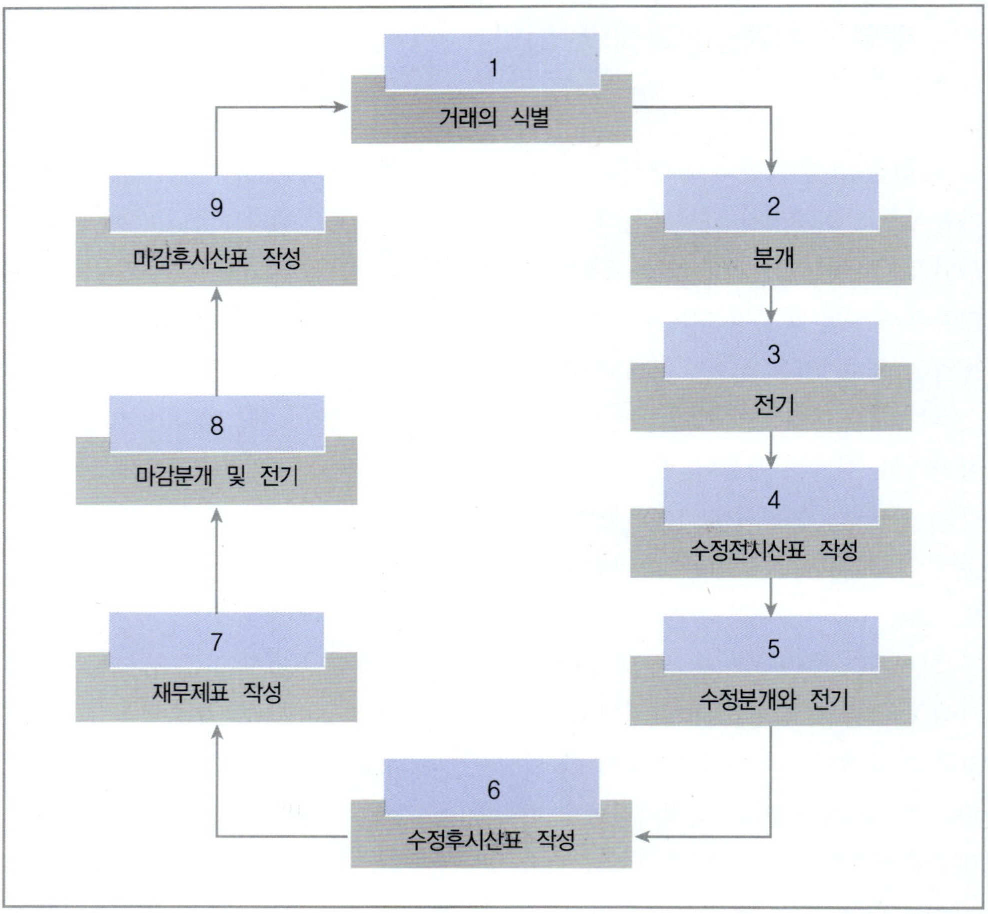

분개와 전기, 수정후시산표 작성, 재무제표 작성, 그리고 마감분개 및 전기와 마감후 시산표 작성은 회계기말에 실시한다.

| 제2절 | 시산표

앞에서 설명한 바와 같이, 기업은 회계기간 동안 거래를 기록하고 기말에 결산과정을 거쳐 재무제표를 작성하여 공시한다. 결산(closing)이란 회계기말에 회계장부(분개장과 원장)를 마감하고, 각 계정의 잔액을 이용하여 재무제표를 작성하는 일련의 절차를 말한다. 앞의 [그림 5-1]에 표시된 회계순환과정 중 수정전시산표 작성(단계 4)부터 마감후시산표 작성(단계 9)까지를 결산절차라고 부른다.

2-1 시산표의 의의

시산표(trial balance)는 회계등식의 원리에 입각하여 자산과 비용에 속하는 계정의 잔액은 차변에, 그리고 부채와 자본 및 수익에 속하는 계정의 잔액은 대변에 나열해 놓은 표이다. 시산표는 재무제표를 작성하기 전에 기중 회계기록의 정확성을 검증하기 위하여 작성한다. 결산절차의 목적은 재무제표의 작성이며 재무제표를 작성하기 전에 먼저 기중 거래의 기록이 정확하게 이루어졌는지를 검토할 필요가 있다.

일부 계정의 경우는 그 잔액이 기말시점에 확정되고 추가적 조정(예: 수정분개)이 필요하기 때문에, 시산표를 작성한 이후에 시산표의 계정잔액이 변경될 수 있다. 이런 의미에서 수정분개 이전에 작성되는 시산표를 수정전시산표(unadjusted trial balance), 수정분개의 내용까지 포함하여 작성하는 시산표를 수정후시산표(adjusted trial balance)라고 한다.

시산표 작성 시 계정과목의 열거는 재무제표 작성의 편의를 고려하여 일반적으로 자산, 부채, 자본, 수익, 비용의 순으로 이루어진다. 〈표 5-1〉은 한강기획(주)의 사례를 이용하여 작성한 수정전시산표이며 수정전시산표에 대한 설명은 다음과 같다.

한강기획(주)의 원장(〈표 3-6〉 참조)에서 현금계정의 차변 합계는 156,000원이고 대변 합계는 57,500원이었다. 이 숫자들을 수정전시산표의 차변과 대변의 합계란에 각각 기입한다. 그리고 차변 합계와 대변 합계의 차이(즉, 잔액) 98,500원(=156,000-

● 표 5-1 ● 한강기획(주)의 수정전시산표

수정전시산표

한강기획(주) 20×1년 10월 31일 현재 (단위: 원)

차 변		계 정 과 목	대 변	
잔 액	합 계		합 계	잔 액
98,500	156,000	현 금	57,500	
12,500	12,500	소 모 품		
105,000	105,000	토 지		
		미 지 급 금	87,500	87,500
		자 본 금	100,000	100,000
		용 역 수 익	56,000	56,000
20,000	20,000	급 여		
4,500	4,500	임 차 료		
3,000	3,000	보 험 료		
243,500	301,000	합 계	301,000	243,500

57,500)은 차변의 잔액란에 기입한다. 왜냐하면 차변 합계가 대변 합계보다 크기 때문이다. 여기서 잔액 98,500원은 한강기획(주)이 기말에 보유한 현금 잔액이다. 마찬가지 방법으로 자산 항목인 소모품계정, 토지계정 등에 대해서도 필요한 금액을 기입한다.

다음은 부채 항목인 미지급금을 살펴보자. 한강기획(주)의 원장에서의 미지급금계정의 차변 합계는 0원이고 대변 합계는 87,500원이었다. 이 숫자들을 수정전시산표의 차변과 대변의 합계란에 각각 기입한다. 그리고 차변 합계와 대변 합계의 차이 87,500원(=87,500−0)은 대변의 잔액란에 기입한다. 왜냐하면 자산 항목과는 달리, 대변 합계가 차변 합계보다 크기 때문이다. 외상매입금과 자본금 계정에 대해서도 동일하게 기입한다.

수익계정을 집계하여 수정전시산표에 기입해 보자. 한강기획(주)의 원장에서의 용역수익계정의 차변 합계는 0원이고 대변 합계는 56,000원이었다. 이 숫자들을 수정전시산표의 차변과 대변의 합계란에 각각 기입한다. 그리고 대변 합계와 차변 합계의 차이 56,000원(=56,000−0)은 대변의 잔액란에 기입한다. 대변 합계가 차변 합계보다 크기 때문이다.

마지막으로 비용계정을 집계하여 수정전시산표에 기입해보자. 한강기획(주)의 원장에서의 급여계정의 차변 합계는 20,000원이고 대변 합계는 0원이었다. 이 숫자들을 수정전시산표의 차변과 대변의 합계란에 각각 기입한다. 그리고 차변 합계와 대변 합계의 차이 20,000원(=20,000-0)은 차변의 잔액란에 기입한다. 차변 합계가 대변 합계보다 크기 때문이다. 마찬가지 방법으로 임차료 비용계정과 보험료 비용계정 사항을 기록한다.

각 계정에 대한 사항을 모두 기입한 후에는 수정시산표의 차변 합계 및 잔액에 대한 총계, 그리고 대변 합계 및 잔액에 대한 총계를 계산하여 마지막 행에 기입한다. 〈표 5-1〉의 시산표에서 차변 잔액의 총계는 243,500원으로서 대변 잔액의 총계와 동일하며, 마찬가지로 차변 합계의 총계는 301,000원으로서 대변 합계의 총계와 동일하였다. 이 총계 금액들이 같아야만 기중의 기록이 일단 정확하게 이루어졌다고 판단할 수 있다.

2-2 시산표의 기능과 한계

특정 거래를 분개하였을 때 차변에 기록되는 계정들의 금액 합계와 대변에 기록되는 계정들의 금액 합계는 항상 일치한다는 것이 회계등식의 원리이다. 회계등식의 원리에 따라 모든 계정의 집합체인 시산표의 차변금액과 대변금액도 당연히 일치해야 한다. 만일 일치하지 않는다면 거래의 기록과정에서 오류가 발생하였다는 것을 의미한다. 따라서 일정 기간 동안의 모든 거래가 오류 없이 기록되면 다음과 같은 등식이 성립한다. 이를 **시산표등식**이라고도 부른다.

자산 + 비용 = 부채 + 자본 + 수익

거래의 이중성을 이용하는 복식부기의 원리는 장부기록의 오류를 예방하거나 쉽게 찾아낼 수 있도록 하는 **자기검증기능**(self-control function)을 가지며 자기검증기능은 시산표 작성을 통하여 달성된다.

그러나 시산표는 오류의 존재만을 알려줄 뿐 오류의 발생원천에 대해서는 정보를 제공하지 못한다. 그리고 시산표의 차변합계와 대변합계가 일치한다 하더라도 오류가 없다는 것을 보증해 주지는 못한다. 예를 들어, 분개 단계에서 차변계정과목과 대변계정과목이 서로 바뀌었다거나 분개 자체를 누락했다면 시산표를 통해서 오류 발생 사실을 파악할 수 없다. 또는 차변계정과목(자산계정과 비용계정) 상호 간에, 혹은 대변계정과목(부채계정, 자본계정, 수익계정) 상호 간에 계정명이 바뀌어 기록된 경우에도 오류 발생 사실이 파악되지 않는다. 따라서 시산표를 통해서 회계기간 중에 발생가능한 모든 오류를 파악하는 것은 불가능하며, 발생하기 쉬운 기장상의 오류를 어느 정도 검증할 수 있는 유용성은 인정된다.

| 제3절 | 재무제표의 작성

3-1 수정후시산표

수정분개와 전기를 마친 후에는 수정후시산표(adjusted trial balance)를 작성한다. 수정후시산표의 목적은 수정분개가 끝난 후 총계정원장의 차변잔액 합계와 대변잔액 합계가 같은지를 검증하는 것이다. 수정후시산표는 재무제표 작성에 필요한 모든 정보를 담고 있기 때문에 재무제표 작성의 기초자료로 사용된다. 한강기획(주)의 수정후시산표를 작성하면 〈표 5-2〉와 같다.

〈표 5-2〉의 수정후시산표는 잔액 기준(총액은 제외)으로 작성되었으며 수정후시산표에 대한 설명은 다음과 같다. 한강기획(주)의 수정후 총계정원장에서 현금계정의 차변 합계는 168,000원이고 대변 합계는 63,500원이기 때문에, 차변 합계가 대변 합계보다 104,500원(=168,000-63,500) 많다. 따라서 그 차이(잔액)를 차변에 기입한다. 마찬가지 방법으로, 자산 항목인 미수수익, 선급비용, 소모품, 토지계정의 차변 합계와 대변 합계의 차이(잔액)를 각각 계산한 후에 그 차이를 차변에 기입한다.

다음은 부채 항목인 선수수익계정을 살펴보자. 원장에서 선수수익의 차변 합계는 3,000원이고 대변 합계는 12,000원이기 때문에, 대변 합계가 차변 합계보다 9,000원(=12,000-3,000) 많다. 따라서 그 차이(잔액)를 대변에 기입한다. 이후 총계정원장의 모든 계정과목에 대하여 동일한 방법을 적용하여 수정후시산표를 작성한다.

● 표 5-2 ● 한강기획(주)의 수정후시산표

수정후시산표(잔액기준)

한강기획(주) 20×1년 10월 31일 현재 (단위: 원)

차 변	계 정 과 목	대 변
104,500	현 금	
1,000	미 수 수 익	
5,500	선 급 비 용	
5,000	소 모 품	
105,000	토 지	
	선 수 수 익	9,000
	미지급비용	8,180
	미 지 급 금	87,500
	자 본 금	100,000
	용 역 수 익	60,000
28,000	급 여	
4,500	임 차 료	
3,500	보 험 료	
7,500	소 모 품 비	
180	이 자 비 용	
264,680	합 계	264,680

그리고 최종적으로 수정후시산표의 차변 합계와 대변 합계를 계산하여 마지막 행에 기입한다. 〈표 5-2〉에서 보는 바와 같이, 수정후시산표에서의 차변 합계는 264,680원으로서 대변 합계와 동일하다.

3-2 재무상태표와 포괄손익계산서

이제까지 공부한 회계순환과정의 최종 목표는 재무제표(financial statements)를 작성하는 것이다. 〈표 5-3〉은 한강기획(주)의 수정후시산표에 근거하여 작성한 재무상태표와 포괄손익계산서이다.

〈표 5-3〉에서 보는 바와 같이, 포괄손익계산서는 수정후시산표의 수익계정과 비용계정만을 사용하여 작성한다. 즉, 수익에 속하는 항목을 나열한 후 각 금액의 합계

를 계산한다. 마찬가지로 비용에 속하는 항목을 나열한 후 각 금액의 합계를 계산한다. 마지막으로 수익 합계와 비용 합계의 차이로 당기순이익을 계산하여 기입한다. 포괄손익계산서에서 보는 바와 같이, 한강기획(주)의 당기순이익은 16,320원(=60,000-43,680)이다. 당기순이익은 한강기획(주)의 20×1년 10월의 경영성과를 양적으로 표시한 것이다.

재무상태표는 수정후시산표의 자산계정, 부채계정, 자본계정과 포괄손익계산서의 당기순이익을 사용하여 작성한다. 재무상태표를 작성하기 위하여 먼저 수정후시산표의 자산에 속하는 항목을 나열한 후 각 금액의 합계를 계산한다. 마찬가지로 부채에 속하는 항목을 나열한 후 각 금액의 합계를 계산한다. 자본에 속하는 계정도 나열한다.

이 시점에서 회계등식을 다시 상기할 필요가 있다. 시산표등식은 "자산+비용=부채+자본+수익"이고, 다시 "자산=부채+자본+(수익-비용)"으로 나타낼 수 있다. 여기서 "수익-비용"은 포괄손익계산서에서 계산한 이익 16,320원이다. 그리고 기업의 이익은 소유주의 몫이기 때문에 자본 항목의 이익잉여금을 구성한다. 따라서 한강기획(주) 재무상태표의 자본 항목은 자본금 100,000원과 이익잉여금 16,320원으로 구성된다.

위와 같은 절차를 마치면 재무상태표가 완성된다. 한강기획(주)이 20×1년 10월 31일에 보유한 자산 합계는 221,000원, 부채 합계는 104,680원, 그리고 자본 합계는 116,320원이었다. 자산 합계는 부채와 자본의 합계와 동일하며 회계등식이 성립된다는 사실을 확인할 수 있다.

회계순환과정에서 일단 재무제표가 작성되면, 그 이후의 과정(예: 장부의 마감 및 마감후시산표 작성 등)은 뒷정리에 해당된다.

● 표 5-3 ● 수정후시산표와 포괄손익계산서 및 재무상태표 간의 상호관련성

수정후시산표

한강기획(주) 20×1년 10월 31일 현재 (단위: 원)

계정과목	차변	대변
현금	104,500	
미수수익	1,000	
선급비용	5,500	
소모품	5,000	
토지	105,000	
선수수익		9,000
미지급비용		8,180
미지급금		87,500
자본금		100,000
용역수익		60,000
급여	28,000	
임차료	4,500	
보험료	3,500	
소모품비	7,500	
이자비용	180	
합계	264,680	264,680

재무상태표

한강기획(주) 20×1년 10월 31일 현재 (단위: 원)

자산	
현금	104,500
미수수익	1,000
선급비용	5,500
소모품	5,000
토지	105,000
자산 총계	221,000
부채	
선수수익	9,000
미지급비용	8,180
미지급금	87,500
부채 총계	104,680
자본	
자본금	100,000
이익잉여금	16,320
자본총계	116,320
부채와 자본 총계	221,000

포괄손익계산서

20×1년 10월 1일부터

한강기획(주) 20×1년 10월 31일까지 (단위: 원)

수익		
용역수익		60,000
비용		
급여	28,000	
임차료	4,500	
보험료	3,500	
소모품비	7,500	
이자비용	180	(43,680)
당기순이익		16,320

3-3 장부의 마감과 마감후시산표

1) 마감의 의의

수정후시산표를 근거로 재무제표를 작성한 후에는 장부를 마감한다. 마감(closing)이란 회계기말에 수익과 비용계정의 잔액을 이익잉여금으로 대체함으로써 수익과 비용계정의 잔액을 0으로 만드는 것이다.

수익과 비용은 일정 회계기간 동안의 경영성과이므로 다음 회계기간에는 0에서 출발하여 이전 회계기간과는 별도의 경영성과를 측정해야 한다. 이와 같이 수익과 비용계정은 일정 회계기간에만 관련되며 기말에 포괄손익계산서를 작성한 후에는 잔액이 0으로 바뀌어 폐쇄되는 계정이다. 이러한 계정을 **임시계정**(temporary accounts)이라 하며 포괄손익계산서계정이라고도 부른다.

이와 비교하여, 재무상태표에 속하는 자산, 부채, 자본계정은 다음 회계기간에도 이전의 회계기간 말 잔액을 가지고 시작해야 하기 때문에 보유하고 있던 자산, 부채, 자본이 일시에 소멸되지 않는다. 계정이 하나 이상의 회계기간과 관련을 가짐으로써 당기말 잔액이 이월되어 다음 회계기간의 기초잔액으로 사용하는 계정을 **영구계정**(permanent accounts)이라 한다. 자산과 부채 및 자본계정이 여기에 속한다. 영구계정을 재무상태표계정이라고도 부른다.

2) 마감분개와 전기

수익과 비용계정의 마감 과정은 마감분개(closing entries)라는 수단을 통하여 이루어진다. 마감분개는 기중에 발생한 실제거래를 기록하는 것이 아니고 기말 결산 시에 계정 간 대체를 기록하기 위한 것이다. 구체적으로 회계기말에 당기순이익을 측정하기 위하여 기중에 발생한 수익과 비용계정의 잔액을 집합손익(income summary account)이라는 단일 계정에 대체한다.

마감분개 후에는 실제거래와 마찬가지로 분개장에 기록하고 원장에 전기하는 절차를 거친다. 마감분개는 기중의 분개와 구분 표시하기 위하여 수정분개가 기록된 다음 장소에 '마감분개'라는 표제를 계정과목과 설명란의 중앙에 기입한다. 그리고 마감분개를 실시한 후에 그 내용을 모두 관련된 원장계정에 전기한다. 마감분개와 전기의 절차는 다음과 같다.

1 개별 수익계정의 잔액을 해당 계정의 차변에 기록하고, 집합손익계정의 대변에 기록한다.

(차) ○○수익	×××	(대) 집합손익	×××

2 개별 비용계정의 잔액을 해당 계정의 대변에 기록하고, 집합손익계정의 차변에 기록한다.

(차) 집합손익	×××	(대) ○○비용	×××

3 집합손익계정에서 수익합계와 비용합계의 차이로 당기순이익을 계산한 후, 그 금액을 집합손익계정의 차변에 기록하고 동시에 이익잉여금계정의 대변에 기록한다. 당기순손실이 발생할 경우에는 분개를 반대로 한다.

(차) 집합손익	×××	(대) 이익잉여금	×××

수익계정과 비용계정의 마감절차를 그림으로 표시하면 [그림 5-2]와 같다.

● 그림 5-2 ● 수익계정과 비용계정의 마감절차

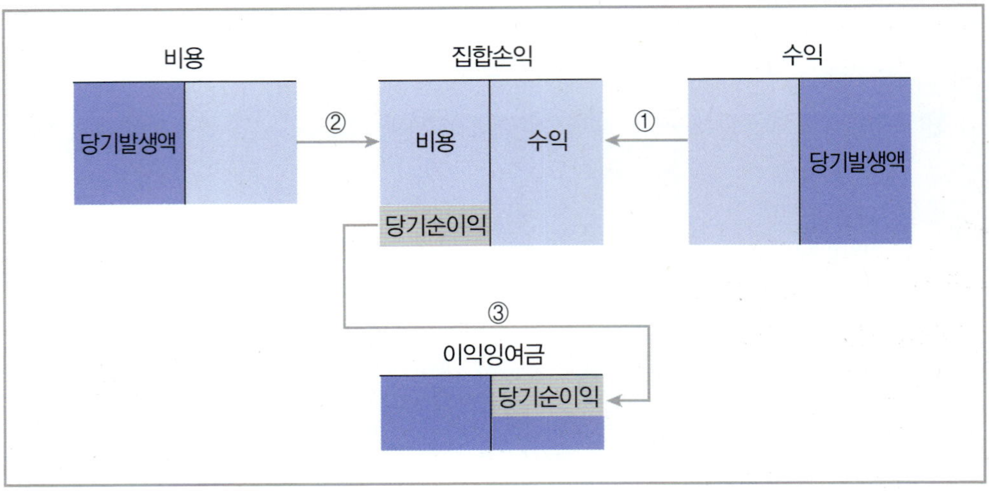

한강기획(주)의 사례를 들어 분개장에 마감분개를 기록하면 〈표 5-4〉와 같다.

● 표 5-4 ● 마감분개를 기록한 한강기획(주)의 분개장

분개장 (단위: 원)

일자		계정과목 및 설명	원면	차변	대변
		마감분개			
20×1년 10월	31일	용역수익	401	60,000	
		집합손익	310		60,000
		수익계정의 마감			
	31일	집합손익	310	43,680	
		급 여	502		28,000
		임 차 료	504		4,500
		보 험 료	512		3,500
		소모품비	513		7,500
		이자비용	514		180
		비용계정의 마감			
	31일	집합손익	310	16,320	
		이익잉여금	309		16,320
		집합손익계정의 마감			

그리고 한강기획(주)의 마감분개를 원장 계정에 전기하면 [그림 5-3]과 같다. 마감분개를 전기하고 난 후에는 모든 임시계정의 잔액이 0으로 된다. 마감절차를 종료하기 위하여 각 계정에 두 줄로 밑줄을 긋는다.

● 그림 5-3 ● 한강기획(주)의 마감분개에 대한 전기

급 여

차변	대변
20,000	28,000
8,000	
28,000	28,000

집합손익

차변	대변
② 43,680	① 60,000
③ 16,320	
60,000	60,000

용역수익

차변	대변
① 60,000	6,000
	50,000
	1,000
	3,000
60,000	60,000

임차료

차변	대변
4,500	4,500
4,500	4,500

보험료

차변	대변
3,500	③ 3,500
3,500	3,500

이익잉여금

차변	대변
	③ 16,320

소모품비

차변	대변
7,500	③ 7,500
7,500	7,500

이자비용

차변	대변
180	180
180	180

3) 마감후시산표의 작성

모든 마감분개를 분개장에 기록하고 이를 원장에 전기한 후에는 마감후시산표를 작성한다. 마감후시산표(post-closing trial balance)는 마감분개를 분개장에 기록하고

원장에 전기한 후 영구계정과 그 잔액을 순서에 따라 나열해 놓은 표이다. 모든 임시계정의 잔액이 0이 되었으므로 마감후시산표에는 영구계정인 재무상태표계정만을 포함하게 된다. 마감후시산표는 다음 회계기간으로 이월되는 영구계정의 잔액을 보여주기 때문에 이월시산표라고 부르기도 한다. 마감후시산표의 계정잔액과 재무상태표의 계정잔액은 동일하다.

마감후시산표의 작성 목적은 첫째, 마감분개와 전기가 정확하게 이루어졌는지 확인하고, 둘째, 다음 회계기간으로 이월되는 영구계정의 차변과 대변잔액 합계가 동일한지를 검증하는 것이다. 동일해야만 다음 회계기간의 출발시점에서 회계등식이 성립하기 때문이다. 한강기획(주)의 마감후시산표를 작성하면 〈표 5-5〉와 같다.

● 표 5-5 ● 한강기획(주)의 마감후시산표

마감후시간표 한강기획(주) 20×1년 10월 31일 현재 (단위: 원)		
차 변	계 정 과 목	대 변
104,500	현금	
1,000	미수수익	
5,500	선급비용	
5,000	소모품	
105,000	토지	
	선수수익	9,000
	미지급비용	8,180
	미지급금	87,500
	자본금	100,000
	이익잉여금	16,320
221,000	합계	221,000

종 / 합 / 예 / 제

경영컨설팅업을 영위하는 오로라컨설팅(주)은 20×1년 7월 1일에 설립되었으며, 회계기간은 7월 1일부터 7월 31일까지이다. 회계기간 중 다음의 거래가 발생하였다.

1) 7월 중 발생한 거래

7월 1일, 주주 출자로 현금 ₩100,000이 납입되었다.

7월 2일, 사무실을 임차하고 향후 3개월의 임차료 ₩30,000을 현금으로 선급하였다.

7월 10일, 사무용 소모품 ₩5,000을 외상매입하고 대금은 1개월 후 지급하기로 합의하였다.

7월 14일, 산내들피자(주)에 창업과 관련된 컨설팅용역을 제공하기로 계약을 체결하고 용역대금 ₩45,000을 현금으로 받았다.

7월 20일, 파랑새은행(주)에 금액 ₩60,000의 1년짜리 정기예금에 가입하였다.

7월 25일, 종업원급여 ₩20,000을 현금으로 지급하였다.

7월 31일, 미리내유통(주)에 물류시스템에 대한 컨설팅을 제공하고 용역대금 ₩30,000을 현금으로 수취하였다. 용역제공기간은 20×1년 7월 5일부터 7월 31일까지이다.

2) 기말수정사항

① 7월 2일에 지급한 임차료 ₩30,000은 3개월(7~9월)분이다.

② 소모품 ₩5,000 중 7월중 사용분은 ₩3,000이다.

③ 산내들피자(주)와의 컨설팅용역의 계약기간은 20×1년 7월 14일부터 10월 13일까지 3개월이다. 단, 용역수익의 계산을 위한 계약기간 3개월은 90일로 간주한다.

④ 정기예금의 만기는 1년, 연이자율은 10%, 이자지급일은 12월 31일이다. 단, 이자수익의 계산을 위한 만기 1년은 360일로 간주한다.

⑤ 급여 지급일은 매월 25일이다. 7월 26일부터 31일까지 6일간 급여가 ₩4,000 발생하였다.

| 물음 |

(1) 7월 중 발생한 거래를 분개하고 원장에 전기하라.

(2) 수정전시산표를 작성하라.

(3) 필요한 기말수정분개 및 전기를 실시하라.

(4) 수정후시산표를 작성하라.

(5) 포괄손익계산서 및 재무상태표를 작성하라.

(6) 마감분개를 실시하라.

| 풀이 |

(1) 분개 및 전기

① 분개

날짜	차변	금액	대변	금액
7월 1일	(차) 현 금	100,000	(대) 자 본 금	100,000
7월 2일	(차) 선급비용	30,000	(대) 현 금	30,000
7월 10일	(차) 소 모 품	5,000	(대) 미지급금	5,000
7월 14일	(차) 현 금	45,000	(대) 선수수익	45,000
7월 20일	(차) 정기예금	60,000	(대) 현 금	60,000
7월 25일	(차) 급 여	20,000	(대) 현 금	20,000
7월 31일	(차) 현 금	30,000	(대) 용역수익	30,000

② 전기

현 금

7/1 자본금	100,000	7/2 선급비용	30,000
14 선수수익	45,000	20 정기예금	60,000
31 용역수익	30,000	25 급 여	20,000

정기예금

7/20 현 금	60,000		

선급비용

7/2 현 금	30,000		

소모품

7/10 미지급금	5,000		

미지급금

		7/10 소모품	5,000

선수수익

		7/14 현 금	45,000

자본금

		7/1 현 금	100,000

용역수익

		7/31 현 금	30,000

급 여

7/25 현 금	20,000		

(2) 수정전시산표 작성

수정전잔액시산표

오로라컨설팅(주) 20×1년 7월 31일 현재 (단위: 원)

차 변	계 정 과 목	대 변
65,000	현 금	
60,000	정 기 예 금	
30,000	선 급 비 용	
5,000	소 모 품	
	미 지 급 금	5,000
	선 수 수 익	45,000
	자 본 금	100,000
	용 역 수 익	30,000
20,000	급 여	
180,000	합 계	180,000

(3) 수정분개 및 전기

① 수정분개

(1) 임차료의 발생

(차) 임 차 료 10,000* (대) 선급비용 10,000

* ₩30,000×1/3=₩10,000

(2) 소모품비의 발생

(차) 소모품비 3,000 (대) 소 모 품 3,000

(3) 용역수익의 발생

(차) 선수수익 9,000* (대) 용역수익 9,000

* ₩45,000×18일(7/14~7/31)/90일=₩9,000

(4) 이자의 미수

(차) 미수수익 200 (대) 이자수익 200

* ₩60,000원×10%×12일/360일=₩200

(5) 급여의 미지급

(차) 급 여 4,000 (대) 미지급비용 4,000

② 수정분개의 전기

현 금

7/1 자본금	100,000	7/2 선급비용	30,000
14 선수수익	45,000	20 정기예금	60,000
31 용역수익	30,000	25 급 여	20,000

정기예금

7/20 현 금	60,000		

미수수익

7/31 이자수익	200		

선급비용

7/2 현 금	30,000	7/31 임차료	10,000

소모품

7/10 미지급금	5,000	7/31 소모품비	3,000

미지급금

		7/10 소모품	5,000

미지급비용

		7/31 급 여	4,000

선수수익

7/31 용역수익	9,000	7/14 현 금	45,000

자본금

		7/1 현 금	100,000

용역수익

		7/31 현 금	30,000
		7/31 선수수익	9,000

이자수익

7/25 현 금	20,000	7/31 미수수익	200

급 여

7/25 현 금	20,000		
7/31 미지급비용	4,000		

임차료

7/31 선급비용	10,000		

소모품비

7/31 소모품	3,000		

(4) 수정후시산표 작성

수정후시산표		
오로라컨설팅(주)	20×1년 7월 31일 현재	(단위: 원)
차 변	계 정 과 목	대 변
65,000	현 금	
60,000	정 기 예 금	
200	미 수 수 익	
20,000	선 급 비 용	
2,000	소 모 품	
	미 지 급 금	5,000
	미지급비용	4,000
	선 수 수 익	36,000
	자 본 금	100,000
	용 역 수 익	39,000
	이 자 수 익	200
24,000	급 여	
10,000	임 차 료	
3,000	소 모 품 비	
184,200	합 계	184,200

(5) 포괄손익계산서와 재무상태표 작성

포괄손익계산서		
오로라컨설팅(주)	20×1년 7월 1일부터 20×1년 7월 31일까지	(단위: 원)
수익		
용역수익	39,000	
이자수익	200	39,200
비용		
급여	24,000	
임차료	10,000	
소모품비	3,000	(37,000)
당기순이익		2,200

재무상태표

오로라컨설팅(주)	20×1년 7월 31일 현재		(단위: 원)
자산		부채	
현 금	65,000	미지급금	5,000
정기예금	60,000	미지급비용	4,000
미수수익	200	선수수익	36,000
선급비용	20,000	부채 총계	45,000
소모품	2,000	자본	
		자본금	100,000
		이익잉여금*	2,200
		자본 총계	102,200
자산 총계	147,200	부채와 자본 총계	147,200

* 당기말 이익잉여금: 당기순이익(₩2,200)

(6) 마감분개

① **수익계정의 마감**

(차) 용역수익	39,000	(대) 집합손익	39,200
이자수익	200		

② **비용계정의 마감**

(차) 집합손익	37,000	(대) 급 여	24,000
		임 차 료	10,000
		소모품비	3,000

③ **집합손익계정의 마감**

(차) 집합손익	2,200	(대) 이익잉여금	2,200

부 록

〈정산표(精算表)〉

본 장에서는 기말 결산절차의 일부로서 먼저 수정전시산표를 작성하고, 수정분개를 한 후 수정후시산표를 작성하는 절차를 공부하였다. 여기서는 수정전시산표, 수정분개, 수정후시산표를 하나의 표로 통합해 놓은 정산표(work sheet)에 대하여 설명한다.

정산표는 재무제표 작성을 위한 기초자료로서 일시적인 성격을 갖는 작업도구일 뿐이며, 공식적인 재무제표의 일부는 아니다. 정산표 없이 시산표와 수정분개만으로 재무제표를 작성할 수 있으나 계정이나 수정사항의 수가 많은 경우에는 재무제표 작성오류를 방지하기 위하여 정산표 작성이 필요할 수 있다. 정산표의 양식은 〈표 5-6〉과 같다.

● 표 5-6 ● 정산표 양식

정산표										
계정과목	수정전시산표		수정분개		수정후시산표		포괄손익계산서		재무상태표	
	차변	대변	차변	대변	차변	대변	차변	대변	차변	대변
현금										
외상매출금										
…										
합계	×××	×××								
…										
합계			×××	×××	×××	×××				
당기순이익										
합계							×××	×××	×××	×××

정산표의 작성절차는 다음과 같다.

1단계: 수정전시산표의 작성

시산표 작성방법에 따라 계정과목과 각 계정의 잔액을 차변과 대변에 옮겨 적은 후, 금액 합계를 시산표의 하단에 기록한다. 차변금액 합계와 대변금액 합계를 비교하여 일치 여부를 확인한다.

2단계: 수정분개의 기록

수정분개를 한 후 해당 계정과목을 찾아서 차변 혹은 대변에 금액을 기록한다. 필요한 계정과목이 수정전시산표에 없다면 계정과목에 추가로 기입한 후 금액을 기록한다. 그리고 차변금액 합계와 대변금액 합계를 비교하여 일치 여부를 확인한다.

3단계: 수정후시산표의 작성

수정전시산표와 수정분개를 합하여 수정후시산표를 작성한다. 이 경우 두 금액이 같은 변(차변 혹은 대변)에 기록되어 있으면 합한 금액을 해당 변에 기록하는 반면, 두 금액이 서로 다른 변에 기록되어 있으면 큰 금액이 기록되어 있는 변에 두 금액의 차이를 기록한다. 차변금액 합계와 대변금액 합계를 비교하여 일치 여부를 확인한다.

4단계: 수정후시산표 잔액을 포괄손익계산서와 재무상태표에 기록

수정후시산표에 표시되어 있는 계정 중 수익계정과 비용계정의 금액은 포괄손익계산서에, 그리고 자산계정, 부채계정, 자본계정은 재무상태표에 옮겨 적는다.

5단계: 포괄손익계산서와 재무상태표의 차 · 대변 금액 합계와 당기순이익의 계산

포괄손익계산서와 재무상태표의 차변금액 합계와 대변금액 합계를 계산한 후 이를 비교한다. 두 금액은 통상 일치하지 않는다. 포괄손익계산서의 대변금액 합계가 차변금액 합계보다 크면(작으면) 당기순이익(당기순손실)이 발생한 것이다. 마찬가지로, 재무상태표의 차변금액 합계가 대변금액 합계보다 크면(작으면) 당기순이익(당기순손실)이 발생한 것이다. 계정과목란에 '당기순이익(당기순손실)'을 기록하고 그 금액을 포괄손익계산서 차변과 재무상태표 대변에 기록하면 정산표가 완성되며, 차변합계 금액과 대변합계 금액이 일치하게 된다.

한강기획(주)의 총계정원장 자료를 이용하여 정산표를 작성하면 〈표 5-7〉과 같다.

● 표 5-7 ● 한강기획(주)의 정산표

계정과목	수정전시산표		수정분개		수정후시산표		포괄손익계산서		재무상태표	
	차변	대변	차변	대변	차변	대변	차변	대변	차변	대변
현금	98,500		12,000	6,000	104,500				104,500	
소모품	12,500			7,500	5,000				5,000	
토지	105,000				105,000				105,000	
미지급금		87,500				87,500				87,500
자본금		100,000				100,000				100,000
용역수익		56,000		4,000		60,000		60,000		
				2,000						
급여	20,000		8,000		28,000		28,000			
임차료	4,500				4,500		4,500			
보험료	3,000		500		3,500		3,500			
합계	243,500	243,500								
미수수익			1,000		1,000				1,000	
선급비용			6,000	500	5,500				5,500	
이자비용			180		180		180			
선수수익			3,000	12,000		9,000				9,000
미지급비용				8,180		8,180				8,180
소모품비			7,500		7,500		7,500			
합계			37,180	37,180	264,680	264,680				
당기순이익							16,320			16,320
합계							60,000	60,000	221,000	221,000

익 / 힘 / 문 / 제

1. 회계순환과정에 대하여 설명하라.
2. 시산표의 차변합계와 대변합계가 일치한다 해도 오류가 발생하지 않았다고 보증해 주지는 않는다. 시산표를 작성하더라도 찾아낼 수 없는 오류의 종류를 설명하라.
3. 시산표 등식에 대하여 설명하라.
4. 시산표의 자기검증기능에 대하여 설명하라.
5. 수정전시산표와 수정후시산표의 본질과 목적을 각각 설명하라.
6. 수정분개와 마감분개의 차이를 설명하라.
7. 마감분개의 절차를 설명하라.
8. 마감후시산표의 특징을 설명하라.
9. 계정은 성격에 따라 임시계정과 영구계정으로 구분된다. 임시계정과 영구계정을 비교 설명하라.
10. 포괄손익계산서에서 계산된 당기순이익은 재무상태표에 어떻게 반영되는지 설명하라.

연 / 습 / 문 / 제

5-1 시산표 작성(I)

다음은 코란도퀵서비스(주)의 20×1년 10월 31일 현재 총계정원장비 계정잔액이다.

현 금	₩150,000	당좌예금	₩300,000	미지급금	₩185,000
차량운반구	685,000	비 품	450,000	용역수익	858,000
자본금	?	통신비	18,000	임차료	35,000
급 여	140,000	미수수익	265,000		

| 물음 |

(1) 코란도퀵서비스(주)의 자본금은 얼마인가?

(2) 위의 계정잔액을 이용하여 수정전잔액시산표를 작성하라.

5-2 시산표 작성(II)

다음 자료는 오로라택배(주)의 20×1년 12월 31일 현재 총계정원장의 계정잔액이다.

현 금	₩130,000	토 지	₩2,600,000	장기차입금	₩1,600,000
소모품	40,000	미지급금	100,000	급 여	400,000
자본금	?	용역수익	1,500,000	수도광열비	30,000
유류비	512,000	광고선전비	40,000		
미수수익	400,000	선급비용	48,000		

| 물음 |

(1) 오로라택배(주)의 자본금은 얼마인가?

(2) 위의 자료를 이용하여 수정전잔액시산표를 작성하라.

5-3 시산표 작성(Ⅲ)

다음 자료는 경영컨설팅을 사업목적으로 하는 홍길동컨설팅(주)의 20×1년 3월 31일 현재 수정전시산표와 기말수정사항이다. 회사의 회계기간은 20×1년 3월 1일에서 3월 31일까지 1개월이다.

수정전잔액시산표

홍길동컨설팅(주) 20×1년 3월 31일 현재 (단위: 원)

차 변	계 정 과 목	대 변
180,000	현 금	
13,000	소 모 품	
90,000	단 기 대 여 금	
	선 수 수 익	57,000
	미 지 급 금	34,000
	자 본 금	100,000
	용 역 수 익	141,000
30,000	급 여	
4,000	임 차 료	
10,000	광 고 선 전 비	
5,000	수 도 광 열 비	
332,000	합 계	332,000

〈기말수정사항〉

① 선수수익은 3개월(3월~5월)간 건물 임대료를 현금으로 수취한 것이다.

② 기말에 소모품 재고액을 실사한 결과 남아있는 소모품은 ₩1,500인 것으로 확인되었다.

③ 급여 비용이 발생하였으나 지급하지 않은 금액이 ₩5,000으로 4월에 지급할 예정이다.

④ 단기대여금 ₩90,000은 3월 1일에 대여하였다. 이자율은 연 10%이고 원금과 이자는 내년 2월 28일에 회수할 예정이다.

| 물음 |

(1) 위의 각 항목에 대하여 기말수정분개를 실시하라.

(2) 수정후잔액시산표를 작성하라.

5-4 시산표 작성(Ⅳ)

다음 자료는 노다지투자자문(주)의 20×1년 8월 31일 현재 수정전시산표와 기말수정사항이다. 회사의 회계기간은 20×1년 8월 1일에서 8월 31일까지 1개월이다.

수정전잔액시산표

노다지투자자문(주) 20×1년 8월 31일 현재 (단위: 원)

차 변	계 정 과 목	대 변
136,000	현 금	
12,000	미 수 수 익	
48,000	선 급 비 용	
	단 기 차 입 금	60,000
	자 본 금	100,000
	용 역 수 익	65,000
20,000	급 여	
4,000	통 신 비	
5,000	소 모 품 비	
225,000	합 계	225,000

〈기말수정사항〉

① 선급비용 ₩48,000은 1년치 보험료를 8월 1일에 지급한 것이다.

② 8월분 사무실 임차료 ₩12,000은 9월 중에 지급할 예정이다.

③ 단기차입금 ₩60,000은 8월 1일에 차입하였다. 이자율은 연 9%, 상환기간은 1년이다. 원금과 이자는 내년 7월 31일에 지급할 예정이다.

④ 8월 30일에 도레미전자(주)에게 경영컨설팅을 제공하였는데, 용역대금 ₩20,000은 다음 달에 회수할 예정이다.

⑤ 8월분의 광고선전비 ₩10,000을 아직 지급하지 않았다.

| 물음 |

(1) 위의 각 항목에 대하여 기말수정분개를 실시하라.

(2) 수정후잔액시산표를 작성하라.

5-5 재무제표 작성과 마감분개

[문제 5-3]에서 작성한 홍길동컨설팅(주)의 20×1년 3월 31일 현재 수정후시산표를 이용하여 다음 물음에 답하라.

| 물음 |

(1) 포괄손익계산서를 작성하라.

(2) 재무상태표를 작성하라.

(3) 마감분개를 실시하라.

제2부

기업활동별 회계정보

제6장

매입활동과 재고자산

기업의 대표적인 영업활동은 재고자산의 매입활동 및 매출활동이라 할 수 있다. 본 장에서는 재고자산과 매입채무에 대하여 설명한다. 기업은 계속기록법이나 실지재고조사법을 적용하여 재고자산 거래를 기록할 수 있다. 그리고 개별법, 선입선출법, 평균법 등의 원가흐름가정에 따라 매출원가 및 기말 재고자산을 측정한다. 또한 기말시점에 재고자산의 수량 부족으로 인한 감모손실과 시가하락으로 인한 평가손실을 인식함으로써 보다 정확한 재고자산 금액을 산출하게 된다. 그 외 외상매입활동으로 인한 매입채무에 대해서도 설명한다.

제1절 재고자산의 의의

기업은 영업활동(operating activities)을 통하여 수익을 창출한다. 영업활동은 상품을 구매하여 판매한 후 현금을 벌어들이는 활동이다. 이와 같이 구매와 판매, 그리고 대금회수로 이어지는 과정을 **영업순환주기**(operating cycle)라고 한다. 제조업의 경우 제품의 제조과정이 추가되기는 하지만 기본적인 순환주기에는 차이가 없다. 유통업의 영업순환주기를 그림으로 나타내면 다음과 같다.

● 그림 6-1 ● 영업순환주기

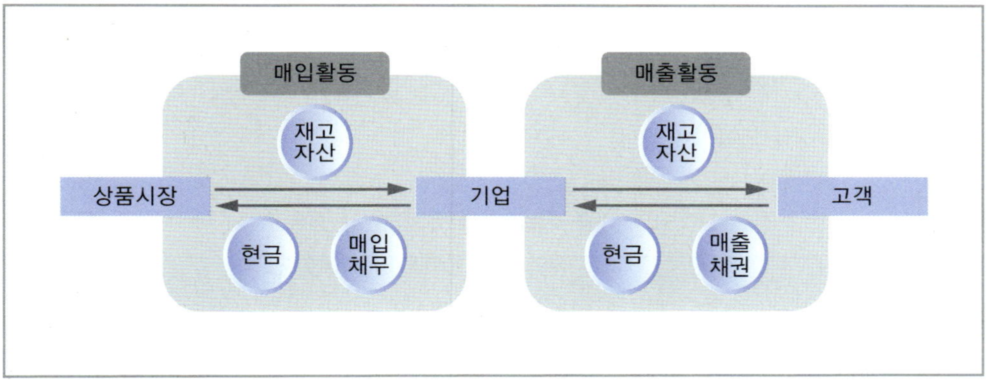

[그림 6-1]에 나타나 있는 바와 같이, 기업의 대표적인 영업활동은 매입활동과 매출활동이라 할 수 있다. 기업은 현금 또는 신용으로 상품을 매입한다. 오늘날은 신용경제사회이기 때문에 대부분 신용매입이 이루어지며, 이 과정에서 매입채무라는 부채가 발생한다. 그리고 이후 지급기일이 도래하면 매입대금의 지급이 이루어진다.

매출 역시 현금매출과 신용매출로 구분되지만 대부분 신용으로 매출이 이루어진다. 이 과정에서 매출채권이라는 자산이 발생하며, 이후 회수기일이 도래하면 대금의 회수가 이루어진다.

본 장에서는 기업의 매입활동과 관련되는 자산과 부채인 재고자산과 매입채무를 설명한다. 그리고 매출활동과 매출채권에 대해서는 다음 장에서 설명하기로 한다.

1-1 재고자산의 의의와 종류

재고자산(inventory)은 기업의 정상적 영업활동과정에서 생산 또는 판매를 목적으로 보유하고 있는 자산이다. 현대자동차(주)가 판매목적으로 보유하고 있는 자동차, 롯데백화점(주)이 판매목적으로 보유하고 있는 다양한 상품, 그리고 대우중공업(주)이 선박제조에 투입할 목적으로 보유하고 있는 철판(원재료) 등은 모두 재고자산이다. 그러나 현대자동차(주)가 임직원 출퇴근용으로 보유하고 있는 자동차는 판매목적으로 보유한 것이 아니기 때문에 재고자산이 아니다(유형자산으로 분류). 재고자산은 1년 또는 정상적인 영업주기 내의 기간에 제품 생산에 투입되거나 최종소비자에게 판매될 것으로 예상되는 자산으로서 재무상태표에는 유동자산으로 분류한다.

기업이 보유하고 있는 재고자산은 기업의 특성에 따라 다르다. 예를 들어, 다른 기업이 만든 물건을 매입하여 판매하는 상품매매기업이 보유하는 재고자산의 종류는 그 물건을 직접 만드는 제조기업이 보유하는 재고자산의 종류와 다르다.

● 표 6-1 ● 기업형태별 재고자산의 종류

기업의 형태	재고자산의 종류
상품매매기업	상품
제조기업	원재료, 재공품, 반제품, 제품

〈표 6-1〉에서 보는 바와 같이, 상품매매기업이 판매목적으로 보유한 재고자산을 회계에서는 상품(merchandise)이라고 부른다. 이에 비하여 제조기업이 보유한 재고자산은 제품을 만들기 위해 보유하고 있는 원재료(raw materials), 미완성 상태이지만 생산공정 중에 있는 재공품(work in process), 판매가능한 중간제품인 반제품(semi-manufactured goods), 그리고 완성된 제품(finished goods) 등으로 구성된다. 재무상태표에는 재고자산 종류별 표시보다는 하나로 묶어 '재고자산'으로 표시하며, 상세내역은 주석에 공시한다.[1)]

1) 재고자산은 상품 · 제품 · 반제품 · 재공품 · 원재료 등을 모두 포함하는 용어이나, 본 장에서 설명의 편의를 위하여 상품과 재고자산을 동의어로 사용한다.

1-2 재고자산의 취득원가

재고자산의 취득원가는 재고자산을 판매가능한 상태로 보유하는 데 지급한 모든 금액이다. 즉, 재고자산을 구입하는 데 지급한 매입원가는 물론이고 재고자산 구입과 직접 관련된 거래원가(예: 매입운임, 보험료 등)를 모두 포함한다.[2] 직접 관련된 거래원가를 취득원가에 포함시키는 이유는 매입가격과 마찬가지로 자산을 취득하기 위해 필수불가결한 지출이기 때문이다.

재고자산의 취득원가 = 매입원가 + 직접 관련원가

재고자산의 매입원가는 통상 취득시점의 정가(list price)로 계산되지만, 정가에서 일정한 금액을 할인하여 구매하기도 한다. 이러한 가격할인을 거래할인(trade discounts)이라고 부른다. 거래할인이 있는 경우에는 할인액을 차감한 순액으로 매입가격을 기록한다. 그리고 매입에누리 및 환출이나 매입할인이 발생하는 경우 취득원가에서 차감한다.

1) 매입에누리 및 환출

구매자는 인수한 상품에 손상이나 결함이 있는 경우 또는 품질이 불량하거나 규격이 맞지 않는 경우 상품을 판매자에게 반품할 수 있다. 이를 매입환출(purchase return)이라고 부른다. 또는 구매자가 하자 있는 상품을 반환하는 대신 가격의 일부를 할인받는 경우가 있다. 이를 매입에누리(purchase allowance)라고 부른다. 매입에누리 및 환출이 발생하면, 해당 금액은 재고자산의 취득원가에서 차감해야 한다.

2) 매입할인

기업이 상품을 신용으로 매입한 경우, 신용기간보다 조기에 매입채무를 현금으로

2) 그러나 판매할 때 지급한 부대비용은 판매액에서 차감하지 않고 별도의 비용항목(예: 운송비, 보험료 등)으로 처리한다.

지급함으로써 외상대금의 일부를 할인받는 경우가 있다. 이를 매입할인(purchase discount)이라고 부른다. 매입할인액은 최초 외상금액에서 매입에누리와 환입을 차감한 후의 금액을 기초로 계산한다. 매입할인액이 발생하면 해당 금액은 재고자산의 취득원가에서 차감한다.

예제 6-1

다음은 여성 의류(상품)를 매입하여 판매하는 롯데상사(주)의 20×1년도 재고자산 매입에 관한 거래 자료이다.

매입액 합계: ₩5,200,000(1년간 매입영수증 합계)
치장용 레이스 부착원가 합계: ₩700,000
매입에누리 및 환출 합계: ₩50,000
매입운임 합계: ₩60,000

| 물음 |

롯데상사(주)의 20×1년 재고자산 취득원가는 얼마인가?

| 풀이 |

재고자산 취득원가 = 5,200,000 + 700,000 - 50,000 + 60,000 = ₩5,910,000

| 제2절 | 재고자산의 기록방법

기업은 회계기간 초에 지난 회계기간 동안 판매하고 남은 재고자산을 갖고 있는데 이를 기초재고(beginning inventory)라고 한다. 그리고 회계기간 말 팔리지 않고 기업에 남아있는 재고자산을 기말재고(ending inventory)라고 한다. 기초재고액에 당년도에 매입한 재고자산 금액을 가산하면 이 금액은 당기에 판매할 수 있는 총 재고자산금액이 되는데, 이를 **판매가능재고액**(goods available for sale)이라 한다.

판매가능재고액은 회계기간 중에 판매가 되거나 기말까지 판매되지 않고 남아있게 된다. 기중에 판매가 된 부분은 매출원가가 되고 판매되지 않고 남아있는 부분은 기말재고액이 된다. 재고자산원가의 구성과 배분을 그림으로 나타내면 [그림 6-2]와 같으며, 이러한 재고자산의 거래를 기록하는 방법으로는 계속기록법과 실지재고조사법이 있다.

● 그림 6-2 ● 재고자산원가의 구성과 배분

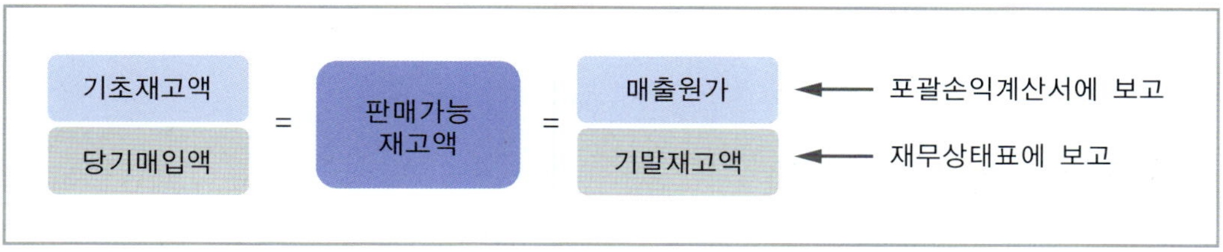

2-1 계속기록법

계속기록법(perpetual inventory system)은 상품의 매입과 매출이 발생할 때마다 상품의 원가와 수량에 관한 세부적인 기록을 유지하는 방법이다. 계속기록법에서는 상품매매거래가 발생할 때마다 상품의 원가와 수량을 추적하여 기록함으로써 각 상품에 관한 매출원가와 재고수량을 언제든지 파악할 수 있다. 따라서 당기의 판매가능 재고자산금액에서 판매된 상품의 매출원가를 차감하면 기말재고액이 계산된다.

예를 들어, 전자제품 판매점에서 지역점포별로 창고나 진열대에 보관 중인 컴퓨터 · TV · 냉장고 등에 관한 개별적인 상품의 수량과 원가에 관한 기록을 일상적으로 유지하고 있다면, 어느 시점에서나 판매된 재고자산 금액을 파악할 수 있으며 판매 후 보유하고 있는 재고자산금액도 계산할 수 있다.

그러므로 계속기록법을 사용하는 경우, 재고자산의 통제가 용이하다. 거래빈도가 많은 경우 기장업무가 많아지기 때문에 회계비용이 증가한다는 단점이 있으나, 최근 컴퓨터 기술의 발전으로 이러한 단점은 보완될 수 있다.

● 표 6-2 ● 상품재고장의 예

상품재고장

품명: LCD TV 40′

일자	설명	입고			출고			잔액		
		수량	단가	금액	수량	단가	금액	수량	단가	금액
20×1.1.2	기초재고	100개	₩10	₩1,000				100개	₩10	₩1,000
4	매 입	50	11	550				100	10	1,000
								50	11	550
5	매 출				60개	₩10	₩600	40	10	400
								50	11	550
7	매 출				50	10	500	40	11	440
10	매 입	50	12	600				40	11	440
								50	12	600
…	…	…	…	…	…	…	…	…	…	…

계속기록법을 도입할 때는 분개장과 총계정원장 이외에 개별 상품별로 〈표 6-2〉와 같은 상품재고장을 별도의 보조장부로 사용한다. 상품재고장은 상품을 창고에 입고 및 출고할 때마다 상품의 수량과 단가를 기록함으로써 특정 시점에 존재하는 상품의 수량과 금액을 수시로 파악할 수 있다.

〈표 6-2〉의 LCD TV 40′이라는 상품재고장에서 "기초재고"는 회계기간 개시일(20×1년 1월 2일)에 보유하고 있던 상품의 재고를 의미한다. 그리고 "입고"란에는 매입한 상품을 기록하고, "출고"란에는 매출한 상품을 거래 순서대로 기록한다. 마지막으로 "잔액"란에는 기초재고부터 매입 및 매출을 거치면서 기업이 보유한 상품 재고가 누적적으로 기록된다.

계속기록법에서는 상품이 매매될 때 재고자산 계정과 매출원가 계정에 기록한다. 즉, 상품을 매입하면 재고자산 계정의 차변에 기록(자산의 증가)하며, 매출이 발생하면 재고자산 계정의 대변에 기록(자산의 감소)하고 동시에 매출원가 계정에 기록한다. 예를 들어, 개당 1,000원인 상품 10개를 외상으로 구입한 후, 개당 1,200원에 외상판매하였다면 다음과 같이 분개한다.

• 매입 시: (차) 재고자산	10,000	(대) 매입채무	10,000
• 매출 시: (차) 매출채권	12,000	(대) 매 출	12,000
매출원가	10,000	재고자산	10,000

2-2 실지재고조사법

실지재고조사법(periodic inventory system)은 기중에 상품매매거래가 발생할 때마다 상품의 원가와 수량을 재고자산 계정에 기록하지 않고, 기말에 일괄적으로 재고조사를 실시하여 상품재고량을 파악한 후 한꺼번에 매출원가와 기말재고자산을 계산하는 방법이다. 실지재고조사법에서는 상품의 기중 증감을 기록하지 않기 때문에 판매되거나 보유 중인 상품의 수량과 금액을 수시로 파악할 수 없으며, 기말에 실지재고조사를 통해서 창고에 남아있는 재고자산을 파악한 후 매출원가 금액을 계산할 수 있다.

기초재고액
당기매입액 − 기말재고액 = 매출원가

실지재고조사법은 기중에 판매가 발생할 때마다 판매된 재고자산의 원가를 파악하여 기록하지 않으므로 기장업무가 간소화된다. 그러나 회계기간 말에 판매되거나 남아있는 기말 재고자산의 수량과 원가를 모두 파악해야 하기 때문에 업무가 복잡하다. 또한 기중에 재고자산의 통제가 어려우며 파손이나 마모, 도난 등에 의한 재고자산 감소분을 정확히 파악하기 어렵다. 따라서 실지재고조사법은 단가가 낮고 통제의 필요성이 적은 재고자산 매매기록에 주로 사용한다.

실지재고조사법에서는 상품 매입이 이루어질 때마다 재고자산의 취득원가를 인식하지 않는다. 대신 회계기간 중에 매입한 상품은 매입 계정을 임시로 설정하여 기록한다. 상품을 판매한 경우에도, 계속기록법과 달리 매출원가를 인식하지 않고 매출 계정에만 기록한다. 예를 들어, 개당 1,000원인 상품 10개를 외상으로 구입한 후, 개당 1,200원에 외상판매하였다면 다음과 같이 분개한다.

• 매입 시: (차) 매　　입	10,000	(대) 매입채무	10,000
• 매출 시: (차) 매출채권	12,000	(대) 매　　출	12,000

이와 같이, 실지재고조사법을 적용하는 경우 상품의 매매시점에 매입 및 매출 사실만을 기록하고 매출원가를 일일이 기록하지 않는다. 따라서 회계기말에 재고실사를 통하여 매출원가를 인식하고 기말재고자산 금액을 계산하기 위한 수정분개가 필요하다. 수정분개의 목표는 재고자산 계정을 기말시점의 금액으로 수정하며, 매입 계정을 제거하고 매출원가 금액을 계산하는 것이다. 수정분개는 다음의 단계에 따라 이루어진다.

1) 기초재고액을 매출원가 계정으로 대체

기초시점에 보유하고 있던 재고자산이 기중에 모두 판매되어 고객에게 인도되었다고 가정하여 기초재고자산을 감소시키고 그 금액을 매출원가로 기록한다.

(차) 매출원가	×××	(대) 기초재고	×××

2) 당기매입액을 매출원가 계정으로 대체

당기에 매입한 재고자산이 모두 판매되어 고객에게 인도되었다고 가정하여 매입 계정을 감소시키고 그 금액을 매출원가로 기록한다.

(차) 매출원가	×××	(대) 당기매입	×××

3) 기말재고액을 매출원가 계정으로 대체

위에서 기초재고와 당기매입액이 모두 판매되어 고객에게 인도되었다고 가정하였다. 그러나 실사를 통하여 기말시점에 실제 남아있는 재고자산이 파악되면, 위의 분개에서 판매 사실을 취소하기 위하여 매출원가를 감소시키고 그 금액을 다시 재고자산 계정에 입고시킨다.

(차) 기말재고	×××	(대) 매출원가	×××

이와 같은 수정분개를 통하여 수정전시산표에 기초 잔액으로 표시되고 있던 재고자산계정의 금액이 기말잔액으로 적절히 수정되고, 임시계정인 매입 계정의 잔액은 0이 되며, 당기 중 판매된 상품에 대한 매출원가 금액이 계산된다.

예제 6-2

울산상사(주)의 연간 재고자산 매입 및 매출 자료는 다음과 같다.

	수량	단가	금액
기초 재고	200개	₩500	₩100,000
당기 매입	800	500	400,000
당기 매출	900	800	720,000

| 물음 |

울산상사(주)가 실지재고조사법을 적용하는 경우와 계속기록법을 적용하는 경우의 분개를 비교하라(매입과 매출은 모두 현금으로 거래되었다고 가정한다).

| 풀이 |

실지재고조사법을 적용하는 경우와 계속기록법을 적용하는 경우의 단계별 분개는 다음과 같다.

실지재고조사법	계속기록법
(1) 재고자산 매입	
(대) 매 입 400,000 (대) 현 금 400,000	(차) 재고자산 400,000 (대) 현 금 400,000
(2) 재고자산 판매	
(차) 현 금 720,000 (대) 매 출 720,000	(차) 현 금 720,000 (대) 매 출 720,000 (차) 매출원가 450,000* (대) 재고자산 450,000 * 매출원가＝900개×@500＝₩450,000
(3) 기말수정분개	
(차) 매출원가 450,000 기말재고 50,000 (대) 기초재고 100,000 당기매입 400,000	수정분개 없음

2-3 취득원가의 조정항목

이미 설명한 바와 같이, 매입에누리 및 환출이나 매입할인이 발생하면 해당 금액은 재고자산의 취득원가에서 차감해야 한다. 다만, 계속기록법과 실지재고조사법 중 어떤 방법으로 기록하느냐에 따라 회계처리는 다소 상이하다.

1) 매입에누리 및 환출

계속기록법을 사용하는 경우 매입에누리 및 환출은 이미 인식한 재고자산의 취득원가에서 차감하고 동시에 매입채무를 감소시키면 된다. 그러나 실지재고조사법에서는 기중에 재고자산 계정을 변동시키지 않으므로 매입채무를 감소시키면서 매입에누리 및 환출 계정을 사용한다. 이때 매입에누리 및 환출 계정은 매입의 차감항목이다.

● 표 6-3 ● 매입에누리 및 환출의 회계처리 비교

계속기록법	실지재고조사법
(차) 매입채무 ××× (대) 재고자산 ×××	(차) 매입채무 ××× (대) 매입에누리 및 환출 ×××

2) 매입할인

계속기록법을 사용하는 경우 매입할인이 발생하면 재고자산의 취득원가와 매입채무 금액을 각각 감소시킨다. 실지재고조사법에서는 매입의 차감항목인 매입할인 계정을 사용한다. 매입할인 발생시점에 분개를 비교하면 다음과 같다.

● 표 6-4 ● 매입할인의 회계처리 비교

계속기록법	실지재고조사법
(차) 매입채무 ××× (대) 현　금 ××× 재고자산 ×××	(차) 매입채무 ××× (대) 현　금 ××× 매입할인 ×××

예제 6-3

다음 자료는 전자제품의 소매유통기업인 도레미전자(주)의 상품 매입거래이다.

10월 2일, 대박전자(주)로부터 TV 100대를 대당 ₩1,000에 외상으로 매입하였다. 상품 매입 운임 ₩5,000과 보험료 ₩3,000을 현금으로 지급하였으며, 만약 10일 이내 외상대금을 지급하면 2%를 할인받기로 하였다.
10월 5일, TV를 인수하여 검사한 결과 2대가 품질이 불량하여 반품하였다.
10월 10일, TV 대금을 현금으로 지급하였다.

| 물음 |

(1) 계속기록법을 사용하여 위의 거래를 분개하라.
(2) 실지재고조사법을 사용하여 위의 거래를 분개하라.

| 풀이 |

(1) 계속기록법을 사용하는 경우

10월 2일	(차) 재고자산	108,000	(대) 매입채무	100,000
			(대) 현　금	8,000
10월 5일	(차) 매입채무	2,000	(대) 재고자산	2,000

10월 10일	(차) 매입채무	98,000	(대) 현　　금	96,040
			(대) 재고자산	1,960

(2) 실지재고조사법을 사용하는 경우

10월 2일	(차) 매　　입	100,000	(대) 매입채무	100,000
	매　　입	8,000	(대) 현　　금	8,000
10월 5일	(차) 매입채무	2,000	(대) 매입에누리및환출	2,000
10월 10일	(차) 매입채무	98,000	(대) 현　　금	96,040
			(대) 매입할인	1,960

제3절 재고자산 원가흐름의 가정

3-1 원가흐름의 가정이란?

재고자산의 가격은 다른 자산의 경우와 마찬가지로 수시로 변동될 수 있다. 이는 기업이 보유하고 있는 동일한 재고자산이라도 그 취득원가가 서로 다를 수 있다는 것을 의미한다. 예를 들어, 사과를 판매하는 강릉상사(주)는 똑같은 사과 3개를 보유하고 있는데, 각 사과의 취득원가가 1,000원, 2,000원, 그리고 4,000원이라고 가정하자. 이때 고객에게 사과 2개를 팔았는데, 어떤 것을 팔았는지에 따라 매출원가와 기말재고자산의 금액이 달라진다.

만약 1,000원짜리와 2,000원짜리를 팔았다면 매출원가는 3,000원(=1,000+2,000)으로 기록되고, 기말재고자산은 4,000원으로 기록된다. 반면에, 만약 4,000원짜리와 2,000원짜리를 팔았다면, 매출원가는 6,000원(=4,000+2,000)으로 기록되고, 기말재고자산은 1,000원으로 기록된다.

그런데 사과의 종류가 다른 것이라면 판매된 사과의 취득원가를 매출원가로 기록하는 것이 당연하지만, 똑같은 사과인 경우는 어떻게 기록해야 하나? 재고자산 매입가격이 변동하는 상황에서는 어떤 것이 판매되었다고 가정하는지에 따라 매출원가와 기말재고자산 금액이 크게 달라질 수 있다. 회계에서는 이를 재고자산 원가흐름의 가정(cost flow assumptions)이라고 하며, 일반적으로 세 가지 가정을 적용하고 있다.

3-2 선입선출법

선입선출법(first-in first-out method, FIFO)은 먼저 매입한(first-in) 재고자산을 먼저 판매한다고(first-out) 가정하여 매출원가와 기말재고자산 금액을 결정하는 방법이다. '먼저 사온 것을 먼저 판다'는 가정은 물량의 흐름을 자연스럽게 반영해준다는 점에서 합리적인 방법으로 인정받고 있다. 위의 사과 판매의 경우 매출원가는 3,000원(=1,000+2,000)이 되고, 기말재고자산은 4,000원이 된다.

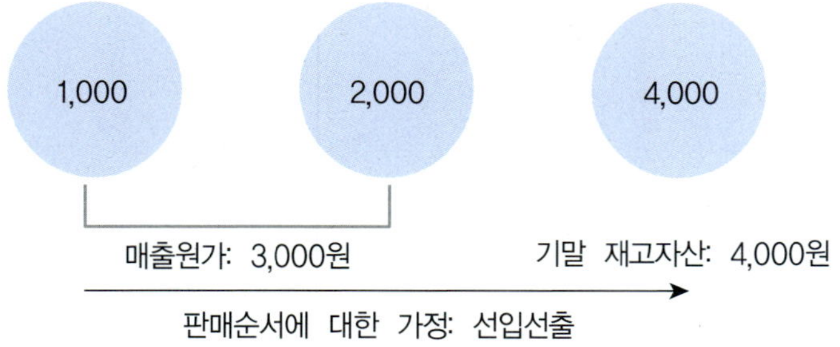

3-3 평균법

평균법(average cost method)은 재고자산이 평균 취득원가로 판매되었다고 가정하는 방법이다. 위의 사과 판매의 경우, 사과의 평균 취득원가는 2,333원[=(1,000+2,000+4,000)/3]이므로 매출원가는 4,667원(=₩2,333×2개)이고 기말 재고자산은 2,333원(=₩2,333×1개)이다.

그런데 실지재고조사법으로 재고자산 거래를 기록하면서 평균법을 적용하는 경우와 계속기록법으로 기록하면서 평균법을 적용하는 경우는 매출원가와 기말재고자산 금액이 서로 상이하다. 왜냐하면, 실지재고조사법에서는 당해 회계기간의 모든 판매가능재고자산(즉, 기초재고와 당기매입분)의 평균원가로 판매되었다고 가정하는 데 비하여, 계속기록법에서는 판매시점마다 판매가능재고자산의 평균원가로 판매되었다고 가정하기 때문이다.

요약하면, 실지재고조사법에서는 기말시점에서 하나의 평균원가만 계산하기 때문에 총평균법(또는 가중평균법, weighted average cost method)이라고 부르며, 계속기록법에서는 판매시점마다 평균원가를 새롭게 계산해야 하기 때문에 이동평균법(moving average cost method)이라고 부른다.

3-4 후입선출법

후입선출법(last-in first-out method, LIFO)은 가장 나중에 매입한(last-in) 재고자산을 먼저 판매한다고(first-out) 가정하여 매출원가와 기말재고자산을 계산하는 방법이다. 위의 사과 판매의 경우, 매출원가는 6,000원(=4,000+2,000)이고, 기말재고자산은 1,000원이 된다.

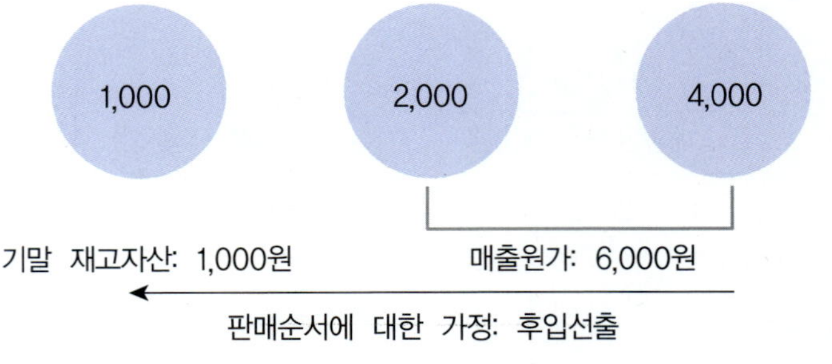

이러한 방법은 단지 장부상으로 매출원가와 기말재고자산을 산정하는 방법일 뿐이지, 재고자산의 실제 판매순서를 지정하는 것은 아니다. 즉, 선입선출법을 적용한다고 해서 재고자산을 먼저 구입한 것부터 골라서 판매하는 것이 아니고, 회계상 매출원가와 기말재고자산을 측정할 때 선입선출법을 적용한다는 의미이다. 기업은 이 중 한 가지 방법을 선택하여 사용할 수 있으나 국제회계기준에서는 후입선출법을 인정하지 않는다.

후입선출법은 가장 최근에 매입한 것부터 거꾸로 판매한다는 가정 때문에 실제 물량흐름을 신뢰성 있게 반영하지 못한다. 더욱이 기업의 기말 재무상태표에 표시되는 재고자산 금액이 최근 취득가격이 아닌 오래전에 취득한 가격으로 표시되는 문제점이 있다. 이러한 이유로 한국채택국제회계기준에서는 후입선출법 적용을 금지하고 있다.[3)]

예제 6-4

다음은 영천상사(주)의 20×1년도 1월 1일부터 12월 31일까지 재고자산 매입 및 매출에 관한 자료이다.

일 자	거 래	수 량	단 가	잔 량
1월 1일	기초재고	100개	₩80	100개
3월 5일	매 입	20	100	120
5월 22일	판 매	80	200	40
6월 10일	매 입	80	150	120
12월 10일	판 매	50	300	70

| 물음 |

다음의 각 경우에 따라 영천상사(주)의 20×1년도 매출원가와 기말재고자산 금액을 계산하라.

(1) 계속기록법을 적용하는 상황에서 선입선출법을 사용하는 경우
(2) 실지재고조사법을 적용하는 상황에서 선입선출법을 사용하는 경우
(3) 계속기록법을 적용하는 상황에서 평균법을 사용하는 경우(이동평균법)
(4) 실지재고조사법을 적용하는 상황에서 평균법을 사용하는 경우(총평균법)
(5) 계속기록법을 적용하는 상황에서 후입선출법을 사용하는 경우
(6) 실지재고조사법을 적용하는 상황에서 후입선출법을 사용하는 경우

3) 후입선출법은 역사적으로 계속 사용해왔던 회계처리방법이므로 다른 방법과의 차이를 비교하기 위한 참고 목적으로 설명한다.

| 풀이 |

(1) 계속기록법을 적용하는 상황에서 선입선출법을 사용하는 경우

• 20×1년도 연간 판매량은 130개이다. 먼저 매입한 순서대로 팔았다고 가정하면, 기초재고 100개, 3월 5일에 매입한 20개, 6월 10일 매입한 10개가 판매된다. 따라서 매출원가는 다음과 같이 계산된다.
→ 매출원가 = (100개×₩80) + (20개×₩100) + (10개×₩150) = ₩11,500

• 기말에 남아 있는 재고량 70개는 가장 최근에 매입한 것이 되므로 기말재고자산은 다음과 같이 계산된다.
→ 기말재고자산 = 70개×₩150 = ₩10,500

(2) 실지재고조사법을 적용하는 상황에서 선입선출법을 사용하는 경우

• 기초재고와 당기매입을 합한 총 200개의 재고량 중 130개가 판매되었으므로 기말에 남아있는 재고량은 70개이다. 선입선출법은 먼저 매입된 것부터 판매되는 것으로 가정하므로 기말 재고량 70개는 6월 10일에 매입한 재고자산이다.
→ 기말재고자산 = 70개×₩150 = ₩10,500

• 기말에 보유 중인 재고량 70개를 제외한 130개는 판매가 되었으며 매입순서대로 판매되었음을 가정하므로 매출원가는 다음과 같이 계산된다.
→ 매출원가 = (100개×₩80) + (20개×₩100) + (10개×₩150) = ₩11,500

(3) 계속기록법을 사용하는 상황에서 평균법을 사용하는 경우(이동평균법)

• 이동평균법을 사용하는 경우 재고자산의 판매가격은 판매시점의 평균원가이다. 따라서 매출원가는 다음과 같이 계산된다.
- 5월 22일 판매분: 평균단가 = 당시 판매가능총원가 / 당시 판매가능수량
= [(100개×₩80) + (20개×₩100)]/120개
= ₩10,000/ 120개 = ₩83.3
매출원가 = ₩83.3×80개 = ₩6,664
- 12월 10일 판매분: 평균단가 = [(40개×₩83.3) + (80개×₩150)]/120개
= ₩127.8
매출원가 = ₩127.8×50개 = ₩6,390
→ 매출원가 = ₩6,664 + ₩6,390 = ₩13,054

• 기말에 남아있는 재고량 70개의 평균단가는 ₩127.8이므로 기말재고자산은 다음과 같다.

→ 기말재고자산 = ₩127.8×70개 = ₩8,946

(4) 실지재고조사법을 적용하는 상황에서 평균법을 사용하는 경우(총평균법)

• 평균법을 사용하는 경우 기말에 한 가지의 평균단가 금액이 계산된다.

- 평균단가 = 당년도 판매가능총원가 / 당년도 판매가능수량

= (기초재고자산금액 + 당기매입액) / (기초재고량 + 당기매입량)

= [(100개×₩80) + (20개×₩100) + (80개×₩150)]/200개 = ₩110

→ 기말재고자산 = 단위당 평균원가×기말재고량 = ₩110×70개 = ₩7,700

→ 매출원가 = 평균단가×판매량 = ₩110×130개 = ₩14,300

(5) 계속기록법을 적용하는 상황에서 후입선출법을 사용하는 경우

• 계속기록법을 적용하는 경우에는 판매시점마다 당시 판매가능재고자산 중에서 가장 최근에 매입한 것부터 판매된다고 가정한다. 따라서 매출원가는 다음과 같이 계산된다.

- 5월 22일 판매분: 3월 5일 매입분 20개와 기초재고 60개가 판매되었다고 가정한다.

매출원가 = (20개×₩100) + (60개×₩80) = ₩6,800

- 12월 10일 판매분: 6월 10일 매입분 50개로 구성된다.

매출원가 = 50개×₩150 = ₩7,500

→ 매출원가 = ₩6,800 + ₩7,500 = ₩14,300

• 기말재고 70개는 기초재고 40개와 6월 10일에 매입분 30개로 구성된다.

→ 기말재고자산 = (40개×₩80) + (30개×₩150) = ₩7,700

(6) 실지재고조사법을 적용하는 상황에서 후입선출법을 사용하는 경우

• 기말의 재고실사 시 남아 있는 재고량 70개는 가장 먼저 매입한 70개(기초재고)로 구성된다.

→ 기말재고자산 = 70개×₩80 = ₩5,600

• 연간 판매량 130개를 가장 나중에 매입한 것부터 판매한 것으로 가정하므로 6월 10일 매입분 80개, 3월 5일 매입분 20개, 기초재고 30개가 판매된다.

→ 매출원가 = (80개×₩150) + (20개×₩100) + (30개×₩80) = ₩16,400

3-5 개별법

위의 방법들은 균일한 재고자산(예: 표준화된 제품)을 취급하는 경우에 적용된다. 그러나 선박, 주택, 고급자동차 등과 같은 재고자산은 조금씩 다른 사양을 가지고 있어서 재고자산마다 매입원가와 판매가격이 다를 수 있다. 이러한 경우에는 선입선출법, 평균법, 후입선출법 등을 일괄적으로 적용할 수 없다. 대신 구체적으로 어떤 재고자산이 판매되었는지를 확인하여 판매된 재고자산의 취득원가를 매출원가로 기록하고, 남아있는 재고자산의 취득원가를 계산해야 한다. 이를 **개별법**(specific identification method)이라 한다.

개별법은 판매된 실제 재고자산의 매출원가가 매출수익과 직접 대응되고 물적흐름과 원가흐름이 동일할 뿐만 아니라, 기말재고 역시 실제원가로 보고되기 때문에 개별 재고자산 금액의 추적에 큰 비용이 들지 않는다면 가장 이상적인 방법이라고 할 수 있다.

3-6 선입선출법, 평균법 및 후입선출법의 경제적 효과 비교

앞의 [예제 6-4]에서 살펴보았듯이, 선입선출법을 제외하고는 실지재고조사법을 사용하는 경우와 계속기록법을 사용하는 경우 매출원가와 기말재고자산 금액이 동일하지 않다. 앞의 예제에서 계산한 여섯 가지 경우의 매출원가와 기말재고자산 금액을 비교해 보면 다음과 같다.

● 표 6-5 ● 선입선출법과 평균법 및 후입선출법의 비교

		선입선출법		평균법		후입선출법
실지재고조사법	매출액	31,000		31,000		31,000
	매출원가	11,500	<	14,300	<	16,400
	이익	19,500	>	16,700	>	14,600
	세금(30%)	5,850	>	5,010	>	4,380
	기말재고	10,500	>	7,700	>	5,600
계속기록법	매출액	31,000		31,000		31,000
	매출원가	11,500	<	13,056	<	14,300
	이익	19,500	>	17,944	>	16,700
	세금(30%)	5,850	>	5,383	>	5,010
	기말재고	10,500	>	8,940	>	7,700

물가가 지속적으로 오르는 상황(재고자산의 매입원가 상승)에서는 선입선출법에서의 매출원가가 가장 작고 후입선출법에서 가장 크다. 따라서 이익(=매출액-매출원가)은 선입선출법에서 가장 크고, 후입선출법에서 가장 작다. 동시에 세금도 선입선출법에서 가장 크고, 후입선출법에서 가장 작다. 그리고 재무상태표의 기말재고자산 금액은 매출원가와 반대로 '선입선출법 > 평균법 > 후입선출법'의 순서이다.

요약하면, 물가상승을 전제로 했을 때, 선입선출법을 적용하면 다른 방법에 비하여 포괄손익계산서의 이익과 세금 및 재무상태표의 재고자산이 크게 나타난다. 결국, 기업은 여러 요인을 고려하여 자사에 가장 유리한 회계처리방법을 선택하는 전략이 필요하다. 그리고 한국채택국제회계기준에서는 합리적인 이유가 있을 경우, 회계처리방법의 변경을 허용하고 있다.

| 제4절 | 재고자산 감모손실과 평가손실

4-1 수량부족과 감모손실

재고자산의 도난이나 파손 등으로 인하여 실제 재고수량이 감소함으로써 발생하는 손실을 **재고자산감모손실**(inventory shrinkage losses)이라고 부른다. 재고자산의 감모는 영업활동 과정에서 정상적으로 발생하기도 하며 비정상적으로 발생하기도 한다. 예를 들어, 주유소에서 휘발유는 고객에게 주유하는 과정에서 자연적으로 증발되기도 하지만, 종업원의 부주의로 다량이 유출될 수도 있다. 영업활동과정에서 정상적으로 발생할 수 있는 수준의 감모손실은 원가성을 인정하여 매출원가에 포함시키고, 비정상적인 감모손실은 재고자산감모손실(기타비용)로 인식한다.

계속기록법을 적용하는 기업의 경우 감모손실이 발생하면 즉시 회계처리한다. 예를 들어, 회사의 재고자산 10개가 파손되었으며 파손된 재고자산의 단위당 취득원가가 1,000원이라고 가정하자. 회사가 파손된 재고자산 10개 중 3개는 정상적인 손실이며 나머지 7개는 비정상적인 손실로 판단하는 경우 다음과 같은 분개를 실시한다.

(차) 매출원가	3,000	(대) 재고자산	10,000
재고자산감모손실(기타비용)	7,000		

이와 비교하여, 실지재고조사법을 적용하는 기업은 비정상적 감모손실이 발생할 때만 회계처리하고 정상적 감모손실은 인식하지 않는다. 정상적 감모손실을 별도로 인식하지 않으면 매출원가에 자동적으로 포함되기 때문이다. 예를 들어, 회사의 재고자산 10개가 파손되었으며 이 중 3개가 정상적 감모손실로 간주된다고 가정하자. 실지재고조사법을 적용하는 기업이 기중에 정상적 감모손실을 인식하지 않았고 기말의 재고자산 실사과정에서 재고자산 7개의 비정상감모손실만 계산하였다면, 기말재고자산에서 누락되는 3개의 감모손실은 자동적으로 매출원가에 포함되는 것이다.

4-2 저가기준과 평가손실

일반적으로 자산은 취득원가 기준으로 재무상태표에 표시된다. 그런데 자산가치의 변동으로 인하여 기말에 보유하고 있는 재고자산의 시장가격이 하락(또는 상승)하였다면 취득원가 정보는 유용성을 상실하게 된다. 예를 들어, 판매기회를 놓친 컴퓨터 등의 첨단제품 3억 원을 보유하고 있는데 기말시점에서 실질적인 판매가능금액이 1억 원에 지나지 않는다면, 취득원가로 기록된 기말재고자산은 정보이용자에게 잘못된 정보를 전달할 위험이 있다.

이와 같은 문제점을 해결하기 위하여, 한국채택국제회계기준에서는 기말에 **저가기준**(lower of cost or market, LCM)을 적용하여 기말재고자산을 표시하도록 하고 있다. 저가기준이란 기말시점의 순실현가능가치(NRV, net realizable value)와 취득원가 중에서 낮은 금액으로 기말재고자산을 기록하는 방법이다. 여기서 순실현가능가치는 추정 판매가격에서 추정 판매비용을 차감한 금액이며 정상적인 영업활동과정에서 실현(즉, 판매에 의한 현금 유입)될 것으로 기대되는 금액이다.

예를 들어, 회사가 단위당 1,000원에 취득한 재고자산 90개를 보유하고 있다고 가정하자. 그런데 20×1년 말 재고자산의 순실현가능가치가 단위당 700원으로 하락하였다면, 재무상태표의 재고자산은 63,000(=90개×700원)으로 표시되어야 하며 포

● 그림 6-3 ● 재고자산 감모손실과 평가손실

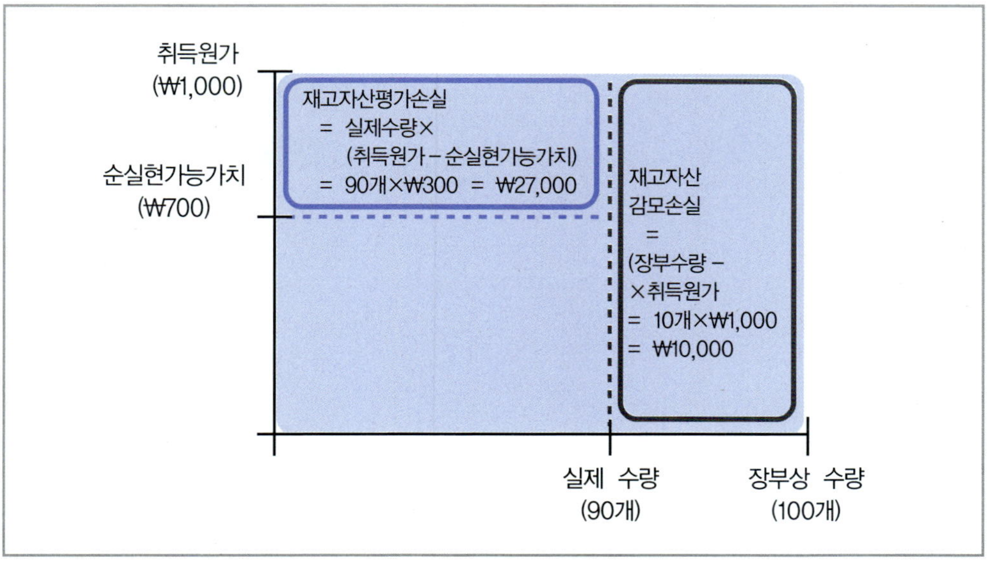

괄손익계산서에 **재고자산평가손실**(losses on inventory valuation) 27,000원(=90개×300원)을 인식하여야 한다. 이때, 포괄손익계산서에 표시되는 재고자산평가손실은 매출원가에 가산하는 것이 일반적이다. 즉, 재고자산평가손실만큼 매출원가가 증가하는 것이다.

재고자산평가손실이 발생하면 그 금액만큼의 재고자산을 감액시켜야 한다. 재고자산감모손실은 이미 파손되어 추후 회복될 가능성이 없는 반면, 재고자산의 순실현가능가치는 다시 상승할 가능성이 있다. 따라서 재고자산을 직접 감액시키지 않고 재고자산평가충당금(allowance to reduce inventory to market) 계정을 설정하여 간접적으로 차감시킨다. 재고자산평가충당금은 재고자산의 차감적 평가계정이며, 분개로 나타내면 다음과 같다.

(차) 재고자산평가손실(매출원가)	27,000	(대) 재고자산평가충당금	27,000

이상의 내용을 종합하여 앞의 [그림 6-2]는 다음과 같이 수정될 수 있다.

● 그림 6-4 ● 재고자산원가의 배분

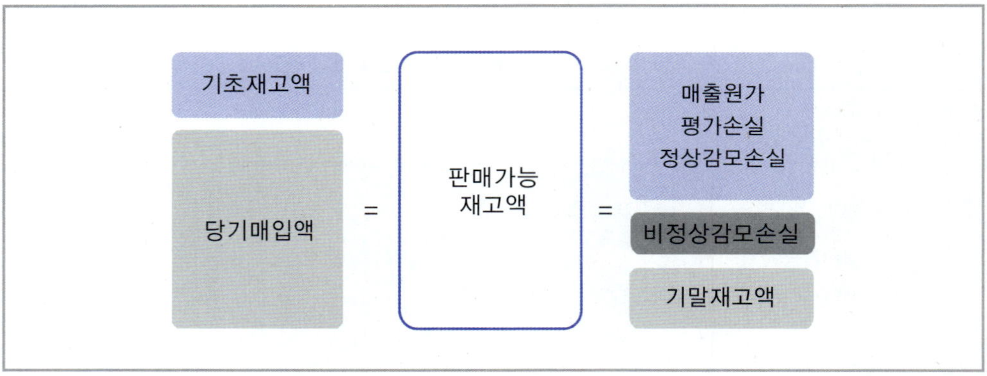

제5절 매입채무와 기타 채무

지급채무(payables)는 기업이 재화나 용역을 외상으로 제공받고 그 대가로 미래에 현금을 지급하기로 약속한 경우에 발생하는 채무를 통칭한다. 지급채무는 크게 두 유형으로 구분할 수 있다. 하나는 재고자산을 외상으로 매입하였을 때 발생하는 매입채무(trade payables)이고, 다른 하나는 매입채무 이외 미지급금, 미지급비용, 단기차입금 등의 기타지급채무(nontrade payables)이다.

매입채무는 외상매입금(accounts payables)과 지급어음(notes payables)으로 구성된다. 외상매입금은 거래처로부터 판매용 재고자산을 순수 신용으로 외상매입한 경우에 발생하며, 지급어음은 외상매입대금의 지급을 위하여 어음이라는 유가증권을 발행한 경우이다. 회계에서는 두 경우를 구분하지 않고 매입채무라는 단일계정으로 처리하는 것이 일반적이다. 보고기간 말로부터 1년 이내에 지급해야 할 매입채무는 재무상태표에 유동부채로 보고된다. 그러나 보고기간 말로부터 1년 이후에 지급해야 할 장기매입채무는 재무상태표에 비유동부채로 분류된다.

매입채무 이외에 유동부채로 분류되는 항목으로는 단기차입금, 미지급금, 미지급비용, 선수금, 선수수익, 가수금, 예수금 등이 있다. 단기차입금은 금전을 타인으로부터 일정 기간 차입하고 추후에 상환하기로 약속한 채무이다. 순수 신용으로 현금을 차입한 경우, 또는 차입증명서로서 약속어음을 발행하고 현금을 차입한 경우를 구분하지 않고 차입금이라는 단일 계정으로 처리한다.

미지급금은 우리가 일상생활에서 사용하는 미지급금의 개념보다는 좁은 의미로 사용된다. 회계에서는 기업이 재고자산 이외의 자산(예: 건물, 토지, 비품)을 외상으로 취득하고 아직 대금을 지급하지 않은 경우에 한하여 미지급금이라는 계정을 사용한다.

미지급비용은 미지급이자, 미지급임차료, 미지급수수료 등으로 세분되기도 하며, 이자비용, 임차료, 지급수수료 등이 발생하였으나 아직 현금을 지급하지 못한 경우에 나타나는 부채이다(제4장 참조). 선수금은 기업이 재고자산 또는 용역을 미래에 제공하기로 약속하고 대금을 미리 받은 것이다. 선수수익은 선수이자, 선수임대료 등과 같이 미래 일정 기간 동안 특정 서비스(예: 자금의 대여, 건물의 임대)를 제공하기로 약속하고 대금을 미리 받은 것이다. 선수수익은 이자수익이나 임대료를 인식할 때까지 부채로 분류한다(제4장 참조).

가수금은 기업이 현금을 수수하였지만 이를 처리할 정확한 계정과목이나 금액이 확정되지 않았을 경우 임시적으로 회계처리하기 위하여 설정한 계정과목이다. 가수금은 결산 때까지 그 내용을 밝혀서 정확한 계정과목과 금액으로 대체해야 한다.

예수금은 기업이 최종적으로 제3자에게 지급해야 할 금액을 종업원이나 거래처로부터 미리 받아 일시적으로 보관하기 위한 계정과목이다. 예를 들어, 기업이 매월 종업원 급여에서 일정 금액의 소득세를 원천징수하여 보관하고 있다가 국세청에 납부하는 경우, 세금보관 기간 중에는 예수금이라는 부채로 처리하였다가 국세청에 납부하는 시점에 예수금계정을 없애는 회계처리를 실시한다. 매입채무와 기타유동부채를 요약하면 〈표 6-6〉과 같다.

● 표 6-6 ● 유동부채의 의의 및 발생원인

계정과목	발생원인	대응 손익계정
매입채무	재고자산을 외상매입한 경우	재고자산이 판매되면 매출원가
단기차입금	자금을 일정 기간 차입한 경우	없음
미지급금	재고자산 이외의 자산을 취득하였으나 아직 그 대금을 지급하지 않은 경우	없음
미지급비용	비용이 발생하였으나 아직 지급하지 않은 경우 (예: 미지급이자)	매출원가 이외의 비용 (예: 이자비용)
미지급법인세	법인세비용과 관련하여 향후 납부해야 하는 경우	법인세비용
선수금	재고자산 또는 용역을 미래에 제공하기로 약속하고 대금을 미리 받은 경우	추후에 매출
선수수익	추후에 발생할 매출 이외의 수익과 관련된 대금을 미리 받은 경우(예: 선수임대료)	추후에 매출 이외의 수익(예: 임대료)
가수금	기업이 현금을 수취하였지만 이를 처리할 정확한 계정과목 또는 금액이 확정되지 않은 경우	추후 해당 수익 등으로 대체
예수금	기업이 제3자에게 지급해야 할 금액을 종업원이나 거래처로부터 미리 받아 일시적으로 보관하는 경우	없음

익 / 힘 / 문 / 제

1. 매입에누리와 환출이란 무엇인가? 매입에누리와 환출이 발생하면 어떻게 분개하는가?
2. 매입할인이란 무엇인가? 매입할인이 발생하면 어떻게 분개하는가?
3. 매입운임, 매입에누리 및 환출이 발생하였을 때, 매입한 재고자산의 취득원가는 어떻게 결정되는지 설명하라.
4. 매출원가의 계산공식을 설명하라.
5. 재고자산 매매거래의 기록방법인 계속기록법과 실지재고조사법의 차이를 설명하라.
6. 계속기록법을 사용하면 기말에 매출원가 산정을 위한 수정분개가 필요 없다. 그 이유를 설명하라.
7. 실지재고조사법을 사용하면 기말에 매출원가 산정을 위한 수정분개가 필요하다. 어떤 수정분개가 필요한지를 설명하라.
8. 선입선출법은 재고자산의 원가흐름을 어떻게 가정한 것인지를 설명하라.
9. 후입선출법은 재고자산의 원가흐름을 어떻게 가정한 것인지를 설명하라.
10. 한국채택국제회계기준에서 후입선출법 적용을 허용하지 않는 이유를 설명하라.
11. 총평균법과 이동평균법의 차이를 설명하라.
12. 물가가 지속적으로 상승하는 상황에서 선입선출법과 평균법의 차이를 비교하라.
13. 보유 중인 재고자산의 기말평가에는 저가기준을 적용해야 한다. 저가기준에 대하여 설명하라.
14. 재고자산감모손실과 재고자산평가손실은 무엇인가? 재고자산감모손실과 평가손실이 발생하는 경우 포괄손익계산서에 어떻게 표시되나?
15. 지급채무는 매입채무와 기타 지급채무로 구분된다. 차이가 무엇인지 설명하고 기타지급채무에 속하는 계정을 제시하라.

연 / 습 / 문 / 제

6-1 기본개념의 이해

아래의 빈칸에 알맞은 단어나 숫자를 기입하라.

(1) 재고자산 중 다른 기업이 만든 완성품을 매입한 것을 상품이라고 부르며, 자신이 만든 완성품을 (　　　)이라고 부른다.

(2) '판매된 재고자산'의 취득원가는 (　　　) 계정에서 집계하여 포괄손익계산서에 표시하며, '판매되지 않고 기업 내에 남아 있는 재고자산'의 취득원가는 (　　　) 계정에서 집계하여 재무상태표에 표시한다.

(3) 매입 후에 결함 있는 물건을 반품한 것을 (　　　)이라고 부르며, 결함 있는 물건의 가격을 감해 받는 것을 (　　　)라고 부른다.

(4) 재고자산의 당기 매입액이 ₩160,000, 매입운임이 ₩1,700, 기타 직접관련원가가 ₩2,000, 그리고 매입에누리 및 환출이 ₩2,500이라면 재고자산의 취득원가는 ₩(　　　)이다.

(5) 당기 매출액이 ₩700,000, 기초 재고자산이 ₩367,000, 당기 매입액이 ₩510,000, 기말 재고자산이 ₩380,000이라면, 당기 매출원가는 ₩(　　　)이다.

(6) 기말시점에서 재고자산의 실제 금액은 ₩10억인데 ₩30억이라고 조작한 경우, 기말재고자산은 실제보다 ₩20억 커지며, 매출총이익은 그만큼 [높아진다, 낮아진다]. [　]에 예시한 것 중에서 하나를 고른다면?

(7) 먼저 매입한 것부터 먼저 판매한다는 가정하에서 매출원가와 기말재고자산을 계산하는 방법을 (　　　)이라고 부르며, 가장 최근에 매입한 것부터 먼저 판매한다고 가정하는 방법을 (　　　)이라고 부른다.

(8) 실지재고조사법을 적용하면서 평균법으로 기말재고자산을 계산하는 것을 총평균법이라고 부르며, 계속기록법을 적용하면서 평균법으로 기말재고자산을 계산하는 것을 (　　　)이라고 부른다.

(9) 물가가 상승하는 기간에 평균법은 선입선출법에 비하여 당기순이익을 [높게, 낮게] 보고한다. [　]에 예시한 것 중에서 하나를 고른다면?

(10) 물가가 상승하는 기간에 후입선출법은 선입선출법에 비하여 재무상태표의 재고자산을 [크게, 작게] 보고한다. [　]에 예시한 것 중에서 하나를 고른다면?

(11) 물가가 상승하는 기간에 선입선출법을 적용하면 평균법에 비하여 세금을 많이 납부해야 하기 때문에 기업의 현금흐름은 [양호해진다, 악화된다]. [ ]에 예시한 것 중에서 하나를 고른다면?

(12) 재고자산의 정상적 판매가능금액이 ₩7,000이고, 정상적 판매비용이 ₩500이라면, 이 재고자산의 순실현가능가치는 ₩( )이다.

(13) 파손, 도난 등에 의한 재고자산의 수량 감소에 따른 손실을 ( )이라고 부르며, 재고자산의 가치 하락 등에 의한 손실을 ( )이라고 부른다. 이러한 손실을 정상적인 것으로 간주한다면 모두 포괄손익계산서의 ( )에 포함시킨다.

(14) 기말에 재고자산을 실사한 결과, 정상적인 감모손실이 ₩2,000, 비정상적인 감모손실이 ₩7,000, 그리고 재고자산평가충당금이 ₩8,000 발생하였다. 이러한 손실을 반영하기 전 매출원가가 ₩100,000이라면, 손실을 반영한 후의 매출원가는 ₩( )이 된다.

(15) 선입선출법을 적용하여 측정한 기말재고자산 금액은 ₩140,000이었으나, 기말시점에서 순실현가능가치가 ₩100,000밖에 되지 않았다. 이때는 「(차) 재고자산평가손실(매출원가) 40,000 (대) ( ) 40,000」이라는 수정분개를 실시해야 한다.

6-2 재고자산 원가의 구성과 배분

다음은 청평상사(주)의 20×2년도 매입, 매출 및 재고자산 관련 자료이다.

〈자료 1〉 매입 관련 자료

매입액	₩200,000	매입운임	₩2,000	매입환출 및 에누리	₩3,000

〈자료 2〉 매출 관련 자료

매출액	₩300,000	판매운임	₩4,000	매출환입 및 에누리	₩5,000

〈자료 3〉 재고자산 관련 자료

전기말(20×1년) 재고자산	₩40,000	당기말(20×2년) 재고자산	₩50,000

| 물음 |

(1) 청평상사(주)의 20×2년도 순매입액(순매입원가)과 순매출액은 각각 얼마인가?

(2) 청평상사(주)의 20×2년도 매출원가는 얼마인가?

(3) 청평상사(주)의 20×2년도 매출총이익은 얼마인가?

6-3 계속기록법과 실지재고조사법

다음 자료는 도라지전자(주)의 20×1년 10월 1일 현재의 계정잔액이다. 도라지전자(주)의 회계기간은 10월 1일부터 10월 31일까지 1개월이다.

현 금	₩100,000	재고자산	₩300,000
매입채무	160,000	이익잉여금	120,000
매출채권	240,000	선급비용	40,000
자본금	400,000		

20×1년 10월 중 발생한 거래는 다음과 같다.

3일, 취득원가 ₩120,000의 상품을 ₩180,000에 현금으로 판매하였다.
8일, 기계 고장으로 수리비 ₩80,000을 현금으로 지급하였다.
10일, 상품 ₩80,000을 신용매입하고 대금은 2개월 후에 지급하기로 하였다.
13일, 매입채무 ₩120,000을 현금으로 지급하였다.
18일, 취득원가 ₩160,000의 상품을 ₩240,000에 신용판매하고 대금은 1개월 후에 받기로 하였다.
20일, 매출채권 ₩200,000을 현금으로 회수하였다.
23일, 종업원 급여 ₩60,000을 현금으로 지급하였다.
28일, 상품 ₩120,000을 신용매입하고 대금은 1개월 후에 지급하기로 하였다.
31일, 상품재고액을 실지조사한 결과 ₩220,000이었다.

| 물음 |

(1) 계속기록법을 사용하여 각 거래를 분개하라.
(2) 실지재고조사법을 사용하여 각 거래를 분개하라.

6-4 원가흐름의 가정: 계속기록법 적용

다음은 충주상사(주)의 20×1년도 재고자산 거래 자료이다. 충주상사(주)는 계속기록법을 적용하여 거래를 기록하고 있다.

일자	거래내역	수량	단위당 가격	금액
1월 1일	기초재고	100개	₩100	₩10,000
3월 7일	매 입	200	130	26,000
5월 10일	매 출	250	200	50,000
7월 15일	매 입	300	140	42,000
12월 20일	매 출	280	220	61,600

| 물음 |

(1) 선입선출법을 적용하는 경우 기말재고자산과 매출원가는?

(2) 후입선출법을 적용하는 경우 기말재고자산과 매출원가는?

(3) 이동평균법을 적용하는 경우 기말재고자산과 매출원가는? (평균단가 산정 시 소수점 둘째 자리에서 반올림함)

(4) 이동평균법을 적용하는 경우 각 거래 일자에서의 분개를 실시하라. 거래는 모두 현금으로 이루어졌다고 가정한다.

(5) 위 자료에서와 같이, 물가가 상승하는 기간에 선입선출법을 적용하면 이동평균법에 비하여 당기순이익은 [높아지며, 낮아지며], 기말재고자산 금액은 [커진다, 작아진다]. 두 개의 [ ]에 예시된 것 중에서 올바른 것을 하나씩 선택하면?

6-5 원가흐름의 가정: 실지재고조사법 적용

다음은 20×1년도 청주상사(주)의 재고자산 매입 및 매출과 관련된 거래 자료이다. 청주상사(주)는 실지재고조사법을 적용하여 거래를 기록하고 있다.

내역	수량	단가	금액
기초재고자산	9,100개	₩4.00	₩ 36,400
당기 매입: 2월 20일	20,000	4.10	82,000
5월 10일	30,000	4.25	127,500
9월 4일	50,000	4.60	230,000
11월 24일	10,900	5.00	54,500
당기 매입합계	110,900	–	494,000
당기 매출합계	105,000	8.00	840,000

* 기말 실사 결과 재고자산 수량은 15,000개이었다.

| 물음 |

(1) 선입선출법을 적용하는 경우 기말재고자산과 매출원가는?

(2) 선입선출법을 적용하는 경우 당기 매입과 매출, 그리고 기말 시점의 수정분개를 실시하라. 거래는 모두 현금으로 이루어졌다고 가정한다.

(3) 후입선출법을 적용하는 경우 기말재고자산과 매출원가는?

(4) 총평균법을 적용하는 경우 기말재고자산과 매출원가는?

6-6 재고자산 원가의 배분

영광상사(주)는 20×1년에 창업하여 2년간 평균법을 사용하여 재고자산을 기록하여 왔다. 그런데 영광상사(주)는 20×3년부터 평균법을 선입선출법으로 변경할 것을 고려하고 있다. 다음 자료는 평균법을 적용한 경우의 기말재고자산 및 매출원가 자료이다. 영광상사(주)는 실지재고조사법을 적용하여 재고자산 거래를 기록하고 있다.

	20×1년	20×2년
기말재고자산	₩10,000	₩12,000
매출원가	48,000	55,000

만약 창업 시부터 선입선출법을 적용했다면 20×1년 말 재고자산은 ₩15,000이고 20×2년 말 재고자산은 ₩18,000이었을 것이다.

| 물음 |

영광상사(주)가 창업 시부터 선입선출법을 적용했다면 20×1년과 20×2년의 매출원가는 각각 얼마인가?

6-7 선입선출법과 평균법

다음은 20×1년도 발해상사(주)의 재고자산 매입 및 매출거래 자료이다.

내역	수량	단가	금액
기초재고자산	15,000	₩4	₩ 60,000
당기 매입: 2월 20일	20,000	5	100,000
5월 10일	30,000	6	180,000
9월 4일	50,000	7	350,000
11월 24일	20,000	8	160,000
당기 매입합계	120,000	–	790,000
당기 매출합계	100,000	–	1,500,000

| 물음 |

(1) 발해상사(주)가 선입선출법을 적용하는 경우와 평균법을 적용하는 경우의 20×1년도 요약 포괄손익계산서를 아래와 같은 표로 작성하라. 발해상사(주)가 지급해야 할 법인세는 매출총이익의 30%이며, 실지재고조사법을 적용하여 거래를 기록한다고 가정한다. (평균법에서 평균단가 산정 시 소수점 이하 둘째 자리에서 반올림함)

	선입선출법을 적용하는 경우	평균법을 적용하는 경우
매출액	₩1,500,000	₩1,500,000
매출원가	(　　　)	(　　　)
매출총이익	(　　　)	(　　　)
법인세(세율: 30%)	(　　　)	(　　　)
법인세 차감 후 순이익	(　　　)	(　　　)

(2) 위의 자료와 같이, 물가상승 기간에 선입선출법을 적용하면 평균법에 비해 회계이익은 [높아지며, 낮아지며], 법인세 지출액이 [많아진다, 적어진다]. [ ]에 예시된 것 중에서 올바른 것을 하나씩 선택하면?

6-8 재고자산평가손실과 재고자산감모손실

다음은 양주상사(주)의 20×1년도 매입 및 재고자산 관련 자료이다.

기초재고자산	₩ 3,900	재고자산평가손실	₩ 800
기말재고자산(원가)	4,500	정상적 재고자산감모손실	500
당기 매입액	27,500	비정상적 재고자산감모손실	2,000

| 물음 |

양주상사(주)의 20×1년도 포괄손익계산서에 보고되는 매출원가는 얼마인가?

6-9 재고자산의 기말평가

성주상사(주)는 20×1년에 창업하였다. 성주상사(주)는 종목별 기준(품목별로 저가기준을 적용)에 따라 기말에 재고자산을 평가한다. 다음은 성주상사가 보유한 재고자산 관련 자료이다.

품목	20×1년			20×2년		
	취득원가	기말 시가	차이	취득원가	기말 시가	차이
A	₩6,400	₩5,200	-800	₩8,000	₩8,200	+200
B	5,400	4,800	-600	3,200	3,100	-100
C	9,000	10,400	+1,400	5,000	6,300	+1,300
D	7,200	6,200	-1,000	12,500	13,400	+900
E	4,500	7,000	+2,500	5,800	5,100	-700

| 물음 |

(1) 20×1년 말의 재고자산 평가와 관련된 수정분개를 실시하라.

(2) 20×2년 말의 재고자산 평가와 관련된 수정분개를 실시하라.

6-10 종합문제(I)

다음은 실지재고조사법을 적용하고 있는 대전상사(주)의 20×1년도 재고자산 관련 자료이다.

① 기초재고자산 금액은 ₩20,000, 당기 매입액은 ₩150,000, 기말재고자산 금액(장부상)은 ₩40,000, 그리고 당기 매출액은 ₩250,000이었다. 당기 매입과 당기 매출거래는 모두 현금으로 이루어졌다고 가정한다.

② 기말 실사 결과, 실제 보유 중인 재고자산 금액은 ₩30,000으로서 재고자산감모손실 ₩10,000이 발생하였다. 이 중에서 ₩4,000은 정상적 감모손실로 간주하고, 나머지 ₩6,000은 비정상적 감모손실로 처리하기로 결정하였다.

③ 항목별로 저가법을 적용하여 재고자산을 평가한 결과, 재고자산평가손실 합계액은 ₩8,000이었다.

| 물음 |

(1) 당기의 재고자산 매입과 매출을 분개하라.

(2) 기말 시점에서 감모손실 및 평가손실 반영 전의 매출원가를 측정하는 수정분개를 실시하라.

(3) 기말 시점에서 재고자산감모손실을 인식하는 수정분개를 실시하라.

(4) 기말 시점에서 재고자산평가손실을 인식하는 수정분개를 실시하라.

(5) 대전상사(주)의 기말 재무상태표의 재고자산은 ₩(　　　), 재고자산평가충당금은 ₩(　　　), 포괄손익계산서의 매출액은 ₩(　　　), 매출원가는 ₩(　　　), 그리고 기타 비용은 ₩(　　　)으로 표시된다.

6-11 종합문제(II)

다음은 삼척상사(주)의 20×1년도 재고자산 거래 자료이다. 삼척상사(주)는 계속기록법을 적용하여 거래를 기록하고 있으며 선입선출법을 사용한다.

일 자	거래내역	수 량	단위당 가격	비 고
1월 1일	기초재고	100	₩80	
3월 15일	매 입	900	110	
5월 22일	매 출	800	200	
8월 13일	파 손	10	-	정상적 파손
9월 10일	매 입	700	150	
10월 23일	파 손	100	-	비정상적 파손
12월 10일	매 출	600	250	
12월 31일	재고자산의 기말 평가액: ₩25,000			

| 물음 |

(1) 각 거래 일자 및 기말시점에서의 분개를 실시하라. 단 매입 및 매출거래는 현금으로 이루어지며 파손된 재고자산은 3월 15일에 매입한 재고자산으로 가정한다.

(2) 아래에 제시된 삼척상사(주)의 20×1년도 부분 재무상태표와 부분 포괄손익계산서의 괄호 속에 적절한 숫자를 기입하라.

재무상태표

20×1년 12월 31일 현재

재고자산	( )	
재고자산평가충당금	( )	

포괄손익계산서

20×1년 1월 1일~12월 31일

매출액	( )
매출원가	( )
매출총이익	( )
……	
기타비용	
재고자산감모손실	( )

제7장

매출활동과 매출채권

본 장에서는 기업의 매출활동과 매출채권에 대하여 설명한다. 기업은 신용매출이 이루어지는 시점에 매출수익과 매출채권을 인식한다. 이때, 매출할인이나 매출에누리 및 환입 등의 요인들이 매출채권의 원가에 영향을 미친다. 회계기말이 되면 보유하고 있는 매출채권의 회수가능성을 평가하여 대손금액을 추정한 후 재무상태표에 보다 정확한 매출채권 금액을 보고하여야 한다. 그리고 기업은 조기에 현금을 회수하기 위하여 매출채권을 양도하기도 한다. 본 장에서는 매출채권의 회계처리와 기타 수취채권에 대하여 설명한다.

| 제1절 | 매출채권의 인식

1-1 매출채권의 의의

수취채권(receivables)은 기업이 재화나 용역을 고객에게 외상으로 제공하고 그 대가를 미래에 현금으로 지급받기로 약정한 경우에 발생하는 채권을 포괄적으로 지칭한다. 수취채권은 크게 두 유형으로 구분한다. 하나는 상거래(즉, 재고자산 매출거래)에서 발생하는 매출채권(trade receivables)이며, 다른 하나는 매출채권 이외의 미수금, 미수수익, 대여금 등의 기타 수취채권(nontrade receivables)이다.

매출채권은 외상매출금(accounts receivables)과 받을어음(notes receivables)으로 구성된다. 외상매출금은 고객에게 재화나 용역을 순수 신용으로 외상매출한 경우에 발생하며, 받을어음은 외상매출거래와 관련하여 약속어음이라는 유가증권을 받은 경우이다. 여기서 약속어음(promissory notes)이란 미래 특정일(즉, 만기일)에 일정 금액을 지급하기로 약속한 증서이다.

회계에서는 두 경우를 구분하지 않고 매출채권이라는 단일계정으로 처리하는 것이 일반적이다. 따라서 본서에서도 어음의 존재 여부와 관계없이 외상매출한 경우는 모두 매출채권이라는 단일계정으로 설명한다. 보고기간 말로부터 1년 이내에 회수가 예상되는 매출채권은 재무상태표에 유동자산으로 표시된다. 반면에, 보고기간 말로부터 1년 이후에 회수가 예상되는 장기매출채권은 재무상태표에 비유동자산으로 분류한다.

1-2 매출채권의 인식

기업의 입장에서 매출이 현금으로 이루어지면 가장 이상적이다. 그러나 현금매출만을 고집한다면 판매 부진으로 이어질 가능성이 있다. 특히 판매 경쟁이 치열한 상품 및 서비스의 경우, 현금매출만 고집한다면 상당수의 고객을 잃을 수 있다. 이러한 문제를 방지하기 위하여 기업은 신용매출(credit sales)을 허용한다. 백화점 업계의 경우에는 총매출의 70% 이상이 신용매출로 이루어지고 있다.

매출채권의 인식시점은 매출수익의 인식시점과 동일하다. 회계에서 인식(recognition)은 거래가 발생하는 시점에 계정 및 금액을 측정함으로써 이루어진다. 매출채권의 인식은 매출수익이 발생하는 시점에 이루어지며, 일반적으로 재고자산이 판매되는 시점에 매출수익을 인식한다.[1] 외상으로 상품을 판매한 경우 다음과 같이 분개한다.

(차) 매출채권	×××	(대) 매　출	×××

한편, 기업은 매출수익을 기록하는 데에 몇 가지 조정사항을 고려하여야 한다. 외상으로 상품을 판매한 후 특정한 신용조건에 의해 판매대금을 할인해주는 경우 또는 품질 불량이나 규격 이상 등의 이유로 인하여 반품이나 에누리가 발생할 수도 있다. 이러한 사항이 발생하는 경우 해당 금액은 매출액에서 차감하여야 한다. 따라서 포괄손익계산서에 매출액으로 보고되는 금액은 이러한 조정항목을 차감한 순매출액이 될 것이다.

순매출액 = 총매출액 − 매출할인 − 매출에누리 − 매출환입

1) 매출할인

매출할인(sales discount)은 기업이 외상으로 상품을 판매한 후, 구매자로부터 매출채권을 조기에 회수하기 위하여 신용조건에 따라 외상대금을 할인해 주는 것을 말한다. 이러한 할인혜택을 현금할인(cash discount)이라 하기도 한다.

신용조건(credit terms)이란 현금할인의 금액과 기간에 관한 조건으로서 "2/10, n/30" 등으로 표시된다. 이 조건은 구매일로부터 10일 이내에 외상대금을 지급하면 2% 할인이 되는 반면, 그렇지 않을 경우 30일 이내에 전액을 지급해야 한다는 것을

1) 수익인식 기준에 대해서는 중급회계에서 보다 상세하게 설명한다.

의미한다. 예를 들어, 회사가 2/10, n/30의 신용조건으로 상품 100원을 외상으로 판매하였다고 가정하자. 이후 구매자로부터 10일 이내에 판매대금을 회수하면 현금 98원을 받게 된다. 이때 회수하지 못하는 2원이 매출할인이다.

매출할인은 상품대금 회수일이 지연됨으로써 받게 되는 이자수익에 해당되며, 만약 회사가 현금으로 상품을 판매하였다면 100원이 아닌 98원으로 판매했을 것이다. 따라서 매출할인은 매출에 대한 차감계정으로 본다.[2)] 위의 예를 분개로 옮기면 다음과 같다.

- 매출시점

(차) 매출채권	100	(대) 매　　출	100

- 매출할인 발생시점

(차) 현　　금	98	(대) 매출채권	100
매출할인	2		

2) 매출에누리와 환입

판매한 상품이 고객의 주문에 적합하지 않거나 품질이 불량한 경우, 또는 결함이나 파손 등의 하자가 있는 경우에 해당 제품은 반품되거나 판매가격이 인하될 수 있다. 판매된 상품이 거래처로부터 반품되는 경우를 매출환입(sales returns)이라 하고, 원래의 판매가격을 깎아주는 경우 매출에누리(sales allowance)라고 한다. 매출에누리나 매출환입은 항목의 금액이 그다지 크지 않은 경우 매출에누리와 환입이라는 하나의 계정에 기록하는 것이 일반적이다.

매출에누리와 환입이 발생하면 판매시점에 인식하였던 매출수익에서 해당 금액만큼을 차감하여야 한다. 매출에누리와 환입은 매출의 일부 취소에 해당하므로 매출에서 차감하는 것이 타당하다.[3)]

2) 매출할인이 발생하는 경우 매출할인 계정을 사용할 수도 있고 매출계정을 직접 감소시킬 수도 있다. 매출할인 계정을 사용하는 경우 총매출액 중에서 매출할인이 얼마나 발생했는지 파악할 수 있는 장점이 있으나 두 방법 모두 결과는 동일하다.

3) 매출에누리와 환입이라는 매출의 차감계정을 이용하거나 매출에서 직접 차감하는 방법으로 분개할 수도 있다.

예를 들어, 회사가 상품 1,000원을 외상으로 판매하였고 이후 고객이 주문내용과 맞지 않는다는 이유로 200원의 상품을 반환하였다면 다음과 같이 분개한다.

- 매출시점

(차) 매출채권	1,000	(대) 매 출	1,000

- 매출에누리와 환입 발생시점

(차) 매출에누리와 환입	200	(대) 매출채권	200

제2절 매출채권의 평가

2-1 대손의 의의

대부분의 기업들은 매출 확대를 위하여 신용매출을 허용하고 있으나 대금이 제대로 회수되지 않는다면 기업에 큰 타격을 줄 수 있다. 특히, 일반 제조기업의 경우 도매상 또는 대리점에 상품을 신용으로 대량공급하기 때문에 거래처 중에서 일부가 채무를 이행하지 못하는 경우 큰 어려움을 겪을 수 있다.

기업은 정보이용자들에게 매출채권의 회수가능성에 관한 정보를 제공하기 위하여 기말시점에 매출채권의 회수가능성을 평가하여야 한다. 매출채권의 회수가능성을 평가한 결과, 매출채권의 전부 또는 일부가 회수될 수 없을 것으로 예상되는 경우를 **손상**(impairments)의 발생, 또는 **대손**(bad debts)의 발생이라고 부른다.

2-2 대손의 추정

기업은 매 회계기간 말 현재 매출채권의 대손 발생 여부에 대한 객관적인 증거가 있는지를 검토하고, 그러한 증거가 미래 회수가능액에 영향을 미칠 것인지의 여부를 판단해야 한다. 만약 미래 회수가능액의 감소가 예상되는 경우에는 객관적 증거에 따라 대손 금액을 추정한다.

가장 단순한 방법은 과거 경험에 근거하여 매출채권의 몇 % 정도가 회수될 것인지를 추정하는 것이다. 예를 들어, 회사의 과거 5년간 연평균 매출채권 기말잔액이 4,000,000원이었고 회수되지 않은 매출채권은 연평균 40,000원이었다고 가정하자. 이는 평균적으로 1%(=40,000/4,000,000)가 회수되지 않았다는 것을 의미한다. 따라서 올해의 매출채권에 대해서도 1%의 대손금액을 추정하는 것이다.

매출채권은 대체로 경과기간이 길수록 회수가능성이 낮아진다는 사실에 착안하여 매출채권의 연령(age)별로 회수가능액을 추정하기도 한다. 만기일이 훨씬 지난 매출채권은 그렇지 않은 매출채권보다 대체로 회수가능성이 떨어지기 때문에 매출채권의 연령별로 회수예상금액을 추정하는 것이다. 이를 연령분석법(aging methods)이라고 부른다.

국제회계기준에서는 매출채권으로부터 회수될 것으로 기대되는 미래현금흐름에 기초하여 손상금액을 추정하도록 하고 있다.[4)] 즉, 매 회계기말에 각 매출채권의 미래현금흐름을 추정하고 기말시점 현재 매출채권의 명목금액과 비교하여 차액만큼 손상금액으로 설정하는 것이다.

매출채권의 대손추정액 = 매출채권의 명목금액 - 추정 미래현금흐름

2-3 대손충당금의 설정과 대손상각비의 인식

회수불능채권에 대한 회계처리방법으로는 직접차감법과 충당금설정법이 있다. 직접차감법(direct write-off method)은 특정 매출채권이 회수불가능한 것으로 확정되었을 때 손상금액을 매출채권 금액에서 직접 차감하여 표시하는 방법이다. 이와 비교하여 충당금설정법(allowance method)은 회수불가능으로 판명되지는 않았지만 대손에 대한 증거가 확인되는 경우 대손충당금계정을 사용하여 손상금액을 매출채권에서 간접적으로 차감하는 방법이다. 국제회계기준에서는 매 보고기간 말에 매출채권 손상발생에 대한 객관적인 증거가 있는지 평가하고 추정 회수가능액이 매출채권의 장부가액보다 적은 경우 대손상각비를 인식하도록 함으로써 충당금설정법을 따르고 있다.

4) 한국채택국제회계기준에 의하여, 미래현금흐름의 현재가치로 매출채권의 회수가능액을 추정하여야 하나, 본장에서는 유동자산으로 분류되는 매출채권에 초점을 두고 있으므로 현재가치는 고려하지 않는다.

예를 들어, 강원상사(주)가 20×1년 말에 보유하고 있는 매출채권 200,000원 중 합리적인 방법에 의하여 회수불가능한 금액이 10,000원인 것으로 추정하였다면 다음과 같이 회계처리한다.

(차) 대손상각비	10,000	(대) 대손충당금	10,000

위의 분개는 수정분개에 해당한다. **대손충당금**(provisions for impairment losses) 계정은 기말 매출채권 중에서 회수불가능할 것으로 추정되는 금액이며 자산에 대한 차감계정(contra accounts)이다. 충당금설정법에 따라 기말에 수정분개를 하게 되면 결산일 현재 회수불가능할 것으로 예상되는 부실 채권을 제거함으로써 자산을 적정하게 보고할 수 있다.

강원상사(주)의 20×1년 말 재무상태표에는 다음과 같이 표시된다.

〈직접차감법〉

재무상태표(20×1/12/31)

유동자산:		
매출채권	200,000	

〈충당금설정법〉

재무상태표 (20×1/12/31)

유동자산:		
매출채권	200,000	
대손충당금	(10,000)	
	190,000	

위의 분개에서 **대손상각비**(bad debts expense) 10,000원은 강원상사(주)의 20×1년 매출활동에 대한 추정손실이다. 만약 20×1년 매출에 대한 매출채권의 손상이 확정될 때까지 기다렸다가 기록한다면 20×1년의 매출활동이 20×2년의 경영성과에 악영향을 줄 수 있다. 따라서 20×1년도 매출에 대한 대손상각비는 20×1년도 비용으로 처리하는 것이 타당하다. 충당금설정법에 의한 대손 수정분개는 일정 기간 동안의 경영성과를 정확하게 측정할 수 있다는 장점이 있다.

한편, 대손충당금 10,000원은 20×1년 말 현재 재무상태표에 표시되어야 할 금액이다. 즉, 회사가 기말에 보유하고 있는 매출채권에 대하여 10,000원만큼을 회수하지 못할 것으로 추정하고 있으므로 대손충당금 10,000원은 목표 대손충당금이라 할 수 있다. 기말의 수정분개에서 확인되듯이, 대손상각비 금액은 목표 대손충당금을 설정하는 과정에서 결정된다. 만약 대손과 관련된 수정분개 전에 대손충당금 잔액이 남아있다면 그 잔액을 고려하여 대손상각비를 추가로 인식하거나 환입하여야 한다.[5)] 예를 들어, 강원상사(주)의 수정분개 전 대손충당금 잔액이 4,500원이라면 20×1년도 대손상각비는 5,500원(=10,000–4,500)으로 기록하여야 한다.

● 표 7-1 ● 대손충당금의 설정 및 회계처리

구 분	회계처리
수정전대손충당금잔액 < 목표대손충당금	차액만큼 대손상각비 인식 (차) 대손상각비 ××× (대) 대손충당금 ×××
수정전대손충당금잔액 > 목표대손충당금	차액만큼 대손충당금 환입 (차) 대손충당금 ××× (대) 대손충당금환입 ×××

2-4 대손의 확정과 매출채권의 제거

앞의 설명에서 강조한 바와 같이, 대손충당금은 매출채권의 회수불능 확정금액이 아니라 회수불능 추정금액이다. 그러면 매출채권을 회수할 수 없다고 확정판단한 경우(대손확정)에는 어떤 회계처리가 있어야 하나?

예를 들어, 20×2년 2월 1일에 강원상사(주)는 거래처의 도산으로 인하여 매출채권 10,000원을 포기해야 하는 것으로 확정되었다고 가정하자. 이와 같이 매출채권 10,000원이 대손확정된 경우에는 이를 대비하여 전년도 말에 설정한 대손충당금을 감소시키는 수정 분개를 한다. 동시에 매출채권의 회수불가능이 확정되었으므로 해당 금액만큼 매출채권을 장부에서 제거한다.

(차) 대손충당금	10,000	(대) 매출채권	10,000

분개 이후 20×2년 2월 1일의 재무상태표는 다음과 같이 변화한다.

5) 포괄손익계산서에서 대손상각비는 당기비용으로, 대손충당금환입은 기타수익으로 분류한다.

재무상태표 (20×2/2/1)

유동자산:		
매출채권	190,000	
대손충당금	(0)	
	190,000	

위 분개는 재무상태표의 매출채권 장부 금액과 포괄손익계산서에 영향을 미치지 않는다. 매출채권의 손상금액은 전년도에 이미 반영되었고 그 범위 내에서 회수불능이 확정되었기 때문이다. 만약 전년도에 설정한 대손추정액의 범위를 초과하여 대손이 발생하였다면, 대손충당금 잔액을 우선적으로 없애고 초과액은 당기의 대손상각비로 인식한다. 예를 들어, 20×2년 2월 1일에 강원상사(주)의 매출채권 12,000원이 대손확정되었다면 분개는 다음과 같다.

(차) 대손충당금	10,000	(대) 매출채권	12,000
(차) 대손상각비	2,000		

2-5 대손확정으로 제거한 매출채권의 회수

과거에 대손확정으로 판단하여 제거했던 매출채권이 추후에 일부라도 회수되는 경우가 있다. 위의 예에서, 20×2년 2월 1일에 강원상사(주)가 회수불능으로 판단했던 12,000원의 매출채권 중 7,000원을 10월 1일에 회수하였다고 가정하자. 그러면 포괄손익계산서에 계상했던 대손상각비 2,000원 전액을 제거하고, 나머지 5,000원은 재무상태표에서 제거했던 대손충당금 5,000원을 회복시킨다. 동시에 재무상태표에서 제거했던 매출채권 중에서 7,000원만큼을 회복시킨다.

(차) 매출채권	7,000	(대) 대손상각비	2,000
		대손충당금	5,000

위의 분개로 인하여 매출채권 7,000원과 대손충당금 5,000원이 회복되며 대손상각비 2,000원은 포괄손익계산서에서 사라진다. 그런 다음 매출채권 7,000원의 현금회수 사실을 기록한다.

(차) 현 금	7,000	(대) 매출채권	7,000

만약 전년도 또는 그 이전에 대손확정으로 제거했던 매출채권을 당년도에 회수한 경우는 어떻게 될까? 예를 들어, 20×2년 10월 1일에 강원상사(주)는 20×1년에 대손확정 판단으로 재무상태표에서 제거했던 매출채권 3,000원을 다행히 회수하였다고 가정하자. 이 경우, 포괄손익계산서 계정은 20×1년 말에 마감되었을 것이므로 대손충당금과 매출채권을 회복시키는 분개와 함께 현금회수 사실을 기록한다.

(차) 매출채권	3,000	(대) 대손충당금	3,000
(차) 현 금	3,000	(대) 매 출 채 권	3,000

예제 7-1

회계기말이 12월 31일인 광주상사(주)의 20×1년 말 매출채권은 ₩7,000,000이다. 회사는 객관적 증거에 기초하여 기말 매출채권의 미래현금흐름을 ₩6,250,000으로 추정하고 있으며, 20×1년 말 현재 대손충당금 잔액은 없다.

| 물음 |

(1) 광주상사(주)의 20×1년 12월 31일의 수정분개는?

(2) 20×2년 7월 1일, 거래처인 동문상사(주)가 도산함에 따라 매출채권 ₩600,000의 회수가 불가능해졌다. 대손과 관련한 분개는?

(3) 20×2년 9월 7일, 또 다른 거래처인 남문상사(주)가 도산하여 매출채권 ₩250,000을 포기하기로 결정하였다. 대손과 관련한 분개는?

(4) 20×2년 11월 16일, 9월 7일에 대손확정 판단으로 장부에서 제거하였던 매출채권 중 ₩175,000을 회수하였다. 대손과 관련한 분개는?

(5) 광주상사(주)의 20×2년 말 매출채권 잔액은 ₩8,000,000이고, 매출채권 회수가능금액을 ₩7,370,000으로 추정하였다. 20×1년 12월 31일의 수정분개는?

(6) 광주상사(주)의 매출채권과 관련된 20×2년도 요약 재무상태표와 포괄손익계산서를 작성하라.

| 풀이 |

(1) 20×1년도 재무상태표에 대손충당금을 ₩750,000으로 계상하고 동시에 그 금액을 대손상각비로 인식한다.

(차) 대손상각비	750,000	(대) 대손충당금	750,000

(2) 대손확정액만큼을 대손충당금 및 매출채권계정에서 각각 제거한다.

(차) 대손충당금	600,000	(대) 매출채권	600,000

(3) 대손확정액 ₩250,000은 대손충당금 잔액 ₩150,000(=750,000 - 600,000)보다 많으므로 부족분 ₩100,000은 당기의 대손상각비로 인식한다.

(차) 대손충당금	150,000	(대) 매출채권	250,000
대손상각비	100,000		

(4) 당연도에 인식했던 대손상각비 전액을 우선 제거하고, 나머지 ₩75,000만큼 대손충당금을 회복시킨다. 그리고 회수한 ₩175,000만큼 현금이 증가한다.

(차) 현 금	175,000	(대) 대손상각비	100,000
		대손충당금	75,000

(5) 20×2년 말 매출채권 손상금액은 다음과 같이 계산한다.
기말 재무상태표에 표시해야 할 대손충당금은 ₩630,000(=8,000,000-7,370,000)이고 수정 전의 대손충당금이 ₩75,000 남아 있다. 따라서 기말 재무상태표에 표시해야 할 대손충당금 ₩630,000과 수정 전 대손충당금 잔액 ₩75,000원의 차이인 ₩555,000을 대손충당금으로 보충한다.

(차) 대손상각비	555,000	(대) 대손충당금	555,000

(6) 20×2년도 재무상태표의 매출채권 잔액금액은 ₩7,370,000이고, 포괄손익계산서의 대손상각비는 ₩555,000으로 보고된다.

재무상태표 (20×2/12/31)

유동자산:		
매출채권	8,000,000	
대손충당금	(630,000)	
	7,370,000	

포괄손익계산서 (20×2년)

⋮	
대손상각비	555,000

제3절 매출채권의 양도

일반적으로 매출채권은 만기일에 현금으로 회수한다. 그러나 기업이 자금을 미리 회수하고 싶은 경우에는 만기일 이전이라도 매출채권을 타인(금융기관 등)에게 양도할 수 있다. 이를 매출채권의 팩토링(factoring)이라 부르기도 한다.

3-1 매출채권 양도의 경제적 실질

기업이 매출채권을 양도하였다고 해서 무조건 재무상태표에서 매출채권을 제거하는 것은 아니다. 국제회계기준에서는 매출채권 양도의 경제적 실질에 따라 매출채권의 제거 여부를 결정하도록 하고 있다. 즉, 매출채권의 소유에 따른 위험과 보상의 대부분이 상대방에게 이전된 경우 매출채권의 실질적인 양도가 확인되므로 장부에서 매출채권을 제거할 수 있다.

예를 들어, 회사가 보유하고 있던 매출채권 1,000원을 금융기관에 양도하고 950원을 현금으로 회수하였다고 가정하자. 양도한 이후 매출채권에 대손이 발생하더라도 그러한 위험을 금융기관이 부담하는 조건이라면 회사는 장부에서 매출채권을 제거하는 분개를 한다.

(차) 현 금	950	(대) 매 출 채 권	1,000
매출채권처분손실	50		

그러나 매출채권을 양도하였다 하더라도 매출채권의 소유에 따른 위험과 보상의 대부분을 회사가 보유하고 있다면 이는 실질적인 양도라 할 수 없으며, 매출채권을 담보로 하여 자금을 차입한 것과 경제적 실질이 동일하다고 판단한다. 이에 따라 매출채권의 제거가 아닌 차입거래로 인식한다.

예를 들어, 회사가 매출채권 1,000원을 금융기관에 양도하면서 대손이 발생하면 채무자 대신 금융기관에 원금을 지급하겠다는 조건으로 950원을 현금으로 회수하였다고 가정하자. 이러한 경우는 매출채권에 대한 위험이 금융기관에 이전되지 않았으므로 회사는 장부에서 매출채권을 제거할 수 없으며 부채를 인식하는 분개를 한다.

(차) 현 금	950	(대) 단기차입금	1,000
이 자 비 용	50		

3-2 받을어음의 할인

외상매출은 신용에만 의존하는 매출과 약속어음이라는 증서를 받고 이루어지는 매출이 있다. 약속어음은 이자부어음과 무이자부어음으로 나눌 수 있다. 이자부어음은 어음발행인이 만기일에 액면금액과 함께 일정 금액의 이자를 별도로 지급할 것을 약속한 어음이고, 무이자부어음은 만기일에 별도의 이자 없이 액면금액만을 지급하는 어음이다. 실무에서는 이자부어음보다는 무이자부어음이 주로 사용된다.

이자부 약속어음의 형태를 그림으로 살펴보자([그림 7-1] 참조). 약속어음의 앞면에는 액면금액, 액면이자율, 어음 발행일, 만기일 등이 기재되어 있고, 뒷면에는 양도될 경우에 대비하여 양도인과 양수인이 서명할 수 있는 공간이 마련되어 있다.

● 그림 7-1 ● 이자부 약속어음의 형태

약속어음

액 면 금 액:	₩1,000,000
액면이자율:	연 12%
발 행 일:	20×1년 3월 9일
만 기 일:	20×1년 9월 8일
이자지급방법:	만기일에 지급

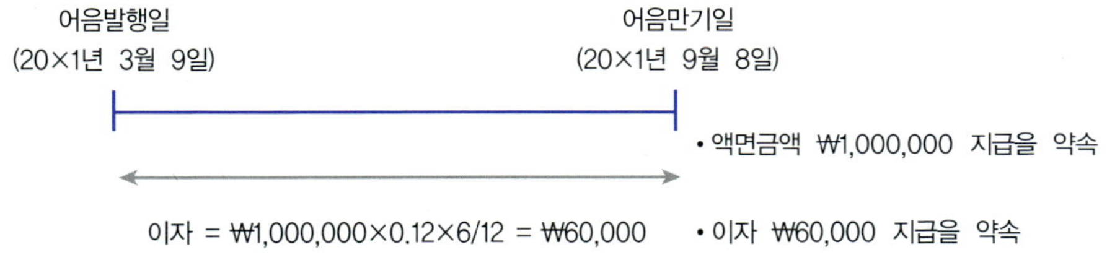

위 약속어음의 발행일은 20×1년 3월 9일이며, 만기일은 발행일로부터 6개월 후인 20×1년 9월 8일이다. 따라서 만기일에 원금(액면금액) 1,000,000원과 함께 발행일부터 만기일까지 6개월간의 이자(연 12%)를 지급하겠다는 약속증서이다. 6개월간의 이자는 1,000,000원×0.12×(6/12)=60,000원이므로, 어음발행인은 만기일에 원금과 이자를 합쳐 1,060,000원을 어음소지인에게 지급해야 한다.

받을어음을 보유하고 있는 기업은 어음의 만기일 이전에 금융기관 등에 어음을 양도하여 현금을 융통할 수 있다. 이를 받을어음의 할인(discount)이라고 한다. 받을어음의 할인 시에도 거래의 경제적 실질에 따라 매각거래 또는 차입거래로 구분하여 분개한다. 다만, 받을어음을 할인하는 경우, 금융기관은 어음의 만기가액에서 할인일부터 만기일까지의 이자를 차감한 현금을 지급한다.

예를 들어, 회사가 20×1년 3월 9일에 상품 1,000,000원을 매출하고 만기가 6개월인 무이자부어음을 수취하였다고 가정하자. 20×1년 6월 8일에 회사가 금융기관으로부터 어음을 12%에 할인받았으며, 이후의 대손에 대하여 회사가 어떠한 책임도 지지 않는 것으로 협의하였다. 이러한 거래는 매출채권의 매각거래에 해당하며 회사는 장부에서 매출채권을 제거하는 분개를 한다.

(차) 현 금	970,000	(대) 매 출 채 권	1,000,000
매출채권처분손실	30,000		

만약 어음을 할인하였다 하더라도 매출채권의 소유에 따른 위험과 보상의 대부분을 회사가 보유한다면 거래의 경제적 실질에 따라 차입거래로 구분하며, 어음 할인 시점에 다음과 같이 분개한다.

(차) 현 금	970,000	(대) 단기차입금	1,000,000
이 자 비 용	30,000		

예제 7-2

20×1년 5월 1일에 이수물산(주)은 경성전자(주)에 반도체 원료를 판매하고 만기일이 20×1년 7월 30일인 ₩1,000,000의 무이자부어음을 받았다. 2개월 후 이수물산(주)은 자금사정으로 인하여 대원캐피탈(주)로부터 어음을 할인받았으며 할인율은 12%였다.

| 물음 |

(1) 20×1년 5월 1일(어음수령일)에 이수물산(주)의 분개는?

(2) 20×1년 7월 1일(어음할인일)에 이수물산(주)의 분개는?

1) 어음의 할인이 매각거래에 해당하는 경우 이수물산(주)의 분개를 제시하라.

2) 어음의 할인이 차입거래에 해당하는 경우 이수물산(주)의 분개를 제시하라.

| 풀이 |

(1) (차) 매출채권 1,000,000 (대) 매 출 1,000,000

(2) 어음의 만기가액 = ₩1,000,000

할인액 = 만기가액 × 할인율 × 할인기간

할인액 = 1,000,000 ×0.12 × 1/12 = ₩10,000

현금수령액 = 만기가액 - 할인액 = ₩1,000,000 - ₩10,000 = ₩990,000

1) 매각거래에 해당하는 경우

(차) 현 금	990,000	(대) 매 출 채 권	1,000,000
매출채권처분손실	10,000		

2) 차입거래에 해당하는 경우

(차) 현 금	990,000	(대) 단기차입금	1,000,000
이 자 비 용	10,000		

제4절 기타 수취채권

수취채권은 재고자산 매출거래에서 발생하는 매출채권(account receivables)과 기타 수취채권(nontrade receivables)으로 나뉜다고 이미 설명한 바 있다. 본 절에서는 기타 수취채권을 포함한 기타 유동자산에 대하여 설명한다.

대여금(loans)은 금전을 제3자에게 일정 기간 빌려주고 추후 상환받기로 한 경우이다. 고객에게 순수 신용으로 돈을 빌려주는 경우나 또는 대여증명서로서 약속어음을 받고 돈을 빌려준 경우를 구분하지 않고 대여금이라는 단일계정으로 처리한다. 이 역시 매출채권과 유사하다.

미수금은 우리가 일상생활에서 사용하는 미수금의 개념보다는 좁은 의미로 사용된다. 회계에서는 기업이 재고자산 이외의 자산(예: 건물, 토지, 비품 등)을 외상으로 팔고 아직 대금을 받지 않은 경우에 한하여 미수금이라는 계정과목을 사용한다. 미수수익은 미수이자, 미수수수료, 미수임대료 등으로 세분되기도 하며, 이자수익, 수수료수익, 임대료 등이 발생하였으나 아직 현금을 회수하지 못한 경우에 나타나며 자산으로 분류한다(제4장 참조).

선급금은 기업이 상품, 원재료 등의 재고자산을 미래에 공급받기로 계약하고 매입대금을 미리 지급한 것이다. 따라서 선급금은 자산으로 분류한다. 이에 비하여 선급비용은 선급보험료, 선급이자, 선급임차료 등과 같이 추후에 발생할 비용을 미리 지급한 것이다. 일상생활에서도 보험료, 임차료 등은 선납해야 되기 때문에 선급비용은 실무에서 자주 발생하는 항목이다. 선급비용 역시 보험서비스나 임차서비스를 받을 때까지 자산으로 분류한다(제4장 참조).

가지급금은 기업이 현금을 지출하였지만 이를 처리할 정확한 계정과목이 확정되지 않았거나 정확한 금액이 확정되지 않았을 경우에 임시적으로 회계처리하기 위하여 설정한 계정과목이다. 예를 들어, 노동조합에서 추후 각 종업원 부담의 조건으로 일정 금액의 현금을 미리 지급하여 줄 것을 요구하여 기업이 지급한 경우, 각각의 종업원 급여에서 얼마씩 정산해야 하는지 통보해올 때까지는 일단 가지급금이라는 계정으로 회계처리한다. 즉, 현금이 지급되는 시점에 '(차) 가지급금 ××× (대) 현금 ×××'으로 분개한 후, 계정과목이나 금액이 확정되는 시점에 가지급금계정을 정확한 계정과목으로 대체한다. 가지급금을 종업원 급여로 대체하기로 결정하였다면 '(차) 급여 ××× (대) 가지급금 ×××'으로 분개한다. 가지급금과 관련된 사항은 반드시 결산 때까지 해결해야 하기 때문에 기말 재무상태표에는 나타나지 않는다.

수취채권을 포함한 유동자산을 요약하면 〈표 7-2〉와 같다.

● 표 7-2 ● 유동자산의 의의 및 발생원인

계정과목	발생원인	대응 손익계정
매출채권	재고자산 또는 용역을 신용판매한 경우	매출수익
대여금	자금을 일정 기간 빌려 준 경우	없음
미수금	재고자산 이외의 자산을 매각하였으나 아직 매각대금을 받지 못한 경우	없음
미수수익	수익이 발생하였으나 아직 받지 못한 경우(예: 미수이자)	수익 (예: 이자수익)
선급금	재고자산 또는 용역을 미래에 제공받기로 약속하고 대금을 미리 지급한 경우	추후에 재고자산이 판매되면 매출원가
선급비용	추후에 발생할 비용을 미리 지급한 경우 (예: 선급보험료)	추후에 발생하는 비용 (예: 보험료)
가지급금	기업이 현금을 지급하였지만 이를 처리할 정확한 계정과목 또는 금액이 확정되지 않은 경우	추후 해당 비용 등으로 대체

예제 7-3

컨설팅업체인 전주컨설팅(주)은 화학제품 제조업체인 광주화학(주)에 향후 6개월에 걸쳐 컨설팅서비스를 제공하기로 계약을 체결하였다(총계약금액: ₩6,000,000). 계약 체결 이후 컨설팅서비스 제공과 관련된 거래내역은 다음과 같다.

3월 4일: 전주컨설팅(주)은 광주화학(주)으로부터 계약금으로 ₩1,000,000을 미리 받았다.
8월 7일: 전주컨설팅(주)은 컨설팅서비스 제공을 완료하면서 현금 ₩2,000,000을 받았으며, 나머지 ₩3,000,000은 3개월 이내에 받을 예정이다.
11월 6일: 전주컨설팅(주)은 광주화학(주)으로부터 대금 ₩3,000,000을 회수하였다.

| 물음 |

거래일자별로 전주컨설팅(주)과 광주화학(주) 입장에서 분개하라.

| 풀이

일자	전주컨설팅(주)			
3/4	(차) 현 금	1,000,000	(대) 선수수익	1,000,000
8/7	(차) 선수수익	1,000,000	(대) 용역수익	6,000,000
	현 금	2,000,000		
	미수수익	3,000,000		
11/6	(차) 현 금	3,000,000	(대) 미수수익	3,000,000
일자	**광주화학(주)**			
3/4	(차) 선급비용	1,000,000	(대) 현 금	1,000,000
8/7	(차) 컨설팅비용	6,000,000	(대) 선급비용	1,000,000
			현 금	2,000,000
			미지급비용	3,000,000
11/6	(차) 미지급비용	3,000,000	(대) 현 금	3,000,000

익 / 힘 / 문 / 제

1. 매출에누리와 환입이란 무엇인가? 매출에누리와 환입이 발생하면 어떻게 분개하는가?
2. 매출할인이란 무엇인가? 매출할인이 발생하면 어떻게 분개하는가?
3. 매출채권 손상의 의미를 설명하라.
4. 대손충당금의 설정방법에 대하여 설명하라.
5. 매출채권을 실제로 회수할 수 없다고 판단하는 경우 대손이 확정되었다고 말한다. 대손확정 판단을 내렸을 경우, 어떻게 분개하는가?
6. 재무상태표에 표시되는 대손충당금의 의미를 설명하라.
7. 포괄손익계산서에 표시되는 대손상각비의 의미를 설명하라.
8. 과거에 대손확정 판단으로 인하여 제거하였던 수취채권을 다시 회수한 경우, 어떻게 분개하는가?
9. 매출채권을 양도할 때 매출채권처분손실(또는 이익)은 어떠한 경우에 발생하며, 어떻게 계산하는지 설명하라.
10. 받을어음을 할인할 때 차입금은 어떠한 경우에 발생하며, 이자비용은 어떻게 계산하는지 설명하라.
11. 약속어음에 표시되는 액면금액과 액면이자율의 의미를 각각 설명하라.
12. 수취채권은 매출채권과 기타 수취채권으로 구분된다. 기타 수취채권에 속하는 계정을 두 가지 이상 제시하라.

연 / 습 / 문 / 제

7-1 기본개념의 이해

아래의 빈칸에 알맞은 단어나 숫자를 기입하라.

(1) 성주상사(주)는 사용하던 컴퓨터 등의 비품을 매각하고 대금은 6개월 후에 받기로 하였다. 이때 성주상사(주)의 재무상태표에는 [미수수익, 매출채권, 미수금]이라는 유동자산이 기록된다. [ ]에 예시된 것 중에서 하나를 고른다면?

(2) 경주상사(주)는 20×1년 3월 9일에 액면금액 ₩100,000, 액면이자율 연 8%, 만기 6개월의 약속어음을 발행하여 대구상사(주)에 교부하였다. 만기일인 6개월 후에 대구상사(주)가 지급받을 원금과 이자의 합계액은 ₩(   )이다.

(3) 기말시점의 수취채권 금액 중에서 손상금액은 재무상태표의 (   )계정으로 표시한다.

(4) 서울상사(주)의 20×1년도 재무상태표에는 매출채권이 ₩100,000, 대손충당금이 ₩10,000으로 계상되어 있다. 이는 20×1년 말에 보유하고 있는 매출채권의 회수가능액을 ₩(   )으로 평가하고 있음을 의미한다.

(5) 20×1년 말 현재, 문경상사(주)는 우량 매출채권 ₩10억, 연체채권 ₩2억을 보유하고 있다. 문경상사(주)는 우량채권에 대하여 1%, 연체채권에 대하여 10%의 대손충당금을 설정하는 정책을 가지고 있다. 20×1년도 문경상사(주)의 재무상태표의 매출채권은 ₩(   )이며, 대손충당금은 ₩(   )이다.

(6) 서울상사(주)의 20×1년 말 재무상태표의 대손충당금은 ₩10,000이다. 20×2년도에 거래처의 도산으로 서울상사(주)는 해당 매출채권 ₩6,000을 회수불능으로 확정판단하였다. 이로 인하여 20×2년 재무상태표상의 대손충당금은 ₩(   )으로 감소하고, 20×2년 포괄손익계산서에 보고되는 대손상각비는 ₩(   )이다.

(7) 20×1년 12월 3일 현재 동대문상사(주)의 대손충당금 잔액은 ₩13,000이다. 같은 날짜에 동대문상사(주)는 거래기업인 남대문상사(주)의 갑작스런 도산으로 해당 매출채권 ₩20,000을 회수불능으로 확정판단하였다. 이 사건으로 인하여 동대문상사(주)의 대손충당금은 ₩(   )이 되고, 대손상각비는 ₩(   )이 계상된다.

(8) 20×1년 9월 21일 춘천상사(주)는 작년에 대손확정 판단으로 대손충당금을 감소시키고

제거하였던 매출채권 ₩12,000을 회수하는 데 성공하였다. 이 사건으로 인하여 재무상태표의 대손충당금은 ₩(　　　)만큼 증가한다.

(9) 20×1년 2월 3일에 종로기업(주)은 대손확정 판단으로 수취채권 ₩9,000을 계정에서 제거하였으며, 제거 후의 대손충당금 잔액은 ₩2,000이었다. 20×1년 12월 12일에는 2월 3일에 제거하였던 수취채권 중에서 ₩6,000을 회수하는 데 성공하였다. 수취채권 회수 이후의 종로기업(주)의 대손충당금 잔액은 ₩(　　　)이다.

(10) 20×1년 말 현재, 청담상사(주)의 수정 전 대손충당금 잔액은 ₩2,000이었다. 청담상사(주)는 20×1년 말에 보유 수취채권 중에서 ₩24,000이 내년 이후에 회수되지 않을 것으로 추정하였다. 그렇다면 청담상사(주)의 20×1년도 포괄손익계산서에는 대손상각비가 ₩(　　　)으로 표시된다.

(11) 삼성기업(주)은 20×1년 4월 7일에 액면금액 ₩100,000, 액면이자율 연 10%, 만기 6개월의 약속어음을 취득하였다. 그 후 삼성기업(주)은 3개월이 지난 20×1년 7월 7일에 그 약속어음을 ₩102,000의 현금을 받고 처분하였다. 이 거래로 인하여 삼성기업(주)의 포괄손익계산서에는 이자수익 ₩(　　　)과 수취채권처분손실 ₩(　　　)이 계상된다.

(12) 문구제품을 도매하는 순천상사(주)는 문구제품 소매업체인 여수상사(주)에 향후 문구제품을 제공하기로 약속하고 대금을 미리 받았다. 이때 순천상사는 [선수수익, 선수금, 미지급금]이라는 유동부채를 기록한다. [　]에 예시된 것 중에서 하나를 고른다면?

7-2 자산, 부채, 비용, 수익의 분류

다음은 미수, 선수, 미지급, 선급과 관련된 계정과목을 대응시킨 것이다. 〈보기〉를 참고하여 적절히 대응되는 계정과목을 괄호 속에 기입하라.

	자산	부채	비용	수익	발생 원인
〈보기〉	-	선수임대료	-	임대료	-
(1)	(　　)	-	-	매출	-
(2)	-	(　　)	-	매출	-
(3)	미수이자	-	-	(　　)	-
(4)	(　　)	-	보험료	-	-
(5)	(　　)	-	-	-	건물 매각 대금
(6)	-	미지급임차료	(　　)	-	-

(7)	-	(　)	-	-	비품 구입 대금
(8)	(　)	-	매입	-	-
(9)	-	(　)	매입	-	-
(10)	-	(　)	-	-	소득세 임시 보관

7-3 매출채권(받을어음)의 회계처리

마을상사(주)는 20×1년 11월 1일에 사랑상사(주)에 상품을 ₩100,000에 매출하고 3개월 만기의 약속어음을 받았다(액면이자율 연 12%). 매출한 상품의 취득원가는 ₩70,000이다. 두 기업은 모두 상품매매거래를 계속기록법으로 기록하고 있다.

| 물음 |

(1) 20×1년 11월 1일의 마을상사(주)의 상품매출 거래를 분개하라.

(2) 20×1년 11월 1일의 사랑상사(주)의 상품매입 거래를 분개하라.

(3) 20×1년 12월 31일(결산일)에 마을상사(주)의 이자수익 및 대손상각비를 인식하는 분개를 실시하라. 마을상사(주)는 어음 액면금액의 1%를 대손충당금으로 설정한다.

(4) 20×1년 12월 31일(결산일)에 사랑상사(주)의 이자비용 인식을 분개하라.

(5) 20×2년 2월 1일에 마을상사(주)는 사랑상사(주)로부터 무사히 원금과 이자를 모두 회수하였다. 마을상사(주)의 현금 회수거래를 분개하라.

(6) 20×2년 2월 1일에 사랑상사(주)의 현금 지급거래를 분개하라.

7-4 수취채권의 손상(I)

20×1년 말 현재, 제일은행(주)은 우량 대출채권 ₩1,000억, 1~30일 연체채권 ₩200억, 30~60일 연체채권 ₩100억, 60일 이상 된 연체채권 ₩200억을 보유하고 있다. 제일은행(주)은 우량채권에 대해서 1%, 1~30일 연체채권에 10%, 30~60일 연체채권에 25%, 그리고 60일 이상 된 연체채권에는 50%의 손상이 발생할 것으로 예상하고 있다. 연령분석법을 사용하는 경우 20×1년도 제일은행(주)의 재무상태표에 보고되는 대손충당금은 얼마이어야 하나?

7-5 수취채권의 손상(II)

다음 자료를 보고 물음에 답하라.

〈자료 1〉 20×2년 1월 1일, 매출채권에 대한 대손충당금은 ₩200,000이다.

〈자료 2〉 20×2년 중에 회수불능으로 확정판단하여 제거한 매출채권 금액은 ₩180,000이다.

〈자료 3〉 20×1년에 회수불능으로 확정판단하여 제거한 매출채권 중에서 금년에 회수한 금액은 ₩10,000이다.

〈자료 4〉 20×2년 말의 매출채권 금액은 ₩3,000,000이며, 회수가능성과 채권의 연령에 대한 분석자료는 다음과 같다.

구성 비율	연령(경과기간)	회수가능성
80%	만기일 미경과분	95%
20%	만기일 경과분	80%

| 물음 |

(1) 〈자료 2〉의 대손확정 판단을 분개하라.

(2) 〈자료 3〉의 매출채권 회수를 분개하라.

(3) 20×2년 말의 재무상태표의 대손충당금은 얼마이어야 하나?

(4) 20×2년 말의 대손상각비 인식을 위한 수정분개를 실시하라.

7-6 수취채권의 손상(III)

동문은행의 20×1년 말 재무상태표의 대출채권은 ₩90,000,000이며, 대손충당금은 ₩2,500,000이었다. 다음은 동문은행의 20×2년도 대출채권의 손상 및 회수에 관한 자료이다.

5월 1일: 거래처인 남문상사(주)에 대한 대출채권 ₩2,000,000이 남문상사(주)의 부도로 인하여 대손확정된 것으로 판단하였으며 대출채권계정에서 제거하였다.

10월 1일: 5월 1일에 대손확정 판단으로 제거했던 남문상사(주)의 대출채권 중 ₩500,000을 회수하였다.

12월 31일: 기말 대출채권은 ₩100,000,000이었으며, 이 금액의 2%가 손상될 것으로 추정하였다.

| 물음 |

(1) 20×2년 5월 1일의 분개를 실시하라.

(2) 위의 회수불능 판단으로 인하여 20×2년도 당기순이익은 ₩(　　　) 감소하고, 순대출채권(=대출채권-대손충당금)은 ₩(　　　) 감소한다.

(3) 20×2년 10월 1일의 분개를 실시하라.

(4) 20×2년 12월 31일의 수정분개를 실시하라. (대손충당금 설정에 관한 분개만 제시)

7-7 수취채권의 손상(Ⅳ)

전주상사(주)의 20×1년 말 재무상태표상의 매출채권 관련 계정은 다음과 같다.

매출채권	₩420,000	
대손충당금	(10,000)	₩410,000

그리고 전주상사(주)의 20×2년 중의 관련 거래는 다음과 같다.

2월 8일: 고천상사(주)로부터 회수할 매출채권 ₩1,000을 회수불능으로 판단하여 계정에서 제거하였다.

6월 9일: 서구상사(주)로부터 회수할 매출채권 ₩12,000을 회수불능으로 판단하여 계정에서 제거하였다.

10월 7일: 회수불능 판단으로 계정에서 제거하였던 고천상사(주)의 매출채권 ₩1,000이 현금으로 회수되었다.

12월 31일: 20×2년 말의 매출채권 총액은 ₩500,000이었으며, 그중에서 ₩20,000을 손상금액으로 추정하였다.

| 물음 |

(1) 20×2년 2월 8일의 전주상사(주)의 분개를 제시하라.

(2) 20×2년 6월 9일의 전주상사(주)의 분개를 제시하라.

(3) 20×2년 10월 7일의 전주상사(주)의 분개를 제시하라.

(4) 20×2년 12월 31일의 전주상사(주)의 수정분개를 제시하라. (대손충당금 설정에 관한 분

개만 제시)

(5) 20×2년 말에 전주상사(주)의 재무상태표의 대손충당금은 ₩(　　　)이고, 20×2년도 포괄손익계산서의 대손상각비는 ₩(　　　)이다.

7-8 수취채권의 손상(V)

다음은 20×0년에 설립된 창녕(주)의 외상매출금과 대손에 관한 자료이다. 창녕(주)의 결산일은 매년 12월 31일이다.

20×0년 12월 31일:	외상매출금 잔액은 ₩400,000이고, 이 금액 중 ₩10,000이 손상될 것으로 추정하였다.
20×1년 2월 9일:	전년도에 매출한 ₩12,000의 외상매출금이 회수불가능하다고 판명되었다.
20×1년 3월 24일:	당기에 매출한 ₩7,000의 외상매출금이 회수불가능하다고 판명되었다.
20×1년 7월 4일:	금년도 2월 9일에 대손확정판단으로 제거하였던 외상매출금 중에서 ₩3,000을 회수하였다.
20×1년 9월 16일:	금년도 3월 24일에 대손확정판단으로 제거하였던 외상매출금 중 ₩2,000을 회수하였다.
20×1년 12월 31일:	외상매출금 잔액은 ₩500,000이며, 이 금액 중에서 ₩30,000이 손상될 것으로 추정하였다.

| 물음 |

(1) 20×0년 12월 31일의 창녕(주)의 분개를 제시하라. (대손충당금 설정에 관한 분개만 제시)

(2) 20×1년 2월 9일의 창녕(주)의 분개를 제시하라.

(3) 20×1 3월 24일의 창녕(주)의 분개를 제시하라.

(4) 20×1년 7월 4일의 창녕(주)의 분개를 제시하라.

(5) 20×1년 9월 16일의 창녕(주)의 분개를 제시하라.

(6) 20×1년 12월 31일의 창녕(주)의 분개를 제시하라. (대손충당금 설정에 관한 분개만 제시)

(7) 20×1년 말에 창녕(주)의 재무상태표에 보고되는 대손충당금은 ₩(　　　)이고, 20×1년도 포괄손익계산서의 대손상각비는 ₩(　　　)이다.

7-9 수취채권의 손상(VI)

을지기업(주)의 20×1년 12월 31일의 수정 전 대손충당금 잔액은 ₩9,000이었다. 한편, 을지기업(주)은 기말에 보유하고 있는 매출채권을 다음과 같이 분석하였다.

연령별 분류	금액	회수가능성
3개월 이내	₩100,000	100%
3~6개월 경과	30,000	80
6개월 이상 경과	5,000	0 (대손확정 판단)

| 물음 |

(1) 기말 시점에서 대손충당금 설정을 위한 수정분개를 제시하라.

(2) 기말 시점에서 대손확정으로 판단한 매출채권의 제거 분개를 제시하라.

(3) 위의 자료를 모두 반영할 경우, 을지기업(주)의 재무상태표에 표시될 매출채권(총액)과 대손충당금은 각각 얼마인가?

7-10 매출채권의 회수

다음은 울산상사(주)의 20×1년도 매출 및 매출채권 자료이다.

20×1년 1월 1일 매출채권 금액	₩14,000
20×1년 12월 31일 매출채권 금액	11,000
20×1년 1월 1일 대손충당금 금액	750
20×1년 12월 31일 대손충당금 금액(수정 후)	500
20×1년도 연간 매출액(모두 외상매출이라고 가정)	100,000
20×1년에 대손확정 판단으로 계정에서 제거한 금액	1,600
20×1년에 금년도 대손확정 판단으로 제거했던 매출채권의 회수액	200

| 물음 |

(1) 울산상사(주)의 20×1년도 매출채권과 관련된 현금회수액은 얼마인가?

(2) 울산상사(주)의 20×1년도 포괄손익계산서의 대손상각비는 얼마인가?

7-11 수취채권의 양도

다음은 20×1년 3월 11일에 발생한 강원상사(주)의 수취채권 양도와 관련된 두 가지 자료이다.

〈자료 1〉 순수 신용의 매출채권(액면금액 ₩400,000)을 ₩388,000의 현금을 받고 현대캐피탈(주)에 매각하였다.

〈자료 2〉 매출의 대가로 받은 받을어음(액면금액 ₩500,000, 액면이자율 연12%, 만기 4개월)을 2개월간 보유하다가 ₩505,000의 현금을 받고 현대캐피탈(주)에 매각하였다.

위의 두 경우에서의 양도조건은 모든 위험과 보상책임을 현대캐피탈(주)에 이전시키는 것이다.

| 물음 |

(1) 〈자료 1〉의 매출채권 처분을 분개하라.

(2) 〈자료 2〉의 매출채권 처분을 분개하라.

제8장

유 · 무형자산에 대한 투자활동

기업은 영업활동에 장기간 사용하기 위한 목적으로 유 · 무형자산에 대하여 투자한다. 유 · 무형자산은 기업에 미래 경제적 효익을 제공할 것으로 기대되는 수익창출의 원천이라 할 수 있다. 본 장에서는 유 · 무형자산의 개념을 설명하고 유 · 무형자산의 취득과 사용, 그리고 처분과 관련된 일련의 회계처리방법을 설명한다. 그리고 유형자산의 감가상각과 수선 · 유지 및 무형자산의 상각과 내부적으로 창출된 무형자산의 개념 등을 다룬다.

| 제1절 | 유형자산의 의의

1-1 유형자산의 특징과 종류

기업은 영업활동을 원활히 수행하기 위해 막대한 자금을 투자하여 생산 및 판매 시설을 확보한다. **유형자산**(property, plant and equipment)은 주로 기업이 보유하고 있는 생산시설과 판매시설로서 물리적 실체가 있으며 1년을 초과하여 사용할 것으로 예상되는 자산이다.

기업이 보유하고 있는 토지, 건물, 구축물, 기계장치, 차량운반구, 비품(예: 컴퓨터), 공기구, 건설 중인 자산은 대표적인 유형자산이다. 여기서 건설 중인 자산은 기업이 자체 사용을 목적으로 건설 중에 있는 건물과 구축물 등을 말한다. 유형자산의 종류는 〈표 8-1〉에 요약되어 있다.

● 표 8-1 ● 유형자산의 종류

종류	구성
토지	
건물	건물 및 건물부속설비(냉난방, 전기통신설비 등)
구축물	교량, 갱도, 주차장, 기타 토목설비
기계장치	기계, 운송설비(컨베이어, 기중기 등), 기타 부속설비
건설 중인 자산	자가 건설 중인 건물, 구축물 등
기타	차량운반구, 선박, 비품, 공기구 등

특정 자산이 유형자산으로 인식되려면 다음 세 가지 조건을 충족해야 한다. 첫째, 유형자산은 판매용이 아닌 영업활동과정에서 사용하기 위해 보유하는 자산이다. 만약 토지나 건물을 판매목적으로 보유하고 있으면 재고자산으로 분류해야 한다. 예를 들어, 자동차회사의 판매용 자동차는 재고자산에 해당된다. 둘째, 보고기간 말로부터 1년 이상의 장기간에 걸쳐 기업의 영업활동에 기여해야 한다. 1년 이내에 소멸되는 자산은 소모품으로 처리하여 유동자산으로 분류한다. 셋째, 유형자산은 물리적 실체

를 갖는 자산이다. 물리적 실체가 없는 자산은 무형자산으로 분류한다.

1-2 유형자산의 취득원가

유형자산은 취득시점의 공정가치로 측정한다. 유형자산의 취득원가는 유형자산의 구입가격은 물론 그 자산을 원래 의도하는 대로 사용가능하도록 준비하는 데 직접 투입한 원가(예: 중개인 수수료, 운송·보관비, 등기비, 취득세, 설치비, 시운전비 등)를 모두 합산한 것이다.[1)]

유형자산의 취득원가 = 구입가격 + 직접 관련원가

유형자산을 취득할 때는 일반적으로 다른 자산(예: 재고자산)을 취득할 때보다 상대적으로 큰 직접 관련원가가 소요된다. 예를 들어, 토지나 건물을 매매할 때는 중개인 수수료, 등기비, 취득세 등을 포함하여 대체로 그 부동산 가격의 10% 정도가 추가로 소요된다고 한다. 유형자산의 취득에 소요된 직접 관련원가는 유형자산의 취득원가에 포함되므로 독립적 비용항목으로 포괄손익계산서에 인식하지 않고 재무상태표에 기록한다.

1) 1년 이상의 기간에 걸쳐 유형자산을 자체 제작하는 경우, 유형자산의 제작에 필요한 자금 중 일부 또는 전부를 차입금으로 충당하였다면 그 차입금에 대한 이자비용 역시 유형자산의 취득원가에 포함시킨다.

예제 8-1

경남기업(주)은 당기에 생산용 특수기계장치를 한 대 취득하였다. 기계장치의 취득과 관련된 자료는 다음과 같다.

- 구입가격: ₩10,000,000
- 관세: ₩500,000
- 운송비: ₩300,000
- 설치비: ₩400,000
- 시운전비: ₩600,000
- 시운전과정에서 생산된 시제품 매각금액: ₩50,000

| 물음 |

기계장치의 취득원가를 계산하고 취득시점의 분개를 하라.

| 풀이 |

취득원가 = 10,000,000 + 500,000 + 300,000 + 400,000 + 600,000 - 50,000
= ₩11,750,000

취득시점의 분개

(차) 기계장치	11,750,000	(대) 현 금	11,750,000

| 제2절 | 유형자산의 수선 및 개량

유형자산은 수명이 길기 때문에 사용기간 동안 수선 및 개량을 위한 지출이 필요하다. 일상적인 수선과 유지를 포함하여 특별수선, 대체, 증설, 개량 등의 항목으로 지출이 이루어지는데, 이를 유형자산의 후속원가라고 한다.

회계담당자들은 이들 항목의 지출이 발생할 때 당기의 비용으로 처리해야 하는지 유형자산의 장부금액에 가산해야 하는지를 결정한다. 회계에서는 일상적인 수선과 유지를 위한 지출을 수익적 지출(income expenditures)이라고 부르며 발생기간에 비용으로 처리한다. 이와 비교하여, 증설이나 개량과 같이 유형자산의 내용연수나 생산능력을 향상시키는 지출은 자본적 지출(capital expenditures)이라 부르며 유형자산의 취득원가에 가산한다.[2)]

● 표 8-2 ● 수익적 지출과 자본적 지출의 구분

구 분	예 시	회계처리
일상적인 기능 유지	페인트 및 기름 칠하기	수익적 지출로 처리
사소한 수선	간단한 부품 교체	수익적 지출로 처리
주요 수선	대폭적인 교체	자본적 지출로 처리
증설	빌딩 및 설비 증설	자본적 지출로 처리

예제 8-2

여수상사(주)는 취득원가 ₩10,000,000인 3층 건물을 보유하고 있으며, 건물과 관련하여 당기 중에 다음과 같은 거래가 발생하였다.

(1) 수해로 인하여 건물의 유리창이 파손되었으며 유리창 교체를 위하여 ₩600,000을 현금으로 지급하였다.
(2) 건물의 리모델링 일환으로 엘리베이터를 설치하고 4층으로 증설하였으며 ₩1,000,000을 현금으로 지급하였다.

| 물음 |

거래 발생시점의 분개를 하시오.

| 풀이 |

	차변	금액	대변	금액
(1)	(차) 수선유지비	600,000	(대) 현 금	600,000
(2)	(차) 건 물	1,000,000	(대) 현 금	1,000,000

2) 수익적 지출을 '비용화'라고 하고 자본적 지출을 '자본화'라고 부르기도 한다. 한국채택국제회계기준에서는 수익적 지출이나 자본적 지출이라는 표현을 명시적으로 사용하고 있지 않지만, 본서에서는 기존의 회계기준에 따라 용어를 그대로 사용한다.

| 제3절 | 감가상각

3-1 감가상각의 정의

토지를 제외한 유형자산은 수명이 제한되어 있어서 그 자산을 사용함에 따라 가치가 감소하거나 유용성이 떨어져 일정 기간 후에는 기업에 더 이상의 경제적 효익을 제공하지 못하게 된다. 즉, 유형자산은 기업의 수익창출활동에 사용되면서 미래 경제적 효익이 점점 감소해 가는 것이다. 유형자산의 미래 경제적 효익의 감소분을 일정한 방법으로 배분하여 회계기간의 비용으로 인식하는 과정을 **감가상각**(depreciation)이라고 한다.

예를 들어, 수명이 5년인 택시를 2,000만 원에 구입하여 운수사업을 시작했다고 가정하자. 첫 해에 4,000만 원의 수익을 벌었으나, 휘발유 비용으로 500만 원, 운전기사 임금으로 2,000만 원, 그리고 기타 경비로 600만 원을 지급했다고 가정하자. 이때 해당 연도의 이익을 900만 원(=4,000-500-2,000-600)으로 측정해서는 안 된다. 택시의 운행을 통하여 택시의 미래 경제적 효익이 감소하게 되므로 그에 해당하는 금액을 감가상각비용으로 인식하여야 하기 때문이다. 만약 2,000만 원인 택시의 경제적 효익이 5년 동안 동일하게 감소한다고 가정하면, 매년 감가상각비는 400만 원(=2,000만 원/5년)으로 계산된다. 따라서 정확한 이익은 900만 원이 아니라 500만 원(=4,000-500-2,000-600-400)이다.

이와 같이, 감가상각비는 기간별로 정확한 이익 측정을 위해서 반드시 인식해야 한다. 즉, 유형자산의 취득원가를 자산의 사용기간 동안에 적절히 **배분**(allocation)하여 비용으로 인식함으로써 정확한 이익을 측정할 수 있는 것이다.

3-2 감가상각비의 결정요인

유형자산을 사용하면서 그 유용성이 연간 얼마나 감소되었는지를 정확히 측정하기는 매우 어렵다. 다양한 용도의 유형자산이 존재하며, 유형자산의 경제적 효익 감소에 미치는 원인과 그에 따른 효과가 매우 복잡하기 때문이다. 따라서 감가상각비는 근사적으로 추정할 수밖에 없는데, 감가상각비를 추정하려면 세 가지 요소에 대한 이해가 필요하다.

1) 내용연수

내용연수는 특정 자산이 기업의 영업활동에 사용될 것으로 예상되는 기간을 말한다. 유형자산의 감가상각은 내용연수에 걸쳐 이루어진다. 일반적으로 내용연수는 유형자산의 예상 사용기간이나 생산능력에 의해 결정된다.

그러나 유형자산의 사용으로 인한 물리적인 마모 이외에 경제적인 진부화 등이 내용연수에 영향을 미치기도 한다. 예를 들어, 새로운 버전의 컴퓨터가 개발됨에 따라 기존의 컴퓨터는 구식화될 수 있으며, 이러한 경제적인 진부화로 인하여 내용연수가 짧아진다. 또는 생산기술의 혁신이나 시장 수요의 급증으로 현재의 생산설비가 부적합하게 될 수도 있다.

따라서, 유형자산의 감가상각을 위한 내용연수는 물리적 사용가능연수를 의미하는 것이 아니며, 여러 가지 경제적 여건을 감안한 예상 사용연수를 의미하는 것이다. 이를 **경제적 내용연수**(economic useful life)라고 한다.

2) 잔존가치

잔존가치(residual value)란 내용연수 종료시점에 당해 자산을 처분함으로써 회수될 것으로 기대되는 금액에서 추정 처분부대원가를 차감한 금액을 말한다. 잔존가치는 자산의 실제 처분일 이전에 추정되는 금액이므로 주관적이다. 예를 들어, 동일한 자산이라 하더라도 내용연수에 따른 처분시점을 언제로 결정하는지에 따라 잔존가치는 달라지며, 처분시점에 자산의 철거비나 판매비 등의 부대원가를 어떻게 추정하느냐에 따라 달라진다. 따라서 감가상각비 계산을 위하여 신뢰성 있는 잔존가치의 추정이 중요하다.

취득원가에서 잔존가치를 차감한 금액을 감가상각대상금액(depreciable amount)이라 하며, 경제적 내용연수에 걸쳐 감가상각되는 총액이다.

3) 감가상각방법

기업이 유형자산을 취득하게 되면 자산의 경제적 내용연수와 잔존가치를 추정하여 감가상각대상금액을 결정한 후, 해당 자산의 미래 경제적 효익의 감소 형태를 파악하여 체계적이고 합리적으로 감가상각방법을 결정해야 한다.

회계에서는 유형자산의 미래 경제적 효익 감소 형태를 크게 두 가지로 가정하고 있다. 첫째, 미래 경제적 효익의 감소가 시간의 흐름에 따라 선형으로 발생한다고 가정하는 경우이다. 이러한 가정에 따른 감가상각방법을 정액법이라고 한다. 둘째, 취득 후 초기 연도에 좀 더 많은 미래 경제적 효익 감소가 발생한다고 가정하는 경우이다.[3] 이러한 가정에 따른 감가상각방법을 체감상각법이라고 한다([그림 8-1] 참조).

● 그림 8-1 ● 감가상각방법의 비교

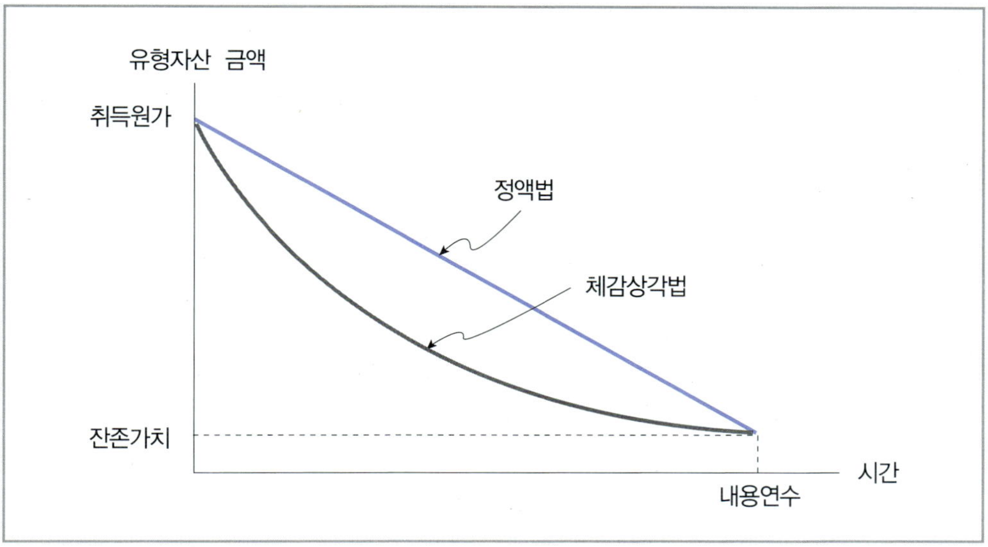

국제회계기준에서는 유형자산 감가상각방법으로 정액법, 생산량비례법, 체감상각법 등을 예시하고 있다. 체감상각법은 정률법, 이중체감법, 연수합계법 등으로 분류할 수 있다.

3) 초기보다 후기에 미래 경제적 효익 감소가 더욱 심하게 일어나는 경우도 있으나, 실무에서는 그 같은 가정은 거의 적용하지 않고 있다.

(1) 정액법

유형자산의 미래 경제적 효익이 내용연수에 걸쳐 매년 일정하게 감소한다면, 연간 감가상각비는 매년 동일한 금액이 된다. 이렇게 감가상각비를 측정하는 방법을 **정액법**(straight-line method)이라고 부른다. 정액법은 쉽고 간단하기 때문에 실무에서 널리 이용된다. 정액법으로 연간 감가상각비를 계산하면 다음과 같다.

$$\text{연간 감가상각비} = \frac{\text{취득원가} - \text{잔존가치}}{\text{내용연수}}$$

예제 8-3

서울상사(주)는 20×1년 1월 1일에 ₩2,200,000의 기계장치를 취득하였다. 기계장치의 내용연수는 5년, 그리고 5년 후의 잔존가치는 ₩200,000으로 추정하고 있다.

| 물음 |

정액법에 따른 연도별 감가상각비와 기말장부금액을 계산하라.

| 풀이 |

₩2,200,000의 기계장치가 5년 후에는 ₩200,000으로 감소될 것으로 예상하였기 때문에, 향후 5년간 매년 ₩400,000[(2,200,000-200,000)/5]씩 동일한 금액으로 유형자산의 장부금액을 감소시켜야 한다. ₩2,000,000의 감가상각대상금액을 매년 감가상각비로 배분한 후의 장부금액은 다음과 같다.

연도	계산	감가상각비	감가상각누계액	상각 후 장부금액
20×1년	(2,200,000-200,000)/5	₩400,000	₩400,000	₩1,800,000
20×2년	(2,200,000-200,000)/5	400,000	800,000	1,400,000
20×3년	(2,200,000-200,000)/5	400,000	1,200,000	1,000,000
20×4년	(2,200,000-200,000)/5	400,000	1,600,000	600,000
20×5년	(2,200,000-200,000)/5	400,000	2,000,000	200,000

(2) 생산량비례법

유형자산의 경제적 효익이 유형자산의 기간 산출량이나 사용시간과 관련을 가진다면, 해당 자산의 예상 산출량이나 사용시간에 비례하여 감가상각비를 인식하는 것이 합리적이다. 이러한 감가상각방법을 **생산량비례법**(units-of-production method, 또는 사용시간비례법)이라고 한다.

예를 들어, 트럭이나 복사기와 같은 유형자산은 시간의 흐름에 따라 경제적 효익이 감소하기보다는 트럭의 주행 거리 또는 복사기의 복사량을 기준으로 감가상각비를 계산하는 것이 바람직하다.

생산량비례법을 적용할 경우에는 생산 1단위당 감가상각비를 계산한 다음, 단위당 감가상각비에 연간 사용량을 곱하여 연간 감가상각비를 계산한다.

$$\text{단위당 감가상각비} = \frac{\text{취득원가} - \text{잔존가치}}{\text{예상 사용량}}$$

$$\text{연간 감가상각비} = \text{단위당 감가상각비} \times \text{연간 사용량}$$

예제 8-4

경기상사(주)는 20×1년 1월 1일에 고속복사기를 ₩2,100,000에 취득하였다. 복사기의 내용연수는 5년이고 잔존가치는 ₩100,000이며 예상 사용량은 ₩200,000으로 추정한다. 20×1년에서 5년간 사용량은 70,000장, 50,000장, 25,000장, 35,000장, 20,000장이라고 가정한다.

| 물음 |

생산량비례법에 따른 연도별 감가상각비와 기말장부금액을 계산하라.

| 풀이 |

$$\text{단위당(1장당) 감가상각비} = \frac{₩2,100,000 - ₩100,000}{200,000\text{장}} = ₩10$$

₩2,000,000의 감가상각대상금액을 매년 감가상각비로 배분한 후의 장부금액은 다음과 같다.

연도	계산	감가상각비	감가상각누계액	상각 후 장부금액
20×1년	₩10×70,000장	₩700,000	₩700,000	₩1,400,000
20×2년	10×50,000	500,000	1,200,000	900,000
20×3년	10×25,000	250,000	1,450,000	650,000
20×4년	10×35,000	350,000	1,800,000	300,000
20×5년	10×20,000	200,000	2,000,000	100,000

(3) 정률법

정률법(fixed percentage method)은 내용연수의 초기에 더 많은 감가상각비를 인식하고 기간이 지날수록 적게 인식하는 체감상각법의 대표적인 방법이다. 정률법은 매기 초의 유형자산 장부금액(book value)에 일정한 상각률(정률)을 곱하여 그 연도의 감가상각비를 계산한다. 정률법에서의 연간 감가상각비는 다음과 같이 계산한다.

연간 감가상각비 = 기초 장부금액 × 상각률
= (취득원가 - 기초시점까지 감가상각누계액) × 상각률
상각률 = 1 - (잔존가치/취득원가)$^{1/n}$

여기서 기초의 장부금액이란 '취득원가 - 기초시점까지의 감가상각누계액'을 말한다. 기초시점까지의 감가상각누계액(accumulated depreciation)은 취득시점부터 전기 말까지 인식한 감가상각비의 합계를 말한다.[4)]

4) 정률법은 유형자산 취득원가가 n년에 걸쳐 동일 비율(r)로 감소하여 n년 후에는 잔존가치만이 남게 된다는 가정에 근거한다. 이를 방정식으로 표현하면 '취득원가×(1-r)^n = 잔존가치'이다. 이 방정식을 r에 대하여 풀면 위에서 보는 상각률 계산공식이 나온다. 그러나 상각률 계산은 상당히 복잡하므로 회계원리에서는 별도로 고려하지 않는다.

예제 8-5

광주상사(주)는 20×1년 1월 1일에 취득원가 ₩3,000,000, 내용연수 5년, 잔존가치 ₩100,000인 차량운반구를 구입하였다.

| 물음 | 상각률을 0.49이라고 가정하는 경우, 정률법에 따른 연도별 감가상각비와 기말장부금액을 계산하라.

| 풀이 |

₩2,900,000의 감가상각대상금액을 매년 감가상각비로 배분한 후의 장부금액은 다음과 같다.

연도	계산	감가상각비	감가상각누계액	상각 후 장부금액
20×1년	3,000,000×0.49	₩1,470,000	₩1,470,000	₩1,530,000
20×2년	1,530,000×0.49	749,700	2,219,700	780,300
20×3년	780,300×0.49	382,347	2,602,047	397,953
20×4년	397,953×0.49	194,997	2,797,044	202,956
20×5년	202,956-100,000	102,956*	2,900,000	100,000

* 마지막 연도의 감가상각비는 임의로 조정해야 한다. 4차 년도까지의 감가상각누계액은 ₩2,797,044이고, 마지막 5차년도의 감가상각을 마친 후 잔존가치는 ₩100,000이 되어야 한다. 따라서 마지막 연도의 감가상각비는 잔존가치에 맞추어서 잔여 금액 ₩102,956(=202,956-100,000)으로 인식해야 한다.

(4) 이중체감법

정률법은 상각률의 계산이 복잡하다는 단점이 있다. 이 때문에 정률법의 상각률과 유사한 값을 보이는 '(1/내용연수)×2'를 상각률로 사용하기도 한다. 이를 **이중체감법**(double declining-balance method)이라고 부른다. 이중체감법은 내용연수 후기로 갈수록 감가상각비를 적게 인식한다는 점에서 정률법과 함께 체감잔액법에 속하면서 상각률의 계산이 정률법에 비하여 간단하다. 이중체감법에서의 연간 감가상각비는 다음과 같이 계산한다.

연간 감가상각비 = 기초 장부금액 × 상각률
= (취득원가 - 기초시점까지 감가상각누계액) × 상각률
상각률 = 1/내용연수 × 2

예제 8-6

전북상사(주)는 20×1년 1월 1일에 취득원가 ₩3,000,000, 내용연수 5년, 잔존가치 ₩200,000인 기계장치를 구입하였다.

| 물음 |

이중체감법에 따른 연도별 감가상각비와 기말장부금액을 계산하라.

| 풀이 |

₩2,800,000의 감가상각대상금액을 매년 감가상각비로 배분한 후의 장부금액은 다음과 같다.

연도	계산	감가상각비	감가상각누계액	상각 후 장부금액
20×1년	3,000,000×1/5×2	₩1,200,000	₩1,200,000	₩1,800,000
20×2년	1,800,000×1/5×2	720,000	1,920,000	1,080,000
20×3년	1,080,000×1/5×2	432,000	2,352,000	648,000
20×4년	648,000×1/5×2	259,200	2,611,200	388,800
20×5년	388,800-200,000	188,800*	2,800,000	200,000

* 4차 년도까지의 감가상각누계액은 ₩2,611,200이고, 마지막 5차년도의 감가상각을 마친 후 잔존가치는 ₩200,000이 되어야 한다. 따라서 마지막 연도의 감가상각비는 잔존가치에 맞추어서 잔여 금액 ₩188,800(=388,800-200,000)으로 인식해야 한다.

(5) 연수합계법

연수합계법(sum-of-the-years' digit method)도 초기에 많은 감가상각비를 인식하고 기간이 지날수록 감가상각비를 적게 인식하는 체감상각법의 일종이다. 각 연도의 상각률은 내용연수를 나타내는 숫자로부터 1까지 나열하여 이들의 합을 분모로 하

고, 잔존 내용연수에 해당하는 숫자를 분자로 하여 계산한다. 예를 들어, 내용연수가 5년인 유형자산의 경우, 내용연수의 합계는 15(=1+2+3+4+5)이고 1차 년도의 잔존 내용연수는 5년이므로 상각률은 5/15가 된다.

> 연간 감가상각비 = (취득원가-잔존가치) × 상각률
> 상각률 = 당년도 현재 잔존 내용연수/내용연수 합계

정률법과 이중체감법은 상각률은 동일하나 기초 장부금액이 매년 감소하여 내용연수에 걸친 감가상각비가 감소한다. 이와 비교하여, 연수합계법은 감가상각대상금액은 일정하되, 상각률이 매년 감소하여 체감상각법으로 분류된다.

예제 8-7

청주상사(주)는 20×1년 1월 1일에 기계장치를 ₩7,000,000에 취득하였으며, 기계장치의 내용연수는 5년, 잔존가치는 ₩1,000,000이다.

| 물음 |

연수합계법에 따른 연도별 감가상각비와 기말장부금액을 계산하라.

| 풀이 |

₩6,000,000의 감가상각대상금액을 매년 감가상각비로 배분한 후의 장부금액은 다음과 같다.

연도	계산	감가상각비	감가상각누계액	상각 후 장부금액
20×1년	(7,000,000 - 1,000,000) × 5/15	₩2,000,000	₩2,000,000	₩5,000,000
20×2년	(7,000,000 - 1,000,000) × 4/15	1,600,000	3,600,000	3,400,000
20×3년	(7,000,000 - 1,000,000) × 3/15	1,200,000	4,800,000	2,200,000
20×4년	(7,000,000 - 1,000,000) × 2/15	800,000	5,600,000	1,400,000
20×5년	(7,000,000 - 1,000,000) × 1/15	400,000	6,000,000	1,000,000

3-3 감가상각에 대한 회계처리

대구상사(주)의 재무자료를 이용하여 유형자산의 감가상각비 인식에 관한 회계처리를 설명하여 보자. 대구상사(주)는 20×1년 1월 1일에 건물을 7,000,000원에 취득하였다. 대구상사(주) 건물의 내용연수는 10년, 잔존가치는 1,000,000원으로 추정하며 감가상각방법으로 정액법을 선택하고 있다.

대구상사(주)는 1차연도 말인 20×1년 12월 31일에 감가상각비를 인식해야 하는데, 정액법에 따른 연간 감가상각비는 다음과 같이 계산한다.

> 연간 감가상각비 = (취득원가 - 잔존가치) / 내용연수
> = (7,000,000 - 1,000,000)/10 = 600,000원

감가상각비를 인식하고 유형자산의 장부금액을 감소시키는 분개는 다음과 같다.

(차) 감가상각비	600,000	(대) 감가상각누계액	600,000

감가상각비는 포괄손익계산서에 비용으로 계상하며, 감가상각누계액은 유형자산의 차감계정으로 재무상태표에 표시한다. 취득으로부터 1년이 지난 시점에서 건물의 미래 경제적 효익은 6,400,000원(=7,000,000-600,000)으로 감소하였으나, 건물의 장부금액을 직접 차감하지 않고 감가상각누계액이라는 계정을 통하여 간접적으로 차감한다. 유형자산을 직접 차감하는 경우 취득원가가 얼마인지, 현재까지 감가상각한 금액이 얼마인지 등에 대한 정보를 파악할 수 없기 때문이다. 이러한 방법을 간접차감법이라 한다.

간접차감법에 의하여 감가상각비를 인식하게 되면, 대구상사(주)가 취득한 건물의 취득원가는 7,000,000원이고 감가상각누계액은 600,000원이며 이로 인한 건물의 장부금액(book value)이 6,400,000원이라는 정보를 얻을 수 있다. 20×1년도 재무상태표와 포괄손익계산서를 표시하면 다음과 같다.

재무상태표 (20×1/12/31)

유형자산:		
건물	7,000,000	
감가상각누계액	(600,000)	
	6,400,000	

포괄손익계산서 (20×1)

⋮	
감가상각비	600,000

대구상사(주)는 20×2년 12월 31일에도 반복적으로 수정분개를 통하여 감가상각비를 다음과 같이 인식한다.

(차) 감가상각비	600,000	(대) 감가상각누계액	600,000

위의 분개를 반영하면 20×2년 말의 재무상태표와 포괄손익계산서는 다음과 같이 표시된다.

재무상태표 (20×2/12/31)

유형자산:		
건물	7,000,000	
감가상각누계액	(1,200,000)	
	5,800,000	

포괄손익계산서 (20×2)

⋮	
감가상각비	600,000

3-4 기중 취득한 유형자산의 감가상각

앞에서는 회계기간 초에 유형자산을 취득한 경우를 예로 들어 설명하였다. 그러나 유형자산은 회계기간 중에 언제라도 취득하는 것이 가능하다. 만약 회사가 4월 1일에 유형자산을 취득하였다면 1차연도의 감가상각비는 얼마로 인식해야 하나? 이론적으로 첫 연도에는 4월부터 12월까지 9개월 동안 유형자산을 사용하였기 때문에 연간 감가상각비의 9/12만큼을 인식해야 한다.

예제 8-8

부산상사(주)는 20×1년 4월 1일에 다음과 같은 비품 ₩7,000,000을 현금으로 취득하였다. 비품의 내용연수는 2년이고 잔존가치는 ₩1,000,000으로 추정한다. 부산상사(주)는 감가상각방법으로 연수합계법을 선택하고 있다.

| 물음 |

(1) 20×1년 12월 31일에 감가상각비를 인식하기 위한 수정분개는?

(2) 20×2년 12월 31일에 감가상각비를 인식하기 위한 수정분개는?

(3) 20×3년도 내용연수 종료시점에 감가상각비를 인식하기 위한 수정분개는?

| 풀이 |

(1) 내용연수가 2년이므로 연수합계는 3(=1+2)이다. 따라서 1차연도의 상각률은 2/3이고, 2차연도의 상각률은 1/3이다.

1차연도 감가상각비 = (7,000,000 - 1,000,000)×2/3 = ₩4,000,000
2차연도 감가상각비 = (7,000,000 - 1,000,000)×1/3 = ₩2,000,000

그런데 취득일이 4월이므로 20×1년에는 9개월분에 해당하는 감가상각비를 인식한다.
20×1년 감가상각비 = ₩4,000,000×9/12 = ₩3,000,000

(차) 감가상각비	3,000,000	(대) 감가상각누계액	3,000,000

(2) 2차연도의 감가상각비는 다음과 같이 계산한다.

'20×2년 1월부터 3월까지의 감가상각비' + '20×2년 4월부터 12월까지의 감가상각비'
= 1차연도 감가상각비의 3/12 + 2차연도 감가상각비의 9/12
= ₩4,000,000×3/12 + ₩2,000,000×9/12 = ₩2,500,000

(차) 감가상각비	2,500,000	(대) 감가상각누계액	2,500,000

(3) 20×3년도 내용연수 종료시점에는 20×3년 1월부터 3월까지의 감가상각비를 인식한다.

20×3년도 감가상각비 = ₩2,000,000×3/12 = ₩500,000

(차) 감가상각비	500,000	(대) 감가상각누계액	500,000

| 제4절 | 유형자산의 처분

유형자산은 원래 영업활동과정에서 사용할 목적으로 보유하고 있는 자산이나, 기업은 여러 가지 이유로 유형자산을 처분할 수 있다. 유형자산의 처분은 매각이나 교체 및 폐기 등의 방법으로 유형자산의 소유권을 포기하는 것을 의미한다.

유형자산을 처분하면 처분으로 인한 손익을 인식해야 한다. 유형자산의 처분가액이 장부금액을 초과하는 경우 유형자산처분이익(gain on disposal of fixed asset)이 발생한다. 반대로 유형자산의 장부금액이 처분가액을 초과하는 경우에는 유형자산처분손실(loss on disposal of fixed asset)이 발생한다.

유형자산처분손익 = 처분가액 - 처분 시점의 장부가액

유형자산처분이익은 포괄손익계산서에서 기타수익으로 분류하며, 유형자산처분손실은 기타비용으로 분류한다. 그리고 회계기간 중에 유형자산을 처분하였다면, 처분년도의 기초부터 처분시점까지 유형자산에 대한 감가상각비를 먼저 인식한 후 유형자산처분손익을 계산해야 한다.

예제 8-9

여수상사(주)는 20×1년 1월 1일에 건물을 취득하였다. 건물의 취득원가는 ₩6,000,000이고 내용연수는 10년이다. 그리고 잔존가치는 ₩1,000,000으로 추정되며, 회사는 감가상각방법으로 정액법을 선택하고 있다.

| 물음 |

(1) 여수상사(주)는 20×7년 9월 30일에 현금 ₩3,000,000을 받고 건물을 처분하였다. 유형자산처분손익을 계산하라.

(2) 여수상사(주)의 건물 처분과 관련한 분개는?

(3) 만약 위의 건물을 ₩2,000,000을 받고 처분하였다면 처분에 관한 분개는?

| 풀이 |

(1) 건물의 감가상각비와 20×7년 9월 30일 현재 건물의 장부금액은 다음과 같다.

- 20×1년부터 20×6년까지 연간 감가상각비: (6,000,000 - 1,000,000)/10년 = ₩500,000
- 20×7년 1월에서 9월까지 감가상각비: 500,000×9/12 = ₩375,000
- 20×1년 1월부터 20×7년 9월까지 감가상각누계액 = 500,000×6년 + 375,000
  = ₩3,375,000
- 20×7년 9월 30일 현재 장부금액 = 6,000,000 - 3,375,000 = ₩2,625,000

따라서 유형자산처분손익은 다음과 같이 계산된다.

유형자산처분이익 = 처분금액 - 처분 당시의 장부금액
= 3,000,000 - 2,625,000 = ₩375,000

(2) 20×7년 1월부터 9월까지 9개월간의 감가상각비를 먼저 인식한 후, 자산 처분과 관련한 분개를 한다.

(차) 감가상각비	375,000	(대) 감가상각누계액	375,000

건물을 처분하면 더 이상의 소유권이 없기 때문에 처분된 건물의 취득원가와 감가상각누계액을 모두 제거하고 처분대가로 받은 현금을 기록한다. 그리고 이 두 금액의 차액을 유형자산처분이익으로 인식한다.

(차) 현 금	3,000,000	(대) 건 물	6,000,000
감가상각누계액	3,375,000	유형자산처분이익	375,000

(3) 건물을 ₩2,000,000에 처분한 경우의 유형자산처분손익은 다음과 같다.
유형자산처분손실 = 2,000,000 - 2,625,000 = ₩625,000

처분시점의 분개는 다음과 같다.

(차) 현 금	2,000,000	(대) 건 물	6,000,000
감가상각누계액	3,375,000		
유형자산처분손실	625,000		

| 제5절 | 무형자산

5-1 무형자산의 의의

유형자산이 물리적 실체를 갖는 비유동자산이라면, **무형자산**(intangible assets)은 물리적 형체가 없는 비유동자산이다. 무형자산의 종류로는 특허권 · 실용신안권 · 상표권과 같은 산업재산권, 프랜차이즈, 개발비 등이 있다. 유형자산과 마찬가지로 무형자산은 판매용으로 보유하는 자산이 아니며, 적어도 1년 이상 장기간에 걸쳐 기업의 영업활동에 사용하기 위하여 보유하는 자산이다.

무형자산은 물리적 실체가 없기 때문에 식별가능성(identifiability) 여부가 무형자산의 분류 및 인식에서 주요 기준으로 작용한다. 식별가능하다는 것은 (1) 다른 자산과 분리하거나 분할할 수 있고 (2) 개별적으로 매각, 임대 또는 교환할 수 있다는 것을 의미한다.

식별가능성 이외에 무형자산으로 인식하기 위한 조건은 자원에 대한 통제가능성과 신뢰성 있는 측정가능성이다. 기업이 특정 자산으로부터 유입되는 경제적 효익을 정확히 측정할 수 있고, 그러한 효익에 대하여 제3자의 접근을 제한할 수 있다면 측정가능성과 통제가능성이 확보된 것으로 간주할 수 있다.

예를 들어, 기업이 보유하고 있는 우수한 기술력이나 숙련된 종업원의 능력 등은 분명 기업의 미래 경제적 효익을 향상시키는 무형의 자산이지만, 식별가능성 및 통제가능성이 확인되지 않기 때문에 회계에서는 무형자산으로 인식하지 않는다. 또한 코카콜라 및 나이키와 같은 상표의 가치는 어마어마하게 크지만 신뢰성 있게 측정하기 어렵기 때문에 재무상태표에 무형자산으로 표시할 수 없다.

5-2 무형자산의 취득과 상각

무형자산은 다른 자산과 마찬가지로 취득하는 시점에 공정가치로 재무상태표에 인식한다. 그리고 내용연수가 유한한 무형자산은 체계적이고 합리적인 방법으로 내용연수에 걸쳐 상각(amortization)해야 한다. **무형자산상각비**(amortization expense)는 감가상각비와 유사하게 포괄손익계산서에서 비용으로 인식하며, 직접차감법과 간접차감법에 의하여 무형자산의 장부금액을 차감할 수 있다. 여기서는 직접차감법을 적용하여 설명한다.

목포상사(주)가 20×1년 1월 1일에 100,000원을 지급하고 신제품과 관련된 특허권(patent)을 취득하였다고 가정하자. 이에 대한 분개는 다음과 같다.

(차) 특허권	100,000	(대) 현 금	100,000

특허권의 법적 보호연수가 5년이어서 5년에 걸쳐 정액법을 적용하여 상각하기로 결정하였다면(잔존가치 없음), 연간 상각비는 20,000원(=100,000/5년)이 된다. 따라서 회계기말인 20×1년 12월 31일에 다음과 같이 수정분개한다.

(차) 특허권상각비	20,000	(대) 특허권	20,000

위와 같은 방법으로 매년 특허권상각비를 20,000원씩 인식하면, 5년 후의 특허권의 장부금액은 0이 된다. 다른 무형자산의 취득 및 상각도 특허권의 경우와 유사하게 처리한다.

그러나 무형자산의 미래 경제적 효익이 미래 어느 기간까지 지속될 수 있는지를 추정하는 것은 쉽지 않다. 이러한 경우 무형자산의 내용연수는 추정이 불가능하다. 내용연수를 한정할 수 없는 경우, 그 무형자산을 비한정 내용연수를 가지는 무형자산이라고 부른다. 여기서 '비한정(indefinite)'이란 말은 '무한(infinite)'을 의미하지 않으며, 무형자산으로 인한 미래현금창출의 기대 기간을 한정적으로 추정할 수 없다는 것이다.

비한정 내용연수의 무형자산은 내용연수를 한정할 수 없기 때문에 상각하지 않으며 기말 평가를 통하여 손상차손만을 인식한다. 다만, 새로운 사건이 발생하거나 상황이 변화하여 내용연수를 한정할 수 있게 된다면(매 회계기간 검토 의무), 그 시점부터 한정 내용연수로 변경하여 상각을 시작한다.

5-3 내부적으로 창출된 무형자산

신제품이나 신기술을 개발하기 위한 투자활동은 기업의 지속가능한 성장을 위해서 필수적인 활동이며, 경우에 따라서 기업에 엄청난 무형자산을 축적시켜 준다. 기업의 연구개발활동으로 인한 성과는 내부적으로 창출되는 무형자산에 해당한다. 그러나 무형자산의 인식기준에 부합하는지를 객관적으로 평가하기가 매우 어렵다.

회계에서는 연구개발 투자액 중에서 자산성이 존재하는 일부금액에 대해서 그 투자원가를 무형자산으로 인식하도록 하고 있다. 즉, 내부적으로 창출되는 무형자산은 원칙적으로 자본화하지 않으나 자산성이 존재하는 일부 연구개발 투자액에 대해서만 무형자산의 인식을 허용하고 있다.

국제회계기준에 의하면 기초연구 단계에서 발생한 지출은 모두 '연구비'라는 비용항목으로 처리하며, 개발단계에서 발생한 지출은 미래 경제적 효익 창출에 확실히 기여할 것으로 기대되는 것만을 '개발비'라는 무형자산으로 자본화한다. 개발단계에서 발생하는 지출이 미래 이익창출에 기여할 것으로 기대되지 않는다면 '경상개발비'라는 비용항목으로 처리한다.

예제 8-10

광주하이텍(주)이 20×1년도에 신기술 개발을 위한 기초연구에 ₩8,000,000, 신기술을 이용한 신제품 A의 개발에 ₩20,000,000, 그리고 신제품 B의 개발에 ₩5,000,000을 지출하였다. 신제품 A의 개발은 순조롭게 진행되어 미래 이익 창출에 기여할 것으로 확실시되나, 신제품 B의 개발은 실패할 가능성이 높은 것으로 판단된다.

| 물음 |

(1) 광주하이텍(주)의 연구개발지출과 관련된 분개를 하라.

(2) 개발비의 내용연수가 5년이고 잔존가치는 없다고 가정하는 경우, 정액법을 사용하여 무형자산 상각과 관련된 분개를 하라.

| 풀이 |

(1) 기초연구를 위한 지출액 ₩8,000,000은 전액 연구비(비용)로 처리한다. 그리고 신제품

A의 개발 투자액 ₩20,000,000은 자산성(즉, 미래 경제적 효익에 기여)이 존재하므로 개발비라는 무형자산으로 인식하며, 신제품 B의 개발에 대한 지출은 자산성이 없기 때문에 경상개발비(비용)로 인식한다. 분개는 다음과 같다.

(차) 개 발 비(무형자산)	20,000,000	(대) 현 금	33,000,000
(차) 연 구 비(비용)	8,000,000		
(차) 경상개발비(비용)	5,000,000		

(2) 개발비의 연간 상각비는 ₩4,000,000(=20,000,000/5년)이 된다. 따라서 회계기말의 수정분개는 다음과 같다.

(차) 개발비상각비	4,000,000	(대) 개발비	4,000,000

위와 같은 방법으로 매년 개발비를 ₩4,000,000씩 상각하면 5년 후의 개발비의 장부금액은 0이 될 것이다. 20×1년 12월 31일의 재무상태표와 포괄손익계산서는 다음과 같다.

재무상태표 (20×1/12/31)

무형자산		
개발비	16,000,000	

포괄손익계산서 (20×1)

⋮	
무형자산상각비	4,000,000

익 / 힘 / 문 / 제

1. 유형자산의 취득원가는 어떻게 결정하는지 설명하라.
2. 감가상각의 의미를 설명하라.
3. 감가상각누계액의 의미를 설명하라.
4. 정액법에 의한 감가상각비 계산방법을 설명하라.
5. 정률법에 의한 감가상각비 계산방법을 설명하라.
6. 유형자산의 취득 후에 이루어지는 수익적 지출과 자본적 지출의 차이를 설명하라.
7. 유형자산의 처분손익은 어떻게 계산하는지 설명하라.
8. 유형자산 처분은 어떻게 분개하는지 설명하라.
9. 무형자산의 종류를 설명하라.
10. 식별가능 무형자산의 의미를 설명하라.
11. 무형자산 상각과 유형자산 상각의 회계처리방법상의 차이점을 설명하라.
12. 비한정 내용연수의 무형자산의 의미를 설명하라.
13. 연구개발투자를 위한 지출은 어떻게 회계처리하는지 설명하라.

연 / 습 / 문 / 제

8-1 기본개념의 이해

아래의 빈칸에 알맞은 단어나 숫자를 기입하라.

(1) 건물, 기계장치, 컴퓨터 등의 유형자산은 수명이 유한하며 감가상각하지만, (　　　)와 같은 유형자산은 감가상각하지 않는다.

(2) 감가상각은 가치평가의 개념이 아니라, 내용연수에 걸친 취득원가의 (　　　)이다.

(3) 어느 유형자산의 취득원가가 ₩1,000,000이고, 감가상각누계액이 ₩300,000이라면, 이 유형자산의 장부금액은 ₩(　　　)이다.

(4) 결산일이 12월 31일인 한일기업(주)은 20×1년 1월 1일에 건물을 ₩1,000,000에 구입하였다. 내용연수는 30년, 잔존가치는 ₩100,000으로 추정하고, 정액법으로 감가상각하기로 결정하였다. 이 건물에 대해서는 매년 말에 「(차) 감가상각비 30,000 (대) (　　　) 30,000」이라는 수정분개를 실시한다.

(5) 취득원가가 ₩100,000인 기계장치에 상각률 20%를 적용하여 정률법으로 감가상각한다면, 1차연도의 감가상각비는 ₩(　　　)이고, 2차연도의 감가상각비는 ₩(　　　)이다.

(6) 결산일이 12월 31일인 설악상사(주)는 20×1년 7월 1일에 기계장치를 구입하였다. 취득원가는 ₩600,000이며, 내용연수는 5년, 잔존가치는 ₩100,000으로 추정하였다. 이 기계장치에 정액법을 적용해 감가상각한다면 취득연도인 20×1년도 감가상각비는 ₩(　　　)이고, 그 다음 연도인 20×2년도 감가상각비는 ₩(　　　)이다.

(7) 유형자산을 사용하는 과정에서 일상적 수선비와 같이, 해당 유형자산의 원상회복 또는 능률유지 목적으로 지출한 것을 수익적 지출이라고 부른다면, 해당 유형자산의 내용연수 연장이나 자산가치 증가를 목적으로 지출한 것은 (　　　) 지출이라고 부른다.

(8) 유형자산의 처분시점에서 취득원가가 ₩1,000,000, 감가상각누계액이 ₩800,000인 유형자산을 ₩100,000에 매각하였다면, (　　　)은 ₩(　　　)이다.

(9) 20×1년 말 현재, 제주상사(주)가 보유하고 있는 컴퓨터(비품)의 취득원가는 ₩1,200,000, 감가상각누계액은 ₩400,000이다. 만약 20×1년 말에 이 컴퓨터를 ₩900,000에 처분하였다면 (　　　)이 ₩(　　　) 발생한다.

(10) 20×1년 말 현재 제주상사(주)가 보유하고 있는 컴퓨터(비품)의 취득원가는 ₩1,200,000,

감가상각누계액은 ₩400,000이다. 이 컴퓨터의 잔여내용연수가 2년이고 잔존가치가 없다면 향후 연간 감가상각비(정액법 적용)는 ₩(   )을 인식해야 한다.

(11) 목포상사(주)는 20×1년 1월 1일에 특허권을 ₩10억에 취득하였다(상각기간은 5년, 잔존가치는 0). 그 후 3년이 지난 20×3년 12월 31일에 재무상태표의 특허권의 장부금액은 ₩(   )억으로 표시된다.

(12) 「기업회계기준서」에 의하면, 기초과학연구에 지출된 것은 연구비라는 비용계정, 자산성이 없는 개발연구에 지출된 것은 (   )라는 비용계정, 그리고 자산성이 있는 개발연구에 지출된 것은 (   )라는 무형자산계정에 포함시킨다.

8-2 유형자산의 취득원가

경기상사(주)는 20×1년에 공장 건물과 토지를 묶어서 총 ₩55,000,000을 현금으로 매입하였다. 경기상사(주)는 매입 후에 토지의 취득원가를 ₩50,000,000, 건물의 취득원가를 ₩5,000,000으로 분리하였다. 그리고 토지와 건물을 매입한 후의 추가적 지출은 다음과 같았다.

토지 중개수수료 및 등기이전비용:	₩1,000,000
토지 조경공사비(영구성):	2,000,000
배수로 설치:	3,000,000
대대적인 건물의 리모델링을 위한 지출:	6,000,000

| 물음 |

(1) 재무상태표에 인식할 토지의 취득원가는 얼마인가?

(2) 재무상태표에 인식할 건물의 취득원가는 얼마인가?

(3) 토지와 건물의 취득을 기록하는 분개를 실시하라.

8-3 정액법에 의한 감가상각

결산일(회계기말)이 12월 31일인 인천상사(주)는 20×1년 1월 1일에 내용연수가 5년이고 잔존가치가 ₩1,000,000으로 추정되는 기계장치를 ₩16,000,000에 취득하고 정액법을 적용하여 감가상각하기로 결정하였다.

| 물음 |

(1) 20×1년 12월 31일에 기계장치의 감가상각과 관련된 수정분개는?

(2) 20×2년 12월 31일에 기계장치의 감가상각과 관련된 수정분개는?

(3) 20×5년 12월 31일에 기계장치의 감가상각이 완료된다. 20×5년 12월 31일에 기계장치의 장부금액은 얼마인가?

8-4 생산량비례법에 의한 감가상각

마산여객(주)은 20×1년도에 취득원가가 ₩30,000,000인 버스(계정과목: 차량운반구)를 구입하여 영업에 투입하였다. 버스의 예상 주행거리는 총 100,000km이며, 그 후에는 경제성을 상실하며 잔존가치는 ₩5,000,000으로 추정된다. 마산여객(주)은 생산량비례법을 적용하여 버스를 감가상각한다. 20×1년에 취득한 버스는 20×1년도에 30,000km, 그리고 20×2년도에 40,000km를 주행하였다. 마산여객(주)의 결산일은 12월 31일이다.

| 물음 |

(1) 20×1년 12월 31일에 버스의 감가상각과 관련된 수정분개는?

(2) 20×2년 12월 31일에 버스의 감가상각과 관련된 수정분개는?

(3) 20×2년 12월 31일에 버스의 장부금액은 얼마인가?

8-5 정률법에 의한 감가상각

결산일이 12월 31일인 진해상사(주)는 20×1년 1월 1일에 취득원가가 ₩5,000,000인 대형컴퓨터(계정과목: 비품)를 취득하였다. 이 컴퓨터의 내용연수는 4년, 잔존가치는 ₩0이다. 진해상사(주)는 이 컴퓨터를 정률법으로 감가상각하기로 하고 상각률은 60%로 결정하였다.

| 물음 |

(1) 20×1년부터 4년간 연간 감가상각비를 각각 계산하라.

(2) 20×1년 12월 31일에 컴퓨터의 감가상각과 관련된 수정분개는?

(3) 20×2년 12월 31일에 컴퓨터의 감가상각과 관련된 수정분개는?

(4) 20×3년 12월 31일에 컴퓨터의 장부금액은 얼마인가?

8-6 연수합계법에 의한 감가상각

결산일이 12월 31일인 부산상사(주)는 20×1년 1월 1일에 취득원가가 ₩220,000인 기계장치를 취득하였다. 이 기계장치의 내용연수는 4년, 잔존가치는 ₩20,000으로 추정된다. 부산상사(주)는 이 기계장치에 연수합계법을 적용하여 감가상각하기로 결정하였다.

| 물음 |

(1) 20×1년부터 4년간 연간 감가상각비를 각각 계산하라.

(2) 20×1년 12월 31일에 기계장치의 감가상각과 관련된 수정분개는?

(3) 20×2년 12월 31일에 기계장치의 감가상각과 관련된 수정분개는?

(4) 20×3년 12월 31일에 기계장치의 장부금액은 얼마인가?

8-7 회계기간 중에 취득한 유형자산의 감가상각

결산일이 12월 31일인 군산상사(주)는 20×1년 10월 1일에 취득원가가 ₩3,000,000인 차량운반구를 취득하였다. 이 차량운반구의 내용연수는 5년, 잔존가치는 ₩300,000으로 추정된다. 군산상사(주)는 이 차량운반구에 대하여 연수합계법을 적용하여 감가상각하기로 결정하였다.

| 물음 |

(1) 20×1년부터 20×5년까지 5년간 감가상각비를 각각 계산하라.

(2) 20×1년 12월 31일에 기계장치의 감가상각과 관련된 수정분개는?

(3) 20×2년 12월 31일에 기계장치의 감가상각과 관련된 수정분개는?

(4) 20×3년 12월 31일에 기계장치의 장부금액은 얼마인가?

8-8 유형자산의 처분(I)

갑을기업(주)은 20×1년 7월 1일에 건물을 ₩11,000,000에 취득하고 정액법을 적용하여 감가상각하기로 결정하였다. 추정 내용연수는 10년이며, 추정 잔존가치는 ₩1,000,000이다. 갑을기업(주)은 20×8년 3월 31일에 건물을 ₩5,000,000에 매각하였다. 갑을기업(주)의 결산일은 12월 31일이다.

| 물음 |

(1) 20×1년도 건물의 감가상각비는 얼마인가?

(2) 20×7년 12월 31일에 건물의 감가상각누계액은 얼마인가?

(3) 20×8년 1월 1일부터 처분시점인 20×8년 3월 31일까지 3개월간의 감가상각비를 인식하는 분개는?

(4) 처분시점인 20×8년 3월 31일에 건물의 취득원가와 감가상각누계액은 각각 얼마인가? 그리고 처분 당시의 건물의 장부금액은?

(5) 건물의 처분손익은 얼마인가?

(6) 건물의 처분을 분개하라.

8-9 유형자산의 처분(Ⅱ)

결산일이 12월 31일인 양산상사(주)는 20×1년 1월 1일에 취득원가가 ₩5,000,000인 기계장치를 취득하였다. 이 기계장치의 내용연수는 4년, 잔존가치는 ₩200,000으로 추정하였다. 양산상사(주)는 이 기계장치를 3년간 사용한 후 20×3년 12월 31일에 ₩500,000의 현금을 받고 처분하였다.

| 물음 |

(1) 정액법을 적용하여 감가상각하였을 경우, 처분시점인 20×3년 12월 31일에 기계장치의 감가상각누계액은 얼마인가?

(2) 연수합계법을 적용하여 감가상각하였을 경우, 처분시점인 20×3년 12월 31일에 기계장치의 감가상각누계액은 얼마인가?

(3) 정액법을 적용하여 감가상각하였을 경우, 기계장치의 처분손익은 얼마인가?

(4) 연수합계법을 적용하여 감가상각하였을 경우, 기계장치의 처분손익은 얼마인가?

(5) 정액법을 적용하여 감가상각하였을 경우, 기계장치의 처분을 분개하라.

(6) 연수합계법을 적용하여 감가상각하였을 경우, 기계장치의 처분을 분개하라.

8-10 유형자산의 후속적 지출

결산일이 12월 31일인 전북상사(주)는 20×1년 1월 1일에 취득원가 ₩160,000인 기계장치를 취득하였다. 전북상사(주)는 기계장치의 내용연수를 5년, 잔존가치를 ₩10,000으로 추정하고 정액법으로 감가상각하기로 결정하였다. 그리고 20×3년 초에 기계장치에 대하여 다음과 같은 후속적 지출이 발생하였다.

- 기계장치의 성능을 개선하기 위하여 ₩60,000의 보조부품을 현금으로 구입하여 기계장치에 부착하였다. 보조부품의 부착 이후 기계장치의 내용연수와 잔존가치는 변함이 없으나 기계장치의 사용으로 인한 제조물의 생산량이 대폭 증가하였다.
- 기계장치의 일상적인 수선유지비로 ₩10,000을 지출하였다.

| 물음 |

(1) 20×1년과 20×2년의 감가상각비는 각각 얼마인가?
(2) 20×3년의 부품 부착 및 수선비 지출을 각각 분개하라.
(3) 20×3년도 감가상각비 인식을 분개하라.
(4) 20×4년 12월 31일에 기계장치의 장부금액은 얼마인가?
(5) 20×4년 12월 31일에 전북상사(주)는 위의 기계장치를 ₩70,000에 처분하고 현금을 받았다. 기계장치의 처분손익은 얼마인가? 분개하라.

8-11 연구개발투자의 회계처리

다음은 20×1년도 경희상사(주)의 연구개발 투자와 관련된 자료이다. 20×1년도의 연구개발 관련 지출은 모두 현금으로 이루어졌다.

프로젝트	연구개발투자 내용	자산성 존재	투입액
A	신제품 개발	없음	₩30,000
B	기초연구	–	10,000
C	신제품 개발	있음	18,000

| 물음 |

(1) 20×1년도 연구개발 투자를 분개하라.
(2) 경희상사(주)는 개발비를 비한정 내용연수의 무형자산으로 분류하였다. 20×1년 말의 개발비에 대한 수정분개는?
(3) 경희상사(주)는 개발비를 20×3년부터 한정 내용연수의 무형자산으로 분류하고 잔존 내용연수를 4년으로 추정하였다. 경희상사(주)는 정액법을 사용하여 무형자산을 상각하며 개발비의 잔존가치가 0이라고 가정하는 경우, 20×3년 말의 개발비에 대한 수정분개는?

8-12 소프트웨어의 취득과 상각

20×1년에 평택상사(주)는 운영소프트웨어(무형자산)를 ₩300,000에 취득하였으며, 기타 저렴한 소프트웨어(비용)를 ₩20,000에 취득하였다.

| 물음 |

(1) 평택상사(주)의 소프트웨어 취득을 분개하라.

(2) 운영소프트웨어의 내용연수가 3년이고 잔존가치가 0이라면 20×1년 말에 행하여야 할 수정분개는?

8-13 종합문제: 재무제표 작성

다음은 20×1년도 음성상사(주)의 부분 재무상태표이다.

재무상태표

음성상사(주) 20×1년 12월 31일 (단위: 천 원)

자산		부채	
유동자산:		유동부채:	
현금	30,000	매입채무	25,000
매출채권	40,000	단기차입금	23,000
유형자산:			
토지	100,000		
건물	50,000		
감가상각누계액	(22,000)		
무형자산:			
개발비	12,000		

음성상사(주)의 20×2년도 거래 내역은 다음과 같다(단위: 천 원). 다른 거래는 없다고 가정한다.

① 취득원가 ₩50,000의 토지를 ₩90,000에 처분하고 현금을 받았다.

② 건물을 증축하기 위하여 현금 ₩10,000을 지급하였다.

③ 음성상사(주)는 광진상사(주)를 현금 ₩20,000을 지급하고 인수하였다. 사업결합 당시 광진상사(주)가 보유한 자산은 현금 ₩5,000, 매출채권 ₩15,000, 토지 ₩30,000이었으며, 부채는 단기차입금 ₩29,000, 매입채무 ₩11,000이었다. 이들 자산 및 부채는 모두 공정가치로 평가한 것이다.

④ 취득원가가 ₩12,000이고 감가상각누계액이 ₩8,000인 건물을 ₩2,000에 처분하고 현금

으로 받았다.

⑤ 연구개발투자를 위해 ₩13,000을 현금 지출하였으며 그중에서 ₩8,000은 개발비로 분류하고, 나머지 ₩5,000은 경상개발비로 분류하였다.

⑥ 20×2년도 건물의 감가상각비는 ₩5,000이고, 개발비상각비는 ₩4,000이며, 영업권손상차손은 ₩1,000이다.

⑦ 자사가 사용할 건물을 신축하기 위하여 현금 ₩20,000을 투입하였다. 기말 현재 건물은 아직 완성되지 않았다("건설 중인 자산" 계정 사용. 감가상각하지 않음).

| 물음 |

(1) 음성상사(주)의 20×2년도 거래를 분개하라.

(2) 음성상사(주)의 20×2년도 부분 재무상태표와 부분 포괄손익계산서를 작성하라(아래 재무제표의 괄호 속에 적절한 숫자를 기입하라).

재무상태표

음성상사(주) 20×2년 12월 31일 (단위: 천 원)

자산		부채	
유동자산:		유동부채:	
현금	(　　)	매입채무	(　　)
매출채권	(　　)	단기차입금	(　　)
유형자산:			
토지	(　　)		
건설 중인 자산	(　　)		
건물	(　　)		
감가상각누계액	(　　)		
무형자산:			
개발비	(　　)		
영업권	(　　)		

포괄손익계산서		
음성상사(주)	20×2년 1월 1일~20×2년 12월 31일	(단위: 천 원)
일반관리비		
감가상각비		(　　)
경상개발비		(　　)
개발비상각비		(　　)
기타수익		
유형자산(토지)처분이익		(　　)
기타비용		
유형자산(건물)처분손실		(　　)
영업권손상차손		(　　)

제9장

금융상품에 대한 투자활동

유 · 무형자산에 대한 투자활동 이외에 기업은 타 회사가 발행하는 지분상품이나 채무증권과 같은 금융상품에 투자할 수 있다. 본 장에서는 금융상품에 투자하고 있는 기업의 재무상태표에 보고되는 금융자산에 대하여 설명한다. 기업이 보유하는 지분상품이나 채무증권과 같은 금융자산은 회계처리 목적에 따라 당기손익인식금융자산, 만기보유금융자산, 매도가능금융자산으로 분류될 수 있으며, 본 장에서는 현금 및 현금성자산을 포함하는 금융자산의 개념과 각 거래 시점별 회계처리에 대하여 설명한다.

제1절 금융상품의 의의

기업은 자금이 부족하면 주식 발행이나 차입을 통하여 외부에서 자금을 조달하며, 여유자금이 있을 때에는 투자수익(예: 시세차익, 이자, 배당수익 등)을 얻기 위하여 다른 기업이나 실체(예: 정부, 지방자치단체, 금융기관 등)가 발행하는 지분상품이나 채무증권과 같은 금융상품에 투자할 수 있다.

금융상품(financial instruments)은 거래 당사자 일방에게 금융자산(권리)을 발생시키고 동시에 다른 거래 상대방에게는 금융부채(의무) 또는 지분상품을 발생시키는 모든 계약이다. 따라서 재무보고 시 동일한 금융상품에 대하여 금융상품의 보유자는 금융자산으로, 금융상품의 발행자는 금융부채 또는 지분상품으로 인식한다. 그림으로 요약하면 다음의 [그림 9-1]과 같다.

● 그림 9-1 ● 금융상품의 재무보고

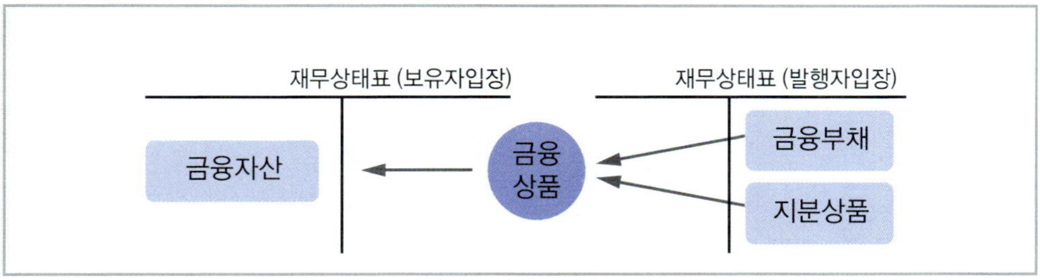

본 장에서는 금융상품 보유자의 재무상태표에 보고되는 금융자산에 대하여 설명하고, 제10장에서는 금융부채, 그리고 제11장에서는 지분상품에 대하여 설명하기로 한다.

국제회계기준에서는 현금, 다른 기업의 지분상품 및 거래 상대방에게서 현금 등을 수취할 계약상 권리를 **금융자산**(financial assets)으로 정의한다. 구체적으로 금융자산에는 현금 및 현금성자산, 매출채권 및 기타수취채권, 다른 기업이 발행한 주식이나 채권 등이 있다. 매출채권 및 기타수취채권은 제7장에서 다루었으므로, 본 장에서는 금융자산 중 현금 및 현금성자산과 다른 기업이 발행한 금융상품에 관하여 설명한다.

| 제2절 | 현금 및 현금성자산

2-1 현금 및 현금성자산의 분류

기업은 원활한 경영을 위하여 항상 일정한 수준의 현금을 보유해야 한다. 예를 들어, 원재료 구입, 인건비 · 세금 등 각종 비용의 지급, 부채 상환 등을 위하여 현금을 보유할 필요가 있다. 그리고 비상사태나 돌발적 상황에 대처하기 위하여 또는 미래 더 좋은 투자기회를 포착할 경우에 투자하기 위하여 현금을 보유한다.

기말 현재 기업이 보유하고 있는 현금에 대한 정보는 재무상태표의 현금 및 현금성자산(cash and cash equivalents)을 통해서 알 수 있다. 현금은 통화 및 통화대용증권을 지칭한다. 통화대용증권이란 통화와 다름없는 당좌수표, 자기앞수표, 우편환증서, 만기도래채권이자표, 배당지급통지표 등이 속한다. 그리고 당좌예금이나 보통예금은 예금자가 언제든지 인출할 수 있는 요구불예금이므로 현금과 차이가 없다.

현금성자산은 큰 거래비용 없이 확정된 현금으로 전환하는 데 어려움이 없는 금융상품이다. 일반적으로 취득시점에서 만기가 3개월 이내에 도래하는 국채, 양도성예금증서 등은 보유기간이 단기이므로 금융상품의 가치변동이 거의 없는 것으로 간주하며 현금과 유사한 항목으로 취급한다. 그 외, 정기예금이나 정기적금 등 만기가 1년 이내 도래하는 정형화된 금융상품은 현금 및 현금성자산과 구분해서 단기금융상품으로 분류한다. 현금 및 현금성자산의 구성은 〈표 9-1〉에 요약되어 있다.

● 표 9-1 ● 현금 및 현금성자산

계정과목	분류기준		사례
현금 및 현금성자산	현금	기업 보유 현금	통화, 통화대용증권
		은행 보유 현금	보통예금, 당좌예금
	현금성자산	취득 당시 만기가 3개월 이내인 확정 금액형 금융상품	양도성예금증서, 기업어음, 환매조건부채권 등
단기금융상품	기말 현재 만기가 1년 이내인 정형화된 금융상품		정기예금, 정기적금 등

예제 9-1

다음은 20×1년 말에 전주상사(주)가 보유한 금융자산이다.

① 환매채(취득 당시 만기가 150일)
② 만기가 2년 남은 정기적금
③ 결산일 현재 만기가 8개월 남은 정기예금
④ 취득 당시 만기가 2개월인 환매체
⑤ 당좌예금

| 물음 | 위의 각 자산을 현금 및 현금성자산, 단기금융상품, 그리고 장기금융상품으로 분류하라.

| 풀이 |
④와 ⑤는 현금 및 현금성자산, ①과 ③은 단기금융상품, 그리고 ②는 장기금융상품으로 분류한다.

2-2 소액현금제도

현금은 거래수단으로 광범위하게 사용되기 때문에 효율적인 현금 운용을 위해서는 통제가 필요하다. 기업이 거액을 지급하거나 또는 기업 전체 차원에서 대금을 지급해야 하는 경우는 회계부서가 맡아서 현금을 지급한다. 그러나 기업 내 각 부서에서 반복적으로 발생하는 소액의 거래를 거래 발생시점마다 회계부서를 통해야 한다면 매우 번거로울 것이다.

기업은 반복적으로 발생하는 소액의 지출거래를 위하여 일정 금액을 각 부서장에게 미리 지급한 후에 정기적으로 정산을 하는데 이를 **소액현금**(petty cash fund)제도라고 부른다. 일정 기간마다 각 부서가 정액의 자금을 받아서 사용하고 사용금액만큼 다시 보충한다고 해서 정액자금전도제라고 하기도 한다.

다음의 예를 통하여 소액현금제도를 살펴보자. 20×1년 3월 1일에 대구상사(주)의 회계부장은 영업부장에게 1개월분의 영업부서 운영비로 500,000원을 수표로 지급했다고 가정하자. 이때 필요한 분개는 다음과 같다.

(차) 소액현금	500,000	(대) 당좌예금	500,000

위의 분개로 소액현금이라는 자산이 500,000원 증가하고, 당좌예금이 500,000원 감소하였지만, 두 계정 모두 '현금 및 현금성자산'에 속하는 것으로서 동일 계정 내에서의 재분류에 불과하며 총액은 변화가 없다.

그 후 20×1년 3월 31일까지 영업부장은 부서운영비로 350,000원을 사용하였으며, 통신요금 155,000원, 문구류 구입비 75,000원, 교통비 120,000원을 부서운영비 사용내역으로 회계부장에게 보고하였다.

회계부장은 영업부장이 제출한 사용내역과 영수증을 확인한 후에 3월의 사용금액인 350,000원을 다시 보충하여 주었다. 그러면 영업부서의 소액현금 잔액은 다시 500,000원이 될 것이다. 회계부서는 다음과 같이 분개한다.

(차) 통 신 비	155,000	(대) 당좌예금	350,000
소모품비	75,000		
교 통 비	120,000		

만약, 지출금액과 잔여금액의 합계액이 당초의 소액현금과 일치하지 않는다면 불일치의 원인이 밝혀질 때까지 현금과부족계정을 사용하여 대차의 균형을 유지시킨다. 위의 예에서, 20×1년 3월 31일에 지출내역이 확인되는 금액은 350,000인데 소액현금의 실제 잔여금액이 140,000원이라면 다음과 같이 분개한다.

(차) 통 신 비	155,000	(대) 당좌예금	360,000
소 모 품 비	75,000		
교 통 비	120,000		
현금과부족	10,000		

현금과부족 계정은 현금시제액과 장부금액의 차이를 파악하기 위한 임시계정이므로 현금과부족의 원인이 밝혀지면 적절한 계정으로 대체시킨다. 그러나 기말까지 원인이 밝혀지지 않으면 다음과 같은 분개를 통하여 잡손실로 처리한다.

(차) 잡 손 실	10,000	(대) 현금과부족	10,000

제3절 지분상품

3-1 금융상품의 분류

앞에서 설명한 바와 같이, 기업은 경영활동에 필요한 것보다 더 많은 현금을 보유하는 경우 다른 기업이나 실체가 발행한 주식, 국채, 공채, 사채 등의 금융상품에 투자하여 수익을 올릴 수 있다. 이러한 금융상품을 취득하는 경우 기업은 유가증권이라는 재산권을 보유하게 되는데 크게 지분증권과 채무증권으로 분류된다.[1)]

지분증권(equity securities)은 주식을 발행한 회사의 순자산에 대한 소유지분을 나타내는 유가증권으로 다른 기업의 주식에 투자한 경우이다. 채무증권(debt securities)은 발행자에게 약정된 현금을 청구할 수 있는 권리를 나타내는 유가증권으로 국채, 공채, 사채 등에 투자한 경우이다. 한국채택국제회계기준에서는 이러한 유가증권을 성격과 보유의도에 따라 당기손익인식금융자산, 만기보유금융자산, 매도가능금융자산으로 분류하고 있다.

당기손익인식금융자산은 단기간 내에 매각하여 시세차익을 확보할 목적으로 보유하는 지분증권이나 채무증권을 말한다. 단기매매금융자산이라 부르기도 한다. 단기매매금융자산은 아니지만 기업의 취득시점에 당기손익인식 항목으로 지정한 금융자산도 당기손익인식금융자산에 포함된다.

1) 금융상품을 취득한 투자자는 보유하고 있는 금융상품에 대한 재산권을 가지므로 지분증권과 채무증권이라는 용어를 사용한다.

만기보유금융자산은 만기가 고정되어 있고 지급금액이 확정된 금융상품으로 만기까지 보유할 의도와 능력이 있는 경우에 해당된다. 지분증권은 만기가 없기 때문에 만기보유금융자산으로 분류될 수 없으며 채무증권만 만기보유금융자산으로 분류할 수 있다.

당기손익인식금융자산이나 만기보유금융자산으로 분류되지 않는 지분증권과 채무증권은 매도가능금융자산으로 분류된다.

● 표 9-2 ● 금융상품(유가증권)의 분류

<table>
<tr><th>분류</th><th colspan="2">의의</th><th>지분증권</th><th>채무증권</th></tr>
<tr><td rowspan="2">당기손익인식금융자산</td><td>단기매매금융자산</td><td>단기간에 매각할 목적으로 보유하는 경우</td><td rowspan="2">○</td><td rowspan="2">○</td></tr>
<tr><td>당기손익인식지정금융자산</td><td>취득시점에 당기손익 항목으로 지정하는 경우</td></tr>
<tr><td>만기보유금융자산</td><td colspan="2">만기까지 보유할 의도와 능력이 있는 경우</td><td>×</td><td>○</td></tr>
<tr><td>매도가능금융자산</td><td colspan="2">그 외</td><td>○</td><td>○</td></tr>
</table>

3-2 지분증권의 취득

지분증권은 취득시점에 공정가치(fair value)로 측정하여 재무상태표에 금융자산으로 인식한다. 이때 취득과 직접 관련된 거래원가(예: 중개수수료, 세금 등)는 당해 자산의 공정가치에 가산한다. 일반적으로 자산의 취득과정에서 발생하는 직접 거래원가는 자산의 취득원가에 가산하는 것이 원칙이다. 다만, 지분증권이 당기손익인식금융자산으로 분류되는 경우 취득 관련 직접원가는 당기비용으로 즉시 인식한다. 그 이유는 당기손익인식금융자산의 기말 평가와 관련되므로 후술하기로 한다. 지분증권의 취득 시 회계처리는 다음과 같다.

- 당기손익인식금융자산의 취득

(차) 당기손익인식금융자산	×××	(대) 현　　금	×××
수 수 료　비 용	×××		

- 매도가능금융자산의 취득

(차) 매도가능금융자산	×××*	(대) 현　　금	×××

* 직접관련 거래원가 가산

지분증권을 취득하면 배당을 받을 수 있는 권리가 있으며 현금 배당을 받은 경우 배당금수익을 인식한다. 배당금수익은 지분상품의 발행회사가 주주총회나 이사회에서 배당을 결의한 시점에 인식할 수 있다. 배당을 결의한 시점과 현금 배당금을 수취하는 시점이 다른 경우, 배당 결의시점에 배당금수익과 미수배당금을 인식한 후 현금 수취 시 미수배당금을 제거한다.

- 현금배당 결의시점

(차) 미수배당금	×××	(대) 배당금수익	×××

- 현금배당 수취시점

(차) 현　　금	×××	(대) 미수배당금	×××

3-3 지분증권의 기말 평가

지분증권은 취득 후 매 회계기말에 공정가치로 평가하여 공정가치의 변동을 평가손익으로 인식한다. 공정가치는 활성시장(active markets)이 존재하는 경우 시장가격을 의미한다. 따라서 주식의 거래가 활발하게 이루어지는 상장기업 주식의 공정가치는 시가(market value)라 할 수 있다. 그러나 활성시장이 형성되지 않는 비상장기업 주식의 공정가치는 전문가의 감정이나 가치평가기법 등을 적용하여 추정한다. 지분증권의 평가와 관련한 회계처리는 다음과 같다.

(차) 당기손익인식금융자산 (또는 매도가능금융자산)	×××	(대) 당기손익인식금융자산평가이익 (또는 매도가능금융자산평가이익)	×××

지분증권은 공정가치로 평가한 평가손익을 재무제표에 반영하는 형태에 따라 당기손익인식금융자산과 매도가능금융자산으로 구분된다. 당기손익인식금융자산은 평가손익을 당기순이익에 즉시 반영하는 금융자산이다. 이와 비교하여, 매도가능금융자산은 공정가치의 변동을 당기순이익에 반영하는 것이 아니라 기타포괄손익으로 분류하는 금융자산이다.[1)]

기업은 회계기말 현재 보유하고 있는 지분증권에 대하여 공정가치로 평가하므로 평가일 현재 지분증권의 평가손익은 모두 미실현손익이다. 그러나 당기손익인식금융자산은 단기간 내에 처분할 것이므로 해당 미실현손익이 처분을 통하여 실현될 가능성이 매우 높기 때문에 당기순이익에 반영한다.

앞서 설명한 당기손익인식금융자산의 취득 시 거래원가를 당기비용으로 인식하는 것도 이와 같은 이유이다. 즉, 당기손익인식금융자산의 거래원가를 취득원가에 가산하면 공정가치 평가이익이 덜 인식되므로 해당 거래원가를 처음부터 당기비용으로 처리한 것과 동일한 결과가 되는 것이다.

매도가능금융자산은 대부분 장기간 보유하기 때문에 해당 미실현손익을 당기순이익에 반영하게 되면 경영성과를 왜곡할 수 있다. 따라서 매도가능금융자산의 공정가치 변동은 기타포괄손익으로 보고되어 당기순이익에 영향을 주지 않고 총포괄손익을 구성하게 된다. 그리고 포괄손익계산서의 기타포괄손익은 재무상태표의 기타포괄손익누계액에 매년 누적시킨다. 이 누적액이 양(+)의 값을 가지면 평가이익이며 음(−)의 값을 가지면 평가손실로 표시된다.

예를 들어, 회사가 20×1년 초에 취득하여 매도가능금융자산으로 분류한 지분증권의 취득원가가 10,000원이며 20×1년 말의 공정가치가 12,000원이라고 가정하면 다음과 같이 분개한다.

(차) 매도가능금융자산	2,000	(대) 매도가능금융자산평가이익	2,000

1) 이러한 이유로 매도가능금융자산을 당기손익인식금융자산과 비교하여 기타포괄손익인식금융자산이라고도 한다.

그리고 20×1년 말 재무상태표와 포괄손익계산서에는 다음과 같이 표시된다.

재무상태표 (20×1년 12월 31일)

비유동자산		기타포괄손익누계액	
매도가능금융자산	12,000	매도가능금융자산평가이익	2,000

포괄손익계산서 (20×1년)

기타포괄손익	
매도가능금융자산평가이익	2,000

이후, 20×2년 말에 지분증권의 공정가치가 9,000원으로 하락하였다고 가정하자. 이는 전년 말의 장부금액과 비교하면 3,000원의 평가손실이 발생한 것이다. 앞서 설명한 바와 같이, 재무상태표의 기타포괄손익누계액에 표시되는 매도가능금융자산평가이익과 평가손실은 부호에 의해 구분되므로 두 개의 별도 계정이 아니라 하나의 계정으로 운영되는 것이다. 즉, 기존의 매도가능금융자산평가이익(+) 2,000원에 추가적으로 평가손실(-) 3,000원이 누적되는 개념이다. 결국 매도가능금융자산평가이익(+)과 평가손실(-)은 서로 상계되어 매도가능금융자산평가손실(-) 1,000원이 표시되는 것이다. 분개로 나타내면 다음과 같다.

(차) 매도가능금융자산평가이익	2,000	(대) 매도가능금융자산	3,000
매도가능금융자산평가손실	1,000		

20×2년 말 회사의 재무상태표와 포괄손익계산서는 다음과 같이 표시할 수 있다.

재무상태표 (20×2년 12월 31일)

비유동자산		기타포괄손익누계액	
매도가능금융자산	9,000	매도가능금융자산평가손실	1,000

포괄손익계산서 (20×2년도)

기타포괄손익	
매도가능금융자산평가손실	3,000

표 9-3 지분증권의 거래원가 및 평가손익의 인식

지분증권의 구분	취득 관련 거래원가	기말 공정가치 평가손익
당기손익인식금융자산	당기비용으로 인식	당기손익으로 인식
매도가능금융자산	취득원가에 가산	기타포괄손익으로 인식

예제 9-2

홍천상사(주)는 20×1년 9월 1일에 지분증권을 취득하였으며 취득과 관련하여 수수료비용이 ₩10,000 발생하였다. 지분증권 관련 거래 자료는 다음과 같다.

종목	취득시점 공정가치	기말시점 공정가치
S전자 주식 300주	주당 ₩1,000	주당 ₩1,200

| 물음 |

(1) 홍천상사(주)가 위의 지분증권을 당기손익인식금융자산으로 분류한 경우, 취득 시점과 기말 시점의 분개를 하고 20×1년 부분 재무상태표와 포괄손익계산서를 작성하라.

(2) 홍천상사(주)가 위의 지분증권을 매도가능금융자산으로 분류한 경우, 취득 시점과 기말 시점의 분개를 하고 20×1년 부분 재무상태표와 포괄손익계산서를 작성하라.

| 풀이 |

(1) 당기손익인식금융자산으로 분류한 경우

• 취득원가: 300주 × ₩1,000 = ₩300,000

(차) 당기손익인식금융자산	300,000	(대) 현 금	310,000
수수료비용	10,000		

• 기말 공정가치 평가: 300주 × ₩1,200 = ₩360,000 → 평가이익 ₩60,000

(차) 당기손익인식금융자산	60,000	(대) 당기손익인식금융자산평가이익	60,000

재무상태표 (20×1년 12월 31일)

유동자산		
당기손익인식금융자산	360,000	

포괄손익계산서 (20×1년도)

수수료비용	(10,000)
당기손익인식금융자산평가이익	60,000
당기순이익	50,000
기타포괄손익	×××
총포괄손익	50,000

(2) 매도가능금융자산으로 분류한 경우

• 취득원가: 300주×₩1,000 + ₩10,000 = ₩310,000

(차) 매도가능금융자산 310,000 (대) 현 금 310,000

• 기말 공정가치 평가: 300주×₩1,200 = ₩360,000 → 평가이익 ₩50,000

(차) 매도가능금융자산 50,000 (대) 매도가능금융자산평가이익 50,000

재무상태표 (20×1년 12월 31일)

비유동자산		기타포괄손익누계액	
매도가능금융자산	360,000	매도가능금융자산평가이익	50,000

포괄손익계산서 (20×1년도)

당기순이익	×××
기타포괄손익	
매도가능금융자산평가이익	50,000
총포괄손익	50,000

* 이상에서 확인한 바와 같이 지분증권을 당기손익인식금융자산으로 분류하거나 매도가능금융자산으로 분류하는 경우 당기순이익에 미치는 영향은 차이를 보이지만 총포괄손익은 동일하다.

3-4 지분증권의 처분

기업이 보유하고 있던 지분증권을 처분하는 경우, 처분 시 현금수령액과 장부가액이 차이를 보인다면 그 차액을 처분이익이나 처분손실로 인식한다. 당기손익인식금융자산으로 분류한 지분증권의 처분시점에 다음과 같이 분개한다.

(차) 현 금	×××	(대) 당기손익인식금융자산	×××
		당기손익인식금융자산처분이익	×××
또는			
(차) 현 금	×××	(대) 당기손익인식금융자산	×××
당기손익인식금융자산처분손실	×××		

한편, 매도가능금융자산을 처분하는 경우에는 그동안 기타포괄손익누계액에 누적해 온 매도가능금융자산평가손익을 모두 제거하여 처분손익에 반영시켜야 한다. 기업이 지분증권을 매도가능금융자산으로 분류한 경우 공정가치 변동으로 인한 평가손익은 미실현손익이므로 실현시점까지 기타포괄손익으로 누적시킨다. 따라서 해당 금융자산이 처분되면 처분시점까지 연기하였던 미실현손익을 실현손익으로 전환하는 작업이 필요하다. 매도가능금융자산평가이익을 인식한 매도가능금융자산을 처분하였다면 다음과 같이 분개한다.

(차) 현 금	×××	(대) 매도가능금융자산	×××
매도가능금융자산평가이익	×××	매도가능금융자산처분이익	×××
또는			
(차) 현 금	×××	(대) 매도가능금융자산	×××
매도가능금융자산평가이익	×××		
매도가능금융자산처분손실	×××		

예제 9-3

위의 〈예제 9-2〉에서, 홍천상사(주)는 20×2년에 S전자 주식 150주를 주당 ₩1,500에 처분하고 현금을 수령하였다. 기말시점에 S전자 주식의 공정가치는 주당 ₩1,100으로 확인되었다.

| 물음 |

(1) 홍천상사(주)가 S전자 지분증권을 당기손익인식금융자산으로 분류한 경우, 처분시점의 분개를 하고 20×2년 부분 포괄손익계산서를 작성하라.

(2) 홍천상사(주)가 S전자 지분증권을 매도가능금융자산으로 분류한 경우, 처분시점의 분개를 하고 20×2년 부분 포괄손익계산서를 작성하라.

(3) 홍천상사(주)가 S전자 지분증권을 매도가능금융자산으로 분류한 경우, 20×2년 말의 분개를 하고 20×2년 부분 재무상태표를 작성하라.

| 풀이 |

(1) 당기손익인식금융자산으로 분류한 경우

처분금액 = 150주×₩1,500 = ₩225,000
장부금액 = 150주×₩1,200 = (180,000)
처분이익 ₩45,000

(차) 현 금	225,000	(대) 당기손익인식금융자산	180,000
		당기손익인식금융자산처분이익	45,000

포괄손익계산서 (20×2년도)

당기손익인식금융자산처분이익	45,000
당기순이익	45,000
기타포괄손익	×××
총포괄손익	45,000

(2) 매도가능금융자산으로 분류한 경우

처분금액 = 150주×₩1,500 = ₩225,000
장부금액 = 150주×₩1,200 = (180,000)
20×1년 평가이익 = ₩25,000
처분이익 ₩70,000

(차) 현 금	225,000	(대) 매도가능금융자산	180,000
매도가능금융자산평가이익	25,000	매도가능금융자산처분이익	70,000

포괄손익계산서 (20×2년도)

매도가능금융자산처분이익	70,000
당기순이익	70,000
기타포괄손익	
매도가능금융자산평가이익	(25,000)
총포괄손익	45,000

* 이상에서 확인한 바와 같이 지분증권을 당기손익인식금융자산으로 분류하거나 매도가능금융자산으로 분류하는 경우 당기순이익에 미치는 영향은 차이를 보이지만 총포괄손익은 동일하다.

(3) 매도가능금융자산으로 분류한 경우

20×2년 말 공정가치	: 150주×₩1,100 =	₩165,000
장부가액(직전년도 말 공정가치)	: 150주×₩1,200 =	(180,000)
	평가손실	₩15,000

20×1년 말 현재 재무상태표에 매도가능금융자산평가이익(+)이 ₩25,000 있으므로 20×2년 매도가능금융자산평가손실(-) ₩15,000이 추가적으로 누적되면 평가이익(+) ₩10,000이 남게 된다. 분개는 다음과 같다.

(차) 매도가능금융자산평가이익	15,000	(대) 매도가능금융자산	15,000

재무상태표 (20×2년 12월 31일)

비유동자산		기타포괄손익누계액	
매도가능금융자산	165,000	매도가능금융자산평가이익	10,000

| 제4절 | 채무상품

채무상품의 투자자는 발행자에게 약정된 현금을 청구할 수 있는 권리를 가지므로 해당 채무상품을 재무상태표에 금융자산으로 보고한다. 국채, 공채, 사채 등에 투자한 경우 보유하게 되는 채무증권은 기업이 투자하는 목적에 따라 당기손익인식금융자산, 만기보유금융자산, 또는 매도가능금융자산으로 구분한다.

앞서 설명한 지분증권과 마찬가지로, 기업이 단기간 내의 빈번한 거래를 통한 시세차익을 확보할 목적으로 채무증권에 투자하는 경우 당기손익인식금융자산으로 분류한다. 기업이 회사채나 국공채 등의 채무증권에 투자하는 목적이 만기까지의 이자와 원금을 수취하는 것이라면 만기보유금융자산으로 분류하며, 나머지는 매도가능금융자산으로 분류한다.[2)]

4-1 채무증권의 취득

지분증권과 마찬가지로, 채무증권도 취득시점의 공정가치로 재무상태표에 인식한다. 이때, 취득과 직접 관련하여 발생하는 거래원가는 채무증권의 취득원가에 가산하는 것을 원칙으로 하나, 채무증권이 당기손익인식금융자산으로 분류되는 경우에는 당기 비용으로 처리한다.

채무증권은 일반적으로 이자와 원금을 합쳐서 일괄거래하기 때문에 매입가격에 이자부분이 포함된 경우가 많다. 따라서 이자를 분리하여 채무증권의 취득원가를 고려하여야 한다.

예를 들어, 20×1년 7월 1일에 춘천상사(주)가 채무증권을 1,000,000원에 취득하고 당기손익인식금융자산으로 분류하였다고 가정하자. 채무증권의 연 이자율이 10%이고 이자지급일이 20×1년 12월 31일이라면, 회사는 20×1년 12월 31일에 1년분 이

2) 채무상품을 취득한 투자자 입장의 회계처리는 채무상품 발행자의 회계처리(제10장)와 동일하다. 따라서 본 절에서는 당기손익인식금융자산을 중심으로 채무증권에 대한 설명을 진행하며, 제10장에서 만기보유금융자산에 대하여 설명하기로 한다.

자 100,000원을 수령하게 된다. 그러나 채무증권의 보유기간은 6개월에 불과하므로 매입가격 1,000,000원 속에는 6개월분 이자 50,000원이 포함되어 있는 것이다. 이 경우 채무증권의 취득원가는 950,000원이며, 6개월분 이자 50,000원은 미수이자라는 계정과목으로 구분하여 회계처리하여야 한다.

(차) 당기손익인식금융자산	950,000	(대) 현 금	1,000,000
미수이자	50,000		

기업이 채무증권에 투자하면 정기적으로 이자수익을 받게 되며 이자수익은 포괄손익계산서에 기타수익으로 인식한다. 그리고 채무증권 취득 시 미수이자를 인식하였다면 현금이자 수취시점에 미수이자를 먼저 제거하고 나머지를 이자수익으로 인식한다. 위의 예에서, 춘천상사(주) 20×1년 12월 31일에 이자 100,000원을 현금으로 받았다고 가정하자. 그러면 미수이자 50,000을 먼저 제거하고 나머지 50,000원을 이자수익으로 인식한다.

(차) 현 금	100,000	(대) 미수이자	50,000
		이자수익	50,000

예제 9-4

20×1년 4월 1일에 청주상사(주)는 단기차익을 목적으로 원주전자(주)가 발행한 채무상품을 ₩3,030,000(미수이자 ₩30,000 포함)에 취득하고 거래수수료 ₩100,000을 별도로 지급했다. 채무증권의 이자율은 연 12%이고 이자지급일은 20×1년 12월 31일이다.

| 물음 |

청주상사(주)가 채무상품을 당기손익인식금융자산으로 분류하는 경우, 취득시점과 이자수취일의 분개를 하라.

| 풀이 |

• 취득 시:

(차) 당기손익인식금융자산	3,000,000	(대) 현　　금	3,130,000
미 수 이 자	30,000		
수수료비용	100,000		

• 이자수취 시:

(차) 현　　금	120,000	(대) 미수이자	30,000
		이자수익	90,000

4-2 채무증권의 기말평가와 처분

지분증권과 마찬가지로 채무증권도 기말시점에 공정가치로 평가한다. 다만, 채무증권이 만기보유금융자산으로 분류되는 경우에는 만기일까지 채무증권을 보유할 의도가 있으므로 보유기간 동안 공정가치의 변동을 인식하지 않는다.

채무증권이 당기손익인식금융자산이나 매도가능금융자산으로 분류되면 기말에 공정가치로 평가하여 재무상태표상의 장부금액을 공정가치로 변경시키고, 그 차이를 당기손익인식금융자산평가손익 또는 매도가능금융자산평가손익이라는 계정과목으로 포괄손익계산서에 포함시킨다. 당기손익인식금융자산평가손익은 당기순이익에 즉시 반영하지만, 매도가능금융자산평가손익은 기타포괄손익으로 재무상태표에 기타포괄손익누계액에 누적시킨다.

예를 들어, 20×1년 12월31일에 앞의 춘천상사(주)가 보유한 채무증권의 시가가 900,000원이라고 가정하면, 회사는 기말 재무상태표의 당기손익인식금융자산 금액을 900,000원으로 수정해야 하며, 동시에 50,000원의 당기손익인식금융자산평가손실을 인식해야 한다.

(차) 당기손익인식금융자산평가손실	50,000	(대) 당기손익인식금융자산	50,000

기업이 보유하고 있던 채무증권을 처분하는 경우에도 지분증권의 회계처리와 동일하다. 즉, 채무증권의 장부금액과 처분가액의 차액을 처분손익으로 인식한다. 이때, 회사가 채무증권을 매도가능금융자산으로 분류하였다면, 매도가능금융자산의 처분시점에 관련 매도가능증권평가손익도 함께 제거하여야 한다.

> 금융자산 처분손익 = 처분가액 - 처분시점의 장부금액

위의 예에서, 춘천상사(주)가 20×2년 1월 1일에 지분증권을 850,000원에 처분하였다고 가정하면, 처분가액 850,000원과 처분시점의 장부금액 900,000의 차액 50,000원을 당기손익인식금융자산처분손실로 인식한다.

(차) 현 금	850,000	(대) 당기손익인식금융자산	900,000
당기손익인식금융자산평가손실	50,000		

예제 9-5

위의 〈예제 9-4〉에서, 20×1년 12월 31일에 청주상사(주)가 보유하고 있는 채무증권의 공정가치가 ₩3,300,000으로 확인되었다. 청주상사(주)는 20×2년 1월 2일에 채무증권을 ₩3,350,000에 처분하고 처분수수료 ₩80,000을 별도로 지급하였다.

| 물음 |

청주상사(주)의 기말시점과 처분시점의 회계처리를 하시오.

| 풀이 |

• 기말시점

(차) 당기손익인식금융자산	300,000	(대) 당기손익인식금융자산평가이익	300,000

• 처분시점

(차) 현 금	3,270,000	(대) 당기손익인식금융자산	3,300,000
당기손익인식금융자산처분손실	30,000		

익 / 힘 / 문 / 제

1. 금융자산의 의의 및 종류를 설명하라.
2. 당기손익인식금융자산의 의의를 설명하라.
3. 만기보유금융자산의 의의를 설명하라.
4. 매도가능금융자산의 의의를 설명하라.
5. 당기손익인식금융자산의 취득원가는 어떻게 산정하는지 설명하라.
6. 당기손익인식금융자산의 기말평가방법을 설명하라.
7. 당기손익인식금융자산의 처분손익은 어떻게 계산하는지 설명하라.
8. 매도가능금융자산의 취득원가는 어떻게 산정하는지 설명하라.
9. 지분증권이 매도가능금융자산으로 분류되는 경우 기말평가방법을 설명하라.
10. 채무증권이 매도가능금융자산으로 분류되는 경우 기말평가방법을 설명하라.
11. 매도가능금융자산의 처분손익은 어떻게 계산하는지 설명하라.
12. 매도가능금융자산평가손익은 재무제표에 어떻게 표시되는지 설명하라.

연 / 습 / 문 / 제

9-1 기본개념의 이해

아래의 빈칸에 알맞은 단어나 숫자를 기입하라.

(1) 단기 시세차익을 얻기 위하여 시장에서 활발히 거래되고 있는 금융자산을 취득하였다면 그 금융자산은 (　　　　)으로 분류한다.

(2) 전주상사(주)는 금융상품 ₩100억을 현금으로 취득하고 중개수수료 ₩1억을 별도로 지급하였다. 이 금융상품을 당기손익인식금융자산으로 분류하면 그 취득원가는 ₩(　　　　)억, 그리고 매도가능금융자산으로 분류하면 그 취득원가는 ₩(　　　　)억으로 인식된다.

(3) 금융자산(채무증권)을 장기간 보유하며 만기까지 보유할 의도와 능력이 있는 경우는 (　　　　)으로 분류한다.

(4) [당기손익인식금융자산, 만기보유금융자산, 매도가능금융자산] 중에서 기말에 공정가치법을 적용하여 평가하지 않는 것은 무엇인가? [　　　　] 속에서 하나를 고른다면?

(5) [당기손익인식금융자산, 만기보유금융자산, 매도가능금융자산] 중에서 공정가치 변동을 기타포괄손익으로 분류하는 것은 무엇인가? [　　　　] 속에서 하나를 고른다면?

(6) 경희상사(주)는 만기보유금융자산을 ₩2,345에 취득하였다. 만약 취득금액 ₩2,345이 액면금액 ₩2,300과 경과 이자 ₩45으로 구성되어 있다면, 아래 분개의 괄호 속에 적절한 계정과목은?

(차) 만기보유금융자산	2,300	(대) 현 금	2,345
(　　　　　　)	45		

(7) 20×1년 3월 1일에 동국상사(주)는 효문상사(주)의 주식을 ₩100억에 취득하여 매도가능금융자산으로 분류하였다. 20×1년 12월 31일에 효문상사(주) 주식의 시가는 ₩120억으로 상승하였다. 이때 20×1년 말 동국상사(주)의 재무상태표에는 매도가능금융자산이 ₩(　　　　)억으로 기록되며, 포괄손익계산서의 당기손익은 ₩(　　　　)억이 기록된다.

(8) 매도가능금융자산평가손실이 ₩30,000 존재하는 상황에서 매도가능금융자산의 공정가치가 ₩100,000만큼 상승했다면, 기타포괄손익누계액에 표시되는 [매도가능금융자산평

가이익, 매도가능금융자산평가손실]은 ₩(   )이 된다. [ ]에서 하나를 고르고 ( )에 금액을 표시한다면?

(9) 매도가능금융자산평가이익이 ₩100,000 존재하는 상황에서 매도가능금융자산의 공정가치가 ₩90,000만큼 하락했다면, 기타포괄손익누계액에 표시되는 [매도가능금융자산평가이익, 매도가능금융자산평가손실]은 ₩(   )이 된다. [ ]에서 하나를 고르고 ( )에 금액을 표시한다면?

(10) 매도가능금융자산(채무증권)의 기말 측정에서 가장 먼저 인식해야 하는 항목은 [이자수익, 평가손익]이다.

(11) 서울상사(주)는 20×1년 초에 ₩94,000을 지급하고 매도가능금융자산(채무증권)을 취득하였다. 서울상사(주)는 20×1년도에 이 채무증권에 대하여 이자수익 ₩9,400을 인식하고 현금이자를 ₩8,000 수취하였다. 만약 20×1년 말에 이 채무증권의 공정가치가 ₩95,000이었다면 [매도가능금융자산평가이익, 매도가능금융자산평가손실] ₩(   )을 인식해야 한다. [ ]에서 하나를 고르고 ( )에 금액을 표시한다면?

(12) 20×1년 3월 1일에 동국상사(주)는 효문상사(주)의 주식을 ₩100억에 취득하여 매도가능금융자산으로 분류하였으며, 20×1년 12월 31일에 효문상사(주) 주식의 시가가 ₩120억으로 상승하여 그 평가손익을 기타포괄손익으로 인식하였다. 그 후 20×2년 2월 3일에 효문상사(주) 주식을 모두 ₩130억에 처분하였다면, 동국상사(주)가 인식해야 할 처분이익은 ₩(   )억이다.

(13) 위의 문제에서 효문상사(주)의 주식을 단기 시세차익 획득 목적으로 취득한 것이었다면 20×2년 2월 3일에 동국상사(주)가 인식해야 할 처분이익은 ₩(   )억이다.

9-2 금융자산의 분류

다음은 20×1년 말에 순천상사(주)가 보유한 금융자산의 종류이다. 당기손익인식금융자산은 T, 만기보유금융자산은 H, 매도가능금융자산은 A, 그리고 기타에는 O 자를 기입하라.

(1) 순천상사(주) 자신이 발행한 주식 ( )

(2) 당기손익인식금융자산으로 분류하지 않은 동대문상자(주)에 제공한 대여금 ( )

(3) 금융기관이 취급하는 시장성 있는 금융상품(취득 당시 만기까지의 기간 2개월) ( )

(4) 단기차익 목적의 국채(취득 당시 만기까지의 기간 6개월) ( )

(5) 단기차익 목적의 춘천상사(주)의 상장 주식 ( )

(6) 기말 평가손익을 기타포괄손익으로 분류하는 충주상사(주)의 주식

(7) 기말 평가손익을 기타포괄손익으로 분류하는 전주상사(주)의 회사채 (　)
(8) 만기까지 보유할 의도와 능력이 있는 서울상사(주)의 회사채 (　)

9-3 당기손익인식금융자산(I)

결산일이 12월 31일인 경기상사(주)는 단기 시세차익 획득을 목적으로 20×1년 5월 11일에 아래와 같은 네 가지의 상장주식을 취득하였다. 이들 금융자산의 거래와 결산일에서의 시가 자료는 다음과 같다.

종류	취득원가	20×1/12/31 시가	20×2년 중 처분액	20×2/12/31 시가
갑	₩1,250	₩1,100	-	₩1,000
을	1,530	1,620	₩1,600	-
병	1,220	1,090	-	1,160
정	1,500	1,750	1,840	-
합계	₩5,500	₩5,560	₩3,440	₩2,160

| 물음 |

(1) 20×1년 5월 11일의 금융자산 취득을 분개하라(한꺼번에 묶어서 조별법 적용).
(2) 20×1년 12월 31일의 금융자산 평가를 분개하라.
(3) 경기상사(주)의 20×1년도 재무상태표에는 당기손익인식금융자산이 ₩(　)으로 표시되며, 포괄손익계산서에는 당기손익인식금융자산평가이익이 ₩(　)으로 표시된다. (　)에 적절한 숫자를 기입하라.
(4) 위의 자료와 같이, 경기상사(주)는 20×2년 중에 을과 정의 주식을 ₩3,440에 현금으로 처분하였다. 금융자산 처분을 분개하라.
(5) 20×2년 12월 31일의 금융자산 평가를 분개하라.
(6) 경기상사(주)의 20×2년도 재무상태표에는 당기손익인식금융자산이 ₩(　)으로 표시되며, 포괄손익계산서에는 금융자산처분이익 ₩(　)과 당기손익인식금융자산평가손실 ₩(　)이 표시된다.

9-4 당기손익인식금융자산(II)

결산일이 12월 31일인 여수상사(주)의 20×1년 및 20×2년도 당기손익인식금융자산 거래는 다음과 같다.

① 20×1년 1월 1일: 삼성상사(주)가 발행한 사채(액면금액은 ₩10,000이며, 매년 12월 31일에 연 8%의 이자 지급) 500권을 권당 ₩9,900에 취득하였다.
② 20×1년 12월 31일: 삼성상사(주) 사채로부터 이자를 현금으로 받았다.
③ 20×1년 12월 31일: 삼성상사(주) 사채의 시가는 권당 ₩9,850이었다.
④ 20×2년 1월 2일: 삼성상사(주) 사채를 권당 ₩9,900에 처분하였다.

| 물음 |

위의 당기손익인식금융자산 거래 및 평가를 각각 분개하라.

9-5 당기손익인식금융자산(III)

다음은 12월 31일이 결산일인 부산상사(주)의 20×1년 및 20×2년도 당기손익인식금융자산 거래에 관한 자료이다.

① 20×1년 1월 1일: 단기 시세차익 획득을 목적으로 상장채권인 삼성전자(주)의 사채(발행일 20×1년 1월 1일, 액면이자율 10%, 액면금액 ₩10,000,000, 이자는 매년 말 지급)를 ₩9,450,000에 취득하였다. 이의 거래비용으로 현금 ₩50,000을 지급하였다.
② 20×1년 8월 11일: 단기 시세차익 목적으로 현대자동차(주) 주식 1,000주를 주당 ₩15,000에 취득하였다. 이의 거래비용으로 현금 ₩60,000을 지급하였다.
③ 20×1년 12월 31일: 삼성전자(주) 사채에 대한 이자 ₩1,000,000을 현금으로 수령하였다.
④ 20×1년 12월 31일: 삼성전자(주) 사채의 기말 시가는 ₩9,720,000이었으며, 현대자동차(주) 주식의 1주당 시가는 ₩14,000이었다.
⑤ 20×2년 1월 1일: 삼성전자(주) 사채를 ₩9,650,000에 처분하였다. 이의 거래비용으로 ₩50,000을 현금으로 지급하였다.
⑥ 20×2년 4월 22일: 현대자동차(주) 주식에 대한 배당금 ₩800,000을 현금으로 수령하였다.
⑦ 20×2년 8월 24일: 현대자동차(주) 주식을 1주당 ₩16,000에 처분하였다. 이의 거래비용으로 ₩60,000을 현금으로 지급하였다.

| 물음 |

위의 당기손익인식금융자산 거래 및 평가를 각각 분개하라. 단, 삼성전자(주)의 사채와 현대자동차(주)의 주식 취득을 묶어서 단일의 당기손익인식금융자산 계정으로 처리한다.

9-6 매도가능금융자산(I)

결산일이 12월 31일인 익산상사(주)는 20×1년 5월 8일에 하위상사(주)가 발행한 보통주 500주를 1주당 ₩7,000(합계 ₩3,500,000)에 현금을 지급하고 취득한 후 매도가능금융자산으로 분류하였다. 다음은 하위상사(주) 주식에 관한 자료이다.

- 20×1년 12월 31일의 하위상사(주)의 1주당 주가는 ₩6,000이었다.
- 20×2년 4월 25일에 하위상사(주)로부터 배당금 ₩200,000을 현금으로 받았다.
- 20×2년 12월 31일의 하위상사(주)의 1주당 주가는 ₩9,000이었다.
- 20×3년 5월 20일에 하위상사(주) 주식을 1주당 ₩9,200에 모두 처분하였다.

| 물음 |

(1) 20×1년 5월 8일에 하위상사(주) 주식의 취득에 관한 익산상사(주)의 분개는?

(2) 20×1년 12월 31일에 하위상사(주) 주식의 기말평가에 관한 분개는?

(3) 매도가능금융자산평가손익으로 인하여 익산상사(주)의 자본 총계는 [증가한다, 감소한다]. [ ]에 예시된 것 중에서 적절한 것을 고른다면?

(4) 20×2년 4월 25일의 배당금 수령에 관한 분개는?

(5) 20×2년 12월 31일에 하위상사(주) 주식의 기말평가에 관한 분개는?

(6) 익산상사(주)의 20×2년 말 재무상태표의 기타포괄손익누계액에는 [매도가능금융자산평가손실, 매도가능금융자산평가이익]이 ₩(　　　　)으로 표시된다. (　)에 적절한 숫자를 기입하고 [ ]에 예시된 것 중에서 하나를 고른다면?

(7) 20×3년 5월 20일의 하위상사(주) 주식의 처분에 관한 분개는?

9-7 매도가능금융자산(Ⅱ)

강원상사(주)는 20×1년 중에 한라상사(주)가 발행한 주식을 현금 ₩209,000에 취득(취득수수료 ₩4,000 지급액 포함)하고 매도가능금융자산으로 인식하였다. 강원상사(주)의 결산일은 12월 31일이고 취득 후 매 결산일에 한라상사(주)의 주가변동 자료는 다음과 같으며, 20×5년 2월에 강원상사(주)는 한라상사(주)의 주식을 ₩180,000에 처분하였다.

20×1년 12월 31일	20×1년 12월 31일	20×1년 12월 31일	20×1년 12월 31일
₩190,000	₩120,000	₩90,000	₩170,000

| 물음 |

(1) 강원상사(주)의 매도가능금융자산 취득과 기말평가 및 처분 시점의 분개를 제시하라.

(2) 강원상사(주)가 한라상사(주)의 주식을 당기손익인식금융자산으로 분류하였다고 가정하는 경우, 강원상사(주)의 당기손익인식금융자산 취득과 기말평가 및 처분 시점의 분개를 제시하라.

(3) 강원상사(주)가 한라상사(주)의 주식을 매도가능금융자산으로 분류한 경우와 당기손익인식금융자산으로 분류한 경우, 20×5년 주식 처분 이후 부분 포괄손익계산서를 작성하라.

제10장

사채발행을 통한 자금조달활동

기업은 경영활동에 필요한 장기적인 자금을 조달하기 위하여 사채를 발행할 수 있다. 본 장에서는 사채의 가치를 계산하기 위한 필수적 단계인 화폐의 시간가치에 대하여 설명한다. 이어서 사채의 발행 유형별로 사채 발행시점과 이자비용의 인식 및 원금 상환시점의 회계처리에 대하여 알아본다. 그리고 사채에 대한 투자자 입장에서의 관점도 소개한다. 즉, 사채의 취득시점과 이자수익의 인식 및 원금 회수시점의 회계처리에 대하여 설명한다.

제1절 사채의 의의

기업을 원활히 경영하려면 적절한 시설설비와 운전자본을 확보해야 하며, 이를 위해서는 자금이 필요하다. 경영자는 필요한 자금을 내부적으로 조달할 수도 있고 외부로부터 조달할 수도 있다. 기업은 대체로 장기적 설비투자 및 확장을 위해서 은행에서 장기차입하거나 또는 증권시장에서 회사채(corporate bonds)를 발행하여 자금을 조달한다.

사채는 기업이 장기자금을 차입하기 위하여 계약에 따라 일정한 이자를 지급하고 원금을 상환하기로 약속하는 유가증권(채무증권)이다. 기업은 증권시장에서 사채를 발행하는 방법을 통하여 일반 투자자로부터 자금을 차입한다. 이때 자금을 차입한 기업은 채무자가 되며 자금을 빌려준 투자자는 채권자가 된다.

사채의 권면에는 액면금액, 액면이자율, 발행일, 만기일, 이자지급방법, 발행회사 등에 대한 사항이 기록되어 있다. 액면금액(face value)은 발행회사가 채권자에게 만기일에 지급하기로 약속한 원금(1억 원)이다. 액면이자율(face rate of interest)은 채권자에게 지급하기로 약속한 연간 이자율(연 5%)로 표시이자율(stated rate)이라고 부른다.

● 그림 10-1 ● 회사채의 예

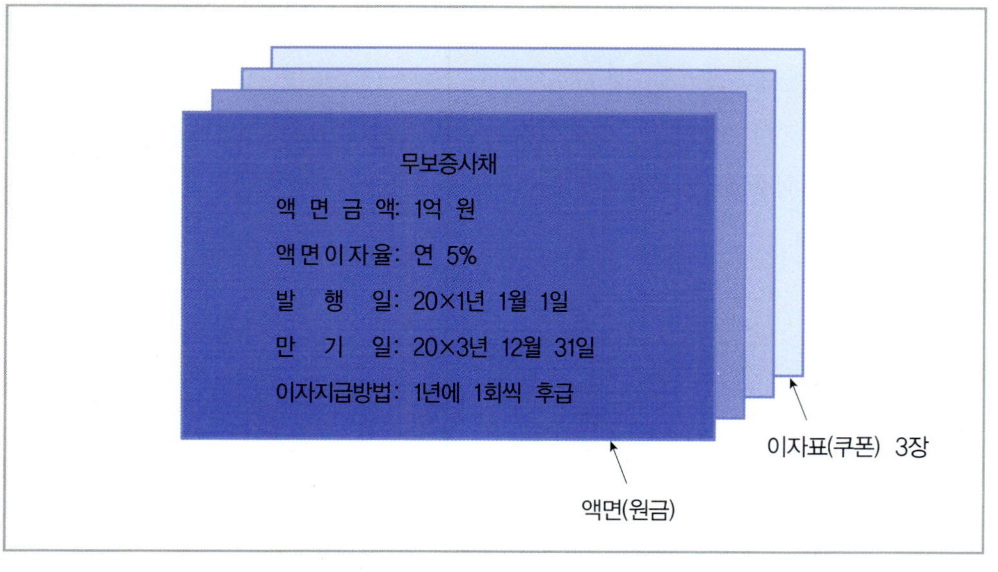

발행일은 회사채가 발행된 날짜이고(20×1년 1월 1일), 만기일(maturity date)은 액면금액의 지급을 약속한 날짜이다(20×3년 12월 31일). 이자지급방법은 이자지급 시기와 횟수 등을 명시한 것이다.

액면의 뒤에는 이자표(coupon, 쿠폰 또는 이표)가 붙어 있다. [그림 10-1]과 같이, 액면금액 1억 원, 액면이자율 5% 조건의 사채라면, 향후 3년에 걸쳐 매년 500만 원(=1억 원×5%)의 이자 지급을 약속한 것이기 때문에, 500만 원짜리 이자표가 3장 붙어 있다. 사채는 일반적으로 액면과 이자표를 독립적으로 사고팔 수 있으며, 이자 지급일이나 만기일에 증권회사에 의뢰하면 해당 금액을 자동이체시켜 준다.

사채를 발행하여 자금을 조달하는 경우 기업의 재무상태표에는 금융부채가 표시된다.[1] 사채는 계약에 의하여 거래 상대방에게 현금 등의 자산을 인도하여야 하므로 금융부채에 해당한다.[2] 그리고 사채는 원금을 상환하여야 하는 만기일이 정해져 있고, 만기일까지의 기간 중에는 정해진 이자를 지급해야 하는 확정채무이다. 즉, 기업은 재무상태표일 현재 회피불가능한 의무를 부담하게 된다.

제2절 화폐의 시간가치

사채를 공부하기 위해서는 **화폐의 시간가치**(time value of money)에 대한 이해가 필수적이다. 사채의 공정가치(fair value)가 미래의 만기일에 상환할 원금과 만기까지의 기간 중에 지급할 이자의 현재가치(present value)이기 때문이다. 본 절에서는 화폐금액을 현재시점 또는 미래시점으로 환산하는 방법을 설명한다.

---

1) 사채를 취득한 채권자의 입장에서는 채무증권이라는 금융상품을 보유하고 있으므로 재무상태표에 금융자산으로 보고한다.

2) 매입채무, 미지급금, 차입금 등도 금융부채로 분류된다.

2-1 단리이자와 복리이자

현금을 차입한 채무자가 미래의 만기일까지 지급할 이자와 원금을 합하면 차입한 금액보다 더 많은 금액을 지급한다. 결국 현재 빌리는 금액과 미래 상환하는 금액의 차이가 이자인 것이다. 이자를 계산하는 방법은 두 가지이다.

단리이자(simple interest) 계산법은 원금에 대해서만 이자를 계산하는 방법이다. 이와 비교하여, 복리이자(compound interest) 계산법은 원금은 물론 이자에도 이자가 붙는 계산법이다. 복리이자는 원금에 이자가 가산되어 새로운 원금이 되고 그 새로운 원금을 기초로 다시 이자계산을 반복한다. 예를 들어, 연 이자율 10%로 100,000원을 3년간 차입한 경우 단리이자와 복리이자는 다음과 같이 계산된다.

연도	단리이자	복리이자
1차연도	₩100,000×0.1 = ₩10,000	₩100,000×0.1 = ₩10,000
2차연도	100,000×0.1 = 10,000	(100,000+10,000)×0.1 = 11,000
3차연도	100,000×0.1 = 10,000	(100,000+21,000)×0.1 = 12,100
합 계	₩30,000	₩33,100

일반적으로 1년 이상 기간의 이자를 계산하는 경우 복리를 적용하는 것이 관행이며, 기업이나 금융기관에서 이자계산을 할 때 사용하는 이자의 개념도 복리의 개념이다. 따라서 후술되는 현재가치와 미래가치의 설명에서도 복리이자의 개념을 사용한다.

2-2 현재가치와 미래가치

1) 단일금액의 미래가치

미래가치(future value, FV)는 현재의 일정 금액을 미래시점에서 평가한 가치이다. 예를 들어, 현재 1,000원을 3년간 연 10% 이자율로 정기예금할 경우, 원금과 이자를 합산한 3년 후의 금액이 미래가치이다. 그림으로 나타내면 다음과 같다.

● 그림 10-2 ● 미래가치의 계산

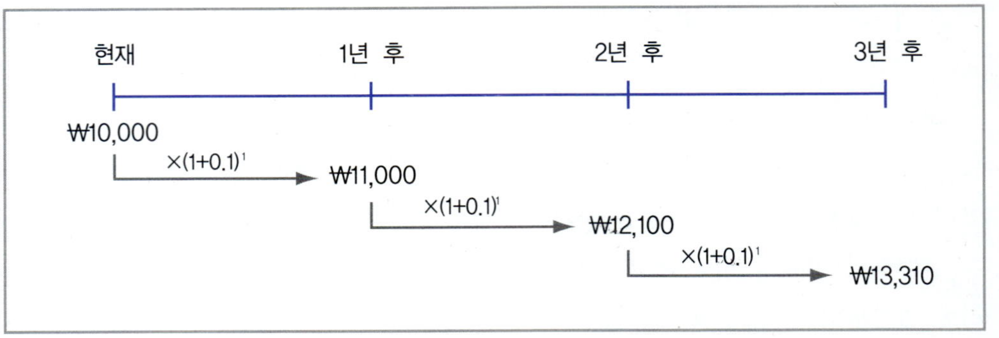

현재시점($t=0$)에서 단일금액 PV_0를 기간당 복리이자율 r로 예금할 경우, n기간 후의 미래가치(FV_n)는 다음과 같이 표현된다.

$$FV_n = PV_0 \times (1+r)^n$$

예제 10-1

현재시점에서 ₩1,000,000을 연 이자율(r) 6%의 복리로 예금한다면 10년 후에 원금과 이자의 합계(미래가치)는 얼마인가?

| 풀이 |

미래가치 = ₩1,000,000 × $(1+0.06)^{10}$ = ₩1,790,800[3)]

여기서, ₩1,000,000을 연 6%로 10년간 예금할 경우의 복리이자는 ₩790,800이다. ₩1,000,000의 10년간 시간가치(time value)가 이자 ₩790,800인 것이다. 위에서 설명한 바와 같이, 결국 화폐의 시간가치는 이자이며 미래가치와 현재금액의 차이이다.

---

3) 위의 식에서 $(1+0.06)^{10}$은 계산기로 직접 계산할 수도 있으나, 편의상 본서의 부록 1에 제시되어 있는 '〈부표 1〉 단일금액의 미래가치 표'를 이용할 수 있다. 〈부표 1〉에서 복리이자율 $r=0.06$, 기간 $n=10$이 만나는 수치는 1.7908이다. 이는 현재 1원의 10년 후 미래가치가 1.7908원이라는 말이다.

2) 단일금액의 현재가치

현재가치(present value, PV)는 미래의 일정 금액을 현재시점에서 평가한 가치로서, 미래가치와는 역의 관계에 있다. 예를 들어, 3년 후 1,000원을 현금으로 회수하기 위하여 3년간 연 10% 이자율의 정기예금에 가입한다면 현재 7,513원을 가입하여야 한다. 그림으로 나타내면 다음과 같다.

● 그림 10-3 ● 현재가치의 계산

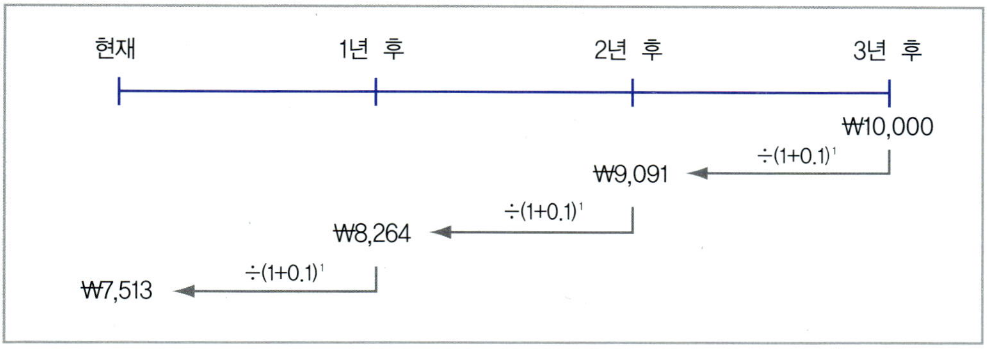

따라서 미래시점($t=n$)의 단일금액 FV_n에 대하여 복리이자율 r을 적용하여 계산한 현재가치(PV_0)는 다음과 같이 표현된다.

$$PV_0 = \frac{FV_n}{(1+r)^n}$$

예제 10-2

10년 후의 ₩1,790,800을 연간 복리이자율(r) 6%를 적용하여 계산한 현재가치는 얼마인가?

| 풀이 |

$$\text{현재가치} = \frac{1{,}790{,}800}{(1+0.06)^{10}} = ₩1{,}000{,}000$$ [4]

일상생활에서의 의사결정은 현재시점에서 이루어지기 때문에, 미래시점보다는 현재시점으로 화폐가치를 통일하여 비교하는 상황이 더 자주 발생한다. 화폐의 현재가치는 미래 현금흐름의 할인액이라고 부르며, 현재가치 계산을 위해서는 적절한 할인율(r, discount rate)을 가정해야 한다. 일반적으로 현재가치 계산에 사용되는 할인율은 할인 시점의 시장이자율이다.

3) 연금의 현재가치

연금(annuity)의 현금흐름이란 일정 기간마다 동일한 금액이 연속적으로 지급되거나 수취되는 경우를 말한다. 할부금의 균등 상환이나 정기적인 이자지급의 경우 연금의 현금흐름을 보인다. 이러한 현금흐름이 매 기간 말에 발생하는 연금을 정상연금(ordinary annuity)이라고 부른다. 이와 비교하여, 임대료나 리스료같이 현금흐름이 매 기간 초에 발생하는 연금을 이상연금(annuity due)이라 부른다.[5)]

정상연금의 현재가치는 매 기간 말에 발생하는 각각의 현금흐름을 현재시점의 금액으로 환산한 다음, 그것들을 합계한 금액이다. 미래 n기간 동안 동일 금액 A원의 정상연금을 복리이자율 r로 할인할 경우 현재가치는 다음과 같다.

$$PV_0 = \sum_{t=1}^{n} \frac{A}{(1+r)^t}$$

4) 여기서 $1/(1+0.06)^{10}$은 계산기로 직접 계산할 수도 있으나, 편의상 본서의 〈부록 1〉에 제시되어 있는 '〈부표 2〉 단일금액의 현재가치 표'를 이용할 수 있다. 〈부표 2〉에서 복리이자율 $r=0.06$, 기간 $n=10$이 만나는 수치는 0.5584이다. 이는 10년 후 1원의 현재가치는 0.5584원이라는 의미이다.

5) 통상적으로 연금은 정상연금을 의미하며, 본서에서는 정상연금의 현재가치와 미래가치에 대하여 설명한다.

예제 10-3

장길산 씨는 향후 매년 말에 ₩1,000,000의 퇴직연금을 3년에 걸쳐 받기로 결정하였다. 연간 할인율(r)이 6%일 때 이 정상연금의 현재가치는 얼마인가?

| 풀이 |

매년 말에 지급받는 각각의 ₩1,000,000에 대한 현재가치의 합계는 다음과 같다.

$$\frac{1{,}000{,}000}{(1+0.06)} + \frac{1{,}000{,}000}{(1+0.06)^2} + \frac{1{,}000{,}000}{(1+0.06)^3} = ₩1{,}000{,}000 \times \sum_{t=1}^{3} \frac{1}{(1+0.06)^t}$$ [6)]

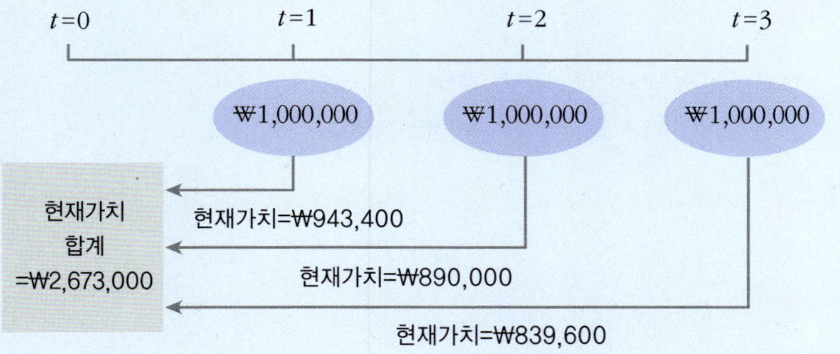

4) 연금의 미래가치

정상연금의 미래가치는 매 기간 말에 발생하는 각각의 현금흐름을 미래 일정 시점의 금액으로 환산한 다음, 그것들을 합계한 금액이다. 따라서 앞에서 설명한 단일금액의 미래가치를 각각 계산한 후, 그것들을 합계하는 방법을 적용하면 된다. n기간 동안 매 기간 말에 동일 금액 A원을 복리이자율 r로 적립할 경우 n기간 후의 미래가치는 다음과 같다.

---

6) 여기서 $\sum_{t=1}^{3} \frac{1}{(1+0.06)^t}$은 계산기로 직접 계산할 수도 있으나, 편의상 본서의 〈부록 1〉에 제시되어 있는 '〈부표 4〉 연금의 현재가치 표'를 이용할 수 있다. 〈부표 4〉에서 복리이자율 $r=0.06$, 기간 $n=3$이 만나는 수치는 2.6730이다. 이는 미래 3년 동안 매년 말에 1원을 지급하는 연금의 현재가치는 2.6730원이라는 의미이다.

$$FV_n = A \times \sum_{t=0}^{n-1}(1+r)^t$$

예제 10-4

홍길동 씨는 추후 차입금을 상환하기 위하여 매년 말에 ₩1,000,000씩 연간 복리이자율(r) 6%로 3년간 예금하였다. 홍길동 씨는 3년 후에 얼마의 금액을 찾게 되나?

| 풀이 |

매년 말에 적립하는 각각의 ₩1,000,000에 대한 미래가치의 합계는 다음과 같다.

$$1{,}000{,}000 \times (1+0.06)^2 + 1{,}000{,}000 \times (1+0.06) + 1{,}000{,}000$$
$$= ₩1{,}000{,}000 \times \sum_{t=0}^{2}(1+0.06)^t = ₩3{,}183{,}600$$ [7)]

| 제3절 | 사채의 발행

3-1 사채의 발행가액

사채의 발행자는 발행시점의 공정가치로 금융부채를 인식하고, 사채의 투자자는 취득시점의 공정가치로 금융자산을 인식한다. 앞서 설명한 바와 같이, 사채의 공정가치는 미래 현금흐름의 현재가치로 측정하며, 현재가치 계산을 위해서는 적정한 할인율이 필요하다. 따라서 동일한 현금흐름을 가지는 사채를 발행한다 하더라도 현재가

7) 여기서 $\sum_{t=0}^{2}(1+0.06)^t$는 계산기로 직접 계산할 수도 있으나, 편의상 본서의 〈부록 1〉에 제시되어 있는 '〈부표 3〉 연금의 미래가치 표'를 이용할 수 있다. 〈부표 3〉에서 복리이자율 $r=0.06$, 기간 $n=3$이 만나는 수치는 3.1836이다. 이는 매년 말에 1원씩 3년간 연간 복리이자율 6%로 적립하면 3년 후에는 3.1836원이 된다는 말이다.

치 계산을 위한 할인율에 따라 사채의 공정가치는 다르게 계산된다.

특정 기업이 발행하는 사채의 할인율은 사채 발행기업의 신용도에 따라 달라진다. 예를 들어, A사가 B사보다 신용도가 높은 우량기업이라면 동일한 액면금액과 액면이자율을 가지는 사채라 하더라도 A사가 발행하는 사채가 증권시장에서 높은 가격으로 발행된다. 즉, 사채의 발행가액은 사채 발행기업의 신용도에 의해 정해지는 할인율에 따라 결정되는 것이다. 증권시장에서 정해졌다는 의미로 할인율을 **시장이자율**(market rate of interest)이라고 부른다. 사채의 공정가치 계산에 실질적으로 사용되는 이자율이라는 의미로 실질이자율 또는 **유효이자율**(effective rate of interest)라고도 부른다.

사채는 실제 발행가격과 액면금액을 비교하여 사채의 발행 형태가 분류된다. 실제 발행가격과 액면금액이 동일한 경우를 액면발행(issuing at a face value)이라고 한다. 실제 발행가격이 액면금액보다 낮은 경우를 할인발행(issuing at a discount)이라고 하며, 실제 발행가격이 액면금액보다 높은 경우를 할증발행(issuing at a premium)이라고 한다. 사채 발행 형태를 이해하기 위하여 다음의 예제를 살펴보자.

예제 10-5

동문상사(주)는 20×1년 1월 1일에 다음 조건의 사채를 발행하였다.

- 발행일: 20×1년 1월 1일
- 만기일: 20×3년 12월 31일(3년)
- 액면금액: ₩1,000,000
- 액면이자율: 연 5%
- 이자지급조건: 연 1회(매년 말에 지급)

| 물음 |

(1) 동문상사(주)가 발행한 사채의 시장이자율이 5%인 경우, 사채발행가격은 얼마인가?
(2) 동문상사(주)가 발행한 사채의 시장이자율이 7%인 경우, 사채발행가격은 얼마인가?
(3) 동문상사(주)가 발행한 사채의 시장이자율이 4%인 경우, 사채발행가격은 얼마인가?

| 풀이 |

(1) 동문상사(주)는 향후 3년 동안 매년 말에 이자 ₩50,000을 지급하고 3년 후에는 원금

₩1,000,000을 지급해야 한다. 사채의 현금흐름과 시장이자율 5%를 할인율로 사용한 사채발행가액을 그림으로 설명하면 다음과 같다.

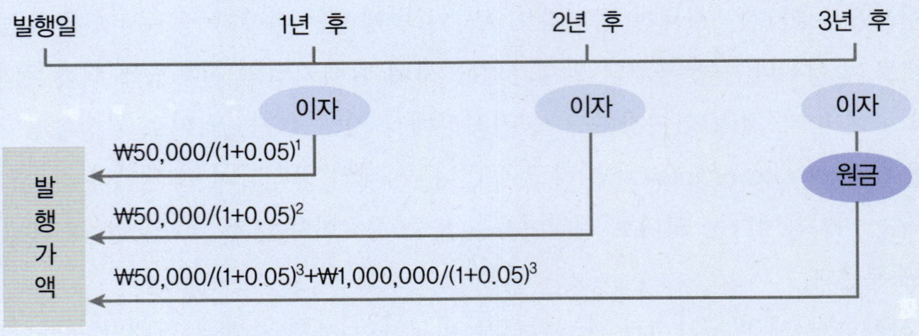

발행가격 $= 50{,}000/(1+0.05)^1+50{,}000/(1+0.05)^2+50{,}000/(1+0.05)^3+1{,}000{,}000/(1+0.05)^3$

$=$ ₩1,000,000

(2) 시장이자율 7%를 할인율로 사용한 경우 사채의 발행가격은 다음과 같다.

발행가격 $= 50{,}000/(1+0.07)^1+50{,}000/(1+0.07)^2+50{,}000/(1+0.07)^3+1{,}000{,}000/(1+0.07)^3$

$=$ ₩947,515

(3) 시장이자율 4%를 할인율로 사용한 경우 사채의 발행가격은 다음과 같다.

발행가격 $= 50{,}000/(1+0.04)^1+50{,}000/(1+0.04)^2+50{,}000/(1+0.04)^3+1{,}000{,}000/(1+0.04)^3$

$=$ ₩1,027,755

위 예제의 결과를 요약하면 다음과 같다.

- 경우 1 : 시장이자율 = 액면이자율 → 발행가격 = 액면금액 ⇒ 액면발행
- 경우 2 : 시장이자율 > 액면이자율 → 발행가격 < 액면금액 ⇒ 할인발행
- 경우 3 : 시장이자율 < 액면이자율 → 발행가격 > 액면금액 ⇒ 할증발행

사채의 시장이자율과 액면이자율이 동일하다면, 액면가액으로 발행이 된다. 그러나 시장이자율이 액면이자율보다 높다면, 투자자는 해당 사채보다 시장의 다른 금융

자산에 투자하려 할 것이므로 회사는 사채를 액면금액보다 낮게 할인발행하게 된다. 반대로, 시장이자율이 액면이자율보다 낮다면, 투자자들은 시장의 다른 금융자산보다 해당 사채에 투자하려 할 것이고 회사는 사채를 할증발행하게 된다.

3-2 사채 발행과 이자비용의 인식

지금부터는 위의 〈예제 10-5〉를 이용하여 사채 발행과 이자 지급 및 원금 상환과 관련된 분개의 논리에 대하여 설명한다.

1) 액면발행

〈예제 10-5〉에서, 사채를 액면발행하면 아래와 같이 분개하며 재무상태표를 제시하면 다음과 같다.

(차) 현 금	1,000,000	(대) 사 채	1,000,000

재무상태표 (20×1년 1월 1일)

유동자산		비유동부채	
현 금	(+) 1,000,000	사 채	1,000,000

매년 이자지급시점에 이자비용과 현금이자가 동일하기 때문에, 매년 말에 아래와 같이 이자비용을 인식하는 분개를 실시한다. 3년 동안 인식하는 이자비용은 총 150,000원이며 3년에 걸쳐 현금으로 지급한다.

(차) 이자비용	50,000	(대) 현 금	50,000

그리고 사채 만기일인 20×3년 12월 31일이 도래하여 원금 1,000,000원을 현금으로 상환하는 경우 다음과 같이 분개한다.

(차) 사 채	1,000,000	(대) 현 금	1,000,000

2) 할인발행

〈예제 10-5〉에서, 동문상사(주)가 액면 1,000,000원의 사채를 947,515원에 할인발행하였다면, 발행일에 동문상사(주)는 현금 947,515원을 수령한다. 이때, 액면금액과 발행가격의 차이를 **사채할인발행차금**(discount on bonds payable)이라고 부른다.

위의 예제에서 사채할인발행차금은 52,485원(=1,000,000-947,515)이다. 사채할인발행차금 계정은 사채의 차감계정이며, 분개할 때 사채계정의 반대편에 기록된다.

(차) 현 금	947,515	(대) 사 채	1,000,000
(차) 사채할인발행차금	52,485		

위의 분개를 재무상태표에 표시하면 다음과 같다. 재무제표 이용자들은 이러한 재무상태표를 보고 '액면금액 1,000,000원의 사채가 947,515원에 할인발행'되었다는 정보를 얻을 수 있다.

재무상태표 (20×1년 1월 1일)

유동자산		비유동부채	
현 금	947,515	사 채	1,000,000
		사채할인발행차금	(52,485)
			947,515

동문상사(주)는 사채를 할인발행하였으므로 20×1년 1월 1일에 액면금액 1,000,000원의 사채를 발행하면서 실질적으로 947,515원을 차입한 것이다. 그렇지만 차입대가로 매년 약정된 액면이자 50,000원과 3년 후 원금 1,000,000원을 지급해야 하는 의무를 부담한다. 액면발행과 비교하여 할인발행의 경우, 회사는 947,515원을 차입하였음에도 불구하고 1,000,000원을 상환하여야 하므로 실질적으로 150,000원의 현금이자보다 3년간 총 52,485원의 이자를 더 부담하게 되는 것이다.

그리고 장부상 이자비용은 실질적인 이자비용이어야 한다. 따라서 1차연도 동문상사(주)의 이자비용은 실질적인 차입금액 947,515원에 기초하여 66,326원(947,515×7%)으로 계산되며, 20×1년도 포괄손익계산서에 표시해야 할 이자비용은 연간 50,000원이 아니라 66,326원이다.

- 20×1년도 이자비용 = 실질 차입액 × 시장이자율 = ₩66,326
- 20×1년도 현금이자 = 액면 차입액 × 액면이자율 = ₩50,000

이때, 이자비용과 현금이자의 차액인 16,326원(=66,326-50,000)은 발생이자 중에서 투자자에게 현금으로 지급되지 않고 만기일까지 지급을 연기한 이자로 간주하여 사채할인발행차금을 16,326원만큼 감소시킨다. 즉, 사채할인발행차금은 사채의 차감항목이므로 사채할인발행차금의 감소는 실질부채가 증가된다는 것을 의미한다. 분개로 나타내면 다음과 같다.

(차) 이자비용	66,326	(대) 현　　금	50,000
		사채할인발행차금	16,326

위와 같이, 사채할인발행차금을 연도별로 점차 감소시키는 것을 사채할인발행차금의 상각(amortization)이라고 한다. 20×1년도 사채할인발행차금 상각 후의 재무상태표는 다음과 같다. 여기서 '액면금액-사채할인발행차금'의 금액을 사채의 **장부금액**(carrying value)이라고 부른다. 20×1년도 사채할인발행차금 상각 후의 사채 장부금액은 963,841원이다.

재무상태표 (20×1년 12월 31일)

유동자산		비유동부채	
현 금	(－) 50,000	사 채	1,000,000
		사채할인발행차금	(36,159)
			963,841

그러면 사채발행 2차 연도인 20×2년의 이자비용을 계산해 보자. 20×2년도 초의 실질 부채는 963,841원이고, 시장이자율은 7%이므로 20×2년도 이자비용은 67,468(＝963,841×7%)원이다. 분개는 다음과 같다.

(차) 이자비용	67,468	(대) 현 금	50,000
		사채할인발행차금	17,468

이와 같이 시장이자율(유효이자율)에 의하여 각 연도의 이자비용을 계산하는 방법을 **유효이자율법**(effective interest method)이라고 부른다. 유효이자율법은 기초의 실질부채인 사채 장부금액에 실질이자율(유효이자율)을 곱하여 해당 연도의 이자비용을 계산하는 방법으로 국제회계기준에서 채택하고 있는 방법이다.

> 유효이자율법에 의한 이자비용 ＝ 기초시점의 사채 장부가액 × 유효이자율

20×2년도 말 현재 재무상태표는 다음과 같다.

재무상태표 (20×2년 12월 31일)

유동자산		비유동부채	
현 금	(－) 50,000	사 채	1,000,000
		사채할인발행차금	(18,691)
			981,309

유효이자율법에 의해 20×3년도 이자비용을 인식하는 분개와 사채할인발행차금 상각 후의 재무상태표는 다음과 같다.

(차) 이자비용	68,691	(대) 현　　　금	50,000
		사채할인발행차금	18,691

재무상태표 (20×3년 12월 31일)

유동자산		비유동부채	
현 금	(－) 50,000	사 채	1,000,000
		사채할인발행차금	(　0　)
			1,000,000

만기일인 20×3년 12월 31일에 동문상사(주)는 사채 발행 당시에 약속한 1,000,000원의 원금을 지급해야 한다. 원금 상환과 관련한 분개는 다음과 같다. 이 분개를 반영하면 20×3년 12월 31일의 재무상태표에는 사채계정의 금액이 모두 없어지게 된다.

(차) 사　　채	1,000,000	(대) 현　　금	1,000,000

사채 발행에서 사채 상환까지 3차년도에 걸친 연간 이자비용 및 장부가치의 변화를 표로 작성하면 다음과 같다. 앞서 설명한 바대로, 회사가 사채를 할인발행하는 경우 150,000원의 현금이자보다 3년간 총 52,485원의 이자를 더 부담하게 되므로 실질적으로는 202,485원(＝150,000＋52,485)의 이자비용을 부담한다는 사실을 확인할 수 있다.

● 표 10-1 ● 사채할인발행차금 상각표

일 자	유효이자 (기초장부금액×7%)	액면이자 (액면금액×5%)	사채할인발행차금 상각액 (유효이자–액면이자)	장부금액
20×1년 1월 1일				947,515
20×1년 12월 31일	66,326	50,000	16,326	963,841
20×2년 12월 31일	67,468	50,000	17,468	981,309
20×3년 12월 31일	68,691	50,000	18,691	1,000,000
합 계	202,485	150,000	52,485	

3) 할증발행

〈예제 10-5〉에서, 동문상사(주)가 액면 1,000,000원의 사채를 1,027,755원에 할증발행하였다면, 발행일에 동문상사(주)는 현금 1,027,755원을 수령한다. 이때, 발행가격과 액면금액의 차이를 **사채할증발행차금**(premium on bonds payable)이라고 부른다.

사채할증발행차금은 사채할인발행차금과 반대로 사채의 가산계정이며, 위의 예제에서 사채할증발행차금은 27,755원(=1,027,755-1,000,000)으로 계산된다.

(차) 현 금	1,027,755	(대) 사 채	1,000,000
		사채할인발행차금	27,755

위의 분개를 재무상태표에 표시하면 다음과 같다. 재무제표 이용자들은 재무상태표를 통하여 '액면금액 1,000,000원의 사채가 1,027,755원에 할증발행'되었다는 정보를 얻을 수 있다.

재무상태표 (20×1년 1월 1일)

유동자산		비유동부채	
현 금	(+) 1,027,755	사 채	1,000,000
		사채할증발행차금	27,755
			1,027,755

동문상사(주)는 20×1년 1월 1일에 액면금액 1,000,000원의 사채를 발행하면서 실질적으로 1,027,755원을 차입한 것이다. 그렇지만 차입대가로 매년 약정된 액면이자 50,000원과 3년 후 원금 1,000,000원을 지급해야 하는 의무를 부담한다. 액면발행과 비교하여 할증발행의 경우, 회사는 1,027,755원을 차입하였음에도 불구하고 1,000,000원을 상환하여야 하므로 실질적으로 150,000원의 현금이자보다 3년간 총 27,755원의 이자를 덜 부담하게 되는 것이다.

그리고 장부상 이자비용은 실질적인 차입금액인 1,027,755원에 기초하여 계산되어야 한다. 1차연도 동문상사(주)의 이자비용은 41,110원(1,027,755×4%)으로 계산되며, 20×1년도 포괄손익계산서에 표시해야 할 이자비용은 연간 50,000원이 아니라 41,110원이다.

- 20×1년도 이자비용 = 실질 차입액 × 시장이자율 = ₩41,110
- 20×1년도 현금이자 = 액면 차입액 × 액면이자율 = ₩50,000

이때, 이자비용과 현금이자의 차액인 8,890원(=50,000−41,110)만큼 사채할증발행차금을 감소시킨다. 사채할인발행의 경우와 반대로, 사채 발행시점에 투자자로부터 미리 받은 8,890원을 합하여 현금이자가 지급되는 것으로 간주한다. 따라서 50,000원의 현금이자가 지급된다 하더라도 실질적으로 부담하는 유효이자는 41,110원이다. 분개와 20×1년 말 현재 재무상태표를 표시하면 다음과 같다.

(차) 이 자 비 용	44,110	(대) 현 금	50,000
사채할증발행차금	8,890		

재무상태표 (20×1년 12월 31일)

유동자산		비유동부채	
현 금	(−) 50,000	사 채	1,000,000
		사채할증발행차금	18,865
			1,018,865

그러면 사채발행 2차 연도인 20×2년의 이자비용을 계산해 보자. 20×2년도 초의 실질 부채는 1,018,865원이고, 시장이자율은 4%이므로 20×2년도 이자비용은 40,755(=1,018,865×4%)원이다. 분개와 20×2년 말 현재 재무상태표를 제시하면 다음과 같다.

(차) 이 자 비 용	40,755	(대) 현 금	50,000
사채할증발행차금	9,245		

재무상태표 (20×2년 12월 31일)

유동자산		비유동부채	
현 금	(−) 50,000	사 채	1,000,000
		사채할증발행차금	9,620
			1,009,620

유효이자율법에 의해 20×3년도 이자비용 인식 분개와 재무상태표를 제시하면 다음과 같다.

(차) 이 자 비 용	40,380	(대) 현 금	50,000
사채할증발행차금	9,620		

재무상태표 (20×3년 12월 31일)

유동자산		비유동부채	
현 금	(−) 50,000	사 채	1,000,000
		사채할증발행차금	0
			1,000,000

만기일인 20×3년 12월 31일에 원금 1,000,000원을 상환하고 다음과 같이 분개한다. 이 분개를 반영하면 20×3년 12월 31일의 재무상태표에는 사채계정의 금액이 모

두 없어지게 된다.

(차) 사 채	1,000,000	(대) 현 금	1,000,000

사채 발행에서 사채 상환까지 3차년도에 걸친 연간 이자비용 및 장부가치의 변화를 표로 작성하면 다음과 같다. 회사가 사채를 할증발행하는 경우 150,000원의 현금이자보다 3년간 총 27,755원의 이자를 덜 부담하게 되므로 실질적으로는 122,245원(=150,000-27,755)의 이자비용을 부담한다는 사실을 확인할 수 있다.

● 표 10-2 ● 사채할증발행차금 상각표

일 자	유효이자 (기초장부금액×4%)	액면이자 (액면금액×5%)	사채할인발행차금 상각액 (유효이자-액면이자)	장부금액
20×1년 1월 1일				1,027,755
20×1년 12월 31일	41,110	50,000	8,890	1,018,865
20×2년 12월 31일	40,755	50,000	9,245	1,009,620
20×3년 12월 31일	40,380*	50,000	9,620	1,000,000
합 계	122,245	150,000	27,755	

* 3차연도 유효이자는 ₩40,385(=1,009,620×4%)이나 만기일에 사채의 장부금액은 ₩1,000,000이 되어야 하기 때문에 끝수를 조정하여 준다.

제4절 사채에 대한 투자

제9장에서 금융상품에 대한 투자활동에 대하여 설명한 바 있다. 회사는 다른 기업이나 실체가 발행하는 지분상품이나 채무증권에 투자할 수 있으며, 채무증권에 투자한 경우 해당 금융자산을 만기보유금융자산으로 분류한다면 투자 기업의 회계처리는 사채 발행자의 회계처리와 유사하다. 즉, 만기보유금융자산의 취득시점에 공정가치로 취득원가를 측정하고 매 기말 유효이자율법에 의하여 이자수익을 인식함으로써

상각후원가로 만기보유금융자산의 장부금액이 결정된다. 본 절에서는 앞의 〈예제 10-5〉를 투자자의 입장에서 살펴보기로 한다.

예제 10-6

서문상사(주)는 20×1년 1월 1일에 동문상사(주)가 발행한 다음의 채무증권을 취득하여 만기보유금융자산으로 분류하였다.

- 발행일: 20×1년 1월 1일
- 만기일: 20×3년 12월 31일(3년)
- 액면금액: ₩1,000,000
- 액면이자율: 연 5%
- 이자지급조건: 연 1회(매년 말에 지급)

| 물음 |

(1) 시장이자율이 5%인 경우, 서문상사(주)의 채무증권 취득 시 분개를 하시오.
(2) 시장이자율이 7%인 경우, 서문상사(주)의 채무증권 취득 시 분개를 하시오.
(3) 시장이자율이 4%인 경우, 서문상사(주)의 채무증권 취득 시 분개를 하시오.

| 풀이 |

(1) 시장이자율이 5%인 경우, 액면금액 ₩1,000,000, 만기 3년, 액면이자율 연 5%인 채무증권의 공정가치는 다음과 같이 계산된다.

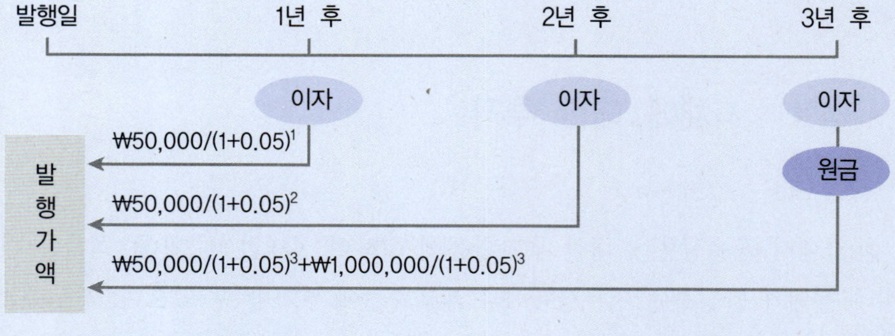

$$\text{공정가치} = 50{,}000/(1+0.05)^1+50{,}000/(1+0.05)^2+50{,}000/(1+0.05)^3+1{,}000{,}000/(1+0.05)^3$$
$$= ₩1{,}000{,}000$$

채무증권의 액면취득에 해당되며, 취득시점의 분개는 다음과 같다.

(차) 만기보유금융자산	1,000,000	(대) 현 금	1,000,000

(2) 시장이자율이 7%인 경우 채무증권의 공정가치는 다음과 같다.

$$공정가치 = 50,000/(1+0.07)^1+50,000/(1+0.07)^2+50,000/(1+0.07)^3+1,000,000/(1+0.07)^3$$
$$= ₩947,515$$

채무증권의 할인취득에 해당되며, 취득시점의 분개는 다음과 같다.

(차) 만기보유금융자산	947,515	(대) 현 금	947,515

(3) 시장이자율이 4%인 경우 채무증권의 공정가치는 다음과 같다.

$$공정가치 = 50,000/(1+0.04)^1+50,000/(1+0.04)^2+50,000/(1+0.04)^3+1,000,000/(1+0.04)^3$$
$$= ₩1,027,755$$

채무증권의 할증취득에 해당되며, 취득시점의 분개는 다음과 같다.

(차) 만기보유금융자산	1,027,755	(대) 현 금	1,027,755

사채의 발행회사가 매 회계연도의 이자비용을 인식하듯이, 채무증권의 투자자는 매 회계연도의 이자수익을 인식하여야 한다. 앞서 설명한 바와 같이, 채무증권을 액면취득한 경우에는 현금이자와 이자수익이 동일한 금액으로 인식된다. 그러나 할인취득 또는 할증취득한 경우에는 채무증권의 이자수익과 현금이자는 동일하지 않다.

예를 들어, 〈예제 10-6〉에서 만기보유금융자산을 할인취득하였다면 회사는 947,515원을 투자하고, 그 대가로 3년에 걸쳐 매년 50,000원(1,000,000원×5%)씩의 현금이자를 수령하며 만기일에 원금 1,000,000원을 상환받게 된다. 현재가치와 미래가치의 차이가 이자라는 점을 상기하여 볼 때, 투자자는 액면취득의 경우와 비교하여 52,485원(=1,000,000-947,515)의 이자를 더 받는 셈이 된다.

그리고 사채 발행자의 입장과 마찬가지로, 투자자의 입장에서도 유효이자율법을 이용하여 매년 이자수익을 계산한다. 이자수익을 인식한 후의 만기보유금융자산 장부금액을 **상각후원가**(amortized cost)라고 하며, 할인취득의 경우 취득시점부터 만기일까지 이자수익 및 상각후원가는 다음과 같다.

● 표 10-3 ● 할인취득한 만기보유금융자산의 상각후원가

일 자	유효이자 (기초장부금액×7%)	액면이자 (액면금액×5%)	장부금액 조정	상각후원가
20×1년 1월 1일				947,515
20×1년 12월 31일	66,326	50,000	16,326	963,841
20×2년 12월 31일	67,468	50,000	17,468	981,309
20×3년 12월 31일	68,691	50,000	18,691	1,000,000
합 계	202,485	150,000	52,485	

유효이자율법에 의하여 인식되는 총 이자수익은 202,485원으로 총 현금이자보다 52,485원만큼 큰 금액이다. 그리고 취득원가 947,515원에서 만기일의 상환금액인 1,000,000원으로 장부금액이 변화되어 가는 과정이 사채 발행자의 입장과 동일하다는 사실이 확인되고 있다.

예제 10-7

위의 〈예제 10-6〉에서, 시장이자율이 7%인 경우 서문상사(주)의 이자수익 인식 및 상환시점의 분개를 하고 각 회계년도 말 재무상태표를 제시하라.

| 풀이 |

• 20×1년도 이자수익 인식

(차) 현 금	50,000	(대) 이 자 수 익	66,326
만기보유금융자산	16,236		

재무상태표 (20×1년 12월 31일)

비유동자산		
만기보유금융자산	963,841	

• 20×2년도 이자수익 인식

(차) 현 금	50,000	(대) 이 자 수 익	67,468
만기보유금융자산	17,468		

재무상태표 (20×2년 12월 31일)

비유동자산		
만기보유금융자산	981,309	

• 20×3년도 이자수익 인식

(차) 현 금 50,000 (대) 이자수익 68,691
만기보유금융자산 18,691

재무상태표 (20×3년 12월 31일)

비유동자산		
만기보유금융자산	1,000,000	

• 20×3년도 원금 상환

(차) 현 금 1,000,000 (대) 만기보유금융자산 1,000,000

한편, 〈예제 10-6〉에서 만기보유금융자산을 할증취득하였다면 회사는 1,027,755원을 투자하고, 그 대가로 3년에 걸쳐 매년 50,000원(1,000,000원×5%)씩의 현금이자를 수령하며 만기일에 원금 1,000,000원을 상환받게 된다. 즉, 액면취득의 경우와 비교하여 투자자는 27,755원(=1,027,755-1,000,000)의 이자를 덜 받는 셈이 된다. 할증취득의 경우 취득시점부터 만기일까지 이자수익 및 상각후원가는 다음과 같다.

● 표 10-4 ● 할증취득한 만기보유금융자산의 상각후원가

일 자	유효이자 (기초장부금액×4%)	액면이자 (액면금액×5%)	장부금액 조정	상각후원가
20×1년 1월 1일				1,027,755
20×1년 12월 31일	41,110	50,000	8,890	1,018,865
20×2년 12월 31일	40,755	50,000	9,245	1,009,620
20×3년 12월 31일	40,380*	50,000	9,620	1,000,000
합 계	122,245	150,000	27,755	

* 3차연도 유효이자는 ₩40,385(=1,009,620×4%)이나 만기일에 사채의 장부금액은 ₩1,000,000이 되어야 하기 때문에 끝수를 조정하여 준다.

유효이자율법에 의하여 인식되는 총 이자수익은 122,245원으로 총 현금이자보다 27,755원만큼 적은 금액이다. 그리고 취득원가 1,027,755원에서 만기일의 상환금액인 1,000,000원으로 장부금액이 변화되어 가는 과정이 사채 발행자의 입장과 동일하다.

예제 10-8

위의 〈예제 10-6〉에서, 시장이자율이 4%인 경우 서문상사(주)의 이자수익 인식 및 상환시점의 분개를 하고 각 회계년도 말 재무상태표를 제시하라.

| 풀이 |

• 20×1년도 이자수익 인식

(차) 현 금	50,000	(대) 이 자 수 익	41,110
		만기보유금융자산	8,890

재무상태표 (20×1년 12월 31일)

비유동자산		
만기보유금융자산	1,018,865	

• 20×2년도 이자수익 인식

(차) 현 금	50,000	(대) 이 자 수 익	40,755
		만기보유금융자산	9,245

재무상태표 (20×2년 12월 31일)

비유동자산		
만기보유금융자산	1,009,620	

• 20×3년도 이자수익 인식

(차) 현 금	50,000	(대) 이 자 수 익	40,380
		만기보유금융자산	9,620

재무상태표 (20×3년 12월 31일)

비유동자산		
만기보유금융자산	1,000,000	

• 20×3년도 원금 상환

(차) 현 금	1,000,000	(대) 만기보유금융자산	1,000,000

익 / 힘 / 문 / 제

1. 화폐의 시간가치에 대하여 설명하라.
2. 사채의 액면금액과 액면이자율의 의미를 각각 설명하라.
3. 유효이자율의 의미를 설명하라.
4. 사채의 발행유형에 대하여 설명하라.
5. 사채는 어떤 경우에 할인발행되는지 설명하라.
6. 사채는 어떤 경우에 할증발행되는지 설명하라.
7. 사채할인발행차금과 사채할증발행차금의 차이를 설명하라.
8. 유효이자율법을 적용한 사채의 이자비용 계산방법을 설명하라.
9. 만기보유금융자산의 상각후원가가 무엇인지 설명하라.
10. 유효이자율법을 적용한 만기보유금액자산의 이자수익 계산방법을 설명하라.

연 / 습 / 문 / 제

10-1 기본개념의 이해

아래의 빈칸에 알맞은 단어나 숫자를 기입하라.

(1) 화폐의 현재가치와 미래가치의 차이를 (   )라고 부른다.

(2) 매 기간의 말에 동일한 금액이 지급(또는 수취)되는 연금을 (   )이라고 부르고, 매 기간의 초에 동일한 금액이 지급(또는 수취)되는 연금을 (   )이라고 부른다.

(3) 액면금액이 ₩100,000이고 액면이자율이 10%(시장이자율은 12%)인 사채를 보유하고 있는 사채투자자는 매년 ₩(   )의 이자를 현금으로 지급받으며, 만기일에 ₩(   )의 원금을 지급받는다.

(4) 액면이자율이 10%이고, 시장이자율(또는 유효이자율)이 12%이면, 사채는 [할인발행, 할증발행]된다. [ ] 속에서 하나를 고른다면?

(5) 액면이자율이 10%이고, 시장이자율(또는 유효이자율)이 8%이면, 사채는 [할인발행, 할증발행]된다. [ ] 속에서 하나를 고른다면?

(6) 사채가 액면발행되면 연간 이자비용과 연간 현금이자 지급액은 [같다, 다르다]. [ ] 속에서 하나를 고른다면?

(7) 현대상사(주)는 20×1년 초에 액면금액 ₩100,000, 액면이자율 10%의 사채를 ₩88,584에 발행하였다(유효이자율 15%). 이 사실은 재무상태표에 아래와 같이 표시된다. 괄호 속에 적절한 계정과목은?

	비유동부채	
	사 채	100,000
	( )	(11,416)
		88,584

(8) 위의 문제에서, 현대상사(주)는 사채 발행을 아래와 같이 분개해야 한다. 괄호 속의 적절한 숫자는 각각 무엇인가?

(차) 현 금 ( ) (대) 사 채 ( )
사채할인발행차금 ( )

(9) 위의 문제에서, 현대상사(주)의 20×1년 포괄손익계산서에는 이자비용이 ₩( )으로 기록된다.

(10) 할인발행한 사채에 유효이자율법을 적용할 경우, 사채의 이자비용 금액은 매년 [증가, 감소]하며 사채할인발행차금의 금액은 매년 [증가, 감소]한다. [ ] 속에 적절한 것을 각각 고른다면?

(11) 할증발행한 사채에 유효이자율법을 적용할 경우, 사채의 이자비용 금액은 매년 [증가, 감소]하며 사채할증발행차금의 금액은 매년 [증가, 감소]한다. [ ] 속에 적절한 것을 각각 고른다면?

(12) 할인발행한 사채에 유효이자율법을 적용하는 경우, 사채의 이자비용과 액면이자의 차이만큼 ( )이 상각되며 그 상각액은 매년 [증가, 감소]한다. ( ) 속에 단어를 채우고 [ ] 속에 적절한 것을 고른다면?

(13) 할증발행한 사채에 유효이자율법을 적용하는 경우, 사채의 이자비용과 현금이자의 차이만큼 ( )이 상각되며 그 상각액은 매년 [증가, 감소]한다. ( ) 속에 단어를 채우고 [ ] 속에 적절한 것을 고른다면?

10-2 사채의 발행과 이자비용의 인식(I)

경희상사(주)는 20×1년 1월 1일에 액면금액 ₩100,000, 액면이자율 연 8%, 만기 3년의 사채를 발행하였다. 이자는 12월 31일에 지급한다. 사채 발행에 적용된 시장이자율은 액면이자율과 동일한 연 8%이다.

| 물음 |

(1) 사채의 발행가격은 얼마인가?
(2) 20×1년 1월 1일에 사채 발행과 관련된 분개는?
(3) 20×1년 12월 31일에 이자비용 인식과 관련된 수정분개는?
(4) 20×2년 12월 31일에 이자비용 인식과 관련된 수정분개는?
(5) 20×3년 12월 31일에 이자비용의 인식 및 사채 상환과 관련된 분개는?

10-3 사채의 발행과 이자비용의 인식(Ⅱ)

결산일이 12월 31일인 건국상사(주)는 20×1년 1월 1일에 다음과 같은 조건의 사채를 발행하였다. 건국상사(주)는 유효이자율법을 적용하여 이자비용을 인식한다.

액면금액: ₩10,000	만기: 3년
액면이자율: 연 10%	이자지급조건: 매년 말 1회 지급

| 물음 |

(1) 건국상사(주)는 만기일까지 매년 이자로 ₩(　　　　)을 지급해야 하며, 만기일인 20×3년 12월 31일에 원금 ₩(　　　　)을 지급해야 한다.

(2) 건국상사(주)의 사채는 채권시장에서 연 12%의 시장이자율을 적용하여 발행되었다. 사채발행가격은 얼마인가?

(3) 사채 발행시점(20×1년 1월 1일)의 분개는?

(4) 1차 연도 말(20×1년 12월 31일)에 이자비용을 인식하는 분개는?

(5) 1차 연도 말(20×1년 12월 31일)에 사채의 장부금액은?

(6) 2차 연도 말(20×2년 12월 31일)에 이자비용을 인식하는 분개는?

(7) 2차 연도 말(20×2년 12월 31일)에 사채의 장부금액은?

(8) 3차 연도 말(20×3년 12월 31일)에 이자비용을 인식하는 분개는?

(9) 3차 연도 말(20×3년 12월 31일)에 사채의 장부금액은?

(10) 20×3년 12월 31일에 사채 상환시점의 분개는?

10-4 사채의 발행과 이자비용의 인식(Ⅲ)

서문상사(주)는 20×1년 1월 1일에 다음 조건의 사채를 발행하였다. 서문상사(주)의 결산일은 12월 31일이며 유효이자율법을 적용하여 이자비용을 인식한다.

• 발행일: 20×1년 1월 1일	• 만기일: 20×4년 12월 31일(4년)
• 액면금액: ₩1,000,000	• 액면이자율: 연 8%
• 이자지급조건: 연 1회(매년 말에 지급)	

| 물음 |

(1) 서문상사(주)가 발행한 사채의 시장이자율이 10%인 경우 다음 물음에 답하라.

① 사채발행가격은 얼마인가?

② 20×1년 1월 1일에 서문상사(주)의 사채발행을 분개하라.

③ 사채발행일부터 상환일까지 4년간의 연간 이자비용 계산을 위한 표를 작성하라.

④ 20×1년 12월 31일에 1차 연도의 이자비용 인식을 분개하라.

⑤ 20×2년 12월 31일에 2차 연도의 이자비용 인식을 분개하라.

⑥ 20×3년 12월 31일 현재 서문상사(주)의 재무상태표에 사채를 표시하라.

⑦ 20×4년 12월 31일 현재 서문상사(주)의 사채상환을 분개하라.

(2) 서문상사(주)가 발행한 사채의 시장이자율이 7%인 경우 다음 물음에 답하라.

① 사채발행가격은 얼마인가?

② 사채발행일인 20×1년 1월 1일에 서문상사(주)의 사채발행 분개는?

③ 사채발행일부터 상환일까지 4년간의 연간 이자비용 계산을 위한 표를 작성하라.

④ 20×1년 12월 31일에 1차 연도의 이자비용 인식 및 현금 이자 지급을 분개하라.

⑤ 20×2년 12월 31일에 2차 연도의 이자비용 인식 및 현금 이자 지급을 분개하라.

⑥ 20×3년 12월 31일 현재 서문상사(주)의 재무상태표에 사채를 표시하라.

⑦ 20×4년 12월 31일에 서문상사(주)의 사채상환을 분개하라.

10-5 만기보유금융자산의 취득과 이자수익의 인식(Ⅰ)

전남상사(주)는 20×1년 1월 1일에 광주상사(주)가 발행한 사채(액면금액 ₩1,000,000, 만기 4년, 액면이자율 연 5%, 이자지급일 매년 12월 31일)를 현금으로 취득하였다. 전남상사(주)는 광주상사(주)가 발행한 사채에 대한 유효이자율을 연 10%로 결정하였다. 전남상사(주)는 이 사채를 만기까지 보유할 예정이며 보유할 능력이 있다고 가정한다.

| 물음 |

(1) 전남상사(주)가 취득한 사채의 취득원가를 계산하라.

(2) 전남상사(주)의 20×1년 1월 1일 사채의 취득을 분개하라.

(3) 전남상사(주)가 취득한 만기보유금융자산의 향후 4년간 이자수익을 계산하라(유효이자율법 적용).

(4) 1차 연도 말(20×1년 12월 31일)에 만기보유금융자산의 이자수익 인식을 분개하라.

(5) 2차 연도 말(20×2년 12월 31일)에 만기보유금융자산의 이자수익 인식을 분개하라.

(6) 3차 연도 말(20×3년 12월 31일)에 만기보유금융자산의 이자수익 인식을 분개하라.

(7) 4차 연도 말(20×4년 12월 31일)에 만기보유금융자산의 이자수익 인식 및 원금 회수를

분개하라.

10-6 만기보유금융자산의 취득과 이자수익의 인식(Ⅱ)

12월 31일이 결산일인 영월상사(주)는 20×1년 1월 1일에 단양상사(주)가 발행한 사채를 만기까지 보유할 예정으로 취득하였다. 단양상사(주)가 발행한 사채의 조건은 다음과 같다.

• 취득금액: ₩9,520	• 액면금액: ₩10,000
• 유효이자율: 연 12%	• 액면이자율: 연 10%
• 만기: 3년	• 이자지급조건: 매년 말 1회 지급

| 물음 |

(1) 영월상사(주)는 단양상사(주)로부터 만기일까지 매년 현금이자 ₩(   )을 수령하며, 만기일인 20×3년 12월 31일에 원금 ₩(   )을 회수할 예정이다.
(2) 영월상사(주)의 20×1년 1월 1일 사채의 취득을 분개하라.
(3) 1차 연도 말(20×1년 12월 31일)에 이자수익 인식(유효이자율법 적용)을 분개하라.
(4) 1차 연도 말(20×1년 12월 31일) 재무상태표의 만기보유금융자산 장부금액은?
(5) 2차 연도 말(20×2년 12월 31일)의 이자수익 인식을 분개하라.
(6) 2차 연도 말(20×2년 12월 31일) 재무상태표의 만기보유금융자산 장부금액은?
(7) 3차 연도 말(20×3년 12월 31일)의 이자수익 인식을 분개하라.
(8) 3차 연도 말(20×3년 12월 31일) 재무상태표의 만기보유금융자산 장부금액은?
(9) 20×3년 12월 31일에 만기보유금융자산의 원금 회수를 분개하라.
(10) 위의 만기보유금융자산의 장부금액은 만기가 가까워질수록 [증가, 감소]한다. [   ]에 적절한 것을 고른다면?

10-7 종합문제: 재무제표 작성

다음은 결산일이 12월 31일인 용인상사(주)의 20×1년도 부분 재무상태표이다.

재무상태표

용인상사(주) 20×1년 12월 31일 (단위: 원)

차변		대변	
유동자산		……	
현금	20,000		
당기손익인식금융자산	140,000	자본	
비유동자산		매도가능금융자산평가이익	30,100
만기보유금융자산	455,920		
매도가능금융자산			
지분증권	300,000		
채무증권	283,350		

용인상사(주)의 20×2년도 거래 내역은 다음과 같다. 다른 거래는 없다고 가정한다.

① 1월 3일: 당기손익인식금융자산으로 분류한 채무증권을 ₩90,000에 처분하였다. 처분한 채무증권의 전년 말 장부금액은 ₩94,000이었다.

② 3월 10일: 당기손익인식금융자산의 보유로 인하여 배당금 ₩10,000과 이자 ₩5,000을 현금으로 수령하였다.

③ 4월 22일: 매도가능금융자산으로 분류된 주식으로부터 배당금 ₩30,000을 현금으로 수령하였다.

④ 12월 31일: 만기보유금융자산으로 분류된 채무증권의 유효이자율은 8%이며, 현금이자 수령액은 ₩35,000이었다.

⑤ 12월 31일: 만기보유금융자산의 기말 공정가치는 ₩450,000으로 하락하였다.

⑥ 12월 31일: 매도가능금융자산(지분증권)의 기말 공정가치는 ₩250,000이었다.

⑦ 12월 31일: 매도가능금융자산(채무증권)의 유효이자율은 12%이며, 현금이자 수령액은 ₩30,000이었다.

⑧ 12월 31일: 매도가능금융자산(채무증권)의 기말 공정가치는 ₩290,000이었다.

⑨ 12월 31일: 당기손익인식금융자산의 기말 공정가치는 ₩45,000이었다.

| 물음 |

(1) 용인상사(주)의 20×2년도 금융자산 관련 거래를 분개하라.

재무상태표

용인상사(주) 20×2년 12월 31일 (단위: 원)

유동자산			
현금	(　　)		
당기손익인식금융자산	(　　)		
비유동자산		자본	
만기보유금융자산	(　　)	매도가능금융자산평가손익	(　　)
매도가능금융자산	(　　)		

(2) 용인상사(주)의 20×2년도 부분 재무상태표와 부분 포괄손익계산서를 작성하라(아래 재무제표의 괄호 속에 적절한 숫자를 기입하라).

포괄손익계산서

용인상사(주) 20×2년 1월 1일~20×2년 12월 31일 (단위: 원)

이자수익	(　　)
배당금수익	(　　)
당기손익인식금융자산평가이익	(　　)
당기손익인식금융자산처분이익	(　　)
…	
이자비용	(　　)
당기손익인식금융자산평가손실	(　　)
당기손익인식금융자산처분손실	(　　)
당기순이익	
기타포괄손익	
매도가능금융자산평가손익	(　　)
총포괄손익	(　　)

제11장

주식발행을 통한 자금조달활동

재무상태표의 자본(stockholders' equity)은 기업의 소유주인 주주의 지분을 표시하며, 납입자본, 이익잉여금, 기타자본구성요소 등으로 분류한다. 본 장에서는 주식과 자본의 의의를 살펴보고 주식 발행에 의한 자금조달, 자기주식의 취득과 재발행, 기타포괄손익누계액, 그리고 이익잉여금의 변동과 처분 등에 대하여 설명한다. 아울러 자본항목의 변동을 보고하는 자본변동표에 대해서도 살펴본다.

| 제1절 | 주식과 자본의 의의

사업 확장을 계획하고 있거나 또는 운영자금의 부족이 예상되는 경우, 기업은 어떻게 자금을 조달할 것인지 검토한다. 내부적으로 충분한 자금을 조성할 수 없는 경우 기업은 외부 자금을 조달하는데, 외부로부터 자금을 조달하는 수단은 크게 두 가지로 나뉜다. 은행 차입 또는 사채 발행을 통한 자금조달(제10장)과 주식 발행을 통한 자금조달이다.

앞 장에서 살펴본 바와 같이, 사채를 발행하여 자금을 조달하는 경우 회사의 재무상태표에는 부채로 표시되며, 기업은 만기까지의 기간에 걸쳐 정해진 이자를 지급해야 한다. 이와 비교하여, 주식을 발행하여 자금을 조달하는 경우 재무상태표에는 **자본**(equity)으로 표시되며, 원금이나 이자와 같은 확정 대가를 지급할 의무가 없다. 사채를 보유하면 채권자의 지위를 가지는 반면, 주식을 보유하는 투자자는 주주(stockholders)의 지위를 가지게 되는데 주주는 회사의 소유주로서의 권리를 가진다.

일반적으로 주식회사가 발행할 수 있는 최대 주식수를 수권주식(authorized stock)이라고 하며, 이는 회사의 정관에서 명시하고 있다. 수권주식 중 이미 발행한 주식을 발행주식(issued stock)이라 하고 발행된 주식은 대부분 증권시장에서 유통되고 있는 유통주식(outstanding stock)이다. 다만, 회사가 특정 이유로 발행된 주식의 일부를

● 그림 11-1 ● 수권주식의 구성

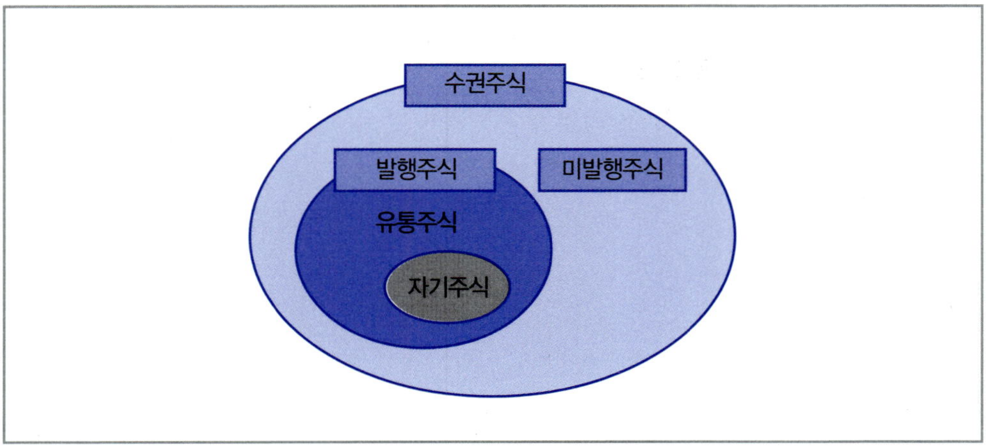

다시 구입하는 경우 이를 자기주식(treasury stock)이라고 하며 유통주식에 포함하지 않는다.

회사가 발행하는 주식의 종류는 크게 보통주와 우선주로 나뉜다. 보통주(common stock)는 의결권이 있는 표준적인 주식이다. 실무에서 주식이라 하면 대체로 보통주를 가리킨다. 보통주를 보유한 주주(즉, 보통주주)가 의결권을 행사할 수 있는 주요 의결사항으로는 최고경영자 및 주요 임원의 선임, 주식 발행 및 기업의 주요 투자에 대한 승인 등이 있다. 또한 보통주주는 기업의 이익 배당과 청산 시 잔여재산 분배에 참여할 수 있는 권리, 그리고 새로 발행되는 보통주를 우선 배정받을 수 있는 권리(신주인수권)를 가진다.

우선주(preferred stock)는 특정 사항에 대해 보통주보다 우선적인 권리가 부여된 주식이다. 여기서 특정 사항이란 이익 배당과 청산 시 잔여재산 분배에 대한 우선권을 말한다. 대신 우선주에는 의결권이 없으므로 보통주보다 상대적으로 낮은 가치를 갖는다.

최근에는 다양한 조건의 우선주들이 발행되고 있다. 예를 들면, 일정 기간 동안 보유한 후 보통주로 전환할 수 있는 전환우선주, 약정된 배당률을 초과하여 이익 배당에 참여할 수 있는 참가적 우선주 등이 있다.[1)]

제2절 자본의 구성

법률적 관점(상법)에서 자본은 법정자본과 잉여금으로 구분한다. 법정자본(legal capital)은 채권자 보호를 위하여 기업이 유지해야 할 최소한의 재산이며, 잉여금은 법정자본을 초과하는 재산이다. 물론 법정자본과 잉여금은 모두 주주(소유주)의 몫이다.

회계에서 자본의 구성은 조금 더 복잡하다. 한국채택국제회계기준에서는 자본을

1) 비교적 높은 배당금의 지급을 약속하고 일정 기간 후에 약정된 가격으로 기업이 상환하는 상환우선주도 있다. 그러나 상환우선주는 부채와 유사한 특성을 갖고 있기 때문에, 한국채택국제회계기준에서는 자본항목이 아닌 부채항목(금융부채)으로 인식하도록 규정하고 있다. 따라서 상환우선주 배당금은 이자비용과 같이 손익항목으로 처리해야 한다.

자본금, 자본잉여금, 자본조정, 기타포괄손익누계액, 그리고 이익잉여금으로 나눈다.

자본금(capital stock)은 상법상의 법정자본에 해당되며 1주당 액면금액(par value)에 발행주식수를 곱한 금액으로 표시된다. 보통주를 발행한 경우는 보통주자본금으로 표시하고 우선주를 발행한 경우는 우선주자본금으로 표시한다. 자본금은 자본의 구성항목 중 하나이며 자본(stockholders' equity)과 동일하게 생각해서는 안 된다.

주식발행초과금(additional paid-in capital)은 액면금액을 초과하여 주식을 발행하는 경우에 발행금액 중에서 액면금액을 초과하는 부분이다. 자본금과 주식발행초과금은 소유주가 납입한 금액으로서 **납입자본**(paid-in capital)이라고 한다.

자본조정과 기타포괄손익누계액은 기타자본으로 구분할 수 있다. 자본조정은 납입자본으로 분류하기 어려우며 주로 자본 전체에 대한 차감의 성격을 가지는 항목이다. 자기주식이나 주식할인발행차금이 여기에 속한다. **주식할인발행차금**(paid-in capital in short of par value)은 액면금액 미만으로 주식을 발행하는 경우에 발행금액 중에서 액면금액에 미달하는 부분이다. **자기주식**(treasury stock)은 회사가 이미 발행하여 유통 중에 있는 주식을 취득하여 보유하고 있는 주식이다.

기타포괄손익누계액(accumulated other comprehensive income)은 포괄손익계산서에 기타포괄손익(other comprehensive income)으로 인식되는 금액의 누적분이다. 추후에 당기손익으로의 구분이 가능해지면 당기손익으로 인식하여 이익잉여금에 포함된다.

이익잉여금은 포괄손익계산서에 보고된 당기순손익 중에서 배당 등을 통하여 사외에 유출되거나 처분되지 않고 사내에 유보된 잔액으로서 유보이익(retained earnings)으로 불리기도 한다. 이익잉여금은 적립금과 미처분이익잉여금으로 구성된다.

● 표 11-1 ● 자본의 구성

분 류		계정과목의 예시	거래의 구분
납입자본	자본금	보통주자본금, 우선주자본금	자본거래
	자본잉여금	주식발행초과금, 감자차익	
기타자본	자본조정	주식할인발행차금, 자기주식, 감자차손	
	기타포괄손익누계액	매도가능금융자산평가손익	손익거래
이익잉여금	이익잉여금	법정적립금, 임의적립금, 미처분이익잉여금	

한편, 자본의 구성에서 납입자본과 자본조정은 자본거래를 기록하는 것이다. 자본거래란 주주에 의한 투자나 주주에 대한 분배 및 주주와의 기타 거래를 말한다. 이와 비교하여, 이익잉여금과 기타포괄손익누계액은 손익거래를 통하여 자본을 변동시키는 항목이다. 손익거래란 수익과 비용을 발생시키는 거래이다.

| 제3절 | 주식의 발행

기업이 주식 발행을 통하여 자금을 조달하면 자본이 증가(증자)한다. 주식을 발행할 때 액면금액으로 발행하는 경우 이를 액면발행이라 한다.[2)]

그러나 주식의 발행가액은 증권시장의 평가에 의해서 결정된다. 주식의 액면금액은 법정자본금을 형성하는 금액으로서 주식의 시장가치와 일정한 관계를 가지지 않는다. 증권시장에서 주가(stock price)는 주식의 액면금액과 관계없이 발행기업의 재무상태, 수익성 및 성장가능성 등에 따라 형성된다. 따라서 주식 발행시점에 기업의 재무상태나 미래 수익성 등에 대한 증권시장의 평가에 따라 할증발행되기도 하고 할인발행되기도 한다. 이때, 기업은 주식발행을 통하여 조달한 자금을 액면금액에 해당하는 자본금과 주식발행초과금 및 주식할인발행차금으로 구분하여 기록한다.

예를 들어, 김해기업(주)이 액면금액 5,000원인 보통주식 100주를 증권시장에서 주당 12,000원에 발행하여 자금을 조달했다고 가정하자. 그러면 김해기업(주)은 1,200,000원(=12,000원×100주)의 현금을 증권시장에서 조달한 셈이다. 여기서 1,200,000원은 납입자본에 해당되며 납입자본은 자본금 500,000원과 주식발행초과금 700,000원으로 구분하여 기록한다.

2) 최근 상법의 개정으로 인하여 무액면주식의 발행도 허용되고 있으나 본 장에서는 액면금액이 정해져 있는 액면주식에 초점을 둔다. 무액면주식에 대해서는 중급회계에서 설명한다.

- 보통주자본금 = 1주당 액면금액 × 발행주식수
  = ₩5,000 × 100주 = ₩500,000
- 주식발행초과금 = (1주당 발행금액 - 1주당 액면금액) × 발행주식수
  = (₩12,000 - ₩5,000) × 100주 = ₩700,000

김해기업(주)의 주식발행거래를 분개하면 다음과 같다.

(차) 현 금	1,200,000	(대) 자 본 금	500,000
		주식발행초과금	700,000

만약, 주식발행에 수반되는 인쇄비, 광고비, 수수료 등의 주식발행비가 지출된 경우에는 주식발행비를 차감한 후의 실제 발행금액(즉, 수취한 현금)으로 납입자본을 기록해야 한다. 이는 사채 발행의 경우와 동일하다.

위의 예에서, 주식발행비로 10,000원을 지출하였다면 실제 발행금액은 1,190,000원이 되며, 다음과 같이 분개한다.

(차) 현 금	1,190,000	(대) 자 본 금	500,000
		주식발행초과금	690,000

주식이 할인발행되는 경우에는 액면금액에 미달한 납입금액을 주식할인발행차금으로 인식한다. 다만, 주식발행초과금 잔액이 있는 경우 우선 상계한 후 미상계된 잔액을 주식할인발행차금으로 처리한다. 주식이 할인발행되는 경우 분개는 다음과 같다.

(차) 현 금	×××	(대) 자 본 금	×××
주식발행초과금	×××*		

* 주식발행초과금과 우선 상계한 후 미상계된 잔액

예제 11-1

백양기업(주)은 주당 액면금액이 ₩5,000인 보통주 1,000주를 발행하였다.

| 물음 |

(1) 1주당 발행가액이 ₩5,000인 경우 발행시점의 분개를 제시하라.

(2) 1주당 발행가액이 ₩8,000인 경우 발행시점의 분개를 제시하라.

(3) 1주당 발행가액이 ₩4,000인 경우 발행시점의 분개를 제시하라.

(4) 주식발행비가 ₩100,000 발생한 경우를 가정하여 위 (2)의 분개를 제시하시오.

| 풀이 |

(1) 액면발행의 경우

차변	금액	대변	금액
(차) 현금	5,000,000	(대) 자본금	5,000,000

(2) 할증발행의 경우

차변	금액	대변	금액
(차) 현금	8,000,000	(대) 자본금	5,000,000
		주식할인발행차금	3,000,000

(3) 할인발행의 경우

차변	금액	대변	금액
(차) 현금	4,000,000	(대) 자본금	5,000,000
주식할인발행차금	1,000,000		

(4) 주식발행비가 발생한 할증발행의 경우

차변	금액	대변	금액
(차) 현금	7,900,000	(대) 자본금	5,000,000
		주식발행초과금	2,900,000

| 제4절 | 주식의 소각

4-1 자기주식의 의의

회사는 자신이 발행한 주식을 취득하는 경우가 있다. 회사가 결손 보전이나 사업 축소 등 여러 가지 이유로 자신이 발행한 주식을 증권시장에서 취득하여 소각하게 되면 자본의 감소(감자)에 해당되며 자본금과 주식발행초과금이 감소한다.

한편, 회사가 발행한 주식을 다시 구입하여 미소각 상태로 보유하고 있는 주식을 자기주식(treasury stock)이라고 한다. 자기주식을 취득하는 이유는 종업원들에게 보상형태로 분배하기 위함이거나 주가의 저평가 시 주가 상승효과 또는 주당이익의 증대효과 등 여러 가지이다.

자기주식은 증권시장에서 거래되지 않기 때문에 유통주식수에 포함되지 않으며, 의결권이나 배당의 권리도 제한된다. 자기주식에 대한 자산권을 인정하게 되면 회사가 자기를 소유하는 비논리적인 문제가 발생하기 때문이다. 따라서 다른 기업이 발행한 주식을 취득한 경우에는 금융자산으로 인식하지만 자기주식은 자본의 차감항목으로 기록한다.

4-2 자기주식의 취득과 재발행

자기주식의 취득과 재발행에 대한 회계처리를 살펴보기 위하여 다음의 예를 들어 설명하기로 한다. 청주상사(주)가 20×1년에 자기주식(1주당 액면금액: 5,000원) 300주를 증권시장에서 1주당 9,000원씩 지급하고 취득했다면 청주상사(주)는 다음과 같이 분개한다.

(차) 자기주식	2,700,000	(대) 현 금	2,700,000

여기서, 자기주식은 금융자산이 아니라 납입자본에서 차감하는 형식으로 표시한다. 자기주식의 취득은 이미 발행된 주식을 '취소'한 것으로 간주되므로 자본의 차감적 성격을 가지는 자본조정으로 표시한다.

재무상태표 (20×1년 12월 31일)

	자 본	
	자본금	×××
	자본잉여금	×××
	자본조정	
	자기주식	(2,700,000)

자기주식은 증권시장에서 처분하여 자금을 확보할 수 있다. 이를 자기주식의 재발행이라고 부르며, 자기주식의 재발행은 자본의 증가를 초래한다.[3] 그리고 보유하고 있던 자기주식을 재발행하면 자기주식처분손익이 발생한다. 재발행가액이 취득원가보다 크면 자기주식처분이익이 발생하며, 재발행가가 취득원가보다 작을 때는 자기주식처분손실이 발생한다. 자기주식처분손실과 자기주식처분이익은 서로 상계한 후 잔액을 자기주식처분손익으로 표시한다.

앞의 예에서, 청주상사(주)가 20×1년 중에 자기주식 100주를 주당 8,000원에 재발행하였다고 가정하자. 그러면 주당 9,000원에 취득한 자기주식을 8,000원에 처분하였기 때문에(1주당 1,000원의 처분손실) 100,000원[＝100주×(8,000−9,000)]의 자기주식처분손실이 발생한다. 이를 분개하면 다음과 같다.

(차) 현 금	800,000	(대) 자 기 주 식	900,000
자기주식처분손실	100,000		

자기주식 100주의 처분으로 인하여 청주상사(주)의 재무상태표에 남아 있는 자기주식은 1,800,000원이고, 자기주식 거래는 자본거래에 해당되기 때문에 자기주식처분손실을 포괄손익계산서에 반영하지 않고 다음과 같이 재무상태표의 자본조정에 포함시킨다.

재무상태표 (20×1년 12월 31일)

	자 본	
	자본금	×××
	자본잉여금	×××
	자본조정	
	자기주식	(1,800,000)
	자기주식처분손실	(100,000)

3) 종업원에게 인센티브로 자기주식을 지급하거나, 또는 다른 기업에게 어떤 대가로 자기주식을 지급하는 경우도 재발행에 해당된다.

청주상사(주)가 이후 다시 자기주식 150주를 주당 12,000원에 재발행하였다고 가정하자. 주당 9,000원에 취득한 자기주식을 12,000원에 처분하였기 때문에 450,000원[=150주×(12,000-9,000)]의 자기주식처분이익이 발생한다. 이 경우 자기주식처분이익은 기존에 남아있는 자기주식처분손실과 우선 상계하고 나머지 금액을 기록한다.

(차) 현 금	1,800,000	(대) 자 기 주 식	1,350,000
		자기주식처분손실	100,000
		자기주식처분이익	350,000

자기주식 150주의 추가 처분으로 인하여 청주상사(주)의 재무상태표에 남아 있는 자기주식은 450,000원이다. 그리고 자기주식처분손실이 모두 제거되고 자기주식처분이익 350,000원이 자본잉여금으로 표시된다.

재무상태표 (20×1년 12월 31일)

	자 본	
	자본금	×××
	자본잉여금	×××
	자기주식처분이익	350,000
	자본조정	
	자기주식	(450,000)

4-3 자기주식의 소각

기업은 자기주식을 영구히 소각시킬 수 있다. 자기주식의 소각은 대체로 두 가지 목적으로 이루어진다. 첫째, 일반대중에게 널리 분산되어 있는 주식을 취득하여 소각함으로써 대주주들의 지배권을 높이려는 것이다. 둘째, 주주들에게 지급할 현금배당을 줄이고 주식을 소각함으로써 주식가격을 높이려는 목적이다.

자기주식의 소각은 증자(주식 발행)의 반대 개념으로서 감자라고 부른다. 자기주식을 증권시장에서 현금으로 취득한 후 소각하는 경우 실질적 감자가 이루어졌다고 말한다. 자기주식의 소각이 이루어지면 주식의 액면금액과 자기주식의 취득원가를 비교하여 감자차손이나 감자차익을 인식한다. 감자차익과 감자차손은 우선 상계한 후 잔액을 기록하며, 자기주식처분손익과 마찬가지로 자본거래로부터 발생한 차액이므로 포괄손익계산서에 보고하지 않는다.

위의 예에서, 청주상사(주)는 액면금액이 5,000원인 자기주식 300주를 주당 9,000원에 취득하여 250주를 재발행하였으며 50주를 보유하고 있다. 그리고 20×2년에 이 주식을 소각하였다면 자본금과 자기주식을 모두 제거한 후 1주당 4,000원(=5,000-9,000)씩 총 200,000원(=4,000×50주)의 감자차손을 인식한다. 소각 당시 재무상태표에 감자차익이 없으므로 감자차손을 모두 인식하면 된다.

(차) 보통주자본금	250,000	(대) 자 기 주 식	450,000
감 가 차 손	200,000		

위의 분개를 반영하여 재무상태표를 작성하면 다음과 같다.

재무상태표 (20×2년 12월 31일)

	자 본	
	자본금	×××
	자본잉여금	×××
	자기주식처분이익	350,000
	자본조정	
	감자차손	(200,000)

예제 11-2

경남상사(주)의 20×1년 1월 1일 현재 부분 재무상태표는 다음과 같다. 20×1년 3월 1일, 경남상사(주)는 자기주식 100주를 주당 ₩7,000에 취득하였다.

재무상태표 (20×1년 1월 1일)

	자 본	
	보통주자본금(주당 ₩5,000)	9,000,000
	자본잉여금	
	주식발행초과금	1,000,000

| 물음 |

(1) 자기주식 취득시점의 분개를 하라.

(2) 20×1년 7월 1일에 경남상사(주)가 자기주식 30주를 주당 ₩8,500에 재발행한 경우 분개를 하라.

(3) 20×1년 10월 1일에 경남상사(주)가 자기주식 20주를 주당 ₩4,500에 재발행한 경우 분개를 하라.

(4) 20×1년 12월 1일에 경남상사(주)가 자기주식 10주를 소각한 경우 분개를 하라.

(5) 경남상사(주)의 20×1년 12월 31일 현재 부분 재무상태표를 작성하라.

| 풀이 |

(1) 자기주식 취득원가 = 100주×7,000 = ₩700,000

(차) 자 기 주 식	700,000	(대) 현 금	700,000

(2) 자기주식처분이익 = 30주×(8,500-7,000) = ₩45,000

(차) 현 금	255,000	(대) 자 기 주 식	210,000
		자기주식처분이익	45,000

(3) 자기주식처분손실 = 20주×(4,500-7,000) = ₩50,000

자기주식처분이익 ₩45,000과 우선 상계 후, ₩5,000을 자기주식처분손실로 인식

(차) 현 금	90,000	(대) 자 기 주 식	140,000
자기주식처분이익	45,000		
자기주식처분손실	5,000		

(4) 감자차손 = 10주×(5,000-7,000) = ₩20,000

(차) 자 본 금	50,000	(대) 자 기 주 식	70,000
감자차손	20,000		

(5) 20×1년 12월 31일 부분 재무상태표

재무상태표 (20×1년 12월 31일)

	자 본		
	보통주자본금(주당 ₩5,000)		8,950,000
	자본잉여금		
	주식발행초과금		1,000,000
	자본조정		
	자기주식	(280,000)	
	자기주식처분손실	(5,000)	
	감자차손	(20,000)	(305,000)

| 제5절 | 이익잉여금

5-1 이익잉여금의 의의

이익잉여금(retained earnings)은 기업이 손익거래를 통하여 벌어들인 이익 중 기업 내부에 유보되어 있는 이익으로 유보이익이라고도 부른다. 이익잉여금은 손익거래에서 발생한 잉여금이므로 주주들에 대한 배당의 재원이 된다. 이와 비교하여, 자본거래에서 발생한 자본잉여금은 배당이 불가능한 잉여금이다. 만약 자본잉여금을 배당의 형태로 사외 유출한다면 주주가 납입한 자본의 환급에 해당되므로 사업의 축소나 폐쇄를 의미한다. 따라서 자본잉여금의 사외 유출은 엄격하게 금지하고 있다.

한편, 손익거래에서 발생한 잉여금이지만 당기손익 항목에 포함시키지 않는 항목은 기타포괄손익으로 분류한다. 매도가능금융자산평가손익(제9장) 등이 여기에 속한다. 장기간 보유하는 자산의 가치 변동으로 인한 평가손익은 미실현손익이므로 매기간에 즉각적으로 당기손익에 반영시키기보다는 기타포괄손익 항목으로 재무상태표의 기타포괄손익누계액 누적시킨 다음, 해당 자산이 처분될 때 누적손익을 당기손익으로 전환시킨다는 논리이다.

이익잉여금은 자본잉여금과 비교하여 손익거래에서 발생하는 잉여금으로서 비유동자산의 평가에 따른 미실현손익을 제외한 당기손익의 누계액이며 주주에 대한 배당의 재원으로 활용될 수 있다.

1) 법정적립금

이익잉여금은 일반적으로 배당의 재원이 되지만 이익잉여금이 충분하다고 하여 모두 배당할 수 있는 것은 아니다. 현실적으로 더 많은 배당을 요구하는 주주들의 압력은 존재한다. 그러나 이익잉여금을 모두 배당하게 되면 기업은 현금부족 사태에 직면하거나 미래 성장을 기대할 수 없다. 더욱이 좋은 투자안이 있다 하더라도 외부에서 새로 차입하거나 증자하여야 하는 번거로움을 감수해야 한다.

따라서 상법에서는 기업보호정책의 일환으로, 자본금의 1/2에 달할 때까지 매 결산기에 현금배당액의 1/10 이상 금액에 대하여 적립을 의무화하고 있다. 이와 같이 법령에 의하여 의무적으로 적립되는 법정적립금을 **이익준비금**이라고 부른다.

2) 임의적립금

법령과 관계없이 기업의 정관 또는 주주총회 의결을 거쳐 주주들 스스로 이익잉여금의 적립을 결의하는 경우도 있다. 이러한 적립금을 임의적립금이라고 부른다. 예를 들면, 미래 사업확장에 대비하는 사업확장적립금, 차입금 상환에 대비하는 감채적립금, 적절한 배당 수준을 지속하기 위한 배당평균적립금 등이 있다.

3) 미처분이익잉여금

미처분이익잉여금은 이익잉여금 중에서 법정적립금이나 임의적립금으로 적립되지 않은 금액이다. 예를 들어, 기업의 이익잉여금 총액이 10억 원이라고 가정하자.

그중에서 이익준비금으로 2억 원, 임의적립금으로 3억 원을 적립했다고 하면, 미처분이익잉여금은 5억 원인 것이다.

5-2 이익잉여금의 처분

회사가 손익거래를 통하여 당기순이익을 창출하고 이익잉여금 계정에 누적이 되면 이익잉여금을 어떻게 사용할 것인지 결정하여야 한다. 앞서 설명한 바와 같이, 기업 내부에 적립금으로 유보시킬 것인지 또는 사외로 유출할 것인지 등을 결정하고 나머지 잉여금을 차기로 이월시키는 과정을 이익잉여금의 처분이라고 한다.

이익잉여금 처분 결의는 주주총회에서 이루어진다. 주주총회는 일반적으로 회계연도 종료 후 다음 연도 2월이나 3월에 개최된다. 주주총회에서의 이익잉여금 처분 결의는 이익잉여금 중에서 얼마를 적립금으로 적립할 것인지, 또는 반대로 이익잉여금에 얼마를 이입할 것인지, 배당금은 얼마나 지급할 것인지를 정하는 것이다.

예를 들어, 20×2년 3월 16일에 개최된 김해기업(주)의 주주총회에서 다음과 같이 '20×1년도 이익잉여금 처분'을 결의했다고 가정하자.

- 과거에 적립한 배당평균적립금 5억 원 이입
- 이익준비금으로 4억 원 적립
- 현금배당으로 10억 원 지급

첫 번째, 배당평균적립금의 이입은 배당평균적립금을 미처분이익잉여금으로 재분류하는 것을 의미한다. 임의적립금은 주주총회의 의결을 거쳐 배당가능 미처분이익잉여금으로 환원시킬 수 있다.[4] 즉, 주주총회에서 임의적립금의 해제를 결의하면, 임의적립금을 미처분이익잉여금으로 재분류한다. 이러한 재분류를 임의적립금의 이입(移入)이라고 부른다.

4) 법정적립금은 배당으로 지급할 수 없으므로 미처분이익잉여금으로 이입할 수 없으며, 자본전입이나 결손보전의 목적으로만 사용할 수 있다. 그러나 임의적립금은 그 목적이 달성되는 경우 미처분이익잉여금으로 재분류한다. 자세한 내용은 중급회계에서 다루기로 한다.

이입은 적립의 반대 개념이다. 다시 말해서, 적립은 주주총회 결의에 의해 미처분이익잉여금을 적립금으로 재분류하는 것이며, 이입은 주주총회 결의에 따라 임의적립금을 미처분이익잉여금으로 재분류하는 것이다([그림 11-2] 참조).

● 그림 11-2 ● 이익잉여금의 구성과 재분류

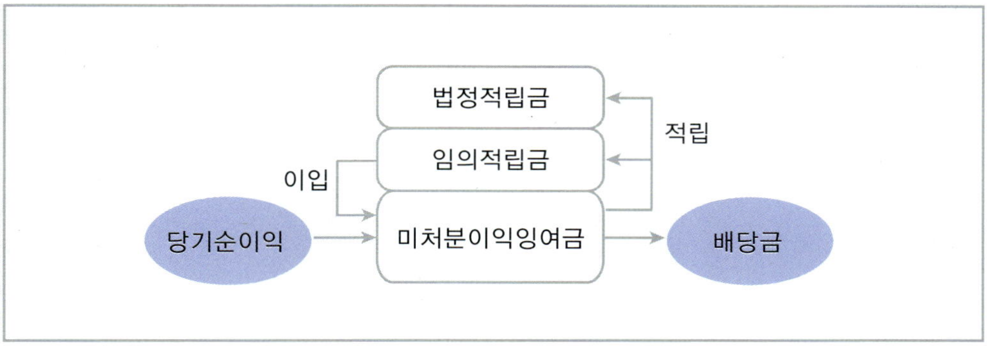

주주총회에서 배당평균적립금의 이입 결의가 이루어지면 배당평균적립금을 감소시키고 미처분이익잉여금을 증가시키는 분개를 실시한다. 중요한 것은 이입 분개로 인하여 이익잉여금의 합계액은 변화하지 않고 구성항목 금액만 변화한다는 것이다.

(차) 배당평균적립금	500,000,000	(대) 미처분이익잉여금	500,000,000

두 번째, 이익준비금의 적립은, 이입과는 반대로, 미처분이익잉여금 4억 원을 이익준비금으로 재분류하는 것을 의미한다. 이를 위한 분개는 이익준비금을 4억 원 증가시키고 미처분이익잉여금을 4억 원 감소시키는 것이다.

(차) 미처분이익잉여금	400,000,000	(대) 이 익 준 비 금	400,000,000

세 번째 결의사항은 주주들에게 배당금 지급을 의결한 것이다. 주주총회 직후에 배당을 지급했다고 가정하면, 미처분이익잉여금을 10억 원 감소시키고, 현금 10억 원의 지급을 기록하는 분개를 실시한다.

(차) 미처분이익잉여금	1,000,000,000	(대) 현 금	1,000,000,000

요약하면, 앞의 [그림 11-2]에서 보는 바와 같이 (1) 당기순이익이 발생하거나 임의적립금을 이입하면 미처분이익잉여금은 증가하고, (2) 각종 적립금으로 적립하거나 배당금 지급을 결의하면 미처분이익잉여금은 감소한다. (3) 그리고 적립과 이입은 이익잉여금 합계액에는 영향을 주지 않으나, 당기순이익의 발생은 이익잉여금 합계액을 증가시키고, 배당금 지급은 이익잉여금 합계액을 감소시킨다.

예제 11-3

다음은 20×1년의 부산상사(주)의 이익잉여금 변동과 관련된 자료이다. 부산상사(주)의 결산일은 매년 12월 31일이다.

- 자료 1: 20×1년 말 재무상태표의 미처분이익잉여금과 적립금은 다음과 같다.

이익준비금	₩ 20,000
임의적립금	100,000
미처분이익잉여금	1,080,000

- 자료 2: 20×2년 2월 28일에 개최된 주주총회에서 결의한 이익잉여금 처분사항은 다음과 같다.

임의적립금의 이입	₩ 70,000
현금 배당	300,000(즉시 지급)
이익준비금 적립	30,000

- 자료 3: 20×2년 말에 당기순손실 ₩50,000을 보고하였다.

| 물음 |

(1) 20×2년 주주총회에서 결의된 이익잉여금 처분사항을 분개하라.

(2) 20×2년도 당기순손실 ₩50,000의 보고를 분개하라.

(3) 20×2년도 재무상태표에 표시될 이익준비금, 임의적립금 및 미처분이익잉여금은 각각 얼마인가?

| 풀이 |

(1) 첫째, 임의적립금 이입으로 인하여 ₩70,000의 임의적립금이 감소하고(차변), 그만큼의 미처분이익잉여금이 증가한다(대변). 둘째, 현금배당으로 인하여 미처분이익잉여금 ₩300,000이 감소한다(차변). 셋째, 이익준비금 적립으로 인하여 미처분이익잉여금 ₩30,000이 감소하고(차변) 그만큼의 이익준비금이 증가한다(대변). 이를 각각 분개하면 다음과 같다.

(차) 임 의 적 립 금	70,000	(대) 미처분이익잉여금	70,000
(차) 미처분이익잉여금	300,000	(대) 현 금	300,000
(차) 미처분이익잉여금	30,000	(대) 이 익 준 비 금	30,000

(2) 당기순손실 보고는 집합손익 계정을 마감하고(대변), 미처분이익잉여금을 감소시키는(차변) 분개이다.

(차) 미처분이익잉여금	50,000	(대) 집 합 손 익	50,000

(3) 이익준비금: 20,000(20×1년 말)+30,000(현금배당액의 1/10 적립)=₩50,000
임의적립금: 100,000(20×1년 말)-70,000(이입)=₩30,000
미처분이익잉여금: 1,080,000(20×1년 말)+70,000(임의적립금 이입)-300,000(배당금 지급)-30,000(이익준비금 적립)-50,000(당기순손실)=₩770,000

5-3 배당

1) 현금배당

회사는 이익잉여금의 범위 내에서 주주에게 배당을 실시하며, 일반적으로 배당은 현금배당을 의미한다. 주주총회에서 배당을 결의하기 위해서는 몇 가지 고려사항이 있다. 배당가능이익이 정확히 얼마인지 파악하는 것은 물론이며, 배당을 받을 권리가 있는 주주를 확정지어야 한다.

회사가 배당을 받을 권리가 있는 주주의 명부를 작성하는 날을 **배당기준일**(record date)이라 한다. 우리나라의 경우 배당기준일은 일반적으로 회계연도 말이 된다. 배당기준일은 주주의 배당 권리를 확정하는 날이므로 별도의 분개는 없다.

회사는 배당받을 주주를 확정하고 실제 배당의사를 공식적으로 선언하는데, 이 날을 **배당선언일**(declaration date)이라 한다. 일반적으로 주주총회일을 의미하며 배당의 지급의무는 배당을 선언함으로써 발생하므로 배당선언일에 이익잉여금을 감소시키는 분개를 한다. 그러나 배당선언일에 즉시 현금 지급이 이루어지지 않으므로 미지급배당금이라는 부채를 인식한다.

(차) 미처분이익잉여금	×××	(대) 미지급배당금	×××

이후, 주주총회의 결의에 따라 주주에게 실제로 배당금을 지급하는 날을 **배당지급일**(payment date)이라 하며, 미지급배당금을 감소시키고 현금을 지급하는 분개를 실시한다.

(차) 미지급배당금	×××	(대) 현 금	×××

2) 주식배당

주식배당은 주주들에게 현금 대신 주식으로 배당을 지급하는 것을 말한다. 현금으로 많은 배당을 지급하면 기업이 현금 부족으로 어려움을 겪을 수 있다. 주식배당은 현금 부족 위험을 줄이고 주주들로부터의 배당압력을 완화시킬 수 있다. 상법에서는 배당가능이익이 확보되어 있는 경우 주주총회 결의에 의하여 이익배당 총액의 1/2을 초과하지 않는 범위에서 주식배당을 허용하고 있다.

회사는 주식배당 결의일에 미처분이익잉여금을 감소시키고 배당하기로 결의한 주식의 액면금액을 미교부주식배당금(자본조정)으로 계상한다. 이후, 주식이 교부되는 날 미교부주식배당금을 자본금으로 대체하는 분개를 한다.

〈배당선언일〉

(차) 미처분이익잉여금	×××	(대) 미교부주식배당금	×××

〈주식교부일〉

(차) 미교부주식배당금	×××	(대) 자 본 금	×××

위와 같이, 주식배당을 실시하면 미처분이익잉여금을 감소시키고 동시에 보통주자본금을 증가시키는 분개를 하는데, 이를 '이익잉여금의 자본금 전입'이라고 부른다. 따라서 주식배당을 실시한 후에도 자본의 합계액은 변화가 없다. 왜냐하면 미처분이익잉여금과 보통주자본금은 모두 자본에 속하는 계정이므로 자본 내에서의 재분류에 해당하기 때문이다.

예제 11-4

마산상사(주)의 20×1년 말 자본 내역은 다음과 같다.

• 보통주자본금 (1주당 액면금액 ₩5,000)	₩10,000,000
• 주식발행초과금	1,000,000
• 이익잉여금	5,000,000

| 물음 |

마산상사(주)는 20×2년 2월 2일에 주주총회를 개최하였으며 배당기준일 현재 보통주주에게 10%에 해당하는 현금배당과 5%의 주식배당을 선언하였다. 그리고 3월 15일에 현금배당과 주식배당을 실시하였다.

| 물음 |

배당기준일, 배당선언일, 배당지급일에 필요한 분개를 하시오.

| 풀이 |

- 배당기준일: 분개 없음
- 배당선언일: 현금배당액 : 10,000,000 ×10% = ₩1,000,000

주식배당액 : 10,000,000 ×5% = ₩500,000

(차) 미처분이익잉여금	1,500,000	(대) 미 지 급 배 당 금	1,000,000
		미교부주식배당금	500,000

• 배당지급일

(차) 미 지 급 배 당 금	1,000,000	(대) 현 금	1,000,000
(차) 미교부주식배당금	500,000	(대) 보 통 주 자 본 금	500,000

제6절 자본변동표

재무상태표의 자본은 기업의 소유주인 주주의 몫이다. 경영자는 주주로부터 자원을 위임받아 기업을 경영하는 대리인(agent)이기 때문에, 주주에게 주주지분의 변동사항을 정기적으로 보고해야 한다. **자본변동표**(statement of changes in equity)는 일정 기간 동안 자본 구성의 변동내용을 요약한 재무제표로서 재무상태표, 포괄손익계산서, 현금흐름표 등과 함께 주요 재무제표 중의 하나이다.

〈표 11-2〉에서 보는 바와 같이, 자본변동표는 자본을 구성하는 항목인 자본금, 자본잉여금, 자본조정, 기타포괄손익누계액, 이익잉여금으로 구분하여 그 변동에 관한 포괄적인 내용을 보여주고 있다. 기초시점(20×1년 1월 1일)의 잔액에서 시작하여 기말시점(20×1년 12월 31일)의 잔액까지 변동의 내역을 모두 제시함으로써 기초와 기말의 재무상태표를 연결할 뿐만 아니라 포괄손익계산서와도 연계되어 있으므로 정보이용자들에게 유용한 정보를 제공한다.[5)]

5) 자본변동표의 작성에 관한 내용은 중급회계에서 설명하기로 한다.

● 표 11-2 ● 자본변동표의 예

자동변동표

충주상사(주) 20×1년 1월 1일~20×1년 12월 31일 (단위: 백만 원)

구분		납입자본	일반 적립금	미처분 이익잉여금	자본 조정	기타포괄 손익누계액	합계
기초잔액		3,300	900	300	(200)	700	5,000
변동내역	현금배당 지급			(300)			(300)
	임의적립금 이입		(100)	100			0
	이익준비금 적립		200	(200)			0
	유상증자	2,300					2,300
	자기주식 취득	(300)					(300)
	자기주식 처분	300			100		400
	자산평가손실					(400)	(400)
	당기순이익			400			400
기말잔액		5,600	1,000	300	(100)	300	7,100

익 / 힘 / 문 / 제

1. 자본의 구성에 대하여 설명하라.
2. 보통주와 우선주의 차이를 설명하라.
3. 주식 발행에 의한 자금조달은 재무상태표에 어떻게 표시되는지 설명하라.
4. 수권주식의 의미를 설명하라.
5. 발행주식수와 유통주식수의 차이를 설명하라.
6. 자기주식을 취득하면 재무상태표에 어떻게 표시되는지 설명하라.
7. 자기주식의 재발행은 어떻게 회계처리하는지 설명하라.
8. 자기주식의 소각은 어떻게 회계처리하는지 설명하라.
9. 주주총회에서의 전년도 이익잉여금 처분의 의미를 설명하라.
10. 미처분이익잉여금과 적립금의 차이를 설명하라.
11. 법정적립금과 임의적립금의 차이를 설명하라.
12. 이익잉여금의 적립 및 이입의 차이를 설명하라.
13. 현금배당과 주식배당을 설명하라.
14. 미처분이익잉여금을 증가시키는 원인과 감소시키는 원인을 각각 설명하라.
15. 자본변동표는 어떤 정보를 제공하는지 설명하라.

연 / 습 / 문 / 제

11-1 기본개념의 이해

아래의 빈칸에 알맞은 단어나 숫자를 기입하라.

(1) 기업이 외부로부터 조달하는 자금의 내역은 재무상태표의 대변에 기록되며, 부채와 ( )으로 구분된다.

(2) 주식은 크게 두 가지 종류로 구분할 수 있다. 하나는 의결권이 부여된 ( )이며, 다른 하나는 의결권은 없지만 배당에서의 우선권이 있는 ( )이다.

(3) 보통주를 발행하여 자금을 조달하면 [자본, 부채]이 증가하고 사채를 발생하여 자금을 조달하면 [자본, 부채]가 증가한다. [ ] 속에 적절한 것을 고른다면?

(4) 재무상태표의 자본은 ( ), ( ), ( ), ( ), ( )으로 구성되어 있다.

(5) 주당 액면금액이 ₩5,000인 보통주를 주당 ₩12,000씩 100주를 발행하여 자금을 조달하였을 경우, 재무상태표의 보통주자본금은 ₩( )으로 기록되며, 주식발행초과금은 ₩( )으로 기록된다.

(6) 취득한 자기주식은 재무상태표의 ( ) 항목으로 표시된다.

(7) 인천상사(주)의 재무상태표의 자본 총계는 ₩2,000,000이고, 발행주식수는 100주이다. 인천상사(주)는 주식시장에서 ₩15,000을 지급하고 자기주식 10주를 취득하였다. 자기주식 취득 후의 재무상태표의 자본 총계는 ₩( )이 된다. 그리고 인천상사(주)의 유통주식수는 ( )주가 된다.

(8) 우리나라 상법의 규정에 따라 적립된 법정적립금을 ( )이라고 부른다.

(9) 미처분이익잉여금을 법정적립금 또는 임의적립금으로 재분류하는 것을 적립이라고 부르며, 임의적립금을 미처분이익잉여금으로 재분류하는 것을 ( )이라고 부른다.

(10) 충무상사(주)가 미처분이익잉여금 ₩100,000을 이익준비금으로 적립하기로 한 경우 다음과 같이 분개한다. 괄호 속에 들어갈 적절한 계정과목은?

(차) 미처분이익잉여금	100,000	(대) ( )	100,000

(11) 위와 같이 미처분이익잉여금을 이익준비금으로 적립하면 재무상태표의 이익잉여금 합계는 [증가한다, 감소한다, 변화하지 않는다]. [ ] 속에 적절한 것을 고른다면?

(12) 당기순이익이 발생하면 미처분이익잉여금이 [증가, 감소, 불변]하고, 배당금을 지급하면 미처분이익잉여금이 [증가, 감소, 불변]한다. [ ] 속에 적절한 것을 고른다면?

(13) 일정 회계기간 동안의 자본항목의 변동사항을 요약한 재무제표를 (   )라고 부른다.

11-2 자본의 분류

다음은 명주상사(주)의 20×1년도 재무상태표에 포함된 계정과목들이다. 납입자본으로 분류되는 것은 A, 이익잉여금은 B, 자본조정은 C, 기타포괄손익누계액은 D, 그리고 기타는 O 자를 기입하라.

(1) 매도가능금융자산평가손익	( )	(2) 우선주자본금	( )
(3) 영업권	( )	(4) 사업확장적립금	( )
(5) 이익준비금	( )	(6) 자기주식	( )
(7) 매도가능금융자산	( )	(8) 감자차손	( )
(9) 자기주식처분이익	( )	(10) 주식발행초과금	( )

11-3 주식의 발행

파주상사(주)는 주당 액면금액 ₩5,000인 보통주 200주를 ₩9,000씩 발행하였고, 아울러 주당 액면금액 ₩5,000인 우선주 100주를 ₩7,000씩 발행하였다. 보통주와 우선주 발행에는 주식발행비가 각각 ₩100,000 지급되었다.

| 물음 |

(1) 위의 주식 발행거래를 분개하라.

(2) 재무상태표의 자본금은 ₩(   )이고, 주식발행초과금은 ₩(   )으로 표시된다. 단, 다른 항목은 없다고 가정한다.

11-4 주식의 발행

다음은 춘천상사(주)의 주식 발행에 관한 자료이다.

- 20×0년 12월 31일의 재무상태표의 보통주자본금은 ₩700,000, 주식발행초과금은 ₩70,000이었다.
- 20×1년 2월 8일에 액면금액 ₩5,000의 보통주 100주를 주당 ₩5,800에 발행하였다.
- 20×1년 10월 20일에 액면금액 ₩5,000의 보통주 200주를 주당 ₩5,600에 발행하였다.

| 물음 |

(1) 20×1년 2월 8일의 보통주 발행을 분개하라.

(2) 20×1년 10월 20일의 보통주 발행을 분개하라.

(3) 다른 변동이 없다면, 20×1년 12월 31일의 춘천상사(주)의 재무상태표의 납입자본 합계는 얼마인가?

11-5 자기주식의 취득

전주상사(주)의 발행주식수는 2,000주이고, 주당 액면금액은 ₩5,000, 보통주자본금은 ₩10,000,000, 주식발행초과금은 ₩8,000,000이다. 전주상사(주)는 20×1년 7월 9일에 자기주식 30주를 주당 ₩10,000씩 현금을 지급하고 취득하였다.

| 물음 |

(1) 전주상사(주)의 자기주식 취득을 분개하라.

(2) 취득한 자기주식은 재무상태표의 [금융자산, 자본]에 [가산, 차감]으로 표시된다. 따라서 자기주식을 취득하면 자본 합계는 [증가한다, 감소한다]. 위의 3개의 [ ] 속에 적절한 것을 각각 고른다면?

(3) 자기주식 취득 후의 전주상사(주)의 유통주식수는?

11-6 자기주식의 취득과 재발행

다음은 연천(주)의 20×1년도 자기주식 거래 자료이다. 연천(주)의 보고기간 말은 12월 31일이며, 20×1년 1월 1일 연천(주)의 재무상태표에 납입자본의 합계는 ₩1,500,000이고, 자기주식 및 자기주식처분손익의 기록은 없다.

① 3월 21일: 자기주식 40주를 주당 ₩8,000에 취득하였다.
② 6월 10일: 자기주식 10주를 주당 ₩8,500에 재발행하였다.
③ 8월 20일: 자기주식 10주를 주당 ₩7,200에 재발행하였다.
④ 10월 4일: 자기주식 10주를 주당 ₩12,000에 재발행하였다.

| 물음 |

(1) 위의 거래를 각각 분개하라.
(2) 20×1년도에 다른 자본거래가 없었다고 가정하면, 20×1년 12월 31일의 연천(주)의 재무상태표의 납입자본 합계는 ₩(   )이 된다.

11-7 자기주식의 취득과 재발행 및 소각

종로상사(주)의 20×0년 12월 31일 재무상태표의 보통주자본금은 ₩10,000,000(주당 액면금액 ₩5,000), 주식발행초과금은 ₩5,000,000, 감자차익은 ₩10,000이었다. 다음은 종로상사(주)의 자기주식 거래에 대한 내용이다.

① 20×1년 2월 8일에 자기주식 50주를 주당 ₩8,000에 취득하였다.
② 20×1년 4월 10일에 자기주식 10주를 주당 ₩9,000에 재발행하였다.
③ 20×1년 7월 10일에 자기주식 10주를 주당 ₩6,500에 재발행하였다.
④ 20×1년 11월 30일에 자기주식 10주를 소각하였다.

| 물음 |

(1) 20×1년 2월 8일의 자기주식 취득을 분개하라.
(2) 20×1년 4월 1일의 자기주식 재발행을 분개하라.
(3) 20×1년 7월 10일의 자기주식 재발행을 분개하라.
(4) 20×1년 11월 30일의 자기주식 소각을 분개하라.
(5) 다른 변동이 없다면, 20×1년 12월 31일의 종로상사(주)의 재무상태표에 자본내역을 표시하라.

11-8 미처분 이익잉여금의 변동(I)

다음은 20×0년 12월 31일의 양주상사(주)의 재무상태표의 이익잉여금 구성 내역이다.

이익준비금	₩3,000,000
사업확장적립금	2,000,000
미처분이익잉여금	1,000,000
합 계	₩6,000,000

20×1년도 양주상사(주)의 이익잉여금 관련 거래는 다음과 같다.

① 20×1년 3월 28일의 주주총회에서 사업확장적립금 ₩1,200,000을 이입하기로 결의하였다.
② 20×1년 3월 28일의 주주총회에서 이익준비금 ₩200,000을 적립하기로 결의하였다.
③ 20×1년 3월 28일의 주주총회에서 현금배당 ₩1,500,000을 지급하기로 결의한 후 곧 현금으로 지급하였다.
④ 20×1년 말에 보고된 당기순이익은 ₩1,000,000이다.

| 물음 |

(1) 20×1년도에 발생한 거래를 분개하라.
(2) 20×1년 12월 31일의 양주상사(주)의 재무상태표의 이익잉여금 구선 내역은 어떻게 변화하는가? (표의 괄호 안에 적절한 숫자를 기입하라)

이익준비금	₩(　　　)
사업확장적립금	(　　　)
미처분이익잉여금	(　　　)
합 계	₩(　　　)

11-9 현금배당과 주식배당

수원상사(주)의 20×1년 12월 31일 재무상태표의 보통주자본금은 ₩10,000,000(주당 액면금액 ₩5,000, 발행주식수 2,000주), 그리고 미처분이익잉여금은 ₩3,000,000이었다.

| 물음 |

(1) 20×2년 3월 20일의 주주총회에서 1주당 ₩200의 현금배당을 지급하기로 결의하였다. 이에 대한 분개는?

(2) 20×2년 4월 21일에 위의 현금배당을 실제로 지급하였다. 이에 대한 분개는?

(3) 20×2년 3월 20일의 주주총회에서 1주당 0.2주의 주식배당을 실시하기로 결의하였다. 이에 대한 분개는?

(4) 20×2년 4월 21일에 위 주식배당의 주식을 교부하였다. 이에 대한 분개는?

(5) 현금배당과 주식배당을 실시한 후의 보통주자본금은 ₩(　　　)이 되며, 미처분이익잉여금은 ₩(　　　)이 된다.

11-10 미처분이익잉여금의 변동(II)

다음은 20×1년 12월 31일에 영암상사(주) 재무상태표의 이익잉여금의 구성 내역이다.

법정적립금: 이익준비금	₩700,000
임의적립금: 배당평균적립금	500,000
미처분이익잉여금	300,000
합 계	₩1,500,000

그리고 다음은 20×2년도에 발생한 거래 내역이다.

① 20×2년 3월 19일의 주주총회에서 배당평균적립금 ₩100,000을 이입하기로 결의하였다.

② 20×2년 3월 19일의 주주총회에서 이익준비금으로 ₩50,000을 적립하기로 결의하였다.

③ 20×2년 3월 19일의 주주총회에서 현금배당 ₩80,000과 주식배당 ₩20,000(액면금액 합계)을 지급하기로 결의한 후, 곧바로 지급하였다.

④ 20×2년 말에 보고된 당기순손실은 ₩80,000이다.

| 물음 |

(1) 20×2년에 발생한 거래를 분개하라.

(2) 20×2년 12월 31일 재무상태표의 미처분이익잉여금은 얼마인가? 이를 계산하기 위하여 다음 표에서 괄호 안의 부호를 선택하라.

기초 미처분이익잉여금		₩300,000
변동: 배당평균적립금 이입	(+, -)	100,000
이익준비금 적립	(+, -)	50,000
현금배당	(+, -)	80,000
주식배당	(+, -)	20,000
당기순손실	(+, -)	80,000
기말 미처분이익잉여금		₩(　　)

(3) 20×2년 12월 31일의 영암상사(주)의 기말 이익잉여금 구성은 어떻게 변화하는가?(아래 표의 괄호 안에 적절한 숫자를 기입하라).

이익준비금	₩(　　)
배당평균적립금	(　　)
미처분이익잉여금	(　　)
합 계	₩(　　)

11-11 종합문제: 재무상태표의 작성

다음은 영동상사(주)의 20×1년 12월 31일 재무상태표의 자본 부분이다.

재무상태표

영동상사(주)	20×1년 12월 31일 현재	(단위: 원)
자본		
1. 납입자본		
(1) 보통주자본금	10,000,000	
(2) 주식발행초과금	8,000,000	18,000,000
2. 이익잉여금		
(1) 일반적립금		
이익준비금	2,000,000	
사업확장적립금	2,000,000	4,000,000
(2) 미처분이익잉여금		3,000,000
3. 자본조정		
(1) 자기주식(100주, 주당 취득원가 ₩8,000)	(800,000)	
(2) 자기주식처분손실	(20,000)	(820,000)
자본 합계		24,180,000

그리고 20×2년도 영동상사(주)의 거래내역은 다음과 같다.

① 3월 7일: 보통주 1,000주(주당 액면금액 ₩5,000)를 주당 ₩9,000에 발행하였다.

② 3월 26일: 주주총회에서 이익준비금으로 ₩1,000,000을 적립하고, 사업확장적립금으로 ₩500,000을 적립하기로 결의하였다. 그리고 현금배당 ₩1,200,000을 지급하기로 결의하고 즉시 지급하였다.

③ 4월 2일: 자기주식 100주를 주당 ₩10,000씩 추가적으로 취득하였다.

④ 10월 9일: 자기주식 100주를 주당 ₩11,000씩 재발행하였다. 자기주식의 거래는 선입선출법을 적용한다.

⑤ 12월 31일: 20×2년도 당기순이익은 ₩3,000,000이었다.

| 물음 |

(1) 20×2년도의 자본거래를 분개하라.

(2) 20×2년 12월 31일 재무상태표상의 자본 부분을 작성하라(아래 표의 괄호 안에 적절한 숫자를 기입하라).

재무상태표

영동상사(주)	20×1년 12월 31일 현재	(단위: 원)
자본		
1. 납입자본		
(1) 보통주자본금	(　　　)	
(2) 주식발행초과금	(　　　)	
(3) 자기주식처분이익	(　　　)	(　　　)
2. 이익잉여금		
(1) 일반적립금		
이익준비금	(　　　)	
사업확장적립금	(　　　)	(　　　)
(2) 미처분이익잉여금		(　　　)
3. 자본조정		
(1) 자기주식(100주, 주당 취득원가 ₩10,000)	(　　　)	(　　　)
자본 합계		(　　　)

제3부

회계정보의 활용

제12장

현금흐름표의 활용

현금은 기업의 생존에 필수적인 자산이다. 기업이 이익을 창출한다 하더라도 그것이 현금으로 유입되지 않으면 지급불능상태에 빠져 기업활동을 중지할 수밖에 없다. 따라서 얼마의 현금이 어떻게 조달되었고 어디에 사용되는지에 관한 정보는 기업 이해관계자에게 매우 중요하다.

정보이용자는 현금의 유·출입 상황을 분석함으로써 기업의 미래 수익성과 장·단기지급능력에 관한 정보를 얻을 수 있다. 한국채택국제회계기준에서는 재무상태표 및 포괄손익계산서와 함께 현금흐름표 작성을 의무화하고 있다. 본 장에서는 현금흐름표의 의의와 작성방법 및 유용성에 대하여 설명한다.

| 제1절 | 현금흐름표의 의의

한국채택국제회계기준의 「재무보고를 위한 개념체계」에서는 재무보고의 목적을 정보이용자의 경제적 의사결정에 유용한 기업의 재무상태, 경영성과 및 재무상태 변동에 관한 정보를 제공하는 것으로 규정하고 있다. 이러한 정보는 정보이용자들이 기업의 현금창출능력을 평가하는 데 도움이 된다고 간주하는 것이다.

주주와 채권자를 포함한 정보이용자들은 투자 및 신용 제공에 대한 대가로 어느 정도의 수익을 얻을 수 있는지 관심을 가지며, 이들의 수익은 기업이 창출하는 현금흐름에 달려 있다. 다시 말해서, 특정 기업에 이해관계를 가지고 있는 주주, 채권자 및 기타 정보이용자는 미래 배당이나 이자 수입, 증권의 매각, 대여금의 회수 등으로부터 나타날 미래현금흐름의 금액 · 시기 · 불확실성을 추정하는 데 유용한 정보를 필요로 한다.

그러나 재무상태표나 포괄손익계산서를 통하여 기업의 현금창출능력을 평가하는 것은 한계가 있다. 재무상태표는 기업이 자금을 조달하고 다양한 투자활동에 사용한 결과를 특정시점의 자산, 부채 및 자본의 잔액으로 보고한다. 특정시점의 잔액만으로는 회계기간 동안의 총 거래내역 및 현금의 유입이나 유출에 대한 정보를 파악하기 어렵다.

포괄손익계산서는 한 회계기간 동안 기업의 경영활동 결과를 수익과 비용으로 보고한다. 그러나 수익과 비용은 발생기준에 따라 인식되기 때문에 현금의 유입 및 유출액과 일치하지 않는다. 예를 들어, 감가상각비는 포괄손익계산서에 비용으로 인식되지만 현금의 유출을 수반하지 않는다. 또한 포괄손익계산서는 기업의 재무활동이나 투자활동에 대한 정보를 제공하는 대신 그러한 활동의 결과로 나타나는 수익이나 비용만을 인식한다. 예를 들어, 기업이 사채를 발행하여 자금을 조달한 경우 사채와 관련하여 발생하는 이자비용 금액이 보고되거나 기업이 금융자산에 투자한 경우 투자활동과 관련하여 발생하는 이자수익에 관한 정보만을 제공한다.

현금흐름표(statement of cash flow)는 기업의 한 회계기간 동안 현금의 유입액 및 유출액에 대한 정보를 제공함으로써 발생기준에 의하여 작성되는 회계정보를 보완하며 정보이용자가 기업의 현금창출능력을 예측하는 데 도움을 준다. 기업 자원의 유입과 유출을 인식하는 기준으로서 발생기준을 적용하는 경우와 현금기준을 적용할 경우를 비교하면 [그림 12-1]과 같다.

● 그림 12-1 ● 인식기준에 따른 경영성과와 재무제표

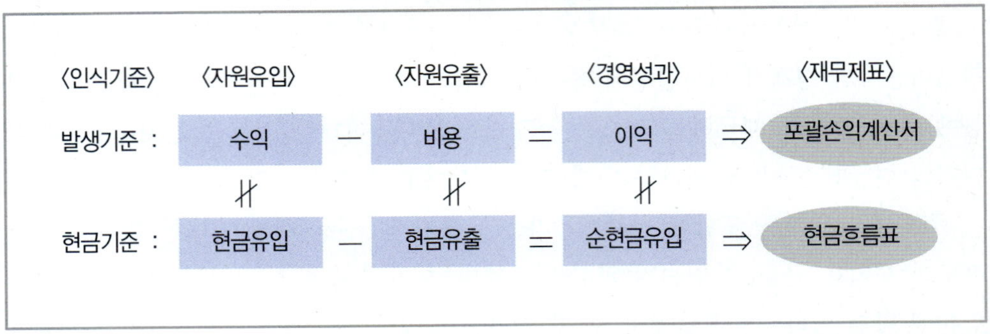

| 제2절 | 현금흐름표의 구조

현금흐름표는 한 회계기간 동안 현금을 수령하거나 지출한 거래들을 모아서 작성한 보고서이다. 여기서 현금의 범위는 현금 및 현금성자산이다. 현금(cash)은 통화와 통화대용증권을 말한다. 현금성자산(cash equivalents)은 유동성이 매우 높은 단기금융자산으로서 확정된 금액의 현금으로 전환이 용이하고 가치변동의 위험이 중요하지 않은 자산이다(제9장 참조). 현금흐름(cash flow)은 현금 및 현금성자산 계정의 기중 변동으로서 기업활동으로 인한 현금의 유입에서 유출을 차감한 순현금유입을 의미한다.

현금흐름표는 기업의 현금흐름을 영업활동과 투자활동 및 재무활동의 3가지 유형으로 구분하여, 각 유형별 현금의 유입 및 유출을 표시하고 현금의 순증감을 보여주는 구조를 가진다. 한국채택국제회계기준에서 제시하고 있는 현금흐름표의 기본양식은 〈표 12-1〉과 같다.

● 표 12-1 ● 현금흐름표 양식

현금흐름표		
회사명 제×기 20×1년 1월 1일부터 20×1년 12월 31일까지		(단위: 원)
Ⅰ. 영업활동현금흐름		×××
Ⅱ. 투자활동현금흐름		×××
1. 투자활동현금유입액	×××	
2. 투자활동현금유출액	(×××)	
Ⅲ. 재무활동현금흐름		×××
1. 재무활동현금유입액	×××	
2. 재무활동현금유출액	(×××)	
Ⅳ. 현금의 증가(감소)(Ⅰ+Ⅱ+Ⅲ)		×××
Ⅴ. 기초의 현금		×××
Ⅵ. 기말의 현금		×××

〈표 12-1〉에서 보는 바와 같이, 현금흐름표는 현금의 유형을 구분하여 표시함으로써 정보이용자에게 유용한 정보를 제공한다. 예를 들어, 영업활동을 통하여 현금이 유입된 기업은 자금 차입과 같은 재무활동 및 자산 처분과 같은 투자활동을 통하여 현금을 조달하는 기업보다 미래 현금창출능력이 우수하다고 할 수 있다. 현금흐름표는 현금의 유입이나 유출이 어떠한 활동을 통해서 이루어지는지 보여줌으로써 기업의 미래 현금창출능력을 보다 정확히 파악할 수 있도록 한다.

제3절 현금흐름의 유형

이미 설명한 바와 같이, 현금흐름표는 기업의 현금흐름을 영업활동과 투자활동 및 재무활동의 3가지 유형으로 구분하여 보고한다.

영업활동 현금흐름(operating cash flow)은 원재료, 제품, 상품 등의 구매 및 판매와 용역의 제공과 같이 기업의 주요 수익창출활동으로부터 발생하는 현금흐름이다. 따라서 영업활동 현금흐름은 일반적으로 당기순손익의 결정에 영향을 미치는 거래나 기타 사건의 결과로 발생한다. 영업활동으로 인한 현금 유입과 현금 유출의 예는 다음과 같다.

● 표 12-2 ● 영업활동으로 인한 현금흐름

영업활동으로 인한 현금 유입	영업활동으로 인한 현금 유출
• 제품의 판매와 용역의 제공에 따른 현금유입 • 이자와 배당금의 수취 • 투자활동과 재무활동에 속하지 아니하는 거래에서 발생한 기타 현금유입 • 단기매매목적으로 보유하는 금융자산의 매각에 따른 현금유입	• 원재료, 상품, 용역 등의 구입에 따른 현금 유출 • 기타 상품이나 용역의 공급자와 종업원에 대한 현금유출 • 이자와 법인세*의 지급 • 투자활동과 재무활동에 속하지 아니하는 거래에서 발생된 기타 현금유출 • 단기매매목적으로 보유하는 금융자산의 취득에 따른 현금유출**

* 법인세는 재무활동과 투자활동에 명백히 관련되지 않는 한 영업활동현금흐름으로 분류
** 단기매매목적으로 보유하는 금융자산은 판매를 목적으로 취득한 재고자산과 성격이 유사하다는 이유로 영업활동현금흐름으로 분류

투자활동 현금흐름(investing cash flow)은 미래의 수익이나 현금흐름 창출을 목적으로 다양한 비유동자산을 취득하거나 처분하는 활동으로 인한 현금흐름이다.

● 표 12-3 ● 투자활동으로 인한 현금흐름

투자활동으로 인한 현금 유입	투자활동으로 인한 현금 유출
• 대여금의 회수 • 유형자산이나 무형자산의 처분에 따른 현금유입 • 다른 기업의 지분상품이나 채무상품의 처분에 따른 현금 유입	• 현금의 대여 • 유형자산이나 무형자산의 취득에 따른 현금유출 • 다른 기업의 지분상품이나 채무상품의 취득에 따른 현금 유출

재무활동 현금흐름(financing cash flow)은 자금의 조달이나 상환과 관련된 활동으로 인한 현금흐름이다. 주로 재무상태표의 부채와 자본 계정에 영향을 미치는 거래로부터 발생한다. 재무활동으로 인한 현금 유입과 현금 유출의 예는 다음과 같다.

● 표 12-4 ● 재무활동으로 인한 현금흐름

재무활동으로 인한 현금 유입	재무활동으로 인한 현금 유출
• 차입금이나 사채의 발행에 따른 현금 유입 • 주식의 발행에 따른 현금 유입 • 자기주식의 처분에 따른 현금 유입	• 배당금의 지급 • 주식의 소각에 따른 현금 유출 • 자기주식의 취득에 따른 현금 유출 • 차입금이나 사채의 상환에 따른 현금 유출 • 미지급금의 지급

예제 12-1

다음은 20×1년도에 동문상사(주)에서 발생한 현금흐름이다.

(1) 대여금의 회수
(2) 이자와 배당금 수취
(3) 배당금 지급
(4) 제품의 판매에 따른 현금 수입
(5) 장기금융자산의 현금 취득
(6) 종업원에 대한 급여 지급
(7) 사채 발행에 의한 현금 조달
(8) 원재료 취득에 따른 현금 지급
(9) 광고선전비 지급
(10) 건물의 현금 처분
(11) 단기차입금 상환
(12) 주식 발행을 통한 현금 조달
(13) 자기주식의 취득
(14) 법인세 지급
(15) 설비자산의 취득으로 인한 현금지출
(16) 미지급금의 지급

| 물음 |

위의 각 거래로 인한 현금흐름을 (O) 영업활동현금흐름(유입 또는 유출), (I) 투자활동현금흐름(유입 또는 유출), 또는 (F) 재무활동현금흐름(유입 또는 유출)으로 분류하라.

| 풀이 |

(1) 대여금의 회수: I (유입)
(2) 이자와 배당금 수취: O (유입)
(3) 배당금 지급: F (유출)
(4) 제품의 판매에 따른 현금 수입: O (유입)
(5) 장기금융자산의 현금 취득: I (유출)
(6) 종업원에 대한 급여 지급: O (유출)
(7) 사채 발행에 의한 현금 조달: F (유입)
(8) 원재료 취득에 따른 현금 지급: O (유출)
(9) 광고선전비 지급: O (유출)
(10) 건물의 현금 처분: I (유입)
(11) 단기차입금 상환: F (유출)
(12) 주식 발행을 통한 현금 조달: F (유입)
(13) 자기주식의 취득: F (유출)
(14) 법인세 지급: O (유출)
(15) 설비자산의 취득으로 인한 현금지출: I (유출)
(16) 미지급금의 지급: F (유출)

단, (2) 이자와 배당금 수취는 투자 또는 재무활동으로 분류 가능하고 (3) 배당금 지급은 영업활동으로 분류가능하다.

제4절 현금흐름표의 작성

이미 설명한 바와 같이, 현금흐름표는 한 회계기간 동안 현금의 유입과 유출 내역을 기록하고 현금증감액을 보여주는 형식으로 작성되며 다음과 같이 요약할 수 있다.

현금의 유입 - 현금의 유출 = 현금의 증감

현금의 유입액에서 유출액을 차감한 현금 증감액은 회계등식을 변형하여 다음과 같이 나타낼 수도 있다.

자산 = 부채 + 자본 … (1)
현금 + 기타 자산 = 부채 + 자본 … (2)
현금 = 부채 + 자본 - 기타 자산 … (3)
△현금 = △부채 + △자본 - △기타 자산 … (4)

위의 식(4)에 의하면, 현금의 증감은 재무상태표에서 현금을 제외한 항목의 변동으로 측정될 수 있다. 이와 같이 현금의 증감을 비현금항목의 증감으로 나타내는 것이 현금흐름표의 기본적인 작성방법이다.[1)] 현금의 증가는 부채의 증가, 자본의 증가 및 기타 자산의 감소로 설명되며, 현금의 감소는 부채의 감소, 자본의 감소 및 기타 자산의 증가로 설명된다.

1) 본 절에서는 회계원리 수준에서 현금흐름표 작성의 원리를 간단히 설명하며, 한국채택국제회계기준에 따른 구체적인 현금흐름표 작성방법은 중급회계에서 설명한다.

4-1 영업활동으로 인한 현금흐름

기업이 창출하는 현금의 가장 중요한 원천은 영업활동이며 중요한 운용도 영업활동에서 이루어진다. 영업활동에서 발생하는 수익과 비용은 포괄손익계산서에 인식되는데, 수익과 비용은 현금의 유입과 유출을 수반하지만 금액이나 시기에 차이를 보인다. 예를 들어, 원재료나 상품을 현금으로 매입할 때 현금은 유출되지만 비용(매출원가)은 발생하지 않는다. 원재료나 상품을 신용으로 매입하더라도 매입채무의 지급시점과 비용(매출원가)의 발생시점은 상이하다. 제품과 용역을 현금으로 판매할 때는 수익(매출)의 발생과 현금의 유입이 동시에 나타난다. 그러나 신용으로 판매하는 경우 수익(매출)은 발생하지만 현금은 유입되지 않는다. 추후 매출채권이 회수될 때 비로소 현금이 유입된다.

이와 같이 발생기준으로 인식하는 수익과 비용은 현금기준과 차이를 보이며, 발생기준에 의해 인식한 수익과 비용을 현금기준에 의한 수익과 비용으로 변경하면 영업활동 현금흐름을 산출할 수 있다. 이러한 방법을 직접법이라 한다.

1) 직접법

직접법(direct method)은 현금흐름을 수반하는 수익과 비용을 항목별로 표시하는 방법이다. 직접법에 의한 영업활동 현금흐름의 계산 및 표시는 결국 현금기준 포괄손익계산서 작성과 매우 유사하다. 다만, 투자 및 재무활동으로 인한 수익과 비용 중의 일부 항목(예: 유형자산처분손익 등)이 영업활동 현금흐름의 계산에서 제외된다는 점에 차이가 있다.

직접법은 현금흐름의 발생원천과 사용용도를 밝혀주기 때문에 간접법보다 더 많은 정보를 제공할 수 있다는 장점이 있다. 직접법을 사용하는 경우, 다음과 같은 영업활동의 주요 항목별로 수익과 비용을 인식하여 순현금흐름을 산출한다.

① 고객으로부터의 현금 유입
② 공급자에 대한 현금 유출
③ 종업원에 대한 현금 유출

④ 이자수익의 유입
⑤ 이자비용의 유출
⑥ 법인세비용의 유출

현금의 유입거래와 유출거래를 기록한 현금수입장과 현금지급장을 세밀하게 분석하여 영업활동 현금흐름을 주요 항목별로 집계하여 계산하는 것은 매우 이상적이지만, 장부의 분석에 많은 시간과 노력이 투입되기 때문에 실무적으로는 유용하지 않다. 대신에 발생기준에 따라 작성된 포괄손익계산서의 수익과 비용에 일정한 항목을 가감조정하여 현금주의 포괄손익계산서의 수익(현금유입)과 비용(현금유출)으로 전환하는 방식이 효율적이다. 이러한 영업활동 현금흐름 계산방식을 가감조정법이라 한다.

구체적으로, 발생기준 포괄손익계산서의 수익과 비용항목에 '이와 관련된 자산 및 부채의 증감'과 '현금유출이 없는 비용'을 가감조정하여 주요 항목별 영업활동 현금흐름을 구하는 것이다. 위의 식(4)를 변형하여 설명하면 다음과 같다.

△현금 = △부채 + △자본 − △기타 자산 … (4)
△영업현금 + △기타현금
= △영업부채 + △기타부채 + △자본 − △영업자산 − △기타자산 … (5)

여기서, 자본의 변동(△자본)은 주식의 발행이나 소각으로 인하여 변동되기도 하고 당기순이익이나 당기순손실이 발생함으로써 변동될 수도 있다. 다만, 주주 출자 및 환급 거래는 영업활동과 관련이 없으므로 이를 제외한다면 자본의 변동은 당기순손익으로 정의할 수 있다. 그리고 당기순손익은 다시 영업활동으로 인한 손익과 기타 손익으로 구분된다. 식으로 나타내면 다음과 같다.

△영업현금
= △영업부채 + △기타부채 + 영업손익 + 기타손익 − △영업자산 − △기타자산… (6)

식 (6)에서 영업활동과 관련한 항목만으로 식을 재정리하면 다음과 같다.

△영업현금 = 영업손익 - △영업자산 + △영업부채	… (7)

식 (7)에서처럼 영업활동 현금흐름은 결국 영업활동으로 인한 당기순손익에서 영업활동 관련 자산을 차감하고 영업활동 관련 부채를 가산함으로써 산출된다. 영업활동 주요 항목별로 현금흐름의 계산방법을 설명하면 다음과 같다.

(1) 고객으로부터의 현금유입

고객으로부터의 현금유입액은 주로 매출 등 수익활동으로부터의 현금유입액이며, 결국 현금기준 매출수익이다. 현금기준 매출수익은 가감조정법에 의해 다음과 같이 산출할 수 있다.

고객으로부터의 현금유입액
= 매출액(I/S) - 매출채권증가액 - 대손확정액 + 선수금증가액

매출채권은 상품을 신용판매하면 증가하고, 매출채권을 현금으로 회수하거나 대손이 확정되었을 때 감소한다(제7장 참조). 그리고 매출채권 회수액은 다음과 같이 계산한다.

매출채권회수액 = 매출액 - (매출채권 기말잔액 - 매출채권 기초잔액) - 대손확정액
= 매출액 - 매출채권 증가액 - 대손확정액

따라서 매출활동으로부터의 현금유입액은 매출액에서 매출채권 증가액(감소액)을 차감(가산)하고 대손확정액을 차감하여 산출할 수 있다.

한편, 선수금은 상품의 판매대금을 미리 받을 때 증가하고 상품을 판매할 때 감소한다. 따라서 선수금의 증가는 매출활동으로 인한 현금의 유입을 의미하므로 현금기준 매출수익에 가산한다.

예제 12-2

다음 자료는 자이안트(주)의 상품 판매와 관련된 계정의 기초와 기말잔액이다.

	기초잔액	기말잔액
매출채권	₩500,000	₩600,000
선수금	100,000	150,000

당년도 포괄손익계산서의 순매출액은 ₩5,000,000이며, 매출채권에 대한 대손확정액은 ₩30,000이다.

| 물음 |

고객으로부터의 현금유입액을 계산하라.

| 풀이 |

고객으로부터의 현금유입액

= ₩5,000,000(매출액) - ₩100,000(매출채권 증가액) - ₩30,000(대손확정액)

+ ₩50,000(선수금 증가액)

= ₩4,920,000

(2) 공급자에 대한 현금유출

공급자에 대한 현금유출액은 매입활동으로부터 발생하며, 매입으로 인한 현금유출액은 결국 현금기준 매출원가이다. 매입으로 인한 현금유출액은 가감조정법에 의해 다음과 같이 산출할 수 있다.

공급자에 대한 현금유출액
= 매출원가(I/S) + 재고자산증가액 - 매입채무증가액 + 선급금증가액

발생기준 매출원가는 다음과 같은 공식(제6장 참조)에 의해 계산된다.

매출원가(I/S) = 재고자산 기초잔액 + 당기매입액 - 재고자산 기말잔액
= 당기매입액 - 재고자산 증가액(+감소액)

따라서 매출원가에 재고자산 증가액을 가산하면 당기매입액이 산출된다. 또한 당기매입액은 선급금 및 매입채무와 관련이 있다. 당기매출액이 선수금과 매출채권과 관련을 가지는 것과 동일한 개념이다.

매입채무는 상품을 신용매입할 때 증가하고, 매입대금을 현금으로 지급할 때 감소한다. 매입채무의 감소액(증가액)은 공급자에 대한 현금유출을 증가(감소)시킨다. 선급금은 공급자에게 매입 대금을 선급할 때 증가하고, 해당 상품을 매입할 때 감소한다. 따라서 선급금증가액(감소액)은 공급자에 대한 현금유출을 증가(감소)시킨다.

예제 12-3

다음은 타이거즈(주)의 당기 매입과 관련된 계정의 기초와 기말잔액을 나타내고 있다.

	기초잔액	기말잔액
재고자산	₩400,000	₩500,000
매입채무	450,000	375,000
선급금	150,000	125,000

당년도 포괄손익계산서의 매출원가는 ₩5,050,000이다.

| 물음 |

매입에 대한 현금유출액을 계산하라.

| 풀이 |

매입에 대한 현금유출액 = ₩5,050,000(매출원가) + ₩100,000(재고자산 증가액) + ₩75,000(매입채무 감소액) - ₩25,000(선급금 감소액)
= ₩5,200,000

(3) 종업원에 대한 현금유출

종업원에 대한 현금유출액은 현금기준 급여이며, 가감조정법에 의해 다음과 같이 산출할 수 있다.

종업원에 대한 현금유출액 = 급여(I/S) - 미지급급여 증가액

미지급급여는 급여(비용)가 발생하였으나 현금으로 지급되지 않은 경우 증가하고, 급여를 현금으로 지급할 때 감소한다. 따라서 미지급급여의 증가액(감소액)은 종업원에 대한 현금유출액을 감소(증가)시킨다.

예제 12-4

다음은 라이언즈(주)의 종업원에 대한 급여와 관련된 계정의 기초와 기말잔액을 나타내고 있다.

	기초잔액	기말잔액
미지급급여	₩100,000	₩ 0

당년도 포괄손익계산서의 급여는 ₩350,000이다.

| 물음 |

종업원에 대한 유출액을 계산하라.

| 풀이 |

종업원에 대한 현금유출액 = ₩350,000(급여) + ₩100,000(미지급급여 감소액)
= ₩450,000

(4) 이자수익의 현금유입

이자수익의 현금유입액은 현금기준 이자수익이다. 가감조정법에 의해 다음과 같이 산출할 수 있다.

이자수익의 현금유입액 = 이자수익(I/S) - 미수이자증가액

미수이자계정은 이자수익이 발생하였으나 현금으로 유입되지 않은 경우에 증가하고 이자가 현금으로 유입될 때 감소한다. 따라서 미수이자의 증가액(감소액)은 이자수익에 대한 현금유입액을 감소(증가)시킨다.

예제 12-5

다음은 베어스(주)의 이자수익과 관련된 계정의 기초와 기말잔액을 나타내고 있다.

	기초잔액	기말잔액
미수이자	₩100,000	₩50,000

당년도 포괄손익계산서의 이자수익은 ₩1,000,000이다.

| 물음 |

이자수익의 현금유입액을 계산하라.

| 풀이 |

이자수익의 현금유입액

= ₩1,000,000(이자수익) + ₩50,000(미수이자 감소액) = ₩1,050,000

(5) 이자비용의 현금유출

이자비용의 현금유출액은 현금기준 이자비용이다. 가감조정법에 의해 다음과 같이 산출할 수 있다.

이자비용의 현금유출액 = 이자비용(I/S) - 미지급이자증가액

미지급이자는 이자비용이 발생하였으나 현금으로 지급하지 않은 경우 증가하고 이자가 현금으로 지급될 때 감소한다. 따라서 미지급이자의 증가액(감소액)은 이자비용의 현금유출액을 감소(증가)시킨다.

예제 12-6

다음은 트윈스(주)의 이자비용과 관련된 계정의 기초와 기말잔액을 나타내고 있다.

	기초잔액	기말잔액
미지급이자	₩50,000	₩100,000

당년도 포괄손익계산서의 이자비용은 ₩1,250,000이다.

| 물음 |

이자비용의 현금유출액을 계산하라.

| 풀이 |

이자비용의 현금유출액

= ₩1,250,000(이자비용) - ₩50,000(미지급이자 증가액) = ₩1,200,000

(6) 법인세의 현금유출

법인세 현금지급액은 현금기준 법인세비용이다.[2] 가감조정법에 의해 다음과 같이 산출할 수 있다.

법인세의 현금유출액 = 법인세비용(I/S) - 미지급법인세증가액

미지급법인세는 법인세비용이 발생하였으나 현금으로 지급되지 않은 경우 증가하고, 법인세가 현금으로 지급될 때 감소한다. 따라서 미지급법인세 증가액(감소액)은 법인세의 현금유출액을 감소(증가)시킨다.

지금까지 설명한 직접법에 의한 영업활동현금흐름의 산출 방법을 요약하면 〈표 12-5〉와 같다.

2) 발생기준 법인세비용과 관련되는 재무상태표계정은 미지급법인세, 이연법인세자산 및 이연법인세부채 등이다. 발생기준 법인세비용에 일정한 가감조정을 하여 법인세 지급액을 산출하는 과정을 이해하기 위해서는 이연법인세회계를 이해해야 하지만 이연법인세회계는 중급회계의 영역에 속하므로 회계원리 수준에서는 이를 생략한다.

● 표 12-5 ● 직접법에 의한 영업활동 현금흐름의 산출

영업활동 현금흐름	=	영업활동손익(I/S)	-	△영업자산	+	△영업부채
① 고객으로부터 현금유입	=	매출액	-	매출채권증가-대손액	+	선수금증가
② 공급자에 대한 현금유출	=	매출원가	+	재고자산증가+선급금증가	-	매입채무증가
③ 종업원에 대한 현금유출	=	급여			-	미지급급여 증가
④ 이자수익의 현금유입	=	이자수익	-	미수이자증가		
⑤ 이자비용의 현금유출	=	이자비용			-	미지급이자증가
⑥ 법인세 비용의 유출	=	법인세비용			-	미지급법인세증가

〈표 12-5〉의 현금흐름 산출방법에서 가장 어려운 점은 영업자산과 영업부채의 증감에 따른 부호이다. 예를 들어, 고객으로부터의 현금유입액 공식에서 매출채권의 증가는 (-)부호이고 선수금의 증가는 (+)부호로 표시되어 있다. 이들 부호와 관련해서는 두 가지 규칙성이 존재한다. 첫째, 관련 자산·부채계정의 증가를 기준으로, 미수 또는 미지급과 관련된 자산·부채의 부호는 (-)이고, 선수 또는 선급과 관련된 자산·부채의 부호는 (+)이다. 예를 들어, 매출채권, 매입채무, 미수이자, 미지급급여 등의 증가는 미수 또는 미지급 관련계정에 해당하기 때문에 (-)부호를 갖는다. 둘째, 하나의 공식 내에서의 부호는 일관성을 가져야 한다. 예를 들어, 고객으로부터의 현금유입액 공식에서 매출채권(자산)의 증가가 (-)부호를 갖는다면, 선수금의 증가는 부채이기 때문에 그 반대인 (+)부호를 가져야 한다.

2) 간접법

영업활동으로 인한 현금흐름은 간접법으로도 작성할 수 있다. 한국채택국제회계기준에서는 직접법과 간접법을 모두 인정하며 기업이 선택할 수 있다. 다만 직접법으로 작성한 경우에는 영업활동 현금흐름을 구성하는 당기순이익과 가감항목을 주석에 공시해야 한다.

영업활동과 관련된 모든 수익·비용의 발생시점과 현금의 유입·유출 시점이 동일하다면 포괄손익계산서의 당기순이익과 현금흐름표의 영업활동 현금흐름은 일치한다. 그러나 일반적으로 수익과 비용의 발생시점은 현금의 유입·유출시점과 일치하지 않기 때문에 당기순이익과 영업활동 현금흐름은 일치하지 않는다.

따라서 영업활동 현금흐름을 산출하기 위해서는 당기순이익 계산에 포함된 항목

중에서 현금의 유·출입을 수반하지 않은 항목들을 분리할 필요가 있다. 간접법(indirect method)은 당기순이익에 특정 항목을 가감하여 영업활동 현금흐름을 산출하는 방법이다. 구체적으로, 현금 유출이 없는 비용과 영업활동 이외의 활동으로 인한 비용을 가산한다. 현금 유입이 없는 수익과 영업활동 이외의 활동으로 인한 수익을 차감한다. 그리고 영업활동으로 인한 자산·부채의 변동을 가감한다. 간접법에 따라 영업활동 현금흐름을 계산하는 공식은 다음과 같다.

영업활동 현금흐름 = 당기순이익
+ 현금유출이 없는 비용 + 투자활동 및 재무활동으로 인한 비용
− 현금유입이 없는 수익 − 투자활동 및 재무활동으로 인한 수익
± 영업활동으로 인한 자산·부채의 변동

포괄손익계산서에 보고되는 수익과 비용은 당기순이익을 증가시키거나 감소시키는 요소이다. 그러나 현금유입을 수반하지 않는 수익이나 현금유출을 수반하지 않는 비용이 있다. 이러한 수익과 비용은 당기순이익에서 취소시켜야 영업활동 현금흐름을 산출할 수 있다. 현금흐름을 수반하지 않는 수익에는 당기손익인식금융자산평가이익, 대손충당금 환입 등이 있다. 현금흐름을 수반하지 않는 비용에는 감가상각비, 무형자산상각비, 당기손익인식금융자산평가손실 등이 있다. 현금유입을 수반하지 않는 수익·비용 항목은 〈표 12-6〉에 예시되어 있다.

● 표 12-6 ● 현금흐름을 수반하지 않는 수익과 비용

현금유입이 없는 수익	현금유출이 없는 비용
• 대손충당금 환입 • 당기손익인식금융자산평가이익 • 외화환산이익	• 감가상각비 • 무형자산상각비 • 당기손익인식금융자산평가손실

또한 포괄손익계산서의 당기순이익에는 모든 경영활동의 결과가 반영되어 있다. 따라서 투자활동이나 재무활동으로 인한 수익과 비용을 제외시켜야 영업활동으로 인

한 현금흐름을 계산할 수 있다. 예를 들어, 유형자산처분손실이나 사채상환손실 등은 이미 당기순이익 계산에 반영되었다. 만약 유형자산처분손실만큼 감소된 당기순이익을 그대로 사용하여 영업활동 현금흐름을 계산하게 되면 투자활동과 관련된 비용인 유형자산처분손실로 인하여 영업활동 현금흐름이 과소표시된다. 따라서 영업활동 현금흐름을 계산할 때 투자활동이나 재무활동으로 인한 손익을 가감 · 조정하게 된다. 투자 및 재무활동으로 인한 수익 · 비용은 〈표 12-7〉에 예시되어 있다.

● 표 12-7 ● 투자 및 재무활동으로 인한 수익 · 비용

투자 및 재무활동으로 인한 수익	투자 및 재무활동으로 인한 비용
• 매도가능금융자산처분이익 • 유형자산처분이익 • 사채상환이익	• 매도가능금융자산처분손실 • 유형자산처분손실 • 사채상환손실

영업활동 현금흐름을 산출하기 위해서는 영업활동으로 인한 자산 및 부채의 변동을 당기순이익에서 가감하여야 한다. 영업활동으로 인한 수익 · 비용의 발생시점과 현금유입 · 유출 시점이 일치하지 않기 때문에 발생기준에서는 수익 · 비용으로 인식되지만 현금기준에서는 수익 · 비용으로 인식될 수 없는 항목과 그 반대의 항목을 당기순이익에 추가로 가감조정하는 것이다. 영업활동으로 인한 자산 · 부채의 변동을 열거하면 다음의 〈표 12-8〉과 같다.

● 표 12-8 ● 영업활동으로 인한 자산과 부채의 변동

가산항목	차감항목
• 영업활동으로 인한 자산의 감소 : 매출채권, 재고자산, 선급금, 선급비용, 미수수익, 단기금융자산 • 영업활동으로 인한 부채의 증가 : 매입채무, 선수금, 미지급비용, 선수수익, 미지급법인세	• 영업활동으로 인한 자산의 증가 : 매출채권, 재고자산, 선급금, 선급비용, 미수수익, 단기금융자산 • 영업활동으로 인한 부채의 감소 : 매입채무, 선수금, 미지급비용, 선수수익, 미지급법인세

〈표 12-8〉에 포함된 영업활동으로 인한 자산 · 부채의 증감은 직접법에서 가감항목으로 제시된 것과 동일하다. 자산의 처분이나 사채의 발행으로 자산이 감소하거나

부채가 증가하면 현금이 유입된다. 반대로 자산이 증가하거나 부채가 감소하면 현금 유출로 이어진다. 따라서 자산의 감소와 부채의 증가는 가산항목으로, 자산의 증가와 부채의 감소는 차감항목으로 분류된다.

간접법에 따라 영업활동현금흐름을 측정하는 과정을 요약하면 [그림 12-2]와 같다.

● 그림 12-2 ● 간접법에 의한 영업활동현금흐름의 측정과정

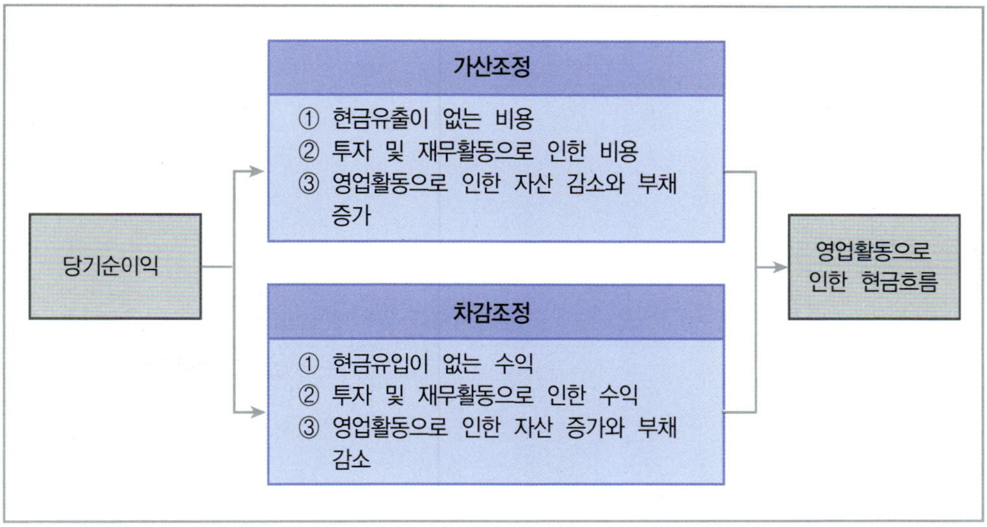

한국채택국제회계기준은 간접법으로 현금흐름표를 작성하는 경우 이자의 수취와 지급, 배당금의 수취와 지급, 법인세의 지급에 따른 현금흐름을 각각 별도로 공시하도록 요구하고 있다. 즉, 이들 항목은 간접법이 아닌 직접법을 적용하여 계산해야 한다는 것이다. 따라서 간접법에 의한 영업활동 현금흐름에는 위의 항목이 제외되어야 하며, 영업활동 현금흐름의 출발점도 당기순이익이 아닌 법인세차감전순이익이 된다. 한국채택국제회계기준에서 제시하고 있는 영업활동 현금흐름(간접법)의 양식(form)은 〈표 12-9〉와 같다.

● 표 12-9 ● 한국채택국제회계기준의 간접법에 의한 영업활동현금흐름의 표시

현금흐름표

회사명	20×1년 1월 1일부터 20×1년 12월 31일까지	(단위: 원)
Ⅰ. 영업활동현금흐름		
1. 법인세차감전순이익	×××	
2. 가감항목		
현금유출이 없는 비용 등의 가산	×××	
현금유입이 없는 수익 등의 차감	(×××)	
영업활동으로 인한 자산·부채의 변동	×××	
3. 영업활동 조정 후 현금흐름	×××	
4. 이자수익 현금유입액	×××	
5. 배당금수익 현금유입액	×××	
6. 이자비용 현금유출액	(×××)	
7. 법인세비용 현금유출액	(×××)	
	×××	

예제 12-7

다음의 재무제표는 크라운(주)의 20×2년도 재무상태표와 포괄손익계산서이다.

재무상태표

크라운(주) 20×2년 12월 31일 현재 (단위: 원)

	20×2년	20×1년		20×2년	20×1년
자산			부채		
현금 및 현금성자산	340,200	292,600	매입채무	42,000	36,000
매출채권	118,000	138,000	미지급급여	10,000	19,000
대손충당금	(3,200)	(3,600)	미지급법인세	7,000	2,000
선급보험료	21,000	12,000	미지급이자	35,000	50,000
재고자산	400,000	279,000	미지급배당금	60,000	30,000
토지	377,000	217,000	장기차입금	360,000	585,000
건물	395,000	395,000	자본		
감가상각누계액	(172,000)	(146,000)	자본금	420,000	300,000
			이익잉여금	257,000	162,000
자산 총계	1,476,000	1,184,000	부채와 자본 총계	1,476,000	1,184,000

포괄손익계산서

크라운(주) 20×2년 1월 1일~20×2년 12월 31일 (단위: 원)

Ⅰ. 매출액		918,200
Ⅱ. 매출원가		(556,500)
Ⅲ. 매출총이익		361,700
Ⅳ. 판매비와 관리비		
1. 급여	(120,000)	
2. 감가상각비	(26,000)	
3. 대손상각비	(300)	(146,300)
Ⅴ. 기타수익		
1. 유형자산처분이익		65,000
Ⅵ. 기타비용		
1. 이자비용		(21,000)
Ⅶ. 법인세비용차감전순이익		259,400
Ⅷ. 법인세비용		(69,100)
Ⅸ. 당기순이익		190,300

〈추가자료〉

1) 당기 중 건물의 취득이나 처분은 없었다.

| 물음 |

1) 전통적 회계실무의 간접법에 따라 영업활동현금흐름을 산출하라.
2) 한국채택국제회계기준의 간접법에 따라 영업활동현금흐름을 산출하라.

| 풀이 |

1) 전통적 회계실무에 의한 영업활동현금흐름(간접법)

현금흐름표(부분)

크라운(주) 2008년 1월 1일부터 2008년 12월 31일까지 (단위: 원)

Ⅰ. 영업활동현금흐름		
1. 당기순이익		190,300
2. 현금의 유출이 없는 비용 등의 가산		26,300
가. 감가상각비	26,000	
나. 대손상각비	300	
3. 현금의 유입이 없는 수익 등의 차감		(65,000)
가. 유형자산처분이익	(65,000)	

4. 영업활동으로 인한 자산·부채의 변동		(123,700)
가. 매출채권의 감소	20,000	
나. 대손충당금의 감소	(700)[1]	
다. 재고자산의 증가	(121,000)[2]	
라. 선급보험료의 증가	(9,000)	
마. 매입채무의 증가	6,000	
바. 미지급급여의 감소	(9,000)	
사. 미지급법인세의 증가	5,000[3]	
아. 미지급이자의 감소	(15,000)[4]	
		27,900

1) 3,600원(기초잔액) + 300원(대손충당금 설정액) - 3,200원(기말잔액) = ₩700
2) 400,000원(기말잔액) - 279,000원(기초잔액) = ₩121,000
3) 50,000원(기초잔액) + 21,000원(이자비용) - 35,000(기말잔액) = ₩36,000
4) 2,000원(기초잔액) + 69,100(법인세비용) - 7,000(기말잔액) = ₩64,100

2) 한국채택국제회계기준에 의한 영업활동현금흐름(간접법)

현금흐름표(부분)

크라운(주) 2008년 1월 1일부터 2008년 12월 31일까지 (단위: 원)

Ⅰ. 영업활동현금흐름	
1. 법인세비용차감전순이익	259,400
2. 가감항목	
가. 감가상각비	26,000
나. 대손상각비	300
다. 유형자산처분이익	(65,000)
라. 이자비용	21,000
마. 매출채권의 감소	20,000
바. 대손충당금의 감소	(700)[1]
사. 재고자산의 증가	(121,000)[2]
아. 선급보험료의 증가	(9,000)
자. 매입채무의 증가	6,000
차. 미지급급여의 감소	(9,000)
3. 영업활동 조정 후 현금흐름	128,000
4. 이자비용 현금유출액	(36,000)[3]
5. 법인세비용 현금유출액	(64,100)[4]
	27,900

1) 3,600(기초잔액) + 300(대손충당금 설정액) - 3,200(기말잔액) = ₩700
2) 400,000(기말잔액) - 279,000(기초잔액) = ₩121,000
3) 50,000(기초잔액) + 21,000(이자비용) - 35,000(기말잔액) = ₩36,000
4) 2,000(기초잔액) + 69,100(법인세비용) - 7,000(기말잔액) = ₩64,100

4-2 투자활동으로 인한 현금흐름

기업은 영업활동 등에 사용할 목적으로 유형 및 무형자산을 취득하거나, 배당이나 이자수익 또는 시세차익을 획득하기 위하여 유가증권과 부동산 등에 자금을 투자한다. 한편 경제적 내용연수가 지났거나 부적합한 유형 및 무형자산은 처분하며, 보유목적이 충족되었거나 보유기간이 종료된 유가증권과 부동산 등도 처분함으로써 투자자금을 회수한다. 투자활동으로 인한 현금유입과 현금유출은 다음의 〈표 12-10〉과 같이 정리될 수 있다.

● 표 12-10 ● 투자활동으로 인한 현금흐름

투자활동으로 인한 현금유입		투자활동으로 인한 현금유출	
(1) 투자활동 관련 유동자산의 감소	• 미수금 회수 • 단기대여금 회수	(1) 투자활동 관련 유동자산의 증가	• 현금의 단기대여
(2) 투자활동 관련 비유동자산의 감소	• 장기금융상품 처분 • 장기대여금 회수	(2) 투자활동 관련 비유동자산의 증가	• 장기금융상품취득 • 현금의 장기대여
(3) 유형자산 및 무형자산의 감소	• 유형자산의 처분 • 무형자산의 처분	(3) 유형자산 및 무형자산의 증가	• 유형자산의 취득 • 무형자산의 취득

예제 12-8

마린즈(주)는 취득원가가 ₩250,000, 감가상각누계액이 ₩175,000인 기계장치를 ₩60,000에 매각하였다. 유형자산처분손실 ₩15,000은 포괄손익계산서의 기타수익으로 보고되었다.

| 물음 |

위의 거래는 현금흐름표에 어떻게 보고되는가?

| 풀이 |

유형자산처분손실 ₩15,000은 영업활동 현금흐름 산출 시 법인세차감전순이익에 가산하여 보고한다. 그리고 유형자산의 매각대금 ₩60,000은 투자활동 현금유입액에 포함시킨다.

예제 12-9

바르미(주)는 20×1년 3월 20일에 기계장치를 처분하고 유형자산처분이익 ₩50,000을 기록하였다. 기계장치계정과 감가상각누계액계정은 다음과 같다. 기계장치에 관한 기타의 거래는 없다.

기계장치

기초잔액	3,000,000	처분	?
신규취득	500,000	기말잔액	3,200,000

감가상각누계액-기계장치

감소	?	기초잔액	1,700,000
기말잔액	1,875,000	증가	325,000

| 물음 |

위의 기계장치 취득 및 처분거래는 현금흐름표에 각각 어떻게 보고되는가?

| 풀이 |

- 처분된 기계장치의 취득원가 = ₩3,000,000 + ₩500,000 - ₩3,200,000 = ₩300,000
- 처분된 기계장치의 감가상각누계액 = ₩1,700,000 + ₩325,000 - ₩1,875,000
  = ₩150,000
- 기계장치의 처분가액 = ₩300,000 - ₩150,000 + ₩50,000(처분이익) = ₩200,000
- 유형자산처분이익 ₩50,000은 영업활동 현금흐름 산출 시 법인세차감전순이익에 차감하여 보고한다. 기계장치의 신규취득액 ₩500,000은 투자활동으로 인한 현금유출액에 포함시키고, 기계장치의 처분가액 ₩200,000은 투자활동으로 인한 현금유입액에 포함시켜 보고한다.

4-3 재무활동으로 인한 현금흐름

기업은 경영 활동에 필요한 자금을 주주나 채권자로부터 조달하며, 주주나 채권자에게 그 대가를 지급하거나 원금을 상환한다. 따라서 차입금의 차입 및 상환, 사채의 발행 및 상환, 주식의 발행이나 배당금 지급, 자기주식의 취득이나 처분 등을 통하여 재무활동으로 인한 현금유·출입이 발생한다. 투자활동으로 인한 현금유입과 현금유출은 다음의 〈표 12-11〉과 같이 정리될 수 있다.

● 표 12-11 ● 재무활동으로 인한 현금흐름

재무활동으로 인한 현금유입		재무활동으로 인한 현금유출	
(1) 재무활동 관련 유동부채의 증가	• 현금의 단기차입	(1) 재무활동 관련 유동부채의 감소	• 단기차입금의 상환 • 미지급금의 지급
(2) 재무활동 관련 비유동부채의 증가	• 사채의 발행 • 현금의 장기차입	(2) 재무활동 관련 비유동부채의 감소	• 사채의 상환 • 장기차입금의 상환
(3) 자본의 증가	• 주식의 발행 • 자기주식의 처분	(3) 자본의 감소	• 주식의 소각 • 자기주식의 취득 • 배당금의 지급

예제 12-10

나드리(주)는 20×1년 1월 1일에 액면금액 ₩50,000, 만기 3년, 이자지급일 매년 12월 31일, 액면이자율 10%인 사채를 ₩47,000에 발행하고, 사채할인발행차금을 정액법으로 상각하였다. 20×2년 1월 1일에 사채 40%를 ₩19,500에 상환하였다.

| 물음 |

20×2년 현금흐름표에 위의 사채상환거래는 어떻게 보고되는가?

| 풀이 |

• 20×2년 1월 1일의 사채상환 거래는 다음과 같이 기록되었을 것이다.

(차) 사　채	20,000	(대) 사채할인발행차금	800*

(차) 사채상환손실 300 (차) 현 금 19,500

* ₩3,000(사채할인발행차금)×2/3×40% = ₩800

• 사채상환손실 ₩300은 영업활동 현금흐름 산출 시 법인세차감전순이익에 가산하여 보고한다. 그리고 사채의 상환가액 ₩19,500은 재무활동으로 인한 현금유출액에 포함시켜 보고한다.

익 / 힘 / 문 / 제

1. 현금흐름표를 재무제표의 하나로 작성해야 하는 이유는 무엇인가?
2. 현금흐름표 작성에 사용되는 현금흐름의 개념을 정의하라.
3. 현금흐름표를 구성하는 세 가지 현금흐름의 유형을 제시하고 각각을 정의하라.
4. 직접법에 따라서 영업활동현금흐름을 계산하는 방법을 설명하라.
5. 고객으로부터의 현금유입액은 포괄손익계산서와 재무상태표의 관련항목을 이용하여 측정할 수 있다. 구체적으로 어떻게 측정하는가?
6. 재고자산 매입에 대한 현금유출액은 포괄손익계산서와 재무상태표의 관련항목을 이용하여 측정할 수 있다. 구체적으로 어떻게 측정하는가?
7. 종업원에 대한 유출액은 포괄손익계산서와 재무상태표의 관련항목을 이용하여 측정할 수 있다. 구체적으로 어떻게 측정하는가?
8. 판매비와 관리비(인건비 제외)의 지급은 포괄손익계산서와 재무상태표의 관련항목을 이용하여 측정할 수 있다. 구체적으로 어떻게 측정하는가?
9. 간접법에 따라 영업활동현금흐름을 산출하는 방법을 설명하라.
10. 현금유출이 없는 비용과 현금유입이 없는 수익의 예를 들어보라.
11. 투자활동현금흐름에서 현금 유입과 유출을 나타내는 거래의 예를 들어보라.
12. 재무활동현금흐름에서 현금 유입과 유출을 나타내는 거래의 예를 들어보라.

연 / 습 / 문 / 제

12-1 현금흐름의 유형(Ⅰ)

컨설팅업체인 금강산(주)의 20×1년 1월 중 거래는 다음과 같다.

① 액면금액 ₩500인 보통주 10,000주를 ₩6,000,000에 발행하였다.
② 대동강은행으로부터 만기 3년, 이자율 연 8%, 이자 지급일이 6월 30일과 12월 31일인 조건으로 현금 ₩3,000,000을 차입하였다.
③ 업무용 차량 1대를 ₩1,000,000에 현금으로 취득하였다.
④ 1월분 종업원 급여로 ₩1,200,000을 현금으로 지급하였다.
⑤ 컨설팅 서비스를 제공하고 대금 ₩2,000,000을 현금으로 수취하였다.

| 물음 |

위의 각 거래에 수반된 현금흐름의 유형을 한국채택국제회계기준에 따라 영업활동, 투자활동, 재무활동으로 분류하라.

12-2 현금흐름의 유형(Ⅱ)

다음 자료는 영산강(주)의 20×2년도 현금유출입을 수반한 거래들이다.

① 광고비의 선급	② 유상증자	③ 상품의 매출
④ 사채의 만기상환	⑤ 토지의 취득	⑥ 매출채권의 회수
⑦ 매입채무의 지급	⑧ 건물의 매각	⑨ 장기차입금의 조달
⑩ 차입금 이자의 지급	⑪ 자기주식의 취득	⑫ 소모품 구입
⑬ 채무증권 이자의 수취	⑭ 미지급금의 지급	⑮ 배당금의 수취
⑯ 미지급보험료의 지급	⑰ 기계 임차료의 지급	⑱ 단기매매금융자산의 취득
⑲ 종업원급여의 지급	⑳ 배당금의 지급	

| 물음 |

(1) 영업활동현금흐름에 속하는 항목은 어느 것인가?

(2) 투자활동현금흐름에 속하는 항목은 어느 것인가?

(3) 재무활동현금흐름에 속하는 항목은 어느 것인가?

12-3 현금흐름표 형식

다음은 남문상사(주)의 20×1년도 현금유입 및 현금유출 내역이다.

상품의 매출	₩300,000	매출채권 회수	₩600,000
종업원에 대한 급여지급	70,000	장기차입금 상환	110,000
차입금에 대한 이자지급	20,000	차량운반구 취득	100,000
판매비와 관리비 지급	50,000	상품의 매입	230,000
매입채무 지급	350,000	배당금 지급	60,000
단기차입금 조달	80,000	법인세 지급	30,000
배당금 수취	10,000	토지의 처분	150,000

| 물음 |

위에서 제시한 현금유입 및 현금유출 항목 이외에 다른 항목은 없다고 가정할 때, 20×1년도 현금흐름표에 보고될 기말 현금은 얼마인가? 단, 기초 현금은 ₩50,000이었다고 가정한다.

12-4 매입 및 매출에 대한 현금유출입(I)

다음 자료는 프린스(주)의 재무제표 중 일부이다.

재무상태표

프린스(주) 20×2년 12월 31일 현재 (단위: 원)

자산	20×2년	20×1년	부채와 자본	20×2년	20×1년
현금 및 현금성자산	240,000	120,000	매입채무	920,000	840,000
매출채권	1,105,000	1,140,000	선수금	420,000	310,000
대손충당금	(49,000)	(48,000)	…	…	…
선급금	510,000	420,000			
재고자산	241,000	230,000			
…	…				

포괄손익계산서

프린스(주) 20×2년 1월 1일부터 20×2년 12월 31일까지 (단위: 원)

I. 매출액		4,500,000
II. 매출원가		(2,300,000)
III. 매출총이익		2,200,000
IV. 판매비와 관리비		
1. 급여	(900,000)	
2. 대손상각비	(43,000)	
3. 감가상각비	(89,000)	(1,032,000)
V. 기타비용		
1. 이자비용	(56,000)	
2. 유형자산처분손실	(120,000)	(176,000)
VI. 법인세차감전순이익		992,000

〈 추가자료 〉

(1) 20×2년도의 대손확정금액은 없다.

(2) 20×2년도의 선수금은 모두 매출과 관련되며, 선급금은 모두 재고자산 매입과 관련되어 있다.

(3) 20×2년 중에 취득원가가 ₩400,000, 감가상각누계액이 ₩120,000인 기계장치를 ₩160,000에 처분하였다.

| 물음 |

위의 자료를 이용하여 (1) 고객으로부터의 현금유입액과 (2) 매입에 대한 현금유출액을 각각 계산하라.

12-5 매입 및 매출에 대한 현금유출입(II)

다음 자료는 고릴라(주)의 20×1년도 재무자료이다.

• 매출액	₩300,000	• 매입액	₩240,000
• 대손상각비	8,000	• 매출채권 기초잔액	60,000
• 매출채권 기말잔액	80,000	• 대손충당금 기초잔액	3,000
• 대손충당금 기말잔액	4,000	• 재고자산 기초잔액	15,000
• 재고자산 기말잔액	30,000	• 선급금 기초잔액	30,000
• 선급금 기말잔액	10,000	• 매입채무 기초잔액	50,000
• 매입채무 기말잔액	40,000	• 선수금 기초잔액	15,000
• 선수금 기말잔액	20,000		

| 물음 |

위의 자료를 이용하여 (1) 고객으로부터의 현금유입액과 (2) 매입에 대한 현금유출액을 각각 계산하라.

12-6 매입에 대한 현금유출액

다음은 사하라(주)의 20×1년도 기초 및 기말 계정잔액이다.

계정과목	기초잔액	기말잔액
선급금	₩170,000	₩210,000
재고자산	300,000	250,000
매입채무	380,000	390,000

| 물음 |

당년도 포괄손익계산서의 매출원가가 ₩1,000,000인 경우, 매입에 대한 현금유출액을 구하라.

12-7 이자수익 현금유입액

다음은 백두산(주)의 이자수익과 관련된 계정의 기초와 기말잔액을 나타내고 있다.

계정과목	기초잔액	기말잔액
미수이자	₩600,000	₩300,000

| 물음 |

당년도 포괄손익계산서의 이자수익이 ₩6,200,000인 경우, 이자수익 현금유입액을 계산하라.

12-8 이자비용 현금유출액

다음은 아리아(주)의 이자비용과 관련된 계정의 기초와 기말잔액을 나타내고 있다.

계정과목	기초잔액		기말잔액	
미지급이자		₩200,000		₩300,000
사채	2,000,000		2,000,000	
사채할인발행차금	(200,000)	1,800,000		1,840,000

| 물음 |

당년도 포괄손익계산서의 이자비용이 ₩5,000,000인 경우, 이자비용 현금유출액을 계산하라.

12-9 영업활동현금흐름

도라지(주)의 20×2년도 비교 표시 재무상태표와 포괄손익계산서는 다음과 같다.

재무상태표

도라지(주) 20×2년 12월 31일 현재 (단위: 원)

	20×2년	20×1년
자산		
현금	1,800	3,000
매출채권(순액)	54,000	81,000
재고자산	61,500	48,000
선급비용*	5,100	6,000
유형자산	129,000	92,700
감가상각누계액	(65,400)	(58,200)
매도가능금융자산	18,000	22,500
자산총계	204,000	195,000
부채		
매입채무	69,000	93,000
미지급법인세	21,000	18,000
사채	45,000	14,400
자본		
자본금	42,000	60,000
이익잉여금	27,000	9,600
부채와 자본총계	204,000	195,000

* 선급비용은 모두 판매비와 관리비 관련 지급액이다.

포괄손익계산서		
도라지(주)	2002년 1월 1일~2002년 12월 31일	(단위: 원)
매출액	300,000	
매출원가	(159,000)	
매출총이익	141,000	
기타수익		
매도가능금융자산처분이익	1,800	
판매비와 관리비	(105,600)*	
기타비용		
유형자산처분손실	(1,200)	
법인세비용차감전순이익	36,000	
법인세비용	(14,400)	
당기순이익	21,600	

* 선급비용은 모두 판매비와 관리비 관련 지급액이며, 감가상각비는 ₩15,000으로 가정한다.

| 물음 |

1) 간접법(한국채택국제회계기준)을 적용하여 20×2년의 영업활동현금흐름을 계산하라.

2) 직접법을 적용하여 20×2년의 영업활동현금흐름을 계산하라.

12-10 투자활동현금흐름

미란다(주)는 20×1년 1월 1일에 사용하던 승용차를 매각하고, 영업용 트럭을 취득하였다. 이 두 거래와 관련된 재무자료는 다음과 같다.

승용차의 취득원가	₩2,500,000
승용차감가상각누계액	1,500,000
승용차매각대금 수취액	750,000
트럭의 취득원가	3,000,000
트럭의 취득대가 지급액	2,000,000
3개월 만기 약속어음 발행	1,000,000

| 물음 |

1) 차량의 매각 및 취득거래를 분개하라.
2) 투자활동현금흐름을 계산하라.

12-11 재무활동현금흐름

아주리(주)는 20×2년 중에 보통주(액면금액: ₩500) 5,000주를 발행하여 현금 ₩3,000,000을 조달하였다. 또한 장부금액이 ₩2,400,000인 액면발행 사채를 발생이자 ₩80,000을 포함하여 ₩2,200,000에 조기 상환하였다. 그리고 자기주식 ₩500,000을 현금으로 취득하였다.

| 물음 |

1) 각 거래를 분개하라.
2) 재무활동현금흐름을 계산하라.

12-12 현금흐름표 작성(I)

20×1년 1월 1일에 설립된 다리원컨설팅(주)의 20×2년도 비교 표시 재무상태표, 포괄손익계산서 및 추가 정보는 다음과 같다.

재무상태표

다리원컨설팅(주) 20×2년 12월 31일 현재 (단위: 원)

	20×2년	20×1년
자산		
현금	112,000	168,000
미수용역수익	40,000	60,000
선급임차료	0	30,000
선급보험료	22,000	10,000
토지	188,000	0
건물	320,000	0
감가상각누계액-건물	(32,000)	0
비품	100,000	50,000
감가상각누계액-비품	(20,000)	(10,000)
자산총계	730,000	308,000

부채와 자본		
미지급급여	60,000	42,000
미지급광고비	50,000	0
미지급이자	30,000	0
사채	260,000	0
자본금	100,000	100,000
이익잉여금	230,000	166,000
부채와 자본 총계	730,000	308,000

포괄손익계산서

다리원컨설팅(주) 20×2년 1월 1일부터 20×2년 12월 31일까지 (단위: 원)

용역수익		1,014,000
급여	(440,000)	
감가상각비	(42,000)	
기타 판매비와 관리비	(170,000)	
이자비용	(40,000)	(692,000)
법인세비용차감전순이익		322,000
법인세비용		(145,000)
당기순이익		177,000

* 용역미수수익에 대한 대손상각비는 없다고 가정함

〈추가정보〉

① 20×2년에는 현금배당 ₩113,000을 결의한 후 지급하였다.

② 사채를 ₩260,000에 액면발행하여 이 자금으로 토지를 취득하였다.

③ 건물을 ₩320,000에, 비품을 ₩50,000에 각각 현금취득하였다.

| 물음 |

1) 직접법에 따라 영업활동현금흐름을 계산하라.

2) 간접법(한국채택국제회계기준)에 의한 현금흐름표를 작성하라.

12-13 현금흐름표 작성(II)

낙동강(주)의 20×1년도 기초 및 기말의 비교 표시 수정후시산표는 다음과 같다. 다음의 자료를 이용하여 물음에 답하라.

수정후시산표

낙동강(주) 20×1년 12월 31일 현재 (단위: 원)

항목	20×1. 12. 31		20×1. 1. 1	
	차변	대변	차변	대변
현금 및 현금성자산	342,000		400,000	
매출채권	170,000		130,000	
대손충당금	(18,000)		(10,000)	
재고자산	220,000		240,000	
선급보험료	4,000		5,000	
토지	250,000		250,000	
기계장치	250,000		200,000	
감가상각누계액	(85,000)		(80,000)	
매입채무		295,000		280,000
선수금		8,000		10,000
선수임대료		9,000		12,000
미지급비용		15,000		10,000
자본금		600,000		600,000
이익잉여금		223,000		223,000
매출원가	785,000			
판매비와 관리비*	458,000			
유형자산처분손실	10,000			
매출액		1,206,000		
임대료		30,000		
합계	2,386,000	2,386,000	1,135,000	1,135,000

* 판매비와 관리비에는 감가상각비 ₩7,000과 대손상각비 ₩19,960이 포함되어 있다.

〈추가정보〉

(1) 취득원가 ₩80,000의 기계장치를 현금으로 취득하였다.

(2) 포괄손익계산서의 당기순손실은 ₩17,000이다.

| 물음 |

1) 고객으로부터의 현금유입액, 공급자 및 종업원에 대한 현금유출액, 기타수익으로부터의 현금유입액, 투자 및 재무활동으로 인한 현금흐름을 계산하라.
2) 간접법(한국채택국제회계기준)에 의한 현금흐름표를 작성하라.

제13장

재무제표의 분석

지금까지 거래의 측정과 인식을 통하여 재무제표를 작성하는 절차와 방법을 공부하였다. 본 장에서는 회계정보 이용자의 입장에서 재무제표와 회계정보를 활용하기 위한 분석방법을 설명한다. 재무제표 수치의 추세를 파악하고 다른 기업의 수치와 비교하는 방법을 설명하며, 기업의 재무상태와 경영성과를 평가하기 위한 다양한 재무비율을 소개한다. 다만, 정확한 분석을 위해서는 재무제표 이외의 정성적(qualitative) 정보에 대한 분석결과를 추가하여 최종적인 의사결정을 내리는 것이 바람직하다.

| 제1절 | 재무제표 분석의 의의

1-1 재무제표 분석이란

기업의 회계시스템은 기업의 가치창출활동 결과를 기록·집계하여 유용한 정보를 산출하는 역할을 수행하며, 회계시스템에 의하여 집계된 요약보고서가 재무제표(financial statements)이다. 재무제표는 기업이 공시하는 연차보고서나 중간보고서(예: 분기 또는 반기보고서)에 포함되어 있으며, 부속명세서 및 주석 등이 함께 제공된다. 이러한 자료 이외에, 기업은 사업보고서 및 감사보고서 등을 공시하며, 외부기관의 요청에 따라 추가 자료(예: 미래에 관한 예측 자료)를 제공하기도 한다. 이러한 자료 및 정보는 금융감독원이 운영하는 전자공시시스템 DART(http://dart.fss.or.kr)에서 찾을 수 있다.

물론 기업과 관련된 정보가 기업이 공시한 정보에 국한되지는 않는다. 예를 들어, 기업이 생산하는 제품의 종류 및 판매 상황, 연구개발능력, 인적구성, 최고경영자의 능력 등과 같은 여러 종류의 정성적(qualitative) 정보는 기업이 직접 공시하지 않을 수 있다. 또는 증권시장에서 자사의 주식과 채권이 거래되고 있다면 그 시장가격 역시 공시 정보는 아니지만 기업과 관련된 중요 정보가 될 수 있다.

● 그림 13-1 ● 기업 정보의 분석

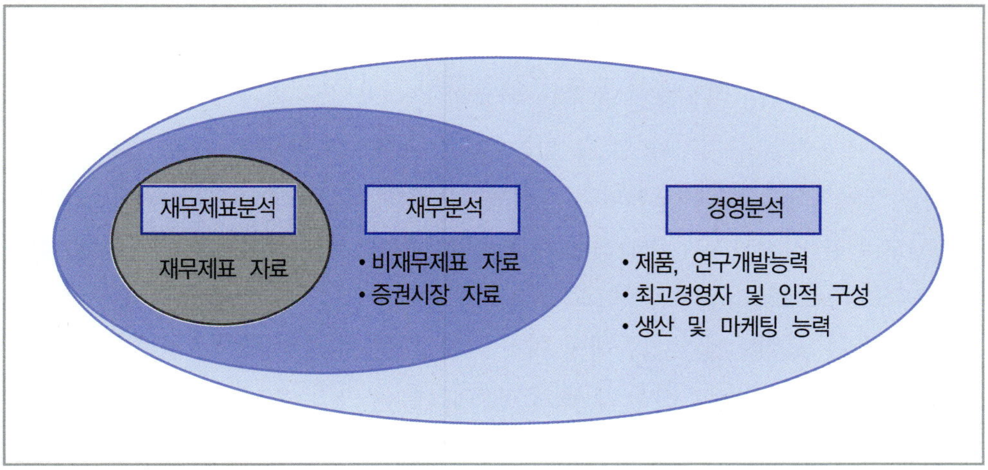

[그림 13-1]에서 보는 바와 같이, 재무제표분석(financial statements analysis)은 재무제표 자료에 근거하여 기업의 과거 및 현재의 재무상태와 경영성과를 파악하고 이를 바탕으로 미래를 예측하여 보다 유용한 경제적 의사결정을 하기 위한 일련의 과정이다.

실무에서 자주 사용되는 용어 중에 재무분석(financial analysis)이 있다. 재무분석은 재무제표 이외에 기업과 관련된 기타 재무자료 및 증권시장 자료를 추가적으로 분석한다. 경영분석(business analysis)은 기업의 가치창출 활동(예: 구매, 생산, 판매, 재무, 인사 등)이 효율적으로 이루어지고 있는지, 산업 내 경쟁상황, 국내외 경제동향 등 기업에 영향을 미치는 내 · 외부 요인을 포괄적으로 분석한다.

재무제표 정보는 손쉽게 얻을 수 있는 계량적(quantitative)인 자료이며 정성적 정보의 상당 부분은 이미 재무제표에 반영되어 있기 때문에 기업 분석에서 가장 핵심적인 위치를 차지하고 있다.

1-2 재무제표 분석의 목적

회계정보이용자는 내부이용자와 외부이용자로 구분할 수 있다. 두 집단의 재무제표 분석 목적을 비교하면 다음과 같다.

첫째, 경영자와 같은 내부이용자들은 자사의 경영계획 수립 및 경영의사결정(예: 기업확장 여부)을 위하여 분석을 수행한다. 경영자는 재무제표뿐만 아니라 외부에 공시되지 않는 기업 내의 다양한 자료를 확보할 수 있기 때문에 보다 전문적인 분석이 가능하다.

둘째, 대표적 외부이용자인 주주는 기업의 주식가치를 평가하기 위하여 분석을 수행한다. 전문적인 투자자라 할 수 있는 기관투자자(예: 연금 및 기금 운용기관, 은행, 투자신탁회사 등)와 펀드매니저는 재무제표 정보에 근거하여 기업의 주식가치를 평가하고 이를 시장가격과 비교하여 주식의 매입(또는 매각) 여부를 결정한다. 이를 투자분석(investment analysis)이라고 부르기도 한다.

셋째, 은행 및 채권자는 자금대여 여부를 결정하기 위하여 분석을 수행한다. 이들은 기업에 자금을 대여할 경우 그 원금 및 이자를 무사히 상환받을 수 있는지에 관심이 높기 때문에 기업의 이익 정보나 현금창출능력, 그리고 재무위험 등에 초점을 맞추어 분석한다. 이를 신용분석(credit analysis)이라고 부르기도 한다.

넷째, 자본시장과 금융시장에서 다양한 정보를 수집하고 분석하는 전문적 애널리스트(analysts) 역시 대표적인 외부이용자 그룹이다. 이들은 기업별 자료, 산업 동향, 거시경제 정보 등에 기초하여 투자 및 사업 기회를 분석하고 그 정보를 펀드매니저나 일반 투자자들에게 제공한다. 그 밖에 기업의 협력업체 그리고 외부 신용평가기관 등도 재무제표 분석을 통하여 그들의 목적 달성을 위한 유용한 의사결정을 한다.

1-3 재무제표 분석의 절차 및 주요 내용

재무제표 분석을 효과적으로 수행하기 위해서는 대체로 다음과 같은 절차에 따른다. 첫째, 어떤 의사결정을 위한 것인지 또는 무슨 문제를 해결하기 위한 것인지 분석의 목적을 명확히 하는 것이다. 예를 들어, 다른 기업을 매수 · 합병하기 위한 기업가치를 평가하기 위한 분석인지, 자금을 대여하기 위하여 기업의 신용도를 평가하기 위한 것인지, 또는 주식투자를 위하여 기업의 위험 및 수익성을 예측하기 위한 분석인지를 분명히 해야 한다. 둘째, 문제가 명확히 정의되었으면 분석을 위하여 어떠한 자료를 이용하여야 하는지를 결정하고 이를 수집한다. 셋째, 본격적인 분석은 계량적 분석과 정성적 분석으로 구분할 수 있다. 계량적 분석은 재무제표 등의 회계자료와 시장자료에 근거한 분석이다. 계량적 분석이 완료되면, 정성적 분석(예: 제품내용, 경영진의 질, 연구개발능력, 국내외의 경제동향, 국가경제정책의 방향, 산업동향 등) 결과를 추가하여 최종적인 의사결정을 내리게 된다.

분석을 효과적으로 수행하기 위해서는 자료의 정확성, 신뢰성, 그리고 계속성 등의 전제조건이 충족되어야 한다. 그러나 실제로 이러한 조건의 완전한 충족은 어려우며, 충족된다 하더라도 분석과정에 반영될 수 없는 요소들 때문에 분석결과를 해석함에 있어 신중하게 접근하여야 한다. 분석자는 최종적인 의사결정자에게 이 같은 한계점을 충분히 납득시켜야 한다.

재무제표 분석의 목적은 다양하지만 공통적으로 재무제표에서 추출해야 할 정보의 내용은 기업의 수익성, 재무위험, 성장성, 현금흐름 등으로 구분할 수 있다([그림 13-2] 참조). 물론 분석의 목적에 따라 추가적으로 다른 각도에서의 정보를 추출해야 하는 경우도 있다.

● 그림 13-2 ● 재무제표 분석에서 파악해야 할 주요 내용

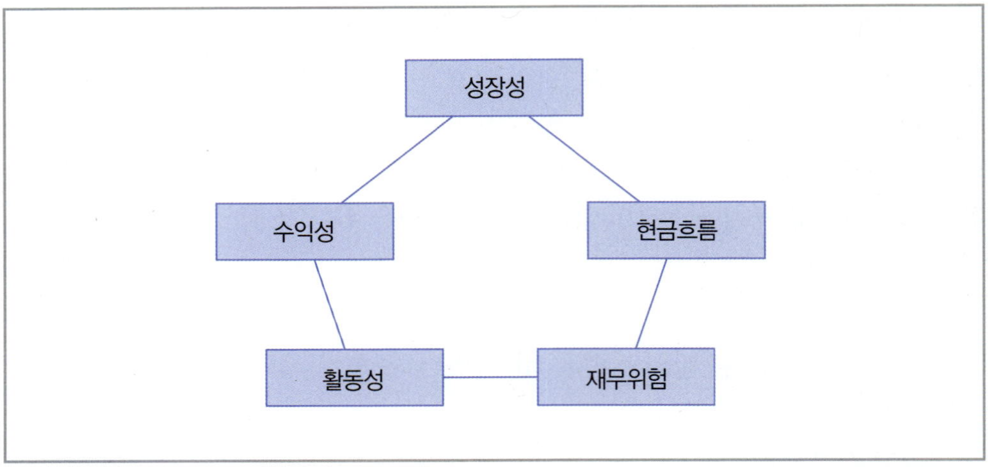

성장성(growth)은 기업의 규모, 매출액 또는 영업성과가 과거에 비하여 얼마나 증감하였는지를 의미한다. 수익성(profitability)은 기업의 이익창출 능력을 나타내며, 대체로 투입된 재원 규모에 대비한 이익의 창출 규모로 측정한다. 활동성(activity)은 기업에 투하된 자원을 얼마나 효율적으로 활용하는지를 평가하는 것이다. 재무위험(financial risk)은 타인자본 사용으로 인하여 초래되는 미래 이익(또는 현금흐름)의 불확실성 정도, 또는 그로 인한 채무불이행 가능성 정도를 말한다. 현금흐름(cash flows) 분석에서는 기업이 어떤 활동을 통하여 얼마의 현금을 창출하고 어떤 활동에 투입하는지를 파악한다.

제2절 추세분석과 횡단분석

모든 분석은 비교에서 출발한다. 예를 들어, 특정 기업의 특정 연도 재무제표만을 가지고 그 기업의 재무상태를 분석한다고 가정해보자. 분석을 하더라도 비교자료가 없는 경우 판단이 매우 난감하다. 그러나 비교자료가 수집되면 분석은 훨씬 쉽고 정확해질 수 있다.

비교자료는 특정 기업의 과거 재무제표가 될 수도 있고 경쟁 업체의 재무제표가 될 수도 있다. 특정 기업의 재무제표 정보가 시간에 따라 어떻게 변화되었는지를 분석하는 것을 추세분석(trend analysis)이라고 하며, 시계열분석(time-series analysis)이라고도 부른다. 한편, 특정 기업의 재무제표 정보를 유사한 수준의 다른 기업과 비교하는 분석을 횡단분석(cross-sectional analysis)이라고 부른다.

2-1 성장성분석

재무제표는 기업의 회계기간별로 작성되나 정보의 기간별 비교가능성을 높이기 위하여 전기 재무제표와 당기 재무제표를 동시에 포함하는 형식으로 비교표시 재무제표를 공시하도록 규정되어 있다. 비교표시 재무제표 자료에 의하여 주요 항목의 연간 증감액(또는 증감률)을 알아보는 추세분석은 기업의 성장성에 관한 정보를 파악할 수 있다.

1) 재무상태표 분석

〈표 13-1〉은 섬유산업에 종사하고 있는 꽃샘기업(주)의 재무상태표이다. 20×1~20×년의 비교표시 재무상태표이며, 표의 오른쪽 부분에는 항목별 증감액과 증감률이 제시되어 있다.

● 표 13-1 ● 비교표시 재무상태표(예시)

재무상태표

꽃샘기업(주) 20×2년 12월 31일 현재 (단위: 억 원)

항목	20×1년 12/31일	20×2년 12/31일	20×1년 대비 증감액	20×2년의 증감 증감률(%)
자산				
I. 유동자산				
(1) 현금 및 현금성자산	120	104	-16	-13.3
(2) 매출채권(순액)	176	246	70	39.8
(3) 재고자산	277	313	36	13.0
II. 비유동자산				
1. 금융자산	32	39	7	21.9
2. 유형자산				
(1) 토지	114	143	29	25.4
(2) 건물 등(순액)	93	249	156	167.7
3. 무형자산	10	13	3	30.0
자산 총계	822	1,107	285	34.7
부채				
I. 유동부채				
(1) 매입채무	88	126	38	43.2
(2) 단기차입금	99	178	79	79.8
II. 비유동부채				
(1) 사채(순액)	252	418	166	65.9
(2) 퇴직급여부채	14	15	1	7.1
부채 총계	453	737	284	62.7
자본				
I. 납입자본	309	336	27	8.7
II. 이익잉여금	49	36	-13	-26.5
III. 기타포괄손익누계액	11	-2	-13	-118.2
자본 총계	369	370	1	0.3
부채와 자본 총계	822	1,107	285	34.7

재무상태표에서 총자산의 크기는 기업의 규모를 나타낸다고 말한다. 따라서 총자산증가율은 기업의 규모가 전년에 비하여 얼마나 성장하였는지를 가늠하는 지표이다. 총자산증가율은 아래와 같이 계산한다.

$$\text{총자산증가율} = \frac{20\times2\text{년 말의 총자산} - 20\times1\text{년 말의 총자산}}{20\times1\text{년 말의 총자산}} \times 100$$

$$= \frac{1{,}107 - 822}{822} \times 100 = 34.7\ (\%)$$

꽃샘기업(주)의 총자산은 20×1년 822억 원에서 20×2년은 1,107억 원으로 285억 원이 증가하였으며, 연간 증가율이 34.7%인 고속성장 기업이다(또는 〈표 13-1〉 참조).

꽃샘기업(주)의 부채증가율은 62.7%인 데 비하여, 자기자본증가율은 0.3%에 그쳤다. 이는 총자산 증가가 주로 부채 증가에 기인한 것임을 알 수 있다.

다음은 재무상태표의 세부항목별 증감내역을 파악하여 보자. 자산항목 중에서 연간 증가액이 큰 항목을 열거하면 매출채권, 토지, 그리고 건물 등이다. 부채 및 자본항목 중에서 연간 증가액이 큰 항목으로는 매입채무, 단기차입금, 사채 등이 있다. 이 중에서 유형자산과 차입금(사채 및 단기차입금 증가)의 증가가 두드러지게 높은 것으로 확인된다. 위와 같은 정보에 의하여 꽃샘기업(주)은 주로 단기차입과 사채 발행을 통하여 자금을 조달하였으며, 토지 및 건물 취득에 투자하고 신용 매출이 증가하고 있는 것으로 추정할 수 있다.

2) 포괄손익계산서 분석

〈표 13-2〉는 꽃샘기업(주)의 20×1~20×2년 비교표시 포괄손익계산서이며, 표의 오른쪽 부분에는 항목별로 계산된 증감액과 증감률이 제시되어 있다.

● 표 13-2 ● 비교표시 포괄손익계산서(예시)

포괄손익계산서(기능별)				
꽃샘기업(주)	20×2년 1월 1일~20×2년 12월 31일			(단위: 억 원)
항목	20×1년 12/31일	20×2년 12/31일	20×1년 대비 증감액	20×2년의 증감 증감률(%)
1. 매출액	682	699	17	2.5
2. 매출원가	576	555	-21	-3.6
3. 매출총이익	106	144	38	35.8
4. 기타수익	24	13	-11	-45.8
(1) 이자수익	6	5	-1	-16.7
(2) 유형자산처분이익	11	0	-11	-100.0
(3) 기타	7	8	1	14.3
5. 일반관리비	68	100	32	47.1
(1) 급여 등	29	36	7	24.1
(2) 임차료	3	6	3	100.0
(3) 감가상각비	24	44	20	83.3
(4) 무형자산상각비	2	3	1	50.0
(5) 기타일반관리비	10	11	1	10.0
6. 마케팅비용	9	13	4	44.4
7. 이자비용	24	40	16	66.7
8. 기타비용	5	15	10	200
(1) 유형자산처분손실	0	6	6	-
(2) 기타	5	9	4	80.0
9. 법인세차감전이익	24	(11)	-35	-145.8
10. 법인세비용	4	0	-4	-100.0
11. 당기순이익(손실)	20	(11)	-31	-155.0
12. 기타포괄이익(손실)	22	(13)	-35	-159.1
13. 총포괄이익(손실)	42	(24)	-66	-157.1

포괄손익계산서의 매출액은 기업의 규모와 함께 영업활동의 활동성 정도를 나타낸다. 〈표 13-2〉에서 보는 바와 같이, 꽃샘기업(주)의 연간 매출액증가율은 2.5%에 그쳤다. 이는 큰 폭의 총자산증가율(36.7%)에 비하면 미미한 수준이다. 20×2년도에 꽃샘기업(주)은 대규모의 유형자산 투자에 비하여 매출액의 증가는 상대적으로 답보상태였음을 알 수 있다.

다음은 이익 종류별 증감률을 살펴보자. 매출총이익증가율은 35.8%로서 매출총이익이 크게 증가하였음을 나타낸다. 매출액증가율과 비교하여 볼 때, 매출총이익률의 증가는 매출원가를 낮출 수 있었기 때문인 것으로 추정된다.

영업이익(operating income)이라 할 수 있는 '매출총이익-일반관리비-마케팅비용'을 계산하면, 20×1년 29억 원에서 20×2년 31억 원으로 2억 원 증가하였다. 꽃샘기업(주)의 매출총이익률은 큰 폭으로 증가한 데 비하여 영업이익증가율은 6.9%에 그친 것을 알 수 있다. 이는 꽃샘기업(주)의 일반관리비가 큰 폭으로 증가한 데서 연유한 것으로 보여진다. 특히 감가상각비의 증가는 재무상태표 분석에서 확인했듯이 유형자산에 대한 투자의 결과라 할 수 있다.

이와 비교하여, 법인세차감전순이익은 큰 폭으로 하락하였다. 〈표 13-2〉에 의하면, 이자비용의 16억 원 증가가 법인세차감전순이익을 감소시키는 데 크게 기여하였다. 이자비용의 증가는 재무상태표 분석에서 확인했듯이 차입금의 대규모 증가와 연결되어 있다.

당기순이익증가율은 법인세차감전순이익증가율과 비슷한 수준이다. 그러나 기타포괄이익이 크게 감소하여 총포괄이익은 더욱 악화되었다.

3) 현금흐름표 분석

〈표 13-3〉은 꽃샘기업(주)의 20×1~20×2년 비교표시 현금흐름표(간접법 적용)이며, 항목별 증감액과 증감률 계산은 생략하였다. 이에 따라 꽃샘기업(주)의 현금운용 사항은 20×2년도 자료에 초점을 맞추어 분석한다.

● 표 13-3 ● 비교표시 현금흐름표(예시)

<table>
<tr><th colspan="5">현금흐름표(간접법 적용)</th></tr>
<tr><th>꽃샘기업(주)</th><th colspan="2">20×2년 1월 1일~20×2년 12월 31일</th><th colspan="2">(단위: 억 원)</th></tr>
<tr><th>항목</th><th colspan="2">20×1년
1/1~12/31</th><th colspan="2">20×2년
1/1~12/31</th></tr>
<tr><td>I. 영업활동현금흐름</td><td></td><td></td><td></td><td></td></tr>
<tr><td>1. 법인세비용차감전이익(손실)</td><td></td><td>24</td><td></td><td>(11)</td></tr>
<tr><td>2. 영업활동현금흐름과 관련 없는 비용 등의 가산</td><td></td><td></td><td></td><td></td></tr>
<tr><td>(1) 감가상각비 등</td><td></td><td>27</td><td></td><td>53</td></tr>
<tr><td>3. 영업활동현금흐름과 관련 없는 수익 등의 차감</td><td></td><td></td><td></td><td></td></tr>
<tr><td>(1) 유형자산처분이익 등</td><td></td><td>(11)</td><td></td><td>(0)</td></tr>
<tr><td>4. 영업활동으로 인한 자산·부채의 증감</td><td></td><td></td><td></td><td></td></tr>
<tr><td>(1) 매출채권의 감소(증가)</td><td>22</td><td></td><td>(54)</td><td></td></tr>
<tr><td>(2) 재고자산의 감소(증가)</td><td>3</td><td></td><td>(37)</td><td></td></tr>
<tr><td>(3) 매입채무의 증가(감소)</td><td>(9)</td><td></td><td>38</td><td></td></tr>
<tr><td>(4) 기타부채 증가(감소)</td><td>(3)</td><td>13</td><td>(6)</td><td>(59)</td></tr>
<tr><td>영업활동 조정 후 현금흐름</td><td></td><td>53</td><td></td><td>(17)</td></tr>
<tr><td>5. 이자수입</td><td></td><td>5</td><td></td><td>6</td></tr>
<tr><td>6. 이자지급</td><td></td><td>(22)</td><td></td><td>(31)</td></tr>
<tr><td>7. 법인세지급</td><td></td><td>(6)</td><td></td><td>(3)</td></tr>
<tr><td>영업활동현금흐름</td><td></td><td>30</td><td></td><td>(45)</td></tr>
<tr><td>II. 투자활동현금흐름</td><td></td><td></td><td></td><td></td></tr>
<tr><td>1. 금융자산 취득</td><td></td><td>(3)</td><td></td><td>(7)</td></tr>
<tr><td>2. 유형자산 취득</td><td></td><td>(38)</td><td></td><td>(262)</td></tr>
<tr><td>3. 유형자산 처분</td><td></td><td>21</td><td></td><td>32</td></tr>
<tr><td>4. 무형자산 취득</td><td></td><td>(2)</td><td></td><td>(6)</td></tr>
<tr><td>투자활동현금흐름</td><td></td><td>(22)</td><td></td><td>(243)</td></tr>
<tr><td>III. 재무활동현금흐름</td><td></td><td></td><td></td><td></td></tr>
<tr><td>1. 차입금(단기차입금 및 사채)의 차입</td><td></td><td>8</td><td></td><td>245</td></tr>
<tr><td>2. 보통주의 발행</td><td></td><td>2</td><td></td><td>27</td></tr>
<tr><td>3. 배당금 지급</td><td></td><td>(7)</td><td></td><td>0</td></tr>
<tr><td>재무활동현금흐름</td><td></td><td>3</td><td></td><td>272</td></tr>
<tr><td>IV. 현금의 증가(감소)(I+II+III)</td><td></td><td>11</td><td></td><td>(16)</td></tr>
</table>

꽃샘기업(주)의 20×2년도 당기순손실은 -11억 원으로 적자이며(〈표 13-2〉 참조) 영업활동으로 인한 현금흐름은 -45억 원으로 더욱 부진하다(〈표 13-3〉 참조). 매출채권과 재고자산의 증가로 인한 현금의 추가 소요액 및 이자지급액이 주요 원인인 것으로 추정된다.

20×2년도 투자활동 현금흐름은 -243억 원을 기록하고 있다. 금융자산 및 유·무형자산의 연간 순취득액(=취득액-매각액)이 243억 원이라는 것을 의미한다. 실제 유형자산의 취득으로 인한 현금지출액은 262억 원에 달했다.

꽃샘기업(주)의 20×2년도 재무활동 현금흐름은 272억 원이다. 외부로부터의 연간 자금 순조달액(=조달액-상환액)이 272억 원이라는 의미이다. 구체적으로 차입(단기차입금과 사채발행)에 의한 조달이 245억 원, 보통주 발행에 의한 조달이 27억 원이었다.

개략적으로, 꽃샘기업(주)의 20×2년도 현금운용상황을 요약하면, 차입 등의 재무활동으로 272억 원의 현금을 마련하여 243억 원의 유형자산 등을 취득하였고, 45억 원의 영업활동 적자를 메웠으며, 나머지 부족분 16억 원은 20×1년부터 보유하였던 현금을 투입하였다. 따라서 꽃샘기업(주)의 현금보유수준은 20×1년 말의 120억 원에서 20×2년 말에는 104억 원(〈표 13-1〉 참조)으로 16억 원 감소하였다(현금흐름표의 마지막 부분 참조).

2-2 기업 간 비교분석

규모가 다른 기업들을 서로 비교하기 위해서는 규모의 차이를 조정하는 것이 바람직하다. 예를 들어, A기업의 부채 총액은 5억 원이고, B기업의 부채 총액은 20억 원이라고 가정하자. 두 기업의 부채 총액만으로 B기업이 A기업보다 부채부담이 크다고 말할 수 없다. 만약 A기업의 총자산이 10억 원이고 B기업의 총자산이 100억 원이라면, 총자산에 대비하는 부채부담은 오히려 A기업이 B기업보다 크기 때문이다.

기업 간 정보를 비교하는 횡단분석을 위한 대표적인 방법이 일반 재무제표를 공통형 재무제표(common-size financial statements)로 변환하는 것이다. 즉, 재무상태표의 각 항목을 총자산으로 나누어 백분율(%)로 표시하고, 포괄손익계산서의 각 항목은 매출액으로 나누어 백분율로 표시하는 것이다. 따라서 공통형 재무제표를 백분율 재무제표라고 부르기도 하며, 각 항목이 총액에서 차지하는 비중과 구조를 파악하는데 유용하다.

1) 공통형 재무상태표

〈표 13-4〉는 꽃샘기업(주)의 공통형 재무상태표이다. 꽃샘기업(주)의 자산구조를 살펴보면, 20×1년도 총자산에서 현금 및 현금성자산은 14.6%, 매출채권은 21.4%, 재고자산은 33.7%, 유형자산은 25.2% 등을 점하고 있다. 유사한 방법으로 부채구조와 자기자본구조를 파악할 수 있다.

● 표 13-4 ● 공통형 재무상태표(예시): 산업평균과의 비교

공통형 재무상태표

꽃샘기업(주) 20×2년 12월 31일 현재 (단위: 억 원)

항목	20×1년 12월 31일			20×2년 12월 31일		
	금액	백분율(%)	산업평균(%)	금액	백분율(%)	산업평균(%)
자산						
현금 및 현금성자산	120	14.6	8.1	104	9.4	7.9
매출채권	176	21.4	15.8	246	22.2	16.1
재고자산	277	33.7	26.1	313	28.3	28.0
금융자산	32	3.9	12.0	39	3.5	12.8
유형자산	207	25.2	28.1	392	35.4	26.3
무형자산	10	1.2	0.9	13	1.2	0.9
자산 합계	822	100.0	100.0	1,107	100.0	100.0
부채						
매입채무	88	10.7	14.8	126	11.4	15.0
금융부채	351	42.7	24.3	596	53.8	25.7
퇴직급여부채 등	14	1.7	-	15	1.4	-
부채 합계	453	55.1	80.5	737	66.6	81.9
자본						
납입자본	309	37.6	16.6	336	30.4	15.1
이익잉여금	49	6.0	2.9	36	3.2	3.0
기타포괄손익누계액	11	1.3	-	-2	-0.2	-
자본 합계	369	44.9	19.5	370	33.4	18.1
부채와 자본 합계	822	100.0	100.0	1,107	100.0	100.0

이제 꽃샘기업(주)의 자산·부채·자본 구조를 다른 기업과 비교하여 보자. 경쟁기업이나 모범기업이 있다면 그 기업의 비율과 비교할 수 있다. 그러나 특별히 비교대상 기업이 없다면 우리나라 기업들의 평균비율(예: 분석대상기업이 속한 산업의 평균비율)과 비교하는 것이 좋다.

한국산업은행(http://kdb.co.kr)이 발행하는 통계연감인 「기업재무분석」에는 재무제표 주요 구성항목의 백분율에 대한 산업평균치가 산업별/기업규모별로 수록되어 있다. 〈표 13-4〉에 기입된 산업평균 백분율은 꽃샘기업(주)이 속한 우리나라 의복제조업(중소기업)의 평균치이다.

꽃샘기업(주)의 총자산 대비 부채 비중은 20×1년의 55.1%에서 20×2년의 66.6%로 증가하였으나 산업평균(81.9%)보다는 낮은 수준이다. 꽃샘기업(주)의 자산구조를 살펴보면, 매출채권과 유형자산의 비중은 산업평균보다 높으나 금융자산의 비중은 낮다. 자본구조에서는 금융부채의 비중이 산업평균보다 크게 높으며, 납입자본 비중이 상대적으로 높다.

2) 공통형 포괄손익계산서

〈표 13-5〉는 꽃샘기업(주)의 포괄손익계산서의 각 항목을 매출액으로 나누어 백분율로 표시한 공통형 포괄손익계산서이다. 20×1도 매출액 대비 매출원가는 79.1%, 일반관리비는 10.0%이다. 이렇게 공통형 포괄손익계산서를 작성하면 기업의 손익구조를 개략적으로 파악할 수 있다.

공통형 포괄손익계산서의 주요 항목의 비율 역시 산업평균과 비교가 가능하다. 같은 업종에 속한 다른 기업의 손익구조는 특히 내부 경영자들에게 주요 관심사 중의 하나이다.

꽃샘기업(주)의 매출원가의 비중은 감소하였으나, 산업평균보다 높다. 반면에 일반관리비의 비중은 증가하였으며 산업평균보다 높다. 이는 일반관리비가 꽃샘기업(주)의 비용 상승을 주도한 것으로 해석할 수 있으며, 이로 인하여 꽃샘기업(주)의 영업이익 비중이 산업평균보다 낮아진 것으로 추정된다. 그리고 이자비용의 비중이 높아짐에 따라 당기순이익이 크게 낮아지는 결과를 초래하였다.

추세분석과 공통형 재무제표 분석은 별도로 수행하기보다는 연계시켜 분석하는 것이 바람직하다. 예를 들어, 추세분석에서 특이하게 변화한 항목들을 추출한 다음,

● 표 13-5 ● 공통형 포괄손익계산서(예시): 산업평균과의 비교

공통형 포괄손익계산서

꽃샘기업(주) 20×2년 1월 1일~20×2년 12월 31일 (단위: 억 원)

항목	20×1년 1/1~12/31			20×2년 1/1~12/31		
	금액	백분율(%)	산업평균(%)	금액	백분율(%)	산업평균(%)
매출액	682	100.0	100.0	699	100.0	100.0
매출원가	576	84.5	79.1	555	79.4	77.8
매출총이익	106	15.5	20.9	144	20.6	22.2
일반관리비	68	10.0	15.1	100	14.3	15.2
급여	25	3.7	6.0	31	4.4	6.0
감가상각비	21	3.1	1.1	39	5.6	1.1
마케팅비용	9	1.3	0.8	13	1.9	0.7
영업이익	29	4.3	6.0	31	4.4	6.3
이자비용	24	3.5	5.0	40	5.7	4.9
당기순이익(손실)	20	2.9	0.8	(11)	(1.6)	1.0

공통형 재무제표에서 특이항목의 변화가 해당 산업의 일반적인 경향인지, 아니면 그 기업에만 국한된 상황인지를 분석하는 것이다.

제3절 재무비율 분석

재무비율(financial ratio)이란 재무제표 항목 중에서 서로 관계가 있는 두 개 이상의 항목을 대응시킨 상호관계 비율이다. 앞서 설명한 공통형 재무제표는 재무제표의 각 항목을 총자산 또는 매출액으로 나누어 비율로 바꾼 것으로서 재무비율의 한 형태라고 할 수 있다.

재무비율에 의하여 기업의 영업실적과 재무상태를 파악하는 분석방법은 실무에서 널리 이용되어 오는 전통적 방법이다. 이 절에서는 대표적으로 수익성 비율, 활동성 비율, 재무위험 비율, 현금흐름 비율을 소개한다([그림 13-2] 참조).

3-1 수익성 분석

수익성 분석은 기업의 이익창출능력을 평가하는 것이기 때문에 재무제표 분석에서 가장 중요하게 여겨진다. 기업의 이익창출능력은 현금창출능력과 높은 상관성을 가지기 때문에 투자자들의 투자 의사결정과 채권자들의 자금대여 의사결정은 물론, 내부 경영자들의 경영계획 수립 및 전략적 의사결정에 중요한 역할을 한다.

수익성 분석을 위한 재무비율은 기본적으로 '매출액 또는 기업에 투입된 자본에 비하여 어느 정도의 이익을 실현하였는지'로 측정한다. 대표적인 수익성 비율을 소개하면 다음과 같다.

1) 자기자본이익률(ROE)

자기자본이익률(return on equity, ROE)은 당기순이익을 자기자본으로 나누어 계산한다. 기업의 소유주인 주주들에게 귀속되는 자기자본과 주주들에게 배당가능한 당기순이익을 대응시킴으로써 자기자본 단위당 수익성을 측정하는 지표이다. 그리고 회계기간 중에 자기자본 규모의 변화가 있다면 다음과 같이 연간 평균 자기자본을 분모에 대입하는 것이 좀 더 정확하다.[1)]

$$\text{자기자본이익률}(ROE) = \frac{\text{당기순이익}}{\text{기초자본과 기말자본의 평균}} \times 100$$

위의 계산식에 의하여 꽃샘기업(주)의 20×2년도 자기자본이익률을 계산하여 보자. 〈표 13-1〉의 비교표시 재무상태표에서 기타포괄손익누계액을 제외한 20×2년의 기초자본(즉, 20×1년 기말 자본)은 358억 원, 기말자본은 372억 원이며, 〈표 13-2〉의 비교표시 포괄손익계산서에서 20×2년의 당기순이익은 -11억 원이었다.

1) 자기자본이익률의 분자인 당기순이익은 1년간의 실적인 데 비하여 분모인 자본은 기말 시점에서의 금액이기 때문에 분자와의 적절한 기간 대응을 위해서는 분모에 연간 평균 자본을 적용하는 것이 적절하다.

$$\text{자기자본이익률}(ROE) = \frac{-11}{(358 + 372)/2} \times 100 = -3.0\%$$

이론적으로 자기자본이익률은 적어도 정기예금 이자율 이상을 달성해야 성공적인 경영이라고 평가할 수 있다. 왜냐하면 기업에 투자한 주주 입장에서 투자금액을 은행에 정기예금하는 것보다 더 높은 투자수익률을 기대하는 것은 당연하기 때문이다.

2) 총자산이익률(ROA)

자기자본이익률은 기업활동에 투입된 자원을 자기자본에 한정하여 정의한다. 이와 비교하여, **총자산이익률**(return on assets, ROA)은 투자자본을 총자산으로 정의한 것이다. 따라서 총자산이익률을 투자수익률(return on investment, ROI)이라 하기도 한다.

총자산이익률의 분모는 부채와 자본의 합계이기 때문에 분자는 '당기순이익+이자비용'으로 대응시키는 것이 적절하다. 당기순이익은 주주(자본)의 몫이고 이자비용은 채권자(부채)에 귀속되기 때문이다. 따라서 총자산이익률은 기업에 투자한 주주 및 채권자의 투자합계액에 대한 운영성과를 측정하는 지표라 할 수 있다.

$$\text{총자산이익률}(ROA) = \frac{\text{영업이익}}{\text{기초자산과 기말자산의 평균}} \times 100$$

$$= \frac{\text{당기순이익} + \text{이자비용}}{\text{기초자산과 기말자산의 평균}} \times 100$$

위의 계산식에 의하여 꽃샘기업(주)의 20×2년의 총자산이익률을 계산하여 보자. 〈표 13-1〉의 비교표시 재무상태표에서 20×2년의 기초총자산은 822억 원, 기말총자산은 1,107억 원이며, 〈표 13-2〉의 비교 표시 포괄손익계산서에서 20×2년의 당기순이익은 -11억 원, 이자비용은 40억 원이었다.

$$\text{총자산이익률}(ROA) = \frac{-11 + 40}{(822 + 1{,}107)/2} \times 100 = 3.0\%$$

3) 매출액이익률(ROS)

매출액이익률(return on sales, ROS)은 이익을 매출액으로 나누어 계산한다. 이 때, 분자의 이익에 포괄손익계산서의 어떤 이익을 적용할 것인지에 따라 몇 가지 유사비율을 만들 수 있다. 예를 들어, 분자에 매출총이익을 대입하면 매출액총이익률이 되고, 영업이익을 대입하면 매출액영업이익률이 되며, 당기순이익을 대입하면 매출액순이익률이 된다.

공통형 재무제표 분석에서 설명했듯이, 좀 더 정확한 판단을 위해서는 분석대상기업의 재무비율을 다른 기업과 비교하는 것이 좋다. 일차적으로 경쟁기업 또는 모범기업과의 비교를 시도하고, 적절한 비교대상 기업이 없는 경우는 산업평균비율과 비교할 수 있다.

〈표 13-6〉에는 꽃샘기업(주)의 비교표시 재무제표(〈표 13-1〉 및 〈표 13-2〉 참조)에 근거한 수익성 비율과 해당 산업평균 비율을 제시하고 있다.

● 표 13-6 ● 꽃샘기업(주)의 수익성비율과 산업평균

	20×1년		20×2년	
	꽃샘기업(주)	산업평균	꽃샘기업(주)	산업평균
자기자본이익률	2.8	8.3	-3.0	8.1
총자산이익률	6.3	2.5	3.0	2.4
매출액순이익률	2.9	0.8	-1.6	1.0
매출액영업이익률	4.3	6.0	4.4	6.3

표에서 보는 바와 같이, 꽃샘기업(주)의 수익성 비율 중에서 총자산이익률을 제외한 나머지 비율은 산업평균보다 낮기 때문에 꽃샘기업(주)의 수익성은 대체로 낮은 것으로 판단되며, 특히 20×2년은 20×1년에 비하여 더욱 악화되었다.

4) 주가이익비율(PER)

앞에서 설명한 수익성 비율 이외에, 주식투자 실무에서 주로 이용하는 수익성 비율이 **주가이익비율**(price earnings ratio, PER)이다. 주가이익비율은 1주당 주식가격에 대한 1주당 이익의 비율로서 기업의 주가가 이익에 비하여 얼마나 높은 수준인지를 판단하는 지표이다.

$$\text{주가이익비율}(PER) = \frac{\text{주당주식가격}}{\text{주당순이익}}$$

분모인 주당순이익(earnings per share, EPS)은 기업이 발행한 보통주 1주에 분배할 수 있는 이익의 크기를 나타내며, 특정 기업의 기간별 성과 비교가 가능하도록 고안된 지표이다. 이 같은 중요성을 반영하여 한국채택국제회계기준에서는 주당이익 정보를 포괄손익계산서 본문의 하단에 표시하고 그 산출근거를 주석에 기재하도록 규정하고 있다.

투자자들은 유사기업들 중에서 PER이 낮은 주식을 저평가된 주식(undervalued stocks)으로 분류하고 그러한 주식을 매수하는 전략을 사용하기도 한다. 왜냐하면 이익에 비하여 아직 주가가 낮기 때문에 향후 주가상승 여력이 있다고 믿기 때문이다.

3-2 활동성 비율

활동성 비율은 기업에 투하된 자본에 비하여 영업활동이 얼마나 활발하고 효율적으로 이루어지는지를 평가하는 지표이다.

1) 총자산회전율

총자산회전율(assets turnover ratio)은 기업에 투입된 총자산 규모에 비하여 매출액 규모가 몇 배수인지 또는 해당 매출액을 실현하기 위하여 총자산이 연간 몇 번

회전하였는지를 측정하는 비율이다.

$$\text{총자산회전율} = \frac{\text{매출액}}{\text{기초자산과 기말자산의 평균}}$$

꽃샘기업(주)의 비교표시 재무상태표의 20×2년도 기초총자산은 822억 원, 기말 총자산은 1,107억 원이다. 그리고 비교표시 포괄손익계산서의 20×2년도 매출액은 699억 원이다. 꽃샘기업(주)의 20×2년도 총자산회전율은 다음과 같다.

$$\text{총자산회전율} = \frac{699}{(822 + 1{,}107)/2} = 0.72\text{회}$$

총자산회전율은 산업에 따라 큰 차이를 보인다. 기계장치 및 설비자산이 많은 중공업의 경우는 자산투자(분모)가 상대적으로 많기 때문에 총자산회전율이 낮으나, 경공업 및 서비스산업의 경우는 반대이다.

또한 총자산회전율은 수익성 비율인 총자산이익률의 결정요소가 될 수 있다. 이는 다음과 같은 식으로 설명할 수 있다.

$$\text{총자산회전율} = \frac{\text{당기순이익} + \text{이자비용}}{\text{매출액}} \times \frac{\text{매출액}}{\text{평균자산}} \times 100$$
$$= \text{매출액영업이익률} \times \text{총자산회전율} \times 100$$

총자산이익률은 매출액영업이익률과 총자산회전율의 곱으로 계산할 수 있다. 따라서 총자산이익률을 높이기 위해서는 매출액을 높이고(총자산회전율) 동시에 매출액 대비 이익률을 높여야 한다는 것을 알 수 있다.

총자산회전율은 기업의 투하자본을 총자산으로 정의한 비율이다. 총자산 대신에 유형자산, 재고자산, 매출채권 등으로 대체하면 유형자산회전율, 재고자산회전율, 매출채권회전율이 된다. 회전율 지표는 특정 자산항목(예: 유형자산, 재고자산 등)이 얼마나 효율적으로 운용되고 있는지를 측정하기 위한 목적으로도 사용한다. 매출액에 비하여 특정 자산이 얼마나 효율적으로 운영되었는지, 즉 해당 매출액을 실현하기 위하여 특정 자산이 연간 몇 번 회전하였는지, 또는 특정 자산을 과대(또는 과소)하게 보유하고 있는지를 판단하는 지표로도 해석될 수 있다. 이러한 의미에서 활동성 비율을 자산이용의 효율성 비율이라고도 부른다.

2) 매출채권회전율과 매출채권회수기간

자산회전율 개념은 기업 내부의 경영분석에서 자주 적용된다. 예를 들어, 매출채권을 어느 정도 허용해야 하는지는 기업 경영에서 중요한 정책 중 하나이다. 외상매출을 너무 많이 허용하면 그로 인하여 현금 부족사태가 발생할 수 있는 반면, 외상매출을 너무 적게 허용하면 판매부진으로 인하여 수익성이 악화될 가능성이 있다. 이 같은 양면성 때문에 매출채권회전율을 경쟁기업 또는 산업평균비율과 비교함으로써 매출채권의 과다(또는 과소) 허용 여부를 판단하는 방법이 널리 이용된다.

매출채권회전율 개념을 이해하기 쉽게 변형시킨 지표가 매출채권 회수기간이다. 이는 외상판매대금이 평균적으로 며칠 만에 회수되는지를 파악하는 지표로서 아래와 같이 계산한다. 회수기간은 회전율과 역의 관계에 있으며, 회수기간이 짧을수록 기업의 자금사정은 양호해진다.

$$\text{매출채권회수기간} = \frac{365\text{일}}{\text{매출채권회전율}}$$

꽃샘기업(주)의 비교표시 재무상태표상의 20×2년도 기초매출채권은 176억 원, 기말매출채권은 246억 원이다. 그리고 비교표시 포괄손익계산서의 20×2년도 매출액은 699억 원이다. 꽃샘기업(주)의 20×2년도 매출채권회전율과 매출채권 회수기간은 다음과 같다.

$$\text{매출채권회전율} = \frac{699}{(176 + 246)/2} = 3.31\text{회}$$

$$\text{매출채권회수기간} = \frac{365}{3.31} = 110\text{일}$$

〈표 13-7〉에는 꽃샘기업(주)의 비교표시 재무제표에 근거한 활동성 비율과 해당 산업평균비율을 제시하고 있다. 꽃샘기업(주)의 20×2년도 총자산회전율은 20×1년도에 비하여 감소하였으며 산업평균보다 훨씬 낮은 수준이다. 총자산회전율 악화는 총자산 대비 매출활동 부진으로 해석할 수 있으며, 총자산이익률 저하의 원인이 된다.

● 표 13-7 ● 꽃샘기업(주)의 활동성비율과 산업평균

	20×1년		20×2년	
	꽃샘기업(주)	산업평균	꽃샘기업(주)	산업평균
총자산회전율	0.84회	1.40회	0.72회	1.24회
매출채권회수기간	48일	55일	110일	57일

또 매출채권의 평균회수기간은 크게 길어졌다. 20×1년에는 평균적으로 48일 만에 회수되었으나 20×2년에는 110일로 늘어났다. 이는 꽃샘기업(주)이 매출 부진을 극복하기 위하여 신용허용기간을 대폭 늘렸든지, 아니면 부실채권의 증가로 인하여 회수가 부진했을 가능성이 높다. 이에 대해서는 추가적 확인이 필요하겠지만, 매출채권 평균회수기간의 증가는 기업에 현금 부족 사태를 초래할 수 있다.

3-3 재무위험 분석

재무위험(financial risk)은 타인자본 사용에 따른 채무불이행 위험으로 기업의 장기적인 존속을 위한 미래 이익 또는 현금창출의 불확실성을 의미하기도 한다. 유동성(liquidity)은 자산의 현금화 정도로서 기업이 단기적으로 얼마나 많은 현금을 확보

할 수 있는지를 파악하여 재무위험을 평가하는 지표이다.

1) 부채비율

타인자본을 많이 사용하는 기업은 이자 부담이 증가하기 때문에 영업활동이 부진하면 자금 부족으로 인하여 이자 및 원금을 상환하지 못하는 채무불이행 위험이 높아지게 된다. 따라서 기업에 자금을 제공하는 은행은 물론 주식 및 채권 투자자들은 기업의 재무위험이 어느 정도인지에 대하여 큰 관심을 갖는다. **부채비율**(debt-to-equity ratio)은 타인자본의 비중을 평가하는 대표적인 비율로서 재무제표 분석에서 중요시하는 지표 중의 하나이다.

$$\text{부채비율} = \frac{\text{부채}}{\text{자기자본}} \times 100$$

부채비율과 유사한 비율로 **자기자본비율**(equity ratio)이 있다. 자기자본비율은 자기자본을 총자산으로 나누어 측정하며 은행의 대출심사기준에 자주 포함되기 때문에 은행지도비율이라고도 부른다. 자기자본비율은 부채비율과 대체로 역의 관계에 있다.

〈표 13-1〉의 꽃샘기업(주)의 비교표시 재무상태표에 의하면, 20×2년 말의 부채 총계는 737억 원, 자본 총계는 370억 원이다. 꽃샘기업(주)의 부채비율과 자기자본비율은 다음과 같다.

$$\text{부채비율} = \frac{737}{370} \times 100 = 199\%$$

$$\text{자기자본비율} = \frac{370}{1{,}107} \times 100 = 33.4\%$$

2) 이자보상비율

부채는 기업의 중요한 자금조달원천이다. 따라서 부채로 인한 재무위험에도 불구하고 대부분의 기업들은 부채를 통하여 사업자금을 조달한다. 그런데 부채비율은 자기자본과 비교한 부채의존도만을 알려줄 뿐, 어느 정도의 부채 사용이 적정한지에 대한 정보는 제공하지 않는다. 부채 사용이 많더라도 기업이 영업활동을 통하여 이자비용을 커버하기만 한다면 부채비율은 단기적으로 문제가 되지 않는다.

이자보상비율(interest coverage ratio)은 이자비용이 기업에 어느 정도 부담이 되는지, 이자비용을 지급할 정도로 충분한 영업이익을 창출하고 있는지를 평가하는 지표이다.

$$이자보상비율 = \frac{당기순이익 + 이자비용 + 법인세비용}{이자비용}$$

이자보상비율은 이자 및 법인세 차감 전의 순이익(earnings before interests and taxes, EBIT)이 이자비용의 몇 배수인지를 측정하는 지표로서 수익성 지표와 재무위험 지표가 결합된 비율이다. 이자보상비율이 1보다 작다는 것은 이자비용도 지급하지 못할 정도로 수익성이 나쁘다는 것을 의미한다.

〈표 13-2〉의 꽃샘기업(주)의 비교표시 포괄손익계산서에 의하면, 20×2년도 이자비용은 40억 원, 법인세비용은 0, 그리고 순이익은 -11억 원이었다. 꽃샘기업(주)의 이자보상비율은 다음과 같다.

$$이자보상비율 = \frac{40 - 11}{40} = 0.73배$$

3) 유동비율

단기자금을 제공하는 은행이나 외상으로 상품을 공급하는 협력업체들은 기업의 단기지급능력에 큰 관심을 갖고 있다. **유동비율**(current ratio)은 유동부채 상환에 대비하여 단기적으로 어느 정도의 현금화가 가능한지를 나타내는 지표이다. 유동비율이 높을수록 단기채권자의 안전도는 높다고 판단한다.

$$\text{유동비율} = \frac{\text{유동자산}}{\text{유동부채}} \times 100$$

그런데 유동자산 중에서 재고자산은 상대적으로 현금화가 쉽지 않은 자산이다. 따라서 단기지급능력을 엄격하게 평가하기 위해서는 유동자산 중에서 현금화가 비교적 쉬운 당좌자산만을 분자로 사용한다. 이를 **당좌비율**(quick ratio)이라 부르며 유동비율의 보조지표로 자주 사용된다.

$$\text{당좌비율} = \frac{\text{유동자산} - \text{재고자산}}{\text{유동부채}} \times 100$$

〈표 13-8〉은 꽃샘기업(주)의 비교표시 재무제표(〈표 13-1〉 및 〈표 13-2〉 참조)에 근거한 재무위험 및 유동성 비율과 해당 산업평균비율을 제시하고 있다.

● 표 13-8 ● 꽃샘기업(주)의 재무위험 및 유동성비율과 산업평균

	20×1년		20×2년	
	꽃샘기업(주)	산업평균	꽃샘기업(주)	산업평균
부채비율	123%	266%	199%	318%
이자보상비율	1.23배	2.02배	0.73배	1.91배
유동비율	301%	108%	219%	109%
당좌비율	158%	61%	115%	56%

꽃샘기업(주)의 부채비율은 산업평균에 비하여 아직은 낮은 수준이다. 따라서 재무구조가 대체적으로 양호하다고 볼 수 있다. 그러나 이자보상비율은 산업평균보다 훨씬 낮으며, 특히 20×2년에는 1.0 미만으로 떨어졌다. 이러한 하락은 이자비용의 증가와 수익성 악화에 기인한다고 볼 수 있다. 유동비율과 당좌비율은 모두 산업평균보다 높으며 대체로 양호한 것으로 판단된다. 다만, 과도한 유동자산 및 당좌자산의 보유로 인한 문제점(예: 매출채권 및 재고자산의 과다 보유로 인한 현금부족)이 있는지 검토할 필요가 있다.

3-4 현금흐름분석

기업 경영에서 현금은 혈액에 비유되고 이익은 체력에 비유된다. 체력은 좀 떨어지더라도 당장 생명에 위협을 주지 않으나, 혈액은 그 양이 부족하거나 순환이 원활하지 못하면 생명을 잃을 수도 있다. 마찬가지로 기업은 수익성이 악화되더라도 당장 도산에 이르지는 않으나 현금이 부족하거나 순환이 원활하지 못하면 파산할 수 있다.[2)]

기업의 자금사정 악화는 주로 매출액 감소 또는 원가 상승으로 인한 수익성 저하에 기인한다. 그러나 수익성은 현금흐름이 양호해지기 위한 필요조건이지 충분조건은 아니다. 수익성이 좋더라도 무리한 투자나 갑작스런 판매조건의 변화(예를 들어, 할부 및 신용판매의 증대) 등은 자금사정을 어렵게 만들 수 있다. 반면에, 경기불황으로 인하여 단기적으로는 수익성이 악화된다 해도 뛰어난 자금관리로 자금수급조절을 원활히 하면 불황 국면을 무사히 넘길 수 있다.

영업활동 현금흐름은 기업의 자기금융(self-financing)에 의한 현금창출능력을 나타내며 기업의 전체적인 현금흐름의 방향을 가늠하는 지표이기 때문에 현금흐름분석의 출발점이 된다. 자주 사용되는 재무비율로는 '영업활동현금흐름 대 매출액 비율' 또는 '영업활동현금흐름 대 차입금 비율' 등이 있다. 이러한 비율은 기업규모(매출액)를 감안한 현금창출능력 또는 차입금을 상환하는 데 필요한 현금창출능력을 평가하

---

2) 포괄손익계산서상으로 당기순이익이 흑자를 기록했더라도 매출채권이 예정대로 회수되지 않을 경우 자금난에 봉착될 수 있으며 심한 경우 부도를 내거나 도산된다. 이를 흑자도산이라 부른다.

는 지표이다.

$$\text{영업활동현금흐름 대 매출액 비율} = \frac{\text{영업활동현금흐름}}{\text{매출액}} \times 100$$

$$= \frac{\text{영업활동현금흐름}}{\text{기초차입금과 기말차입금의 평균}} \times 100$$

<표 13-9>에는 꽃샘기업(주)의 비교표시 재무제표(<표 13-1>, <표 13-2> 및 <표 13-3> 참조)에 근거한 영업활동현금흐름 비율과 해당 산업평균비율을 제시하고 있다. 표에서 보는 바와 같이, 꽃샘기업(주)의 20×2년의 영업활동현금흐름 대 매출액 비율은 크게 악화되었으며 산업평균에 비하여 낮아졌다. 그리고 차입금 대비 영업활동현금흐름 비율 역시 산업평균에 비하여 매우 낮은 수준이다.

● 표 13-9 ● 꽃샘기업(주)의 현금흐름비율과 산업평균

	20×1년		20×2년	
	꽃샘기업(주)	산업평균	꽃샘기업(주)	산업평균
영업현금흐름 대 매출액비율	4.4	0.3	-6.4	0.2
영업현금흐름 대 차입금비율	8.7	2.2	-9.5	1.9

| 제4절 | 재무제표 분석의 한계점

지금까지 공부한 바와 같이, 재무제표의 구성항목은 매우 많기 때문에 이들 사이의 관계 비율인 재무비율 역시 다양하게 만들 수 있다. 재무분석가는 분석목적에 따라 각기 다른 비율을 이용할 수 있으며 어떤 비율을 선택해야 하는지 결정해야 한다.

그리고 한두 개의 재무비율에 의존하여 기업 전체의 재무상태 및 경영성과를 판단하기보다는 다양한 범주의 비율에 의하여 종합적으로 분석하는 것이 중요하다. 이

는 마치 병원에서 건강진단을 받을 때 여러 종류의 검사를 실시하는 것과 같다. 다만 여러 가지의 재무비율 분석결과를 종합하여 단일 평가치(예: 점수)로 나타낼 수 없다는 문제점은 있다.

예를 들어, 재무위험도는 양호하나 수익성이 부실한 기업의 경영상태를 종합적으로 어떻게 평가해야 하는지의 문제이다. 이를 위하여 실무에서는 여러 가지 재무비율을 동시에 고려하는 평점표(scoring system)를 도입하거나 통계분석에 의한 평가방법을 시도하기도 한다.[3)]

그럼에도 불구하고 재무제표 분석은 다음과 같은 한계점이 있기 때문에 결과의 해석에 신중해야 한다.

첫째, 재무제표 분석은 계량화가 곤란한 사항, 예를 들어, 경영자 및 종업원의 능력, 조직관리의 효율성, 기술개발능력 등과 같은 정성적(qualitative) 정보를 반영하지 못한다. 미국의 유명한 재무분석가인 Brilloff는 "재무제표 분석은 좋은 향수와 같아서, 코로 냄새만 맡지 삼켜서는 안 된다"라고 언급한 바 있다. 이는 재무제표를 중심으로 한 계량적 평가에 의해서 기업의 재무상태를 속단해서는 안 된다는 사실을 경고한 것이다. 이 같은 약점은 재무제표 이외의 정보(예: 주가 정보, 제품시장 정보, 기타 비계량 정보)들을 추가적으로 분석하여 보완할 수 있다.

둘째, 재무제표분석은 과거의 회계자료에 근거한 분석이기 때문에 기업의 미래상태를 예측하는 데 정확하지 않다. 이 같은 약점을 보완하기 위해서는 전문적인 재무분석가들의 예측치를 수집하여 참고하거나, 또는 통계적인 예측방법을 동원하여 추정재무제표를 작성한 후에 분석한다.

셋째, 재무비율의 계산식은 분석자마다 다양하게 정의되고 있다. 예를 들어, 부채비율의 경우, 부채/자기자본, 부채/총자산, 또는 차입부채/자기자본 등과 같이 분석자마다 다르게 계산하는 경우가 있다. 따라서 재무비율을 언급할 때는 서로의 커뮤니케이션을 위하여 어떻게 정의한 비율인지를 명확히 밝혀야 한다.

넷째, 기업마다 또는 기간에 따라 다른 회계처리방법이 적용되었을 경우 비교상의 어려움이 존재한다. 예를 들어, 감가상각방법이나 재고자산평가방법 등 회계처리방법이 상이할 경우 기간별 또는 기업 간의 비교분석은 의미가 적어진다.

---

3) 평점표에 의한 평가는 ① 분석목적에 따라 포함시켜야 할 주요 재무비율을 선정하고, ② 선정된 비율에 대하여 배점을 부여한 다음, ③ 해당 기업의 자료를 대입하여 종합점수를 계산하는 방법이다. 평점표에는 비계량적인 평가요소까지 포함시킬 수 있다.

다섯째, 결산시점의 재무상태를 표시하는 재무상태표는 계절적 변동요인을 고려하지 못하기 때문에 분석결과가 왜곡될 수 있다. 예를 들어, 6월 말이 결산일인 청량음료회사의 재고자산회전율은 과소평가될 가능성이 있다.

여섯째, 표준비율의 선정이 어렵다. 비교기준치로서 산업평균을 많이 사용하나 소속업종의 정확한 분류가 여의치 않을 수 있으며, 영업활동이 다각화되어 있는 기업을 어떤 산업으로 분류해야 하는지도 어려운 과제이다.

종 / 합 / 예 / 제

다음은 S전자(주)의 20×1~20×2년도 비교표시 재무상태표 및 포괄손익계산서이다.

재무상태표(요약)

S전자(주) 20×2년 12월 31일 현재 (단위: 10억 원)

자산	20×1년 12/31일	20×2년 12/31일	부채와 자본	20×1년 12/31일	20×2년 12/31일
현금 및 현금성자산	958	1,054	매입채무	1,823	1,867
매출채권(순액)	1,332	1,497	단기차입금	2,596	2,918
재고자산	3,154	2,909	기타유동부채	4,302	3,560
기타유동자산	8,514	8,763	사채(순액)	99	96
금융자산(비유동)	9,419	10,930	기타비유동부채	2,125	867
유형자산	20,040	24,919	납입자본	2,297	3,865
무형자산	400	467	이익잉여금	30,575	37,366
자산 총계	43,817	50,539	부채와 자본 총계	43,817	50,539

포괄손익계산서(요약)

S전자(주) 20×2년 1월 1일~12월 31일 (단위: 10억 원)

항목	20×1년 1월 1일~12월 31일	20×2년 1월 1일~12월 31일
매출액	57,633	57,458
매출원가	(37,280)	(40,158)
기타수익	2,137	2,671
일반관리비	(8,336)	(9,240)
이자비용	(166)	(142)
기타비용	(863)	(1,719)
법인세비용	(2,338)	(1,230)
당기순이익	10,787	7,640

| 물음 |

(1) S전자(주)의 20×2년도 매출액증가율은 몇 %인가?
(2) 20×2년도 자기자본이익률(ROE)과 총자산이익률(ROA)은 각각 몇 %인가?
(3) 20×2년도 총자산회전율은 몇 회인가?
(4) 20×2년도 부채비율 및 유동비율은 각각 몇 %이고, 이자보상비율은 몇 배수인가?
(5) S전자(주)의 20×2년도 영업활동현금흐름은 12,790(단위: 10억 원)이었다고 가정하자. 20×2년도 '영업활동현금흐름 대 매출액 비율'은 몇 %인가?

| 풀이 |

(1) $\text{매출액 증가율} = \dfrac{57{,}458 - 57{,}633}{57{,}633} \times 100 = -0.3\%$

(2) 20×1년 말 자기자본 = 2,297 + 30,575 = 32,872
20×2년 말 자기자본 = 3,865 + 37,366 = 41,231

$\text{자기자본이익률} = \dfrac{7{,}640}{(32{,}872 + 41{,}231)/2} \times 100 = 20.6\%$

$\text{총자산이익률} = \dfrac{7{,}640 + 142}{(43{,}817 + 50{,}539)/2} \times 100 = 16.5\%$

(3) $\text{총자산회전율} = \dfrac{57{,}458}{(43{,}817 + 50{,}539)/2} = 1.22\text{회}$

(4) 20×2년 말 부채 = 1,867 + 2,918 + 3,560 + 96 + 867 = 9,308
20×2년 말 자기자본 = 3,865 + 37,366 = 41,231
20×2년 말 유동자산 = 1,054 + 1,497 + 8,763 + 2,909 = 14,223
20×2년 말 유동부채 = 1,867 + 2,918 + 3,560 = 8,345

$\text{부채비율} = \dfrac{9{,}308}{41{,}231} \times 100 = 22.6\%$

$\text{유동비율} = \dfrac{14{,}223}{8{,}345} \times 100 = 170.4\%$

$\text{이자보상비율} = \dfrac{142 + 1{,}230 + 7{,}640}{142} \times 100 = 63.5\text{배}$

(5) $\text{영업활동현금흐름 대 매출액 비율} = \dfrac{12{,}790}{57{,}458} \times 100 = 22.3\%$

익 / 힘 / 문 / 제

1. 기업 외부의 대표적 재무제표이용자인 투자자 및 채권자가 재무제표분석을 통하여 얻으려는 정보는 각각 무엇인가?
2. 기업 내부의 대표적 재무제표이용자인 경영자들이 재무제표분석을 통하여 얻으려는 정보는 무엇인가?
3. 추세분석과 횡단분석의 차이를 설명하라.
4. 공통형 재무상태표 및 공통형 포괄손익계산서는 각각 어떻게 작성하는지 설명하라.
5. 공통형 재무상태표 및 공통형 포괄손익계산서를 작성하는 이유를 각각 설명하라.
6. 재무비율 분석이란 어떤 분석기법인지 설명하라.
7. 자기자본이익률이란 무엇이며, 어떻게 계산하는지 설명하라.
8. 총자산이익률(또는 총자본이익률)이란 무엇이며, 어떻게 계산하는지 설명하라.
9. 활동성 비율은 무엇이며, 활동성 비율을 분석하는 이유를 설명하라.
10. 총자산회전율과 총자산이익률의 관계를 설명하라.
11. 기업의 타인자본의존도를 분석하는 데 적합한 재무비율은 무엇인지 설명하라.
12. 이자보상비율이란 무엇이며, 어떻게 계산하는지 설명하라.
13. 유동성 비율을 계산하는 이유는 무엇이며, 어떤 비율들이 포함되는지 설명하라.
14. 현금흐름분석의 중요성을 설명하라.
15. 재무제표분석의 한계점으로 정성적 정보(또는 비계량 정보)에 대한 분석이 미흡하다고 지적받고 있다. 정성적 정보란 무엇이며 어떤 것들이 있는지 설명하라.

연 / 습 / 문 / 제

13-1 기본 개념의 이해

아래의 빈칸에 알맞은 단어나 숫자를 기입하라.

(1) 재무제표분석은 재무제표에 근거하여 기업의 과거 및 현재의 (　　　)와 (　　　)를 분석하고 이를 바탕으로 미래를 예측하여 좀 더 나은 경제적 의사결정을 하기 위한 일련의 정보 산출과정이다.

(2) 재무제표분석에서 중점적으로 파악해야 할 내용은 (　　　), (　　　), 성장성, 현금흐름 등이다.

(3) 공통형 포괄손익계산서는 포괄손익계산서의 각 항목을 (　　　)으로 나누어 작성하며, 공통형 재무상태표는 재무상태표의 각 항목을 (　　　)으로 나누어 작성한다.

(4) 수익성이란 기업에 투입한 재원 규모에 비하여 얼마의 (　　　)이 창출되었는지를 평가한다.

(5) 총자산이익률(ROA)은 (　　　)을 연평균 총자산으로 나누어 계산한다.

(6) 서울기업(주)의 당기순이익은 ₩15,000,000이었다. 1월 1일의 발행주식수는 1만 주이었으나, 7월 1일에 200%의 유상증자를 실시하여 발행주식수가 3만 주로 증가하였다. 다른 사항은 없다고 가정할 경우, 서울기업(주)의 당년도 주당순이익은 ₩(　　　)이다.

(7) 부산기업(주)의 12월 31일의 1주당 주가는 ₩20,000, 주당순이익은 ₩1,000이었다. 부산기업(주)의 주가이익비율(PER)은 (　　　)이다.

(8) 총자산회전율은 (　　　)을 연평균 총자산으로 나누어 계산한다.

(9) 총자산회전율이 1.5회이고, 매출액영업이익률이 3%인 경우, 총자산영업이익률은 (　　　)%이다.

(10) 유동자산이 ₩54억이고, 유동부채가 ₩28억인 경우 운전자본은 ₩(　　　)억이고, 유동비율은 (　　　)%이다.

(11) 매출채권 평균회수기간은 매출채권을 (　　　)으로 나누어 계산한다.

(12) 재무위험은 기업이 (　　　)을 사용함에 따라 초래되는 미래 이익 또는 현금흐름의 불확실성을 의미한다. 즉, (　　　)을 사용하는 기업은 경영성과가 부진하더라도 약속한 원금과 이자를 반드시 지급해야 하기 때문에 미래 지급불능위험이 높아진다.

(13) 강원기업(주)의 부채비율이 200%이었다면 자기자본비율은 (   )%이다.

(14) (현금배당 실시, 당기순손실 발생, 주식 발행, 회사채 발행)하면 부채비율은 낮아진다. 괄호 속에서 하나를 고른다면?

(15) 어느 기업의 유동비율은 산업평균보다 높으나, 당좌비율은 산업평균보다 낮은 것으로 나타났다. 이 기업은 동일 산업 내의 다른 기업에 비하여 (   )을 많이 보유하고 있는 것으로 추정된다.

(16) 이자보상비율은 법인세차감전이익에 (   )을 더한 것을 (   )으로 나누어 계산한다.

(17) 당기 이익이 양(+)임에도 불구하고 매출채권이 회수되지 않아 도산된 경우를 (   ) 이라고 부른다.

(18) 재고자산 및 매출채권 등의 보유를 높이면 기업의 현금흐름은 (양호해진다, 악화된다). 괄호 속의 단어 중에서 하나를 고른다면?

13-2 비교표시 재무상태표

아래에 제시된 S전자(주)의 20×1년도 및 20×2년도 비교표시 재무상태표를 보고 물음에 답하라.

| 물음 |

(1) S전자(주)의 비교표시 재무상태표에 항목별 증감액과 증감률을 괄호 속에 계산하라.

(2) S전자의 20×2년의 총자산은 20×1년에 비하여 6,722(금액 단위: 억 원) 증가하였다. 금액 면에서 가장 큰 증가를 보인 두 가지 자산 항목은 무엇인가?

(3) 부채와 자본 중에서 가장 크게 증가한(금액 면에서) 두 가지 항목은 무엇인가?

(4) S전자(주)의 비교 표시 재무상태표 및 증감분석에 의하면, 대체적으로 S전자(주)는 20×2년에 (   )창출을 통하여 형성된 재원을 (   ) 취득과 여러 가지 부채의 감소를 위하여 투입하였다. 괄호 속에 적절한 단어를 각각 기입하라.

재무상태표

S전자(주) 20×2년 12월 31일 현재 (단위: 억 원)

항목	20×1년 12월 31일	20×2년 12월 31일	20×1년 대비 증감액	20×2년의 증감 증감률(%)
자산				
현금 및 현금성자산	958	1,054	96	10.0
매출채권(순액)	1,332	1,497	( )	( )
재고자산	3,154	2,909	( )	( )
기타유동자산	8,514	8,763	249	2.9
금융자산(비유동)	9,419	10,930	1,511	16.0
유형자산	20,040	24,919	( )	( )
무형자산	400	467	67	16.8
자산 총계	43,817	50,539	6,722	15.3
부채				
매입채무	1,823	1,867	( )	( )
단기차입금	2,596	2,918	( )	( )
기타유동부채	4,302	3,560	-742	-17.2
사채(순액)	99	96	-3	-3.0
기타비유동부채	2,125	867	-1,258	-59.2
부채 총계	10,945	9,308	-1,637	-15.0
자본				
납입자본	2,297	3,865	( )	( )
이익잉여금	30,575	37,366	( )	( )
자본 총계	32,872	41,231	8,539	25.4

13-3 공통형 재무상태표

다음은 [문제 13-2]에서 주어진 S전자(주)의 비교표시 재무상태표를 공통형 재무상태표로 변환 중에 있는 자료이다.

공통형 재무상태표

S전자(주) 20×2년 12월 31일 현재 (단위: 억 원)

항목	20×1년 12월 31일		20×2년 12월 31일	
	금액	백분율(%)	금액	백분율(%)
자산				
현금 및 현금성자산	958	2.2	1,054	2.1
매출채권(순액)	1,332	( )	1,497	( )
재고자산	3,154	( )	2,909	( )
기타유동자산	8,514	19.4	8,763	17.3
금융자산(비유동)	9,419	21.5	10,930	21.6
유형자산	20,040	( )	24,919	( )
무형자산	400	0.9	467	1.0
자산 총계	43,817	100.0	50,539	100.0
부채				
매입채무	1,823	( )	1,867	( )
단기차입금	2,596	( )	2,918	( )
기타유동부채	4,302	9.8	3,560	7.0
사채(순액)	99	0.2	96	0.2
기타비유동부채	2,125	4.8	867	1.7
부채 총계	10,945	( )	9,308	( )
자본				
납입자본	2,297	( )	3,865	( )
이익잉여금	30,575	( )	37,366	( )
자본 총계	32,872	( )	41,231	( )
	43,817	100.0	50,539	100.0

| 물음 |

(1) S전자(주)의 비교표시 재무상태표의 각 항목의 백분율을 괄호 속에 계산하라.

(2) S전자의 자산항목 중에서 20×1년에 비하여 20×2년의 백분율 증가가 가장 큰 항목은 무엇이며, 백분율 감소가 가장 큰 항목은 무엇인가?

(3) 부채와 자본 중에서 백분율의 증가가 가장 큰 항목은 무엇이며, 백분율의 감소가 가장 큰 항목은 무엇인가?

13-4 공통형 포괄손익계산서

다음은 S전자(주)의 20×1년도 및 20×2년도 비교표시 포괄손익계산서를 공통형 포괄손익계산서로 변환 중에 있는 자료이다.

공통형 포괄손익계산서

S전자(주) (단위: 억 원)

항목 \ 회계기간	20×1년 1월 1일~12월 31일		20×2년 1월 1일~12월 31일	
	금액	백분율(%)	금액	백분율(%)
매출액	57,633	100.0	57,458	100.0
매출원가	37,280	(　)	40,158	(　)
매출총이익	20,353	35.3	17,300	30.1
일반관리비	8,336	(　)	9,240	(　)
영업이익	12,017	20.9	8,060	14.0
기타수익	2,137	(　)	2,671	(　)
이자비용	166	(　)	142	(　)
기타비용	863	(　)	1,719	(　)
법인세비용차감전이익	13,125	22.8	8,870	15.4
법인세비용	2,338	(　)	1,230	(　)
당기순이익	10,787	18.7	7,640	13.3

| 물음 |

(1) S전자(주)의 비교 표시 포괄손익계산서의 각 항목의 백분율을 괄호 속에 계산하라.

(2) S전자의 비용항목 중에서 20×1년에 비하여 20×2년의 백분율 증가가 가장 큰 두 가지 항목은 무엇이며, 백분율 감소가 가장 큰 항목은 무엇인가?

(3) S전자의 20×2년도 당기순이익이 20×1년에 비하여 감소한 주된 원인은 무엇인가?

13-5 재무비율 간의 관계

다음은 광주기업(주)의 20×1년 자료이다. 이 자료를 이용하여 광주기업(주)의 20×1년 매출액을 추정하라. 광주기업(주)의 유동자산은 당좌자산과 재고자산으로만 구성되어 있다고 가정한다.

• 유동비율: 230%	• 당좌비율: 80%	• 유동부채: ₩100억
• 재고자산회전율: 6회	• 기초재고자산: ₩170억	

13-6 재무비율과 현금흐름 예측

다음은 부산기업(주)의 재무자료이다.

[자료 1] 과거 자료

- 매출액(금년도 실적) = ₩1,000억
- 당기순이익/매출액 = 4%(과거 5년 평균)
- 영업활동현금흐름과 관련 없는 비용 등/매출액 = 3%(과거 5년 평균)
- 영업활동현금흐름과 관련 없는 수익 등/매출액 = 2%(과거 5년 평균)
- 매출액 백분율(%)로 표시한 운전자본의 구성(과거 5년 평균)

현금	5%	매출채권	18%
매입채무	20%	재고자산	12%

[자료 2] 내년도 예상 자료

- 매출액 = ₩1,200억
- 배당금 지급액 = ₩18억
- 내년도 설비투자 예정액 = ₩50억

| 물음 |

(1) 부산기업(주)의 과거 5년간의 평균 유동비율은 대체로 몇 %인가?

(2) 매출액 대비 각 운전자본의 구성비율을 과거 수준으로 유지할 경우, 내년도 말에 보유해야 할 유동자산 및 유동자산 금액은 각각 얼마인가? 아래 표의 괄호 안에 적절한 숫자를 기입하라(단위: 억 원). 힌트: 각 항목의 보유 금액은 해당 년도 매출액의 일정 비율로 계산된다.

유동자산	금년도	내년도	증감액	유동부채	금년도	내년도	증감액
현금	50	60	10	매입채무	200	( )	( )
매출채권	180	( )	( )				
재고자산	120	( )	( )				
합계	350	( )	( )	합계	200	( )	( )

(3) 매출액 대비 구성비율을 과거 수준으로 유지할 경우, 내년도 영업활동현금흐름은 얼마로 예상되는가? 아래 표의 괄호 안에 적절한 숫자를 기입하라(단위: 억 원).

	내년도 예상 자료
1. 당기순이익	( )
2. 가산: 영업활동현금흐름과 관련 없는 비용 등	( )
3. 차감: 영업활동현금흐름과 관련 없는 수익 등	( )
4. 영업활동으로 인한 자산 · 부채의 증감	( )
가. 매출채권의 증가	( )
나. 재고자산의 증가	( )
다. 매입채무의 증가	( )
5. 영업활동현금흐름	40

(4) 부산기업(주)이 내년도에 외부에서 조달해야 할 최소금액은 얼마로 추정되는가? 아래 표의 괄호 안에 적절한 숫자를 기입하라. 내년도 말의 현금 보유 목표액은 위의 물음 (2)의 표에서와 같이 ₩60억으로 가정한다.

(단위: 억 원)

	내년도 예상 자료
I. 영업활동현금흐름(〈물음 (3) 참조)	40
II. 투자활동현금흐름	
가. 내년도 설비투자 예정액(〈자료 2〉 참조)	-50
III. 재무활동현금흐름	
가. 내년도 예상 배당금 지급액(〈자료 2〉 참조)	-18
나. 내년도 외부조달 금액	( )
IV. 기초 현금보유액(〈자료 1〉 참조)	50
V. 기말 현금보유액(목표)〈물음 (2)의 결과 참조〉	60

13-7 추정재무제표 작성

추정재무제표 작성은 미래 매출액 추정으로부터 시작된다. 즉, 추정 매출액에 의거하여 포괄손익계산서, 재무상태표, 현금흐름표의 각 항목을 추정할 수 있기 때문이다. 다음은 종로기업(주)의 내년도(20×2년) 추정재무제표 작성을 위한 자료이다.

〈 자료 1 〉 금년도(20×1년) 요약 재무상태표

(단위: 억 원)

자산	금액	부채 및 자본	금액
현금및현금성자산	600	매입채무	3,000
매출채권	2,400	단기차입금	2,500
재고자산	3,000	장기차입금	4,000
투자자산	1,200	납입자본	4,100
유형자산(순액)	6,000	이익잉여금	1,600
임차보증금	2,000		
자산총계	15,200	부채 및 자본 총계	15,200

〈 자료 2 〉 종로기업(주)의 20×1년 매출액은 ₩12,000억이었으나, 20×2년에는 25% 증가된 ₩15,000억으로 예측하였다.

〈 자료 3 〉 과거 재무상태표 관련 비율

① 기말 현금 및 현금성자산/매출액 = 5%
기말 매출채권/매출액 = 20%
기말 재고자산/매출액 = 25%
기말 매입채무/매출액 = 25%
위의 비율은 20×2년에도 유지할 예정이다.

② 20×2년도 투자 계획
투자자산 순투자액 = 0 유형자산 신규취득 = 1,500
임차보증금의 신규 증가액 = 200

③ 20×2년도 자금조달 계획
신규 장기차입 = 0 보통주 신규발행 규모 = 1,000
나머지 부족 자금은 모두 단기차입에 의존할 예정이다.

〈 자료 4 〉 20×2년도 손익항목 예측 자료

① 매출원가/매출액 비율은 60%로 예상된다.

② 영업비용 예측
감가상각비 = 기말 유형자산 금액의 10% 예상
임차료 = 임차보증금의 10% 예상(모두 현금지급)
현금유출을 동반한 일반관리비 = 매출액의 15% 예상
법인세비용 = 법인세차감전이익의 20%(모두 현금지급)
다른 영업비용은 없는 것으로 가정한다.
③ 이자 및 배당금 수입 = 기말 투자자산의 10% 예상(모두 현금유입)
이자비용 = 기초 장 · 단기차입금의 10% 예상(모두 현금지출)
다른 비용 및 수익은 없는 것으로 가정한다.

〈 자료 5 〉 기타 항목 예측 자료
① 20×2년도 배당금 = 200(모두 현금지급 예정)

| 물음 |

(1) 위의 자료에 의거하여 종로기업(주)의 20×2년도 추정 재무상태표를 아래 표와 같이 작성하라. 단, 단기차입금 및 이익잉여금은 아래 물음 2와 3에서 추정한다.

자산	금액	부채 및 자본	금액
현금및현금성자산	( )	매입채무	( )
매출채권	( )	단기차입금	( )
재고자산	( )	장기차입금	4,000
투자자산	1,200	납입자본	( )
유형자산	( )	이익잉여금	( )
임차보증금	( )		
자산총계	( )	부채 및 자본 총계	( )

[힌트: 내년도 유형자산(순액) = 금년도 유형자산(순액) + 내년도 신규취득 - 내년도 감가상각비]

(2) 위의 자료에 의거하여 종로기업(주)의 20×2년도 추정 포괄손익계산서를 다음 표와 같이 작성하라. 그리고 물음 (1)에서의 이익잉여금을 추정하라.

내역	금액
매출액	15,000
매출원가	( )
감가상각비	( )
임차료	( )
기타일반관리비	( )
이자수익	( )
이자비용	( )
법인세차감전이익	( )
법인세비용	( )
당기순이익	( )

(3) 위의 자료에 의거하여 종로기업(주)의 20×2년도 추정현금흐름표를 아래 표와 같이 작성하라. 그리고 작성된 추정현금흐름표에 의거하여 20×2년도에 필요한 최소 단기차입금의 규모를 계산하고, 물음 (1)에서의 단기차입금 기말잔액을 계산하라.

내역	금액	
1. 영업활동현금흐름		
당기순이익	( )	
가산: 감가상각비	( )	
매입채무 증가액	( )	
차감: 매출채권 증가액	( )	
재고자산 증가액	( )	
영업활동현금흐름		( )
2. 투자활동현금흐름		
유형자산 취득	( )	
임차보증금 증가	( )	
투자활동현금흐름		( )
3. 재무활동현금흐름		
보통주 신규발행	1,000	
단기차입금 증가	(?)	
배당금 지급	( )	
재무활동현금흐름		( )
4. 기초 현금 및 현금성자산 보유액		600
5. 기말 현금 및 현금성자산 보유액(목표)		( )

부 록

〈부록 1〉 현가계산표

〈부표 1〉 단일금액 1원의 미래가치

$FV(n,\ r)=(1+r)^n$

이자율(r)

기간(n)	1%	2%	3%	4%	5%	6%	7%	8%	9%	10%
1	1.0100	1.0200	1.0300	1.0400	1.0500	1.0600	1.0700	1.0800	1.0900	1.1000
2	1.0201	1.0404	1.0609	1.0816	1.1025	1.1236	1.1449	1.1664	1.1881	1.2100
3	1.0303	1.0612	1.0927	1.1249	1.1576	1.1910	1.2250	1.2597	1.2950	1.3310
4	1.0406	1.0824	1.1255	1.1699	1.2155	1.2625	1.3108	1.3605	1.4116	1.4641
5	1.0510	1.1041	1.1593	1.2167	1.2763	1.3382	1.4026	1.4693	1.5386	1.6105
6	1.0615	1.1262	1.1941	1.2653	1.3401	1.4185	1.5007	1.5869	1.6771	1.7716
7	1.0721	1.1487	1.2299	1.3159	1.4071	1.5036	1.6058	1.7138	1.8280	1.9487
8	1.0829	1.1717	1.2668	1.3686	1.4775	1.5938	1.7182	1.8509	1.9926	2.1436
9	1.0937	1.1951	1.3048	1.4233	1.5513	1.6895	1.8385	1.9990	2.1719	2.3579
10	1.1046	1.2190	1.3439	4.4802	1.6289	1.7908	1.9672	2.1589	2.3674	2.5937
11	1.1157	1.2434	1.3842	1.5395	1.7103	1.8983	2.1049	2.3316	2.5804	2.8531
12	1.1268	1.2682	1.4258	1.6010	1.7959	2.0122	2.2522	2.5182	2.8127	3.1384
13	1.1381	1.2936	1.4685	1.6651	1.8856	2.1329	2.4098	2.7196	3.0658	3.4523
14	1.1495	1.3195	1.5126	1.7317	1.9799	2.2609	2.5785	2.9372	3.3417	3.7975
15	1.1610	1.3459	1.5580	1.8009	2.0789	2.3966	2.7590	3.1722	3.6425	4.1772
16	1.1726	1.3728	1.6047	1.8730	2.1829	2.5404	2.9522	3.4259	3.9703	4.5950
17	1.1843	1.4002	1.6528	1.9479	2.2920	2.6928	3.1588	3.7000	4.3276	5.0545
18	1.1961	1.4282	1.7024	2.0258	2.4066	2.8543	3.3799	3.9960	4.7171	5.5599
19	1.2081	1.4568	1.7535	2.1068	2.5270	3.0256	3.6165	4.3157	5.1417	6.1159
20	1.2202	1.4859	1.8061	2.1911	2.6533	3.2071	3.8697	4.6610	5.6044	6.7275
21	1.2324	1.5157	1.8603	2.2788	2.7860	3.3996	4.1406	5.0338	6.1088	7.4002
22	1.2447	1.5460	1.9161	2.3699	2.9253	3.6035	4.4304	5.4365	6.6586	8.1403
23	1.2572	1.5769	1.9736	2.4647	3.0715	3.8197	4.7405	5.8715	7.2579	8.9543
24	1.2697	1.6084	2.0328	2.5633	3.2251	4.0489	5.0724	6.3412	7.9111	9.8497
25	1.2824	1.6406	2.0938	2.6658	3.3864	4.2919	5.4274	6.8485	8.6231	10.835
26	1.2953	1.6734	2.1566	2.7725	3.5557	4.5494	5.8074	7.3964	9.3992	11.918
27	1.3082	1.7069	2.2213	2.8834	3.7335	4.8223	6.2139	7.9881	10.245	13.110
28	1.3213	1.7410	2.2879	2.9987	3.9201	5.1117	6.6488	8.6271	11.167	14.421
29	1.3345	1.7758	2.3566	3.1187	4.1161	5.4184	7.1143	9.3173	12.172	15.863
30	1.3478	1.8114	2.4273	3.2434	4.3219	5.7435	7.6123	10.063	13.268	17.449
35	1.4166	1.9999	2.8139	3.9461	5.5160	7.6861	10.676	14.785	20.414	28.102
40	1.4889	2.2080	3.2620	4.8010	7.0400	10.286	14.974	21.725	31.409	45.259
45	1.5648	2.4379	3.7816	5.8412	8.9850	13.765	21.002	31.920	48.327	72.891
50	1.6446	2.6916	4.3839	7.1067	11.467	18.420	29.457	46.902	74.358	117.39
60	1.8167	3.2810	5.8916	10.520	18.679	32.988	57.946	101.26	176.03	304.48

이자율 (r)

기간(n)	11%	12%	13%	14%	15%	16%	17%	18%	19%	20%
1	1.1100	1.1200	1.1300	1.1400	1.1500	1.1600	1.1700	1.1800	1.1900	1.2000
2	1.2321	1.2544	1.2769	1.2996	1.3225	1.3456	1.3689	1.3924	1.4161	1.4400
3	1.3676	1.4094	1.4429	1.4815	1.5209	1.5609	1.6016	1.6430	1.6852	1.7280
4	1.5180	1.5735	1.6305	1.6890	1.7490	1.8106	1.8739	1.9388	2.0053	2.0736
5	1.6851	1.7623	1.8424	1.9254	2.0114	2.1003	2.1924	2.2878	2.3864	2.4883
6	1.8704	1.9738	2.0820	2.1950	2.3131	2.4364	2.5652	2.6996	2.8398	2.9860
7	2.0762	2.2107	2.3526	2.5023	2.6600	2.8262	3.0012	3.1855	3.3793	3.5832
8	2.3045	2.4760	2.6584	2.8526	3.0590	3.2784	3.5115	3.7589	4.0214	4.2998
9	2.5580	2.7731	3.0040	3.2519	3.5179	3.8030	4.1084	4.4355	4.7854	5.1598
10	2.8394	3.1058	3.3946	3.7072	4.0456	4.4114	4.8068	5.2338	5.6947	6.1917
11	3.1518	3.4785	3.8359	4.2262	4.6524	5.1173	5.6240	6.1759	6.7767	7.4301
12	3.4985	3.8960	4.3345	4.8179	5.3503	5.9360	6.5801	7.2876	8.0642	8.9161
13	3.8833	4.3635	4.8980	5.4924	6.1528	6.8858	7.6987	8.5994	9.5964	10.699
14	4.3104	4.8871	5.5348	6.2613	7.0757	7.9875	9.0075	10.147	11.420	12.839
15	4.7846	5.4736	6.2543	7.1379	8.1371	9.2655	10.539	11.974	13.589	15.407
16	5.3109	6.1304	7.0673	8.1372	9.3576	10.748	12.330	14.129	16.172	18.488
17	5.8951	6.8660	7.9861	9.2765	10.761	12.468	14.427	16.672	19.244	22.186
18	6.5436	7.6900	9.0243	10.575	12.375	14.463	16.879	19.673	22.901	22.623
19	7.2633	8.6128	10.197	12.056	14.232	16.777	19.748	23.214	27.252	31.948
20	8.0623	9.6463	11.523	13.743	16.367	19.461	23.106	27.393	32.429	38.338
21	8.9492	10.804	13.021	15.668	18.822	22.574	27.034	32.324	38.591	46.005
22	9.9336	12.100	14.714	17.861	21.645	26.186	31.629	38.142	45.923	55.206
23	11.026	13.552	16.626	20.362	24.891	30.376	37.006	45.008	54.648	66.247
24	12.239	15.179	18.788	23.212	28.625	35.236	43.297	53.109	65.032	79.497
25	13.586	17.000	21.231	26.462	32.919	40.874	50.658	62.669	77.388	95.396
26	15.080	19.040	23.991	30.167	37.857	47.414	59.270	73.949	92.092	114.48
27	16.738	21.325	27.109	34.390	34.535	55.000	69.345	87.260	109.56	137.37
28	18.580	23.884	30.634	39.204	50.066	63.800	81.134	102.97	130.41	164.84
29	20.624	26.750	34.617	44.693	57.575	74.009	94.927	121.50	155.19	197.81
30	22.892	29.960	39.116	50.950	66.212	85.850	111.06	143.37	184.67	237.38
35	38.575	52.800	72.068	98.100	133.18	180.31	243.56	327.99	440.70	590.67
40	65.001	93.051	132.78	188.88	267.86	378.72	533.86	750.38	1051.6	1469.8
45	109.53	163.99	244.64	363.68	538.77	795.44	1170.5	1716.7	2509.6	3657.3
50	184.56	289.00	450.74	700.23	1083.7	1670.7	2566.2	3927.4	5988.9	9100.4
60	524.06	897.60	1530.1	2595.9	4384.0	7370.2	12335.	20555.	34105.	56347.

〈부표 2〉 단일금액 1원의 현재가치

$$PV(n,\ r) = \frac{1}{(1+r)^n}$$

이자율(r)

기간(n)	1%	2%	3%	4%	5%	6%	7%	8%	9%	10%
1	.9901	.9704	.9709	.9615	.9524	.9434	.9346	.9259	.9174	.9091
2	.9803	.9612	.9426	.9246	.9070	.8900	.8734	.8573	.8417	.8264
3	.9706	.9423	.9151	.8890	.8638	.8396	.8163	.7938	.7722	.7513
4	.9610	.9238	.8885	.8548	.8227	.7921	.7629	.7350	.7084	.6830
5	.9515	.9057	.8626	.8219	.7835	.7473	.7130	.6806	.6499	.6209
6	.9420	.8880	.8375	.7903	.7462	.7050	.6663	.6302	.5963	.5645
7	.9327	.8706	.8131	.7599	.7107	.6651	.6227	.5835	.5470	.5132
8	.9235	.8535	.7894	.7307	.6768	.6274	.5820	.5403	.5019	.4665
9	.9143	.8368	.7664	.7026	.6446	.5919	.5439	.5002	.4604	.4241
10	.9053	.8203	.7441	.6756	.6139	.5584	.5083	.4632	.4224	.3855
11	.8963	.8043	.7224	.6496	.5847	.5268	.4751	.4289	.3875	.3505
12	.8874	.7885	.7014	.6246	.5568	.4970	.4440	.3971	.3555	.3186
13	.8787	.7730	.6810	.6006	.5303	.4688	.4150	.3677	.3262	.2897
14	.8700	.7579	.6611	.5775	.5051	.4423	.3878	.3405	.2992	.2633
15	.8613	.7430	.6419	.5553	.4810	.4173	.3624	.3152	.2745	.2394
16	.8528	.7284	.6232	.5339	.4581	.3936	.3387	.2919	.2519	.2176
17	.8444	.7142	.6052	.5134	.4363	.3714	.3166	.2703	.2311	.1978
18	.8360	.7002	.5874	.4936	.4155	.3503	.2959	.2502	.2120	.1799
19	.8277	.6864	.5703	.4746	.3957	.3305	.2765	.2317	.1945	.1635
20	.8195	.6730	.5537	.4564	.3769	.3118	.2584	.2145	.1784	.1486
21	.8114	.6598	.5375	.4388	.3589	.2942	.2415	.1987	.1637	.1351
22	.8034	.6468	.5219	.4220	.3418	.2775	.2257	.1839	.1502	.1228
23	.7954	.6324	.5067	.4057	.3256	.2618	.2109	.1703	.1378	.1117
24	.7876	.6217	.4919	.3901	.3101	.2470	.1971	.1577	.1264	.1015
25	.7798	.6095	.4776	.3751	.2953	.2330	.1842	.1460	.1160	.0923
26	.7720	.5976	.4637	.3604	.2812	.2198	.1722	.1352	.1064	.0839
27	.7644	.5859	.4502	.3468	.2678	.2074	.1609	.1252	.0976	.0763
28	.7568	.5744	.4371	.3335	.2551	.1956	.1504	.1159	.0895	.0693
29	.7493	.5631	.4243	.3207	.2429	.1846	.1406	.1073	.0822	.0630
30	.7419	.5521	.4120	.3083	.2314	.1741	.1314	.0994	.0754	.0573
35	.7059	.5000	.3554	.2534	.1813	.1301	.0937	.0676	.0490	.0356
40	.6717	.4529	.3066	.2083	.1420	.0972	.0668	.0460	.0318	.0221
45	.6391	.4102	.2644	.1712	.1113	.0727	.0476	.0313	.0207	.0137
50	.6080	.3715	.2281	.1407	.0872	.0543	.0339	.0213	.0134	.0085
60	.5504	.3048	.1697	.0951	.0535	.0303	.0173	.0099	.0057	.0033

이자율 (r)

기간(n)	11%	12%	13%	14%	15%	16%	17%	18%	19%	20%
1	.9009	.8929	.8850	.8772	.8696	.8621	.8547	.8475	.8403	.8333
2	.8116	.7972	.7831	.7695	.7561	.7432	.7305	.7182	.7062	.6944
3	.7312	.7118	.6931	.6750	.6575	.6407	.6244	.6086	.5934	.5787
4	.6587	.6355	.6133	.5921	.5718	.5523	.5337	.5158	.4987	.4323
5	.5935	.5674	.5428	.5194	.4972	.4761	.4561	.4371	.4190	.4019
6	.5346	.5066	.4803	.4556	.4323	.4104	.3898	.3704	.3521	.3349
7	.4817	.4523	.4251	.3996	.3759	.3538	.3332	.3139	.2959	.2791
8	.4339	.4039	.3762	.3506	.3269	.3050	.2848	.2660	.2487	.2326
9	.3909	.3606	.3329	.3075	.2843	.2630	.2434	.2255	.2090	.1938
10	.3522	.3220	.2946	.2697	.2472	.2267	.2080	.1911	.1756	.1615
11	.3173	.2875	.2607	.2366	.2149	.1954	.1773	.1619	.1476	.1346
12	.2858	.2567	.2307	.2076	.1869	.1685	.1520	.1372	.1240	.1122
13	.2575	.2292	.2042	.1821	.1625	.1452	.1299	.1163	.1042	.0935
14	.2320	.2046	.1807	.1597	.1413	.1252	.1110	.0985	.0876	.0779
15	.2090	.1827	.1599	.1401	.1229	.1079	.0949	.0835	.0736	.0649
16	.1883	.1631	.1415	.1229	.1069	.0930	.0811	.0708	.0618	.0541
17	.1696	.1456	.1252	.1073	.0929	.0802	.0693	.0600	.0520	.0451
18	.1523	.1300	.1103	.0946	.0803	.0691	.0592	.0508	.0437	.0376
19	.1377	.1161	.0981	.0829	.0703	.0596	.0506	.0431	.0367	.0313
20	.1240	.1037	.0863	.0723	.0611	.0514	.0433	.0365	.0303	.0261
21	.1117	.0926	.0768	.0633	.0531	.0443	.0370	.0309	.0259	.0217
22	.1007	.0326	.0680	.0560	.0462	.0382	.0316	.0262	.0218	.0181
23	.0907	.0738	.0601	.0491	.0402	.0329	.0270	.0222	.0183	.0151
24	.0817	.0659	.0532	.0431	.0349	.0284	.0231	.0188	.0154	.0126
25	.0736	.0588	.0471	.0378	.0304	.0245	.0197	.0160	.0129	.0105
26	.0663	.0525	.0417	.0331	.0264	.0211	.0169	.0135	.0109	.0087
27	.0597	.0469	.0369	.0291	.0230	.0182	.0144	.0115	.0091	.0073
28	.0538	.0419	.0325	.0255	.0200	.0157	.0123	.0097	.0077	.0061
29	.0485	.0374	.0289	.0224	.0174	.0135	.0105	.0082	.0064	.0051
30	.0437	.0334	.0256	.0196	.0151	.0116	.0090	.0070	.0054	.0042
35	.0259	.0189	.0139	.0102	.0075	.0055	.0041	.0030	.0023	.0017
40	.0154	.0107	.0075	.0053	.0037	.0026	.0019	.0013	.0010	.0007
45	.0091	.0061	.0041	.0027	.0019	.0013	.0009	.0006	.0004	.0003
50	.0054	.0035	.0022	.0014	.0009	.0006	.0004	.0003	.0002	.0001
60	.0019	.0011	.0007	.0004	.0002	.0001	.00008	.00005	.00003	.00002

〈부표 3〉 정상연금 1원의 미래가치

$$FVA(n,\ r) = \frac{(1+r)^n - 1}{r}$$

이자율(r)

기간(n)	1%	2%	3%	4%	5%	6%	7%	8%	9%	10%
1	1.0000	1.0000	1.0000	1.0000	1.0000	1.0000	1.0000	1.0000	1.0000	1.0000
2	2.0100	2.0200	2.0300	2.0400	2.0500	2.0600	2.0700	2.0800	2.0900	2.1000
3	3.0301	3.0604	3.0909	3.1216	3.1525	3.1836	3.2149	3.2464	3.2781	3.3100
4	4.0604	4.1216	4.1836	4.2465	4.3101	4.3746	4.4399	4.5061	4.5731	4.6410
5	5.1010	5.2040	5.3091	5.4163	5.5256	5.6371	5.7507	5.8666	5.9847	6.1051
6	6.1520	6.3081	6.4684	6.6330	6.8019	6.9753	7.1533	7.3359	7.5233	7.7156
7	7.2135	7.4343	7.6625	7.8983	8.1420	8.3938	8.6540	8.9228	9.2004	9.4872
8	8.2857	8.5830	8.8923	9.2142	9.5491	9.8975	10.260	10.637	11.028	11.436
9	9.3685	9.7546	10.159	10.583	11.027	11.491	11.978	12.488	13.021	13.579
10	10.462	10.950	11.464	12.006	12.578	13.181	13.816	14.487	15.193	15.937
11	11.567	12.169	12.808	13.486	14.207	14.972	15.784	16.645	17.560	18.531
12	12.683	13.412	14.192	15.026	15.917	16.870	17.888	18.977	20.141	21.384
13	13.809	14.680	15.618	16.627	17.713	18.882	20.141	21.495	22.953	24.523
14	14.947	15.974	17.086	18.292	19.599	21.015	22.550	24.215	26.019	27.975
15	16.097	17.293	18.599	20.024	21.579	23.276	25.129	27.152	29.361	31.772
16	17.258	18.639	20.157	21.825	25.657	25.673	27.888	30.324	33.003	35.950
17	18.430	20.012	21.762	23.698	25.840	28.213	30.840	33.750	36.974	40.545
18	19.615	21.412	23.414	25.645	28.132	30.906	33.999	37.450	41.301	45.599
19	20.811	22.841	25.117	27.671	30.539	33.760	37.379	41.446	46.018	51.159
20	22.019	24.297	26.870	29.778	33.066	36.786	40.995	45.762	51.160	57.275
21	23.239	25.783	28.676	31.969	35.719	39.993	44.865	50.423	56.765	64.002
22	24.472	27.299	30.537	34.248	38.505	43.392	49.006	55.457	62.873	71.403
23	25.716	28.845	32.453	36.618	41.430	46.996	53.436	60.893	69.532	79.543
24	26.973	30.422	34.426	39.083	44.502	50.816	58.177	66.765	76.790	88.497
25	28.243	32.030	36.459	41.646	47.727	54.865	63.249	73.106	84.701	98.347
26	29.526	33.671	38.553	44.312	51.113	59.156	68.676	79.954	93.324	109.18
27	30.821	35.344	40.710	47.084	54.669	63.706	74.484	87.351	102.72	121.10
28	32.129	37.051	42.931	49.968	58.403	68.528	80.698	95.339	112.97	134.21
29	33.450	38.792	45.219	52.966	62.323	73.640	87.347	103.97	124.14	148.63
30	34.785	40.568	47.575	56.085	66.439	79.058	94.461	113.28	136.31	164.49
35	41.660	49.994	60.462	73.652	90.320	111.43	138.24	172.32	215.71	271.02
40	48.886	60.402	75.401	95.026	120.80	154.76	199.64	269.06	337.88	442.59
45	56.481	71.893	92.720	121.03	159.70	212.74	285.75	386.51	525.86	718.90
50	64.463	84.579	112.80	152.67	209.35	290.34	406.53	573.77	815.08	1163.9
60	81.671	114.05	163.05	237.99	353.58	533.13	813.52	1253.2	1944.8	3034.8

이자율(r)

기간(n)	11%	12%	13%	14%	15%	16%	17%	18%	19%	20%
1	1.0000	1.0000	1.0000	1.0000	1.0000	1.0000	1.0000	1.0000	1.0000	1.0000
2	2.1100	2.1200	2.1300	2.1400	2.1500	2.1600	2.1700	2.1800	2.1900	2.2000
3	3.3421	3.3744	3.4069	3.4396	3.4725	3.5056	3.5389	3.5724	3.6061	3.6400
4	4.7097	4.7793	4.8498	4.9211	4.9934	5.0665	5.1405	5.2154	5.2913	5.3680
5	6.2278	6.3528	6.4803	6.6101	6.7424	6.8771	7.0144	7.1542	7.2966	7.4416
6	7.9130	8.1152	8.3230	8.5355	8.7537	8.9775	9.2068	9.4420	9.6830	9.9299
7	9.7830	10.089	10.405	10.730	11.067	11.414	11.772	12.142	12.523	12.916
8	11.859	12.300	12.757	13.233	13.727	14.240	14.773	15.327	15.902	16.499
9	14.163	14.776	15.416	16.085	16.786	17.519	18.285	19.086	19.923	20.799
10	16.722	17.549	18.419	19.337	20.304	21.321	22.393	23.521	24.709	25.959
11	19.561	20.655	21.814	23.045	24.349	25.733	27.199	28.755	30.404	32.150
12	22.713	24.133	25.650	27.271	29.002	30.850	32.823	34.931	37.180	39.581
13	26.211	28.029	29.984	32.089	34.352	36.786	39.404	42.219	45.244	48.497
14	30.095	32.393	34.883	37.581	40.505	43.672	47.103	50.818	54.841	59.196
15	34.405	37.280	40.418	43.842	47.580	51.660	56.110	60.965	66.261	72.035
16	39.199	42.753	46.672	50.980	55.717	60.925	66.649	72.939	79.850	87.442
17	44.501	48.884	53.739	59.118	65.075	71.673	78.979	87.068	96.022	105.93
18	50.396	55.750	61.725	68.394	75.836	84.141	93.406	103.74	115.26	128.12
19	56.939	63.440	70.749	78.969	88.212	98.603	110.29	123.41	138.16	154.74
20	64.203	70.052	80.947	91.025	102.44	115.38	130.03	146.63	165.42	186.69
21	72.265	81.699	92.469	104.77	118.81	134.84	153.14	174.02	197.85	225.03
22	81.214	92.503	105.49	120.44	137.63	157.41	180.17	206.34	236.44	271.03
23	91.148	104.60	120.20	138.30	159.28	183.60	211.80	244.49	282.36	326.24
24	102.17	118.16	136.83	158.66	184.17	213.98	248.81	289.49	337.01	392.48
25	114.41	133.33	155.62	181.87	212.79	249.21	292.10	342.60	402.04	471.98
26	127.99	150.33	176.85	208.33	245.71	290.09	342.76	405.27	497.43	567.38
27	143.08	169.37	200.84	238.50	283.57	337.50	402.03	479.22	571.52	681.85
28	159.82	190.70	227.95	272.89	327.10	392.50	471.38	566.48	681.11	819.22
29	178.39	214.58	258.58	312.09	377.17	456.30	552.51	669.45	811.52	984.07
30	199.02	241.33	293.19	356.79	434.75	530.31	647.44	790.95	966.71	1181.9
35	341.59	431.66	546.68	693.57	881.17	1120.7	1426.4	1816.7	2314.2	2948.3
40	581.83	767.09	1013.7	1342.0	1779.1	2360.8	3134.5	4163.2	5529.8	7343.9
45	986.64	1358.3	1874.2	2590.6	3585.1	4965.3	6879.2	9531.6	13203.	18281.
50	1668.7	2400.0	3459.5	4994.5	7217.7	10436.	15089.	21813.	31515.	45497.
60	4755.1	7471.6	11762.	18535.	29220.	46057.	72555.	114189.	179494.	281737.

〈부표 4〉 정상연금 1원의 현재가치

$$PVA(n,\ r) = \frac{1-(1+r)^{-n}}{r}$$

이자율(r)

기간(n)	1%	2%	3%	4%	5%	6%	7%	8%	9%	10%
1	0.9901	0.9804	0.9616	0.9615	0.9524	0.9434	0.9346	0.9259	0.9174	0.9091
2	1.9704	1.9416	1.9165	1.8861	1.8594	1.8334	1.8080	1.7833	1.7591	1.7355
3	2.9410	2.8839	2.8286	2.7751	2.7232	2.6730	2.6243	2.5771	2.5313	2.4868
4	3.9020	3.8077	3.7171	3.6299	3.5460	3.4651	3.3872	3.3121	3.2397	3.1699
5	4.8534	4.7135	4.5797	4.4518	4.3295	4.2124	4.1002	3.9927	3.8897	3.7908
6	5.7955	5.6014	5.4172	5.2421	5.0757	4.9173	4.7665	4.6229	4.4859	4.3553
7	6.7282	6.4720	6.2303	6.0021	5.7864	5.5824	5.3893	5.2064	5.0330	4.8684
8	7.6517	7.3255	7.0197	6.7327	6.4632	6.2098	5.9713	5.7466	5.5348	5.3349
9	8.5660	8.1622	7.7861	7.4353	7.1078	6.8017	6.5152	6.2469	5.9952	5.7590
10	9.4713	8.9826	8.5302	8.1109	7.7217	7.3601	7.0236	6.7101	6.4177	6.1446
11	10.368	9.7868	9.2526	8.7605	8.3064	7.8869	7.4987	7.1390	6.8052	6.4951
12	11.255	10.575	9.9540	9.3851	8.8633	8.3838	7.9427	7.5361	7.1607	6.8137
13	12.134	11.348	10.635	9.9856	9.3936	8.8527	8.3577	7.9038	7.4869	7.1034
14	13.004	12.106	11.296	10.563	9.8986	9.2950	8.7455	8.2442	7.7862	7.3667
15	13.865	12.849	11.938	11.118	10.380	9.7122	9.1079	8.5595	8.0607	7.6061
16	14.718	13.578	12.561	11.652	10.838	10.106	9.4466	8.8514	8.3136	7.8237
17	15.562	14.292	13.166	12.166	11.274	10.477	9.7632	9.1216	8.5436	8.0216
18	16.398	14.992	13.756	12.659	11.690	10.828	10.059	9.3719	8.7556	8.2014
19	17.226	15.679	14.324	13.134	12.085	11.158	10.336	9.6036	8.9501	8.3649
20	18.046	16.351	14.877	13.590	12.462	11.470	10.594	9.8181	9.1285	8.5136
21	18.857	17.011	15.415	14.029	12.821	11.764	10.835	10.017	9.2922	8.6487
22	19.660	17.658	15.937	14.451	13.163	12.042	11.061	10.201	9.4424	8.7715
23	20.456	18.292	16.444	14.857	13.489	12.303	11.272	10.371	9.5802	8.8832
24	21.243	18.914	16.935	15.247	13.799	12.550	11.469	10.529	9.7066	8.9847
25	22.023	19.524	17.413	15.622	14.094	12.783	11.654	10.675	9.8266	9.0770
26	22.795	21.121	17.877	15.983	14.375	13.003	11.826	10.810	9.9290	9.1609
27	23.560	20.707	18.327	16.330	14.643	13.210	11.987	10.935	10.027	9.2372
28	24.316	21.281	18.764	16.663	14.898	13.406	12.137	11.051	10.116	9.3066
29	25.066	21.844	19.188	16.984	15.141	13.591	12.278	11.158	10.198	9.3696
30	25.808	22.397	19.600	17.292	15.373	13.765	12.409	11.258	10.274	9.4269
35	29.409	24.999	21.487	18.665	16.374	14.498	12.948	11.655	10.567	9.6442
40	32.835	27.356	23.115	19.793	17.159	15.046	13.332	11.925	10.757	9.7791
45	36.095	29.490	24.519	20.720	17.774	15.456	13.605	12.108	10.881	9.8628
50	39.196	31.424	25.730	21.482	18.256	15.762	13.801	12.233	10.962	9.9148
60	44.955	34.761	27.676	22.623	18.929	16.161	14.039	12.376	11.048	9.9671

이자율(r)

기간(n)	11%	12%	13%	14%	15%	16%	17%	18%	19%	20%
1	0.9009	0.8929	0.8850	0.8772	0.8696	0.8621	0.8547	0.8475	0.8403	0.8333
2	1.7125	1.6901	1.6681	1.6467	1.6257	1.6052	1.5852	1.5656	1.5465	1.5278
3	2.4437	2.4018	2.3612	2.3216	2.2832	2.2459	2.2096	2.1743	2.1399	2.1065
4	3.1024	3.0373	2.9745	2.9137	2.8550	2.7982	2.7432	2.6901	2.6386	2.5887
5	3.6959	3.6048	3.5172	3.4331	3.3522	3.2743	3.1993	3.1272	3.0576	2.9906
6	4.2305	4.1114	3.9975	3.8887	3.7845	3.6847	3.5892	3.4976	3.4098	3.3255
7	4.7122	4.5638	4.4226	4.2883	4.1604	4.0386	3.9224	3.8115	3.7057	3.6046
8	5.1461	4.9676	4.7988	4.6389	4.4873	4.3436	4.2072	4.0776	3.9544	3.8372
9	5.5370	5.3282	5.1317	4.9464	4.7716	4.6065	4.4506	4.3030	4.1633	4.0310
10	5.8892	5.6502	5.4262	5.2161	5.0188	4.8332	4.6586	4.4941	4.3389	4.1925
11	6.2065	5.9377	5.6869	5.4527	5.2337	5.0286	4.8364	4.6560	4.4865	4.3271
12	6.4924	6.1944	5.9176	5.6603	5.4206	5.1971	4.9884	4.7932	4.6105	4.4392
13	6.7499	6.4235	6.1218	5.8424	5.5831	5.3423	5.1183	4.9095	4.7147	4.5327
14	6.9819	6.6282	6.3025	6.0021	5.7245	5.4675	5.2293	5.0081	4.8023	4.6106
15	7.1909	6.8109	6.4624	6.1422	5.8474	5.5755	5.3242	5.0916	4.8759	4.6755
16	7.3792	6.9740	6.6039	6.2651	5.9542	5.6685	5.4053	5.1624	4.9377	4.7296
17	7.5488	7.1196	6.7291	6.3729	6.0472	5.7487	5.4746	5.2223	4.9897	4.7746
18	7.7016	7.2497	6.8399	6.4674	6.1280	5.8178	5.5339	5.2732	5.0333	4.8122
19	7.8393	7.3658	6.9380	6.5504	6.1982	5.8775	5.5845	5.3162	5.0700	4.8435
20	7.9633	7.4694	7.0248	6.6231	6.2593	5.9288	5.6278	5.3527	5.1009	4.8696
21	8.0751	7.5620	7.1015	6.6870	6.3125	5.9731	5.6648	5.3837	5.1263	4.8913
22	8.1757	7.6446	7.1695	6.7429	6.3587	6.0113	5.6964	5.4099	5.1486	4.9094
23	8.2664	7.7184	7.2297	6.7921	6.3988	6.0442	5.7234	5.4321	5.1668	4.9245
24	9.3481	7.7843	7.2829	6.8351	6.4338	0.0726	6.7465	5.4509	5.1822	4.9371
25	8.4217	7.8431	7.3300	6.8729	6.4641	6.0971	5.7662	5.4669	5.1951	4.9476
26	8.4881	7.8957	7.3717	6.9061	6.4906	6.1182	5.7831	5.4804	5.2060	4.9563
27	8.5478	7.9426	7.4086	6.9352	6.5135	6.1364	5.7975	5.4919	5.2151	4.9636
28	8.6016	7.9844	7.4412	6.9607	6.5335	6.1520	5.8099	5.5016	5.2223	4.9697
29	8.6501	8.0218	7.4701	6.9830	6.5509	6.1656	5.8024	5.5093	5.2292	4.9747
30	8.6938	8.0552	7.4957	7.0027	6.5660	6.1772	5.8294	5.5168	5.2347	4.9789
35	8.8552	8.1755	7.5856	7.0700	6.6166	6.2153	5.8582	5.5386	5.2512	4.9915
40	8.9511	8.2433	7.6344	7.1050	6.6418	6.2335	5.8713	5.5482	5.2582	4.9966
45	9.0079	8.2825	7.6609	7.1232	6.6543	6.2421	5.8773	5.5523	5.2611	4.9986
50	9.0417	8.3045	7.6572	7.1327	6.6605	6.2463	5.8801	5.5541	5.2623	4.9995
60	9.0736	8.3240	7.6873	7.1401	6.6651	6.2491	5.8819	5.5553	5.2630	4.9999

〈부록 2〉 한국채택국제회계기준의 구성

한국채택국제회계기준		관련 국제회계기준서		최종 제 개정일
-	재무제표의 작성과 표시를 위한 개념체계	-	Framework for the preparation and presentation of financial statements	'08.12
제1001호	재무제표 표시	IAS 1	Presentation of financial statements	'10.11
제1002호	재고자산	IAS 2	Inventories	'08.12
제1007호	현금흐름표	IAS 7	Cash flow statements	'09.7
제1008호	회계정책, 회계추정의 변경 및 오류	IAS 8	Accounting policies, changes in accounting estimates and errors	'09.7
제1010호	보고기간후사건	IAS 10	Events after the reporting period	'09.7
제1011호	건설계약	IAS 11	Construction contracts	'08.12
제1012호	법인세	IAS 12	Income taxes	'08.12
제1016호	유형자산	IAS 16	Property, plant and equipment	'08.12
제1017호	리스	IAS 17	Leases	'09.7
제1018호	수익	IAS 18	Revenue	'08.7
제1019호	종업원급여	IAS 19	Employee benefits	'08.12
제1020호	정부보조금의 회계처리와 정부지원의공시	IAS 20	Accounting for government grants and disclosure of government assistance	'08.12
제1021호	환율변동효과	IAS 21	The effects of changes in foreign exchange rates	'10.11
제1023호	차입원가	IAS 23	Borrowing costs	'08.12
제1024호	특수관계자 공시	IAS 24	Related party disclosures	'10.11
제1026호	퇴직급여제도에의한 회계처리와 보고	IAS 26	Accounting and reporting by retirement benefit plans	'08.12
제1027호	연결재무제표와별도재무제표	IAS 27	Consolidated and separate financial statements	'08.12
제1028호	관계기업 투자	IAS 28	Investments in associates	'10.11
제1029호	초인플레이션경제에서의 재무보고	IAS 29	Financial reporting in hyperinflationary economies	'08.12
제1031호	조인트벤처 투자지분	IAS 31	Interests in joint ventures	'10.11
제1032호	금융상품 : 표시	IAS 32	Financial instruments: presentation	'10.11
제1033호	주당이익	IAS 33	Earnings per share	'08.12
제1034호	중간재무보고	IAS 34	Interim financial reporting	'10.11
제1036호	자산손상	IAS 36	Impairment of assets	'09.7
제1037호	충당부채, 우발부채 및 우발자산	IAS 37	Provisions, contingent liabilities and contingent assets	'08.12
제1038호	무형자산	IAS 38	Intangible assets	'09.7
제1039호	금융상품 : 인식과측정	IAS 39	Financial instruments: recognition and measurement	'10.11
제1040호	투자부동산	IAS 40	Investment property	'08.12
제1041호	농림어업	IAS 41	Agriculture	'08.12
제1101호	한국채택국제회계기준의 최초채택	IFRS 1	First-time adoption of international financial reporting standards	'10.11
제1102호	주식기준보상	IFRS 2	Share-based payment	'09.12
제1103호	사업결합	IFRS 3	Business combinations	'10.11
제1104호	보험계약	IFRS 4	Insurance contracts	'08.12
제1105호	매각예정비유동자산과 중단영업	IFRS 5	Non-current assets held for sale and discontinued operations	'09.7
제1106호	광물자원의 탐사와 평가	IFRS 6	Exploration for and evaluation of mineral resources	'09.7
제1107호	금융상품 : 공시	IFRS 7	Financial instruments: disclosures	'10.11
제1108호	영업부문	IFRS 8	Operating segments	'09.7
제1109호	금융상품	IFRS 9	Financial instruments	채택예정

기업회계기준해석서			관련 국제회계기준해석서	최종 제 개정일
제2010호	정부지원 : 영업활동과 특정한 관련이없는경우	SIC 10	Government assistance-No specific relation to operating activities	'08.12
제2012호	연결 : 특수목적기업	SIC 12	Consolidation-Special purpose entities	'08.12
제2013호	공동지배기업 : 참여자의 비화폐성 출자	SIC 13	Jointly controlled entities-Non monetary contributions by venturers	'08.12
제2015호	운용리스 : 인센티브	SIC 15	Operating leases-Incentives	'08.12
제2021호	법인세 : 재평가된 비상각자산의 회수	SIC 21	Income taxes-Recovery of revalued non-depreciable assets	'08.12
제2025호	법인세 : 기업이나주주의 납세지위 변동	SIC 25	Income taxes-changes in the tax status of an entity or its shareholders	'08.12
제2027호	법적 형식상의 리스를 포함하는 거래의 실질에 대한 평가	SIC 27	Evaluating the substance of transactions involving the legal form of a lease	'08.12
제2029호	민간투자사업의공시	SIC 29	Service concession arrangements: Disclosures	'08.12
제2031호	수익 : 광고용역의교환거래	SIC 31	Revenue-barter transactions involving advertising services	'08.12
제2032호	무형자산 : 웹 사이트 원가	SIC 32	Intangible assets-web site costs	'08.12
제2101호	사후처리 및 복구관련 충당부채의변경	IFRIC 1	Changes in existing decommissioning, restoration and similar liabiliti	'08.12
제2102호	조합원지분과유사지분	IFRIC 2	Members' shares in co-operative entities and similar instruments	'08.12
제2104호	약정에 리스가 포함되어있는지의 결정	IFRIC 4	Determining whether an arrangement contains a lease	'08.12
제2105호	사후처리, 복구 및 환경정화를 위한 기금의 지분에 대한 권리	IFRIC 5	Rights to interests arising from decommissioning, restoration and environmental rehabilitation funds	'08.12
제2106호	특정 시장에 참여함에 따라 발생하는 부채 : 폐전기전자제품	IFRIC 6	Liabilities arising from participating in a specific market-waste electrical and electronic equipment	'08.12
제2107호	기업회계기준서 제1029호 '초인플레이션 경제에서의 재무보고'에 따른 재작성 방법용	IFRIC 7	Applying the restatement approach under IAS 29	'08.12
제2109호	내재파생상품의 재검토	IFRIC 9	Reassessment of embedded derivatives	'09. 7
제2110호	중간재무보고와손상	IFRIC 10	Interim financial reporting and impairment	'08.12
제2112호	민간투자사업	IFRIC 12	Service concession arrangements	'08.12
제2113호	고객충성제도	IFRIC 13	Customer loyalty programmes	'10.11
제2114호	기업회계기준서 제1019호 : 확정급여자산한도, 최소적립요건 및 그 상호작용	IFRIC 14	IAS 19- The limit on a defined benefit asset, minimum funding requirements and their interaction	'10.11
제2115호	부동산건설약정	IFRIC 15	Agreements for the construction of real estate	'09. 3
제2116호	해외사업장 순투자의 위험회피	IFRIC 16	Hedges of a net investment	'09.7
제2117호	소유주에대한비현금자산의분배	IFRIC 17	Distributions of Non-cash Assets to Owners	'09.7
제2118호	고객으로부터의 자산이전	IFRIC 18	Transfers of Assets from Customers	'09.7
제2119호	지분상품에 의한 금융부채소멸	IFRIC 19	Extinguishing financial liabilitieswith equity instruments	'10.11

〈부록 3〉 재무제표 양식

1. 재무상태표 양식

재무상태표

제×기 20×1년 12월 31일
제×기 20×2년 12월 31일

××회사명 (단위: 원)

	20×1년 12월 31일	20×2년 12월 31일
자 산		
유동자산		
현금 및 현금성자산	×××	×××
매출채권 및 기타채권	×××	×××
기타금융자산	×××	×××
재고자산	×××	×××
기타자산	×××	×××
유동자산 계	×××	×××
비유동자산		
대여금 및 수취채권	×××	×××
기타금융자산	×××	×××
관계기업투자	×××	×××
투자부동산	×××	×××
유형자산	×××	×××
무형자산	×××	×××
영 업 권	×××	×××
기타자산	×××	×××
비유동자산 계	×××	×××
매각예정자산	×××	×××
자산 총계	×××	×××
부 채		
유동부채		
매입채무	×××	×××
기타금융부채	×××	×××
충당부채	×××	×××
미지급법인세	×××	×××
기타부채	×××	×××
유동부채 계	×××	×××
비유동부채		
금융부채	×××	×××
퇴직급여부채	×××	×××
이연법인세부채	×××	×××
기타부채	×××	×××

비유동부채 계	×××	×××
매각예정자산과 관련된 부채	×××	×××
부채총계	×××	×××
자 본		
지배기업소유주지분	×××	×××
납입자본	×××	×××
이익잉여금	×××	×××
기타자본요소	×××	×××
매각예정자산과 관련된 자본항목	×××	×××
비지배지분	×××	×××
자본총계	×××	×××
부채와 자본총계	×××	×××

2. 포괄손익계산서 양식

포괄손익계산서(성격별)

제×기 20×2년 1월 1일 20×2년 12월 31일까지
제×기 20×1년 1월 1일 20×1년 12월 31일까지

××회사명 (단위: 원)

	20×2년	20×1년
수익(매출액)	×××	×××
기타수익	×××	×××
제품과 재공품의 변동	(×××)	(×××)
원재료와 소모품사용액	(×××)	(×××)
종업원급여	(×××)	(×××)
감가상각비와 기타상각비	(×××)	(×××)
이자비용	(×××)	(×××)
기타비용	(×××)	(×××)
법인세비용차감전손익	×××	×××
법인세비용	(×××)	(×××)
계속영업손익	×××	×××
중단영업손익	×××	×××
당기순손익	×××	×××
기타포괄손익 :		
매도가능금융자산평가손익	×××	×××
해외사업환산손익	×××	×××
파생상품평가손익	×××	×××
재평가잉여금	×××	×××
보험수리적손익	×××	×××
기타포괄손익과 관련된 법인세	(×××)	(×××)
세후기타포괄손익	×××	×××
총포괄손익	×××	×××
당기순손익의 귀속		
지배기업소유주	×××	×××
비지배지분	×××	×××
총포괄손익의 귀속		
지배기업소유주	×××	×××
비지배지분	×××	×××
주당손익		
기본주당계속사업손익	×××	×××
기본주당순손익	×××	×××
희석주당계속사업손익	×××	×××
희석주당순손익	×××	×××

포괄손익계산서(기능별)

제×기 20×2년 1월 1일 20×2년 12월 31일까지
제×기 20×1년 1월 1일 20×1년 12월 31일까지

××회사명 (단위: 원)

	20×2년	20×1년
수익	×××	×××
매출원가	×××	×××
매출총이익	×××	×××
기타수익	×××	×××
물 류 비	×××	×××
일반관리비	×××	×××
마케팅비용	×××	×××
이자비용	×××	×××
기타비용	×××	×××
법인세비용차감전손익	×××	×××
법인세비용	(×××)	(×××)
계속영업손익	×××	×××
중단영업손익	×××	×××
당기순손익	×××	×××
기타포괄손익 :		
매도가능금융자산평가손익	×××	×××
해외사업환산손익	×××	×××
파생상품평가손익	×××	×××
재평가잉여금	×××	×××
보험수리적손익	×××	×××
기타포괄손익과 관련된 법인세	(×××)	(×××)
세후기타포괄손익	×××	×××
총포괄손익	×××	×××
당기순손익의 귀속		
지배기업소유주	×××	×××
비지배지분	×××	×××
총포괄손익의 귀속		
지배기업소유주	×××	×××
비지배지분	×××	×××
주당손익		
기본주당계속사업손익	×××	×××
기본주당순손익	×××	×××
희석주당계속사업손익	×××	×××
희석주당순손익	×××	×××

3. 자본변동표 양식

자본변동표

제×기 20×2년 1월 1일부터 20×2년 12월 31일까지
제×기 20×1년 1월 1일부터 20×1년 12월 31일까지

××회사명 (단위: 원)

구 분	납입자본	이익잉여금	자본유지 조정	기타포괄 손익누계액	일반적립금	합계	비지배지분	자본총계
20×1년 1월 1일	×××	×××	×××	×××	×××	×××	×××	×××
회계정책변경누적효과		×××				×××	×××	×××
전기오류수정		×××				×××	×××	×××
수정 후 기초잔액		×××				×××	×××	×××
전기이익 처분								
임의적립금의 이입		×××			(×××)			×××
연차배당		(×××)				(×××)	(×××)	(×××)
기타 이익잉여금처분		(×××)	×××		×××		(×××)	(×××)
기타 변동사항								
중간배당		(×××)				(×××)		(×××)
유상증자	×××					×××	×××	×××
자기주식 취득	(×××)					(×××)		(×××)
기타포괄손익의 대체		×××		(×××)				
총포괄손익		×××		×××		×××		×××
20×1년 12월 31일	×××	×××	×××	×××	×××	×××	×××	×××
회계정책변경누적효과		×××				×××	×××	×××
전기오류수정		×××				×××	×××	×××
수정 후 기초잔액		×××				×××	×××	×××
전기이익 처분								
임의적립금의 이입		×××			(×××)			×××
연차배당		(×××)				(×××)	(×××)	(×××)
기타 이익잉여금처분		(×××)	×××		×××		(×××)	(×××)
기타 변동사항								
중간배당		(×××)				(×××)		(×××)
유상증자	×××					×××	×××	×××
자기주식 취득	(×××)					(×××)		(×××)
기타포괄손익의 대체		×××		(×××)				
총포괄손익		×××		×××		×××		×××
20×2년 12월 31일	×××	×××	×××	×××	×××	×××	×××	×××

4. 현금흐름표 양식

현금흐름표(직접법)

제×기 20×2년 1월 1일부터 20×2년 12월 31일까지
제×기 20×1년 1월 1일부터 20×1년 12월 31일까지

××회사명 (단위: 원)

	20×2년	20×1년
영업활동현금흐름		
고객으로부터 수취한 현금	×××	×××
공급자에게 지급한 현금	(×××)	(×××)
기타영업활동으로 수취한 현금	×××	×××
기타영업활동에서 지급한 현금	(×××)	(×××)
영업에서 창출된 현금	×××	×××
이자수입	×××	×××
이자지급	(×××)	(×××)
법인세 지급	(×××)	(×××)
영업활동순현금흐름	×××	×××
투자활동현금흐름		
금융자산 취득	(×××)	(×××)
금융자산 처분	×××	×××
유형자산 취득	(×××)	(×××)
유형자산 처분	×××	×××
무형자산 취득	(×××)	(×××)
투자활동순현금흐름	×××	×××
재무활동현금흐름		
차입금 차입	×××	×××
차입금 상환	(×××)	(×××)
주식발행	×××	×××
배당금 지급	(×××)	(×××)
재무활동순현금흐름	×××	×××
현금 및 현금성자산의 증가(감소)	×××	×××
기초의 현금 및 현금성자산	×××	×××
기말의 현금 및 현금성자산	×××	×××

현금흐름표(간접법)

제×기 20×2년 1월 1일부터 20×2년 12월 31일까지
제×기 20×1년 1월 1일부터 20×1년 12월 31일까지

××회사명 (단위: 원)

	20×2년	20×1년
영업활동현금흐름		
법인세비용차감전이익	×××	×××
가감 :		
영업현금흐름과 관련 없는 손익제거	×××	×××
영업활동과 관련된 자산 · 부채의 증감	×××	×××
영업에서 창출된 현금	×××	×××
이자수입	×××	×××
이자지급	(×××)	(×××)
법인세지급	(×××)	(×××)
영업활동순현금흐름	×××	×××
투자활동현금흐름		
금융자산 취득	(×××)	(×××)
금융자산 처분	×××	×××
유형자산 취득	(×××)	(×××)
유형자산 처분	×××	×××
무형자산 취득	(×××)	(×××)
투자활동순현금흐름	×××	×××
재무활동현금흐름		
차입금 차입	×××	×××
차입금 상환	(×××)	(×××)
주식발행	×××	×××
배당금 지급	(×××)	(×××)
재무활동순현금흐름	×××	×××
현금 및 현금성자산의 증가(감소)	×××	×××
기초의 현금 및 현금성자산	×××	×××
기말의 현금 및 현금성자산	×××	×××

찾아보기

/ 저 / 자 / 소 / 개 /

김정교
부산대학교 경영학과 교수
경영학박사, 공인회계사
e-mail: jkkim@pusan.ac.kr

이균봉
부산대학교 경영학과 교수
경영학박사
e-mail: kblee@pusan.ac.kr

반혜정
안동대학교 회계학과 교수
경영학박사, 미국공인회계사(AICPA)
e-mail: hjban@andong.ac.kr

회계원리(제2판)

2017년 3월 30일 1판 1쇄 발행
2018년 8월 30일 2판 1쇄 발행
2019년 8월 30일 2판 2쇄 발행

공저자 • 김정교 · 이균봉 · 반혜정
발행자 • 한정주
발행처 • 교육과학사

저자와의 협의하에 인지생략

경기도 파주시 광인사길 71
전화 • 031) 955-6956~8 / 팩스 031) 955-6037
Home-page • http://www.kyoyookbook.co.kr
E-mail • kyoyook@chol.com
등록 • 1970년 5월 18일 제2-73호

정가 23,000원
ISBN 978-89-254-1308-2